Estimulação essencial

prevenção, detecção, diagnóstico e intervenção no processo de desenvolvimento infantil

O selo DIALÓGICA da Editora InterSaberes faz referência às publicações que privilegiam uma linguagem na qual o autor dialoga com o leitor por meio de recursos textuais e visuais, o que torna o conteúdo muito mais dinâmico. São livros que criam um ambiente de interação com o leitor – seu universo cultural, social e de elaboração de conhecimentos –, possibilitando um real processo de interlocução para que a comunicação se efetive.

Estimulação essencial

prevenção, detecção, diagnóstico e intervenção no processo de desenvolvimento infantil

Tânia Mara Grassi

EDITORA intersaberes

EDITORA intersaberes

Rua Clara Vendramin, 58 . Mossunguê . CEP 81200-170 . Curitiba . PR . Brasil
Fone: (41) 2106-4170 . www.intersaberes.com . editora@editoraintersaberes.com.br

Conselho editorial
Dr. Ivo José Both (presidente)
Drª Elena Godoy
Dr. Neri dos Santos
Dr. Ulf Gregor Baranow

Editora-chefe
Lindsay Azambuja

Gerente editorial
Ariadne Nunes Wenger

Preparação de originais
Guilherme Conde Moura Pereira

Edição de texto
Guilherme Conde Moura Pereira
Mille Foglie Soluções Editoriais
Natasha Saboredo

Capa e projeto gráfico
Bruno Palma e Silva (*design*)
Cheryl E. Davis/Shutterstock
(imagem de capa)

Diagramação
Estúdio Nótua

Equipe de design
Charles L. da Silva

Iconografia
Sandra Lopis da Silveira
Regina Claudia Cruz Prestes

Dados Internacionais de Catalogação na Publicação (CIP)
(Câmara Brasileira do Livro, SP, Brasil)

Grassi, Tânia Mara
 Estimulação essencial: prevenção, detecção, diagnóstico e intervenção no processo de desenvolvimento infantil / Tânia Mara Grassi. 1.ed. Curitiba: InterSaberes, 2020. (Série Pressupostos da Educação Especial)

 Bibliografia.
 ISBN 978-65-5517-650-6

 1. Crianças – Desenvolvimento 2. Educação – Métodos experimentais 3. Educação especial 4. Educação inclusiva I. Titulo II. Série.

20-37073   CDD-371.9

Índices para catálogo sistemático:
1. Educação especial   371.9

Maria Alice Ferreira – Bibliotecária – CRB-8/7964

1ª edição, 2020.

Foi feito o depósito legal.

Informamos que é de inteira responsabilidade da autora a emissão de conceitos.

Nenhuma parte desta publicação poderá ser reproduzida por qualquer meio ou forma sem a prévia autorização da Editora InterSaberes.

A violação dos direitos autorais é crime estabelecido na Lei n. 9.610/1998 e punido pelo art. 184 do Código Penal.

Sumário

13 Agradecimentos
15 Apresentação
21 Como aproveitar ao máximo este livro
25 Introdução

Capítulo 1
29 Estimulação essencial: conceitos e definições
31 1.1 Definindo termos
33 1.2 Estimulação e intervenção
43 1.3 História do atendimento em estimulação essencial
60 1.4 Inclusão e estimulação essencial

Capítulo 2
77 Desenvolvimento infantil
78 2.1 Processo de desenvolvimento infantil
79 2.2. As contribuições da psicanálise para a compreensão do processo de desenvolvimento infantil
88 2.3 O desenvolvimento infantil na epistemologia genética de Piaget
95 2.4 As contribuições de Wallon e da psicomotricidade para a compreensão do desenvolvimento infantil
108 2.5 O desenvolvimento infantil na concepção de Vygotsky

Capítulo 3
- 129 **Prevenção e identificação precoce de deficiências**
- 130 3.1 Definições de prevenção e classificação
- 134 3.2 Exames pré-concepcionais
- 135 3.3 Medidas preventivas e fatores de risco pré-natais
- 148 3.4 Medidas preventivas e fatores de risco neonatais
- 154 3.5 Fatores de risco pós-natais

Capítulo 4
- 183 **Programas de estimulação essencial**
- 185 4.1 A organização do trabalho de estimulação essencial
- 188 4.2 O bebê de médio ou alto risco
- 191 4.3 Detecção precoce
- 193 4.4 Avaliação diagnóstica
- 206 4.5 Indicações de atendimento multidisciplinar e clínico-terapêutico

Capítulo 5
- 225 **O atendimento de estimulação essencial: a massagem**
- 227 5.1 Shantala ou massagem para o bebê
- 230 5.2 A técnica de massagem
- 232 5.3. Desenvolvimento e aplicação da técnica I de massagem
- 273 5.4. Desenvolvimento e aplicação da técnica II da massagem
- 329 5.5 A massagem para bebês com necessidades especiais decorrentes de deficiências

Capítulo 6
- 341 **A estimulação psicomotora**
- 342 6.1 O programa de estimulação psicomotora de Herren e Herren
- 405 6.2 O programa de estimulação essencial de Lévy

Capítulo 7

- 509 **Práticas em estimulação essencial**
- 510 7.1 Recursos materiais, brinquedos e jogos na estimulação essencial
- 515 7.2 Brinquedos e jogos para os bebês nos períodos sensório-motor e pré-operatório
- 527 7.3 Estimulação sensoperceptiva
- 528 7.4 Sensação, percepção auditiva e linguagem
- 537 7.5 Sensação e percepção visual
- 546 7.6 Sensação e percepção olfativa, gustativa, tátil e cinestésica

Capítulo 8

- 559 **O atendimento de estimulação essencial para crianças com deficiências**
- 561 8.1 A criança com deficiência física motora
- 566 8.2 A criança com deficiência intelectual
- 569 8.3 A criança com deficiência sensorial
- 579 8.4 A criança com múltipla deficiência

Capítulo 9

- 593 **A família na estimulação essencial**
- 595 9.1 O diagnóstico: reações e expectativas
- 597 9.2 O luto: da negação à aceitação
- 603 9.3 A importância da família para a estimulação essencial
- 608 9.4 Orientação e atendimento familiar
- 611 9.5 Acompanhamento do processo de desenvolvimento com a família

621 *Considerações finais*
623 *Lista de siglas*
625 *Referências*
641 *Bibliografia comentada*
643 *Respostas*
649 *Sobre a autora*

"O ser humano é o mais complexo, o mais variado e o mais inesperado dentre todos os seres do universo conhecido.
Relacionar-se com ele, lidar com ele, haver-se com ele é, por isso, a mais emocionante das aventuras.
Em nenhuma outra, assumimos tanto o risco de nos envolver, de nos deixar seduzir, arrastar, dominar, encantar..."

José Angelo Gaiarsa

A meu filho, Henrique, com quem aprendo
todos os dias a caminhar com menos pressa,
a observar os detalhes, a escutar os silêncios,
a compreender as entrelinhas, a descobrir o
que é essencial e a amar incondicionalmente!
A meus pais, Amauri Grassi (*in memoriam*)
e Iolanda Grassi, que, com amor, me
estimularam a ser!

Agradecimentos

A Deus, pela beleza da vida.

A Paula Sakaguti, pela confiança.

A Editora InterSaberes, pela oportunidade de escrever sobre estimulação essencial.

A meus alunos e minhas alunas, com quem aprendi mais do que ensinei.

A meus pequenos pacientes e a suas famílias, que, por determinado período, acompanhei, estimulei e orientei.

A minhas alunas do curso de Estimulação Precoce, companheiras na luta pela inclusão.

Apresentação

Esta obra foi produzida em um momento de vida marcado por transições, mudanças e questionamentos.

Não é tarefa fácil escrever um livro; requer planejamento, organização, retomadas, reflexão, tempo, espaço e desejo. É como gestar um filho, que se forma e se desenvolve progressivamente ao longo do tempo, em meio a todas as exigências e compromissos da vida diária.

Para elaborá-lo, foi necessária a revisão de materiais, como anotações, apostilas e livros, bem como a retomada de registros de casos clínicos e de práticas desenvolvidas ao longo de uma longa carreira profissional. Nesse processo, encontrei diversos materiais, livros, anotações e registros de casos, mais do que pensei que tivesse guardado. Em todos, encontrei lembranças e marcas do tempo. Esse exercício de rever os trajetos que percorri no decorrer de minha formação e atuação foi marcado por nostalgia, saudade e dúvidas, tanto sobre o que selecionar quanto sobre como registrar, bem como por lembranças de muitas realizações e de pessoas especiais que marcaram minha história.

Desse processo, nasceu este livro, cujo objetivo é contribuir para a formação do profissional da educação especial, de modo a instrumentalizá-lo para a prática da estimulação essencial.

A estimulação essencial consiste em uma ação de saúde e educação que visa atender às necessidades especiais de bebês e crianças de alto risco, com ou sem deficiências ou doenças, de modo a prevenir atrasos em seu processo de desenvolvimento e a superação de dificuldades ou atrasos já presentes. Essa ação é multidisciplinar, planejada, organizada e, principalmente, vincular e afetiva, visto que engloba o atendimento especializado às crianças, o acolhimento e a orientação aos familiares, a valorização da diferença e o respeito à diversidade.

Este material se organiza didaticamente em nove capítulos, e conta com imagens que ilustram as práticas apresentadas. A fim de possibilitar um conhecimento amplo sobre o tema, abordaremos diversas questões: prevenção, detecção e diagnóstico precoces; programas de estimulação; recursos humanos e materiais, bem como técnicas específicas para essa estimulação; e o papel dos familiares no desenvolvimento da criança.

No primeiro capítulo, apresentaremos conceitos e definições de estimulação essencial a fim de possibilitar a compreensão acerca dessa noção, contando um pouco sobre sua história, sua importância para a prevenção e sua relação com a inclusão. É fundamental compreendê-la não apenas como um conjunto de métodos e técnicas que propiciam o desenvolvimento integral da criança e favorecem aprendizagens, mas também como uma modalidade de atendimento educacional especializado, uma ação de saúde e educação multidisciplinar desenvolvida por uma série de profissionais habilitados e uma área de pesquisa, estudo e produção de conhecimentos.

No segundo capítulo, examinaremos o processo de desenvolvimento infantil, indicando as contribuições de Freud, Piaget, Wallon e Vygotsky para a sua compreensão. Entende-se o desenvolvimento como um processo dinâmico e ativo em que a criança se constitui como sujeito humano desejante. Optamos por apresentar os autores que trazem os conhecimentos que fundamentam essa concepção: ao nascer, o bebê traz uma base biológica e funções elementares, mas, para desenvolver as funções psicológicas superiores e se tornar sujeito humano, precisa relacionar-se com outros a quem caberá operar a mediação simbólica, alimentá-lo, amá-lo e estimulá-lo, inserindo-o na cultura.

No terceiro capítulo, trataremos da prevenção, de sua classificação e dos fatores de risco pré-natais, neonatais e pós-natais, abordando alguns exames diagnósticos e doenças e intercorrências que podem causar deficiências, deixar sequelas e determinar o alto risco em bebês. Indicaremos também ações de saúde e educação essenciais para garantir o desenvolvimento das crianças, tendo em vista políticas públicas que buscam implementar práticas informativas, de conscientização, de detecção e de diagnóstico de doenças.

No quarto capítulo, analisaremos os programas de estimulação essencial, caracterizando o bebê de alto risco. Para isso, evidenciaremos a importância da detecção precoce, do processo de avaliação diagnóstica, das indicações de atendimento multidisciplinar e do atendimento para crianças com deficiência.

Quanto antes essas ações tiverem início, melhores tendem a ser os resultados; portanto, conhecer os sinais que sugerem alto risco e atrasos pode fazer a diferença no processo de desenvolvimento. Identificar esses sinais possibilita a detecção, o encaminhamento para diagnóstico, as indicações de atendimento e a elaboração de programas de estimulação, de modo a atender integralmente às necessidades do infante.

Já no quinto capítulo, abordaremos o atendimento de estimulação essencial com ênfase na massagem para bebês, apresentando duas técnicas frequentemente utilizadas nos processos de estimulação.

No sexto, no sétimo e no oitavo capítulos, explicaremos as práticas de estimulação essencial, respectivamente: os exercícios de estimulação psicomotora, descrevendo-os detalhadamente; os recursos materiais, os brinquedos e os jogos utilizados na estimulação; as atividades para estimulação sensorial; e os atendimentos clínico-terapêuticos para as diferentes necessidades especiais. Esse será um momento de instrumentalização, ou seja, de aprendizado sobre o que fazer, com o que fazer e como fazer, tendo em vista as técnicas, os recursos e os instrumentos que estimulam o desenvolvimento da criança em todos os seus aspectos e funções.

Encerraremos o livro com o nono capítulo, no qual abordaremos as funções da família nas ações, com suas reações e expectativas com relação ao diagnóstico. Analisaremos o processo de luto e suas fases (negação, negociação, raiva, depressão e aceitação); a importância na estimulação essencial do filho; a orientação e o atendimento familiar; e o acompanhamento do processo de desenvolvimento.

Sabemos da importância das figuras parentais no processo de constituição da criança; por isso, é imprescindível abordar os obstáculos que podem comprometer essa relação afetiva, e, consequentemente, o desenvolvimento da criança, como alto risco, doenças, deficiências e atrasos. Compreender e refletir sobre essas relações, conhecer as fases do luto e a importância de acolher, ouvir e orientar as famílias é o que define os profissionais desse campo.

Construiremos aqui um retrato do trabalho de estimulação essencial, caracterizando essa área do conhecimento e de atuação, de modo a evidenciar sua importância. Para isso, contaremos um pouco de sua história, apresentando suas práticas, seus recursos e seus profissionais, sujeitos desejantes que constroem, todos os dias, um novo caminho, trilhado com as crianças e suas famílias.

Como aproveitar ao máximo este livro

Empregamos nesta obra recursos que visam enriquecer seu aprendizado, facilitar a compreensão dos conteúdos e tornar a leitura mais dinâmica. Conheça a seguir cada uma dessas ferramentas e saiba como elas estão distribuídas no decorrer deste livro para bem aproveitá-las.

Introdução do capítulo
Logo na abertura do capítulo, informamos os temas de estudo e os objetivos de aprendizagem que serão nele abrangidos, fazendo considerações preliminares sobre as temáticas em foco.

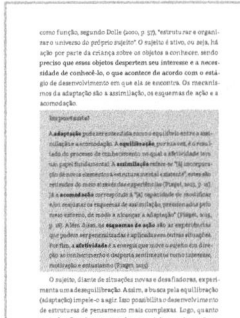

Importante!
Algumas das informações centrais para a compreensão da obra aparecem nesta seção. Aproveite para refletir sobre os conteúdos apresentados.

Síntese
Ao final de cada capítulo, relacionamos as principais informações nele abordadas a fim de que você avalie as conclusões a que chegou, confirmando-as ou redefinindo-as.

Indicações culturais
Para ampliar seu repertório, indicamos conteúdos de diferentes naturezas que ensejam a reflexão sobre os assuntos estudados e contribuem para seu processo de aprendizagem.

Atividades de autoavaliação
Apresentamos estas questões objetivas para que você verifique o grau de assimilação dos conceitos examinados, motivando-se a progredir em seus estudos.

Atividades de aprendizagem

Aqui apresentamos questões que aproximam conhecimentos teóricos e práticos a fim de que você analise criticamente determinado assunto.

Bibliografia comentada

Nesta seção, comentamos algumas obras de referência para o estudo dos temas examinados ao longo do livro.

Introdução

O nascimento de um bebê naturalmente gera expectativas e ansiedades. Quando esse bebê é de alto risco ou tem uma deficiência, sentimentos diversos, nem sempre positivos, podem impactar a relação entre as figuras materna e paterna e o filho recém-nascido (RN). O vínculo precisa ser construído, e a fragilidade imposta pela saúde do bebê, na maioria das vezes, afasta os pais e dificulta essa construção.

Divididos entre o medo, a rejeição, o desejo, o sonho e a real condição do bebê, os pais precisam se adaptar à nova realidade não imaginada por eles, viver o luto pela perda da criança que idealizaram e pela qual esperaram ao longo da gestação, tendo de se reorganizarem para enfrentar os problemas impostos pelas condições de saúde do filho que realmente geraram. Precisam desejar esse bebê, que se apresenta desconhecido e necessita de amor para se desenvolver. Essa vivência é repleta de conflitos, angústias, ansiedade e culpa.

Os profissionais que acompanham o nascimento e o diagnóstico podem auxiliar os pais, dando-lhes suporte para enfrentar as situações difíceis que se apresentam ao longo do tempo. A intervenção essencial e a estimulação essencial configuram-se como alternativas de atendimento especializado que oferecem aos pais e ao bebê esse suporte. Isso porque são áreas de estudo, pesquisa, conhecimento e atuação que procuram prevenir e corrigir os atrasos no desenvolvimento infantil, intervindo o mais rápido possível, de modo a oferecer orientação familiar, atendimentos clínicos e terapêuticos especializados ao bebê, além de estimulação integral das funções neuropsicológicas em programas de estimulação essencial.

Os profissionais que atuam com crianças em programas de saúde e em programas de atendimento educacional, especializados ou não, precisam se instrumentalizar para a detecção precoce de fatores de risco e de atrasos no processo de desenvolvimento, para a realização de diagnósticos e encaminhamentos adequados, para a orientação a familiares e, principalmente, para a implementação de um programa de estimulação essencial.

Essa área de conhecimento e atuação tem se desenvolvido progressivamente graças a pesquisas científicas e ações especializadas, cujo objetivo é atender preventiva e terapeuticamente às necessidades especiais de bebês de alto risco e/ou com deficiências. É válido ressaltar que a demanda aumentou consideravelmente com a garantia legal do direito à inclusão.

A estimulação essencial consolidou-se como uma ação educacional que, mediante um programa composto por atividades organizadas por áreas, visa propiciar as experiências necessárias ao desenvolvimento integral das crianças, em especial daquelas com necessidades especiais. O processo de prevenção engloba: detecção precoce de fatores de risco pré-natais, neonatais e pós-natais; programas de educação, saúde e orientação; avaliação diagnóstica multidisciplinar, que indica as necessidades especiais, os encaminhamentos e as alternativas de atendimento; e desenvolvimento das ações de estimulação e orientação familiar.

O trabalho demanda certa urgência, visto que precisa começar o mais cedo possível para se efetivar de forma preventiva, por meio de um programa de atividades planejado especificamente para cada indivíduo, considerando-se suas necessidades e características.

Trata-se de uma práxis em construção que requer pesquisas, estudos e ações organizadas, na qual se luta cotidianamente pelo direito das crianças (e de suas famílias) de ter suas necessidades especiais atendidas e pelo direito à implantação de políticas públicas que assegurem esse atendimento.

Conheça, nesta obra, a estimulação essencial e prepare-se para essa prática!

Capítulo 1
Estimulação essencial: conceitos e definições

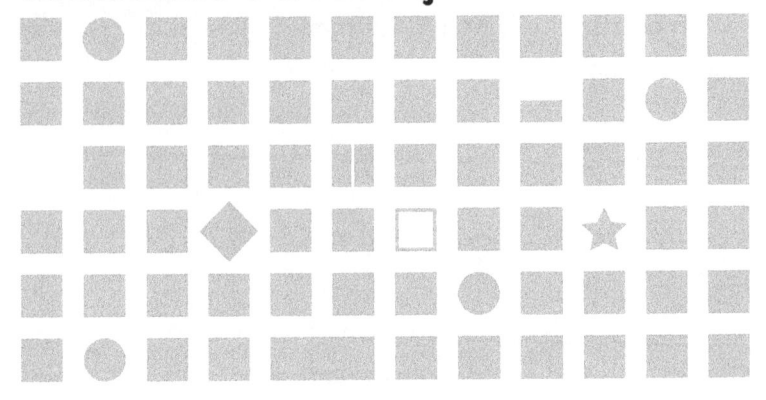

> *"Ninguém te sacudiu pelos ombros quando ainda era tempo. Agora a argila de que és feito já secou, e endureceu, e nada mais poderá despertar em ti o músico adormecido, ou o poeta, ou o astrônomo que talvez te habitassem."*
>
> Antoine de Saint-Exupéry

No processo de construção de conhecimentos sobre a estimulação essencial, é fundamental compreender seu significado. Por isso, nosso primeiro passo será explicitar conceitos e definições apresentadas por diversos pesquisadores. Em seguida, abordaremos a história e as especificidades de cada concepção de modo a evidenciar o processo de estudo e de luta para a consolidação dessa área de conhecimento e de intervenção, cujo objetivo é atender às necessidades especiais (NE) de crianças de alto risco, com deficiência ou com atrasos no desenvolvimento.

Em um contexto de educação inclusiva, a estimulação essencial se apresenta como área de estudos e de pesquisa, mas também como medida preventiva de saúde e educação, assim como modalidade de atendimento especializado, objetivando possibilitar o desenvolvimento integral de crianças de zero a 3 anos.

1.1 Definindo termos

Antes de abordar o que, de fato, se entende por *estimulação essencial*, cabe uma discussão sobre a terminologia utilizada e seus significados e definições.

Façamos uma reflexão inicial: O que é estimulação essencial? O que esses dois termos significam?

Quando se faz uma pesquisa sobre **estimulação essencial**, surgem vários termos exclusivos da área que sofreram modificações ao longo do tempo, em razão de avanços, de descobertas, de novos recursos, práticas, técnicas e teorias e de revisões de concepções e posições teóricas. Esses termos coexistem e apresentam, dependendo do contexto, definições e significados diversos.

Analisemos a seguir a definição de alguns termos utilizados na área, a fim de compreender o que é a estimulação essencial:

- **Estimulação**: "ação ou efeito de estimular/incentivar; ação de despertar" (Michaelis, 2000, p. 896); "Incitação, animação, encorajamento" (Ferreira, 2017, p. 319).
- **Intervenção**: "Ato ou efeito de intervir, indicando uma intercessão ou mediação, em alguma situação adversa" (Michaelis, 2000, p. 1171); "Ato de intervir, interferência" (Ferreira, 2017, p. 436).
- **Precoce**: "Algo que nasce, se desenvolve ou acontece antes do tempo previsto"; "referente ao que surge ou ocorre com antecedência, fora do período habitual" (Precoce, 2015). A palavra surgiu do latim *praecox*, sendo, em português, utilizada para "qualificar um processo, uma condição ou

uma pessoa" (Michaelis, 2000, p. 1.683); "Prematuro, antecipado (Ferreira, 2017, p. 605).

- **Essencial**: "O indispensável, o necessário, algo muito importante que não pode faltar"; "Tem sua origem no latim *essentiale*, que se refere a essência, ou seja, a substância, a ideia principal, o que constitui a natureza íntima das coisas", "Algo ou alguém que é de fundamental importância, que tem um valor significativo, que é vital, imprescindível" (Michaelis, 2000, p. 884); "Indispensável, necessário" (Ferreira, 2017, p. 315).
- **Atenção**: "Aplicação cuidadosa da mente a alguma coisa; exame atento, consideração" (Ferreira, 2017, p. 75); "Processo que consiste em focalizar certos aspectos da experiência de modo que se tornem mais vivos" (Michaelis, 2000, p. 250).
- **Primordial**: "Aquilo que se organiza ou ordena primeiro, fonte, origem, o básico" (Michaelis, 2000, p. 1.697); "Básico, fundamental" (Ferreira, 2017, p. 611).

Agora, podemos pensar na junção dessas palavras e no que significam tais termos: *atenção primordial; estimulação precoce e intervenção precoce; estimulação essencial e intervenção essencial*.

Essas são expressões recorrentes no contexto da educação especial, da medicina, da educação e dos atendimentos clínicos terapêuticos destinados a bebês e crianças pequenas de alto risco ou com deficiências.

1.2 Estimulação e intervenção

O termo **estimulação precoce** deriva da tradução para a língua portuguesa do termo espanhol **estimulación temprana**. Na ausência de outra palavra para traduzir melhor seu significado, essa foi a escolhida, embora muitos autores apontem sua imprecisão, tecendo muitas críticas a seu uso.

Leitão (1983) considera que não há problemas em utilizar o termo *precoce*, desde que entendido como um conjunto de ações e experiências proporcionadas às crianças, para possibilitar o seu desenvolvimento integral. Desse modo, antecipam-se e intensificam-se os estímulos, mas sem acelerar o processo, visto que há uma necessidade maior de estimulação diante de alto risco ou de deficiências.

As necessidades essenciais de um bebê – como higiene, alimentação, proteção, estimulação e amor – precisam ser satisfeitas para que o desenvolvimento se efetive harmonicamente. Essa satisfação acontece por meio de interações com outras pessoas que propiciam contato com objetos, atividades variadas e experiências cada vez mais complexas.

Isolado, o estímulo não tem sentido; o que lhe confere sentido é a cadeia significante na qual se inscreve. Essa inscrição acontece na interação com outros sujeitos, nos vínculos, no discurso e nos afetos que lhe dão significado.

O processo de estimulação precoce não visa à reparação ou à recuperação de um sistema, mas à constituição de um sujeito desejante, à construção de um sujeito cognoscente, à formação integral da identidade de uma pessoa específica e à conquista de um espaço no mundo em que se possa ser e estar, sentindo, pensando e agindo.

Logo, a estimulação não se limita a um "bombardeio" de estímulos, visto que diz respeito a um programa organizado de atividades, recursos, experiências e relações afetivas, as quais se apresentam como estimulantes na medida em que fazem sentido para o sujeito que as recebe.

Maria Alice Motta (1988b, p. 10) indica que há um número significativo de pessoas e profissionais que confundem a estimulação precoce com aceleração do desenvolvimento, entendendo equivocadamente que apresentar uma quantidade maior de estímulos poderia significar avanços em termos de desenvolvimento e aprendizagem.

A autora defende a concepção de estimulação como apresentação dos estímulos adequados e necessários para o desenvolvimento psiconeurológico integral e harmonioso da criança. Defende, também, o uso do termo *precoce*, pois o entende como: "começar a educação o mais cedo possível" (Motta, 1988b, p. 10).

A autora ainda apresenta o seguinte conceito de *estimulação precoce*: "consiste em proporcionar a quantidade certa de estímulos adequados em todas as categorias necessárias à formação das estruturas de base da personalidade durante o período crítico e sensível de amadurecimento" (Motta, 1988b, p. 10)

Com relação à quantidade certa, Motta (1988b) afirma que há um limite de estímulos necessários ao desenvolvimento de uma função. É preciso um equilíbrio, pois tanto o excesso quanto a falta podem prejudicar o processo.

Para Motta (1988b), **estímulos adequados** são aqueles que possibilitam a organização de esquemas de ação já existentes, num processo de assimilação e acomodação, promovendo o desenvolvimento. A autora fundamenta sua concepção na epistemologia genética de Piaget (2008), e ressalta que estímulo e sujeito precisam interagir para que haja desenvolvimento. Essa interação acontece por meio de experiências em categorias diversas (sensação, movimento, símbolo, linguagem etc.).

As **estruturas de base** são as funções elementares que alicerçam o desenvolvimento das funções psicológicas superiores, entre as quais destaca-se a personalidade do sujeito.

Motta (1988b) finaliza explicando que o **período crítico e sensível** é aquele em que os estímulos produzem marcas profundas e significativas em aspectos qualitativos, relacionando-os, também, à maturação do sistema psiconeurológico, que torna esse período mais fértil no que diz respeito à aprendizagem.

Os argumentos da autora referentes ao conceito de estimulação precoce propiciam uma compreensão ampla do que é essa área de conhecimento e atuação.

O Serviço de Estimulação Precoce e Reabilitação Funcional de Cornellà de Llobregat (Espanha, 1985b) define **estimulação precoce** como a "Atenção dada às crianças na primeira etapa de seu processo de desenvolvimento, objetivando maximizar o desenvolvimento nas diferentes áreas, por meio de programas sistemáticos e sequenciais, mas que respeitam o ritmo individual e se fundamentam na plasticidade cerebral e na interação" [tradução nossa].

O Departamento de Saúde e Segurança Social da Catalunha (Espanha, 1985a), por sua vez, apresenta a seguinte definição: "É o conjunto de atividades dirigidas a crianças que apresentam transtornos no desenvolvimento psicomotor, de qualquer etiologia, de modo que recebam, de maneira efetiva e contínua, estímulos que possam facilitar seu pleno desenvolvimento" [tradução nossa].

Coriat e Jerusalinsky ([S.d.], p. 4) apresentam a estimulação precoce como uma técnica que visa apoiar a criança no desenvolvimento de seus aspectos instrumentais. Ela complementa sua tarefa cobrindo as áreas estruturais do desenvolvimento, sendo interdependente com outras disciplinas.

Encontra-se, na literatura específica sobre o tema, menções à educação precoce, à intervenção precoce/essencial, à estimulação precoce/essencial e à atenção primordial.

> **Relato pessoal**
>
> Quando iniciei minhas atividades profissionais como docente no curso de Estudos Adicionais nas áreas de deficiência intelectual, deficiência visual e surdez, havia uma disciplina denominada *Educação Precoce*, que tinha por objetivo preparar os alunos do curso para o atendimento especializado de crianças na faixa etária de zero a 6 anos, o que corresponderia, na época, à educação infantil.
>
> Havia uma divisão didática, nos conteúdos da disciplina, que organizava o atendimento de crianças de 0 a 3 anos como **estimulação precoce**, o atendimento a crianças de 3 a 6 anos, como **educação precoce**, justificada, na época (meados dos anos de 1990), pelo diagnóstico tardio, o qual era comum. Por conta disso, a estimulação era, muitas vezes, iniciada em infantes com mais idade, em programas de educação precoce. E, para aqueles em uma faixa etária mais avançada, com maior comprometimento cognitivo e psicomotor, além da estimulação, existia o **treinamento básico** de atividades de vida diária e prática (AVD e AVP), visando promover o máximo de funcionalidade e independência.

Em um artigo da *Revista Integração*, Monte e Carvalho (1996, p. 19) definem educação precoce como um "programa educacional e psicopedagógico, destinado a crianças de zero a 3 anos de idade (com deficiências e de risco) que necessitam de atenção especial para apoiar seu desenvolvimento, sua aprendizagem e sua socialização". Para as autoras, os termos *estimulação precoce* e *estimulação essencial* são utilizados na área com o mesmo significado.

Nas décadas de 1980 e 1990, três termos eram utilizados para definir esse tipo de atendimento:

1. **Educação precoce**: "atendimento prestado à criança que apresenta problemas evolutivos decorrentes de fatores orgânicos ou ambientais, por equipe multidisciplinar, com a participação efetiva da família, com o objetivo de proporcionar o seu desenvolvimento integral" (Brasil, 1984, p. 26).
2. **Intervenção precoce**: "processo que visa a detecção, diagnóstico e tratamento das alterações do desenvolvimento infantil, onde a estimulação precoce se insere como uma metodologia eminentemente educacional que objetiva o incremento da aprendizagem" (Oliveira, 1983, p. 151).
3. **Estimulação precoce**: "conjunto de ações que tendem a proporcionar à criança as experiências necessárias, a partir de seu nascimento, para garantir o desenvolvimento máximo de seu potencial, prevenindo e/ou corrigindo os distúrbios do desenvolvimento" (Bralic et al., 1979 citado por Pérez-Ramos et al., 1992, p. 9).

Trata-se de uma ação de caráter educacional, de natureza psicopedagógica e de ação mais específica; de um treinamento que visa prevenir e/ou corrigir distúrbios do desenvolvimento infantil; e de uma estimulação das funções psicomotoras que já deveriam ter sido estabelecidas em determinada etapa do desenvolvimento infantil.

Para Motta (1988a), a estimulação precoce consiste em proporcionar estímulos determinados para facilitar o desenvolvimento global da criança e, portanto, para que seu organismo desenvolva ao máximo suas potencialidades.

A **estimulação precoce** é apresentada nas Diretrizes de Estimulação Precoce do Ministério da Saúde como:

> Uma abordagem de caráter sistemático e sequencial, que utiliza técnicas e recursos terapêuticos capazes de estimular todos os domínios que interferem na maturação da criança, de forma a favorecer o desenvolvimento motor, cognitivo, sensorial, linguístico e social, evitando ou amenizando eventuais prejuízos. (Brasil, 2016c, p. 57)

Importante!

Podemos entender a estimulação precoce como um "conjunto dinâmico de atividades e de recursos humanos e ambientais incentivadores, que são destinados a proporcionar à criança, nos seus primeiros anos de vida, experiências significativas para alcançar pleno desenvolvimento no seu processo evolutivo" (Seesp; Mec; Unesco, 1995, citado por Pires, 2005, p. 61). Trata-se, portanto, de um conjunto de ações, atividades,

> recursos e técnicas terapêuticas que objetivam proporcionar à criança as experiências necessárias, de modo sistemático e sequencial, desde seu nascimento, e o desenvolvimento máximo de seu potencial, prevenindo e corrigindo as possíveis perturbações nesse processo.

Corroborando a compreensão sobre o tema, há a contribuição de Brandão (1990), segundo a qual o trabalho de estimulação precoce parte do acompanhamento clínico terapêutico de bebês e crianças de alto risco e/ou com patologias orgânicas. Esse trabalho tem como propósito propiciar a articulação entre os fatores estruturais (como a maturação e a estruturação psíquica e cognitiva) e os instrumentais (como a linguagem, a comunicação, o brincar, a aprendizagem, a psicomotricidade, a autonomia e a socialização), possibilitando o máximo de desenvolvimento. O autor aponta a função materna como fundamental para o processo de desenvolvimento/constituição da criança, principalmente através de sua reestruturação, "abrindo espaço para a constituição da criança como sujeito psíquico capaz de autossignificar-se" (Brandão, 1990, p. 55). Nesse sentido, é importante destacar o trabalho dos profissionais da estimulação precoce na tarefa de auxiliar os pais, quando do nascimento de um bebê com NE, no processo de luto pelo bebê ideal e a aceitação do bebê real, bem como na estruturação ou na reestruturação dessa função.

Navarro (2018, p. 5) caracteriza a estimulação precoce como uma ciência que se fundamenta na "neurociência, na pedagogia e nas psicologias cognitiva e evolutiva". A autora complementa a definição mencionando que sua implementação acontece "por meio de programas construídos com a finalidade de favorecer o desenvolvimento integral da criança" (Navarro, 2018, p. 5).

Concordamos com a autora e entendemos que suas colocações corroboram o que foi anteriormente exposto, principalmente quando ela destaca que a estimulação precoce se desenvolve por meio de programas de estimulação nos quais se propiciam atividades e "experiências significativas" envolvendo a senso-percepção, a exploração, a descoberta, a expressão e a ludicidade. Além disso, ela aponta que são levadas em consideração a "importância dos vínculos afetivos" e as necessidades e interesses da criança (Navarro, 2018, p. 5).

Ribeiro (2012, p. 183) utiliza o termo *atenção primordial* para designar o atendimento especializado, por equipe multidisciplinar, a bebês de alto risco e/ou com deficiências. Faz a opção por essa expressão por considerar que remete a um olhar sensível, que acolhe, toca, cuida, escuta, integra e inclui. Dessa forma, é estabelecida uma mediação que se dá pela interação afetiva e pela comunicação integral, no trabalho com os bebês de alto risco, que resgata a função da figura materna e valoriza a participação de cada profissional, no que se denomina *ação transdisciplinar*.

Hansel (2012, p. 23) aborda a atenção precoce tendo em vista a qualidade de ação da intervenção, numa perspectiva preventiva em que se trabalha com os infantes e seus familiares por meio da organização de serviços sociais, de saúde e de educação transdisciplinares.

De acordo com o Grupo de Atención Temprana (GAT, 2005, p. 12), essa ação de intervenção se dirige aos bebês e às crianças na faixa etária de zero a 6 anos, com riscos ou transtornos no desenvolvimento, englobando suas famílias e o contexto em que estão inseridos. A atividade pretende atender às crianças em suas necessidades transitórias ou permanentes de modo efetivo. Tal ação é planejada, organizada e implementada por uma equipe de profissionais que atuam interdisciplinar e transdisciplinarmente.

A estimulação precoce proposta nas Diretrizes Educacionais sobre Estimulação Precoce (Brasil, 1995a) já se organizava na perspectiva preventiva apontada por Hansel (2012) e sua ação envolvia uma equipe multidisciplinar de programas de assistência social, saúde e educação, destinados às crianças de zero a 6 anos de alto e médio risco, com deficiências e/ou com transtornos no desenvolvimento, e a seus familiares.

Há muitos termos e definições com significados semelhantes. Embora nos documentos norteadores e nas diretrizes nacionais o termo utilizado seja *estimulação precoce* – o que, de acordo com Borges (2016), acontece em virtude de sua consagração internacional e de seu uso corrente –, optou-se, neste livro, pela utilização do termo **estimulação essencial** para designar essa área de conhecimento e atuação. Além disso, essa nomenclatura compreende o trabalho que se desenvolve com os bebês e as crianças de alto risco e/ou com deficiências, bem como com seus familiares, em especial a figura materna, nos primeiros anos de vida, em que são apresentados, por meio de recursos e técnicas específicas, estímulos que possibilitam experiências significativas que contribuem para seu desenvolvimento integral, sem, contudo, comprometer sua significação.

Pesquisas da neuropsicologia sobre a plasticidade cerebral destacam que o bebê, do nascimento aos 3 anos, é mais suscetível à estimulação externa, uma vez que o sistema nervoso central (SNC) está em processo de maturação e a mielinização dos neurônios acontece de forma intensa. A **intervenção essencial**, por agir nesse momento tão decisivo, tem efeitos significativos e determinantes para o desenvolvimento integral e para a prevenção de possíveis atrasos. Borges (2016) afirma que a plasticidade cerebral e a maturação do SNC dependem da estimulação, reafirmando sua importância para o desenvolvimento integral do infante.

Compreende-se que *essencial* traduz, de modo efetivo, o significado do processo, ou seja, dar/oferecer/propiciar à criança aquilo (estímulos, afeto, relação) que é indispensável para seu desenvolvimento. Isso se torna possível graças à mediação de um profissional qualificado para tal ação, mas também em decorrência da interação com a figura materna no exercício de sua função, ou seja, cuidar, acolher, alimentar, estimular e amar.

Cabe, ainda, esclarecer que se entende a intervenção precoce/essencial como um processo mais abrangente, que envolve as prevenções primária, secundária e terciária: a detecção precoce, o diagnóstico e o atendimento da criança em desenvolvimento e de seus familiares por equipe multidisciplinar. A estimulação precoce/essencial se insere na última etapa como uma ação educacional específica, uma práxis organizada em programas compostos por um conjunto de ações, tendo como propósito proporcionar ao infante experiências essenciais para seu desenvolvimento integral.

O atendimento de estimulação essencial/precoce destina-se a crianças na faixa etária de zero a 3 anos, classificadas como de alto ou de médio risco – bebês prematuros e crianças com deficiências, perturbações e atrasos no desenvolvimento neuropsicomotor. O atendimento pode se estender até os 5 ou 6 anos a depender das necessidades e da pertinência do atendimento.

Esses processos são divididos em **preventivo** e **terapêutico ou corretivo**, de acordo com seus objetivos: prevenir e/ou evitar atrasos, possibilitando o desenvolvimento integral e harmonioso; evitar intensificações e sequelas; instrumentalizar e corrigir atrasos, minimizando os efeitos de uma deficiência; e/ou maximizar o potencial e o desenvolvimento. É válido ressaltar que, quanto mais cedo se inicia o atendimento, melhores tendem a ser os resultados da prevenção.

Agora que você já sabe o que é estimulação essencial, identificou os diferentes termos utilizados e seus significados, entrou em contato com diversos conceitos e definições apresentadas por diferentes autores, a seguir apresentaremos como se construiu a história dessa área de conhecimento e práxis.

1.3 História do atendimento em estimulação essencial

A história do atendimento em estimulação essencial é relativamente recente em todo o mundo.

Até que se organizasse como área de conhecimento e atuação, e, posteriormente, em programas com objetivos definidos, bem como com constantes norteadoras – como local, espaço, tempo, público, duração, recursos humanos e materiais, técnicas, avaliação e análise dos resultados –, foi necessário um tempo considerável.

Williams (1984, p. 39) apresenta um breve histórico dessa área, destacando que um dos primeiros trabalhos foi o de Skeels e Dye, intitulado "Um estudo sobre o efeito da estimulação diferencial em crianças mentalmente retardadas". Primeiramente, é importante esclarecer que a expressão "mentalmente retardada" era utilizada na época para se referir à criança com deficiência intelectual. O estudo consistiu em uma descoberta casual ao se observar o desenvolvimento de dois indivíduos com 18 meses de idade, com diagnóstico de "retardo mental" moderado e severo. As crianças residiam em um orfanato e foram encaminhadas, por falta de outro local, para uma instituição para mulheres com "retardo mental" leve. Após 6 meses, constataram-se mudanças no QI (quociente de inteligência) – medida muito utilizada na época para o diagnóstico do "retardo mental" – desses bebês, com aumento significativo, também observado após 40 meses (foi de 46 e 35 para 95 e 93, respectivamente).

> **Curiosidade**
>
> Os termos *oligofrenia*, *retardo mental* e *deficiência mental* foram, ao longo do século XX, utilizados para designar défices cognitivos. Progressivamente, considerando seu caráter discriminatório e as confusões geradas pela associação com a doença mental, foram substituídos pelo termo *deficiência intelectual*, que melhor define e caracteriza o quadro.

A explicação encontrada pelos autores foi formulada após a observação de que as duas crianças haviam sido "adotadas" pelas atendentes, que passaram a interagir com elas por meio de brincadeiras, conversas, passeios de carro, saídas para compras, atenção, leitura de livros, mostra de imagens, entre outras atividades.

Tomando por base a experiência com a estimulação, os pesquisadores retiraram do orfanato outros infantes com "retardo mental" com 1 e 2 anos de idade. Estes foram encaminhados para uma escola especializada, e um grupo de controle foi mantido no orfanato. O estudo teve duração de dois anos e constatou que o grupo experimental apresentou um aumento considerável de QI (27,5 pontos), ao passo que o grupo de controle demonstrou uma perda de 26,2 pontos. Desse modo, concluiu-se que a estimulação em um ambiente adequado poderia alterar o quadro de "retardo mental", possibilitando o desenvolvimento.

Levantando a hipótese de que o enriquecimento ambiental poderia influenciar positivamente o desenvolvimento infantil, bem como a de que a privação de estímulos poderia atrasar o desenvolvimento, muitas pesquisas foram desenvolvidas após os estudos de Skeels e Dye.

Pérez-Ramos et al. (1992) destaca o estudo de Spitz sobre institucionalização de bebês em orfanatos e hospitais, longe dos cuidados maternos. As mudanças de comportamento observadas pelo pesquisador foram sintetizadas num quadro que recebeu o nome *hospitalismo*, o qual, em alguns casos, progredia para a "depressão anaclítica" (Spitz, 2013), variando a depender do tempo de ausência da figura materna. O autor constatou, também, que, com o retorno ou substituição da figura da mãe, o quadro se modificava rapidamente e a criança se recuperava. O pesquisador concluiu, então, que a figura materna tem a função de mediadora no processo de estimulação do desenvolvimento do infante em seu primeiro ano de vida.

Bowlby (1960), em suas pesquisas, concluiu que a "carência afetiva" causa prejuízos ao desenvolvimento da criança. Ele acrescenta que a deficiência intelectual pode, em alguns casos, ser decorrente da privação de afetos e, por consequência, de estímulos. Há uma série de estudos que retomam a análise desse autor e a complementam. Entre estes, estão os de Prugh e Harlow (1963), que reconheceram a influência negativa da privação afetiva no desenvolvimento, destacaram a importância das figuras materna e paterna no desenvolvimento do infante e ressaltaram a necessidade de cuidado ao se assinalar apenas a carência afetiva como fator causador dos transtornos do desenvolvimento.

Destacam-se, também, os estudos de Richardson (citado por Williams, 1984) e Oliveira (1978) sobre efeitos da desnutrição e carência alimentar no desenvolvimento da criança; o de Barnard (citado por Williams, 1984) sobre prematuridade; e, ainda, o de Lorenzo (1983) sobre o apego. Essas pesquisas permitem concluir que as crianças com transtornos no desenvolvimento apresentam alterações nos vínculos, visto que a interação entre a figura materna e o bebê não acontece de forma adequada, em razão da falta de gratificação e da redução nas possibilidades de ação pelas limitações do infante. Aqui se salienta um ponto crucial na estimulação, que é buscar melhorar a relação entre as figuras parentais e o bebê mediante orientações e acompanhamento.

Nos anos de 1950 (Pérez-Ramos et al., 1992, p. 6), proliferaram-se estudos sobre a privação cultural relacionando fatores socioeconômicos, estimulação ambiental e sua influência no desenvolvimento. Na análise de Pérez-Ramos, esses estudos aumentaram o interesse em pesquisas sobre estimulação ambiental, na medida em que negavam o "caráter fixo da inteligência", além de caracterizar diferentes tipos de estimulação e seus resultados.

Patto (1973) cita alguns pesquisadores que contribuíram de modo significativo para a área de estimulação precoce. Entre eles, destacam-se: Luria, Vygotsky, Ausubel (1965) e Anastasi (1965), cujas pesquisas abordam a estimulação psicossocial relacionando-a às experiências das crianças, nos primeiros anos de vida, como incentivadoras do desenvolvimento, em especial da linguagem e, portanto, como fatores importantes para a aprendizagem escolar. Há também, nesses estudos, a conclusão de que o enriquecimento ambiental contribui para o desenvolvimento.

Há, ainda, as pesquisas de Condemarin e Milic (1986) e Wein (1970) sobre privação psicossocial e carência cultural, as quais apontam que nem sempre as crianças oriundas de ambientes com rico acervo cultural pertencem a famílias de nível socioeconômico elevado. A qualidade da estimulação revela-se mais importante, sendo preciso considerar outros fatores que podem ser negativos nesse processo, como excesso de estímulos, carência de estimulação humana ou de recursos no ambiente familiar (contato limitado e pouca conversa ou inadequação no uso da linguagem; limitação ou inexistência de exploração de objetos) e ambiente emocional inadequado (perda dos pais, tensão, doenças, alcoolismo, uso de drogas, limitações econômicas, ausência dos pais em decorrência de trabalho excessivo ou de interesses externos etc.).

Tais estudos, na análise de Pérez-Ramos et al. (1992, p. 9), "serviram não só para formar a estrutura básica, como também para motivar o desenvolvimento de um corpo de estudo independente, que vem a ser o da estimulação precoce".

Na década de 1970, de acordo com Williams (1984), surgiram discussões sobre períodos críticos para a realização da intervenção, bem como a tese de que, fora de tais períodos, não haveria resultados positivos. Alguns médicos afirmavam que esse período ocorreria nos dois primeiros anos de vida, momento em que se completaria a mielinização dos neurônios; outros, que ocorreria nos três primeiros anos. Havia, ainda, aqueles que acreditavam que ocorreria até os 5 anos. Atualmente, os neuropsicólogos e neurocientistas entendem que o período mais fértil para estimulação é o dos três primeiros anos, em que a plasticidade neuronal abre janelas de oportunidade. Lima e Fonseca (2004) destacam que, nesse período, o sujeito é mais suscetível à estimulação, caracterizando o período como crítico para o desenvolvimento e ótimo com relação à plasticidade neuronal.

Caldwell (1970) e Holy (1973) destacam, em suas pesquisas, que, quanto mais cedo as crianças suscetíveis (alto risco) ou com deficiências são detectadas e encaminhadas para programas de estimulação, melhores tendem a ser os resultados. A detecção e a intervenção precoces vão se firmando como ações preventivas importantes.

Segundo Pérez-Ramos et al. (1992), há, nesse período, uma gama considerável de estudos sobre fatores de risco ambientais e/ou somáticos nas fases pré-natal, perinatal e pós-natal como determinantes de alto risco para deficiência e/ou atrasos no desenvolvimento. Entre os fatores de risco, são mencionados: histórico familiar, doenças e intercorrências durante a gestação, intercorrências no momento do parto e doenças e intercorrências após o nascimento, com destaque para a desnutrição, os maus-tratos e a carência de estimulação.

Nos Estados Unidos, em meados da década de 1960, surgiram os primeiros programas sistemáticos de intervenção precoce, que se propunham a prevenir o fracasso escolar de crianças carentes econômica e culturalmente: os projetos Head Start e Follow Through. Em 1972, os americanos complementaram o Head Start com o Home Start, projeto que visava capacitar a família para assumir a responsabilidade pela estimulação dos filhos e para utilizar os recursos comunitários disponíveis, englobando programas de nutrição, saúde e educação.

Na América Latina, os primeiros programas de intervenção precoce surgiram nos anos de 1960, momento em que foi fundado, no Uruguai, o Instituto Interamericano del Niño (Williams, 1984). No Brasil, esses programas surgiram apenas na década de 1970.

Em um contexto marcado pelo sucesso de alguns programas e pelo fracasso de outros, a estimulação precoce consolidou-se como uma área de conhecimento e atuação fundamental para a compreensão do processo de desenvolvimento infantil, para a intervenção preventiva, no alto risco, e para a terapêutica, na presença de deficiências e/ou atrasos no desenvolvimento.

Williams (1984) destaca, ainda, os estudos de Lazar, os quais apontaram o efeito significativo, a longo prazo, da estimulação, corroborado pelo fato de que um número consideravelmente menor de crianças que passaram por programas de intervenção precoce foram encaminhadas para programas escolares especializados. Além disso, houve a redução do índice de repetência nas classes regulares.

Os estudos de Bricker, Seibert e Caruso (citados por Williams, 1984) sobre a intervenção precoce em crianças com síndrome de Down, por sua vez, constataram mudanças significativas no desenvolvimento, expressas pelas alterações na classificação do QI. Na década de 1960, essas crianças eram classificadas como "severamente retardadas" em manuais de diagnóstico. Sua inserção nos programas de intervenção precoce e a participação dos pais promoveram mudanças no funcionamento intelectual, de modo que a classificação também se alterou para "moderada ou leve". Assim, os pesquisadores constataram a importância de que elas fossem cuidadas e estimuladas pela família, que recebia orientação dos profissionais, para ajudar no desenvolvimento da criança, opondo-se à internação em instituições especializadas, prática comum na época.

Uma observação importante referente à ausência de rigor científico em algumas pesquisas, bem como a questões éticas não observadas na época, é traçada por Williams (1984). Atualmente, há um rigor significativamente maior com relação aos resultados das pesquisas, assim como comitês de ética que orientam seu desenvolvimento. No entanto, a falta de rigor não desqualifica as pesquisas realizadas, apenas indica a necessidade de uma análise crítica de seus resultados, considerando o contexto em que foram realizadas.

No Brasil, apesar de poucos estudos terem sido realizados, eles foram relevantes, na medida em que consideraram o contexto nacional e a questão da privação cultural (Pérez-Ramos, 1992).

Em 1969, no Segundo Congresso Brasileiro de Deficiência Mental, houve a apresentação e a publicação (nos Anais) de trabalhos sobre a relação entre subdesenvolvimento e deficiência mental (hoje denominada *deficiência intelectual*), com análises de aspectos pediátricos, neurológicos, psicológicos, psiquiátricos e pedagógicos (Pérez-Ramos, 1992).

Estudos sobre a carência cultural e sua relação com o processo de desenvolvimento cognitivo foram realizados por Patto (1973), contribuindo consideravelmente para a compreensão sobre as influências de aspectos socioeconômicos e culturais no desenvolvimento infantil, num país marcado historicamente por profundas desigualdades sociais.

Em 1970, a Prefeitura de São Paulo instituiu um projeto pioneiro de educação compensatória, para atender a crianças em situação de carência cultural, na faixa etária de zero a 6 anos, alunas das creches municipais.

Nessa época, o Brasil carecia de estudos sobre fatores de alto risco. Estes abordavam questões relativas à carência nutricional, à prematuridade, à anóxia[1] neonatal e à desidratação, sem, contudo, indicar qualquer forma de intervenção. As pesquisas de Marcondes (1970) tratam do desenvolvimento das crianças com desnutrição e dos atrasos de linguagem nos prematuros. Já as de Rugolo et al. (1986) abordam as alterações de comportamento (sono, alimentação, ansiedade etc.) em bebês com desnutrição gestacional.

Pérez-Ramos (1982, p. 12) ressalta que as pesquisas sobre o alto risco foram determinantes para a formulação e implementação dos programas de prevenção e de intervenção precoce voltados para essa clientela – bebês e gestantes de alto risco. Nesse período, foram definidos os fatores que caracterizam as gestantes de risco: doenças como diabetes e cardiopatias,

---

1 Anóxia: falta de oxigenação.

histórico de prematuridade anterior, abortos espontâneos, patologias genéticas, dependência química, carência socioeconômica, gravidez precoce, entre outros.

Estratégias e ações de detecção e diagnóstico precoce passaram a ser desenvolvidas e foram fundamentais na prevenção e na intervenção precoce. Esses trabalhos foram desenvolvidos por equipes multidisciplinares, e a coleta de dados foi analisada em uma abordagem científica que resultou em um encaminhamento para o atendimento especializado, isto é, para a intervenção precoce.

O diagnóstico era realizado por meio de anamnese, de exames clínicos, de avaliação psicológica, fonoaudiológica e fisioterápica, bem como por exames complementares. Assim, o estágio de desenvolvimento, a presença dos fatores de risco, o ambiente e a relação familiar eram analisados. Esse protocolo de avaliação, ainda muito utilizado, apareceu em trabalhos como os de Hunter et al. (1972) e Pérez-Ramos (1982).

Pérez-Ramos (1982) cita os trabalhos de Giannini (1972) e Frankenburg (1973) sobre o diagnóstico pré-natal de fatores de risco genéticos e bioquímicos, bem como de quadros neurológicos que podem causar atrasos no desenvolvimento, questões importantes para a detecção precoce e para a intervenção precoce.

Com relação ao período neonatal, foram formulados instrumentos de avaliação do RN, entre os quais Pérez-Ramos (1982) cita as escalas de Drumwright (1972) para a detecção de problemas auditivos, de Barker, para problemas visuais, e de Brazelton (1973), para avaliação neurológica e comportamental.

Já na década de 1970, iniciou-se um movimento de críticas às técnicas de medida usualmente utilizadas para a avaliação do desenvolvimento mental (cognitivo), como os testes de inteligência e os *baby tests*. As contribuições de Piaget sobre a construção da inteligência nos diferentes estágios do desenvolvimento foram fundamentais para mudanças no processo de avaliação, superando-se a medida quantitativa e incorporando-se uma análise qualitativa.

Eram muito utilizadas nas avaliações as escalas de Cattell, de Bayley, de Brunet-Lézine e o teste de Denver. Algumas destas ainda são utilizadas, principalmente pelos neurologistas. Houve a elaboração da escala de Uzgiris e o teste de Casati-Lézini, baseados nos estudos de Piaget; mas esses não avaliavam todos os aspectos do desenvolvimento, conforme assinala Pérez-Ramos (1982).

Progressivamente, foram confeccionadas escalas de observação do desenvolvimento, importantes para a detecção precoce de crianças de alto risco ou com deficiências, que avaliavam o comportamento espontâneo. No Brasil, era utilizada, nessa época, as escalas de Pérez-Ramos – "Passos básicos do desenvolvimento da criança" – e de Marinho – "Cartão do desenvolvimento da criança".

Williams (1984) aponta que, no contexto brasileiro da época, o diagnóstico tardio das deficiências e a detecção tardia de atrasos no desenvolvimento impediam as ações preventivas e a intervenção precoce. Até meados da década de 1990, era comum que as crianças recebessem o diagnóstico quando já se encontravam em idade escolar, após os 6 anos, fase em que os atrasos já estão instalados e as dificuldades são notórias.

Essa realidade sofreu mudanças significativas nos últimos anos. Atualmente, as equipes de saúde e os profissionais da área médica têm feito a detecção com tempo hábil para o encaminhamento a programas de intervenção precoce, mas ainda é preciso melhorar.

O ingresso das crianças nos programas de educação infantil tem possibilitado a observação de sinais de risco e atrasos no desenvolvimento, bem como o consequente encaminhamento para avaliação e estimulação precoce, concomitantemente a sua frequência na rede regular de ensino.

A estimulação precoce nos anos 1990, na análise de Hansel (2012, p. 50), sofreu reformulações importantes sob a influência de dois modelos de análise do desenvolvimento infantil: o ecológico (Bronfenbrenner, 1979) e o transacional (Sameroff; Chandler, 1975). Esses modelos contribuíram para uma evolução nas ações de estimulação precoce, ao reconhecerem e destacarem a função da família no processo de desenvolvimento da criança. Com isso, passou-se a considerar como elementos importantes no processo e que influenciam o desenvolvimento infantil a família, seus laços com a criança, a relação entre seus membros e a sua interação com a comunidade da qual faz parte, além de outros espaços e contextos nos quais a criança está inserida (escola, grupos sociais, comunidade etc.).

Hansel (2012) ressalta que o bem-estar familiar passou a ser foco do programa de estimulação precoce, o qual ganhou caráter de parceria e compartilhamento nas interações entre a família e os profissionais.

Quanto aos programas de estimulação e intervenção precoce, Pérez-Ramos et al. (1992) destaca que eles se organizaram para atender às necessidades de públicos específicos, como crianças com deficiências, bebês de alto risco ou em situação de vulnerabilidade, e, portanto, apresentam características diferenciadas. O propósito era estimular o desenvolvimento das crianças, considerando suas características e necessidades, proporcionando experiências e atividades enriquecedoras, organizadas e planejadas para esse fim.

De acordo com Pérez-Ramos et al. (1992), alguns dos objetivos dos programas de intervenção precoce são:

- evitar a ocorrência das deficiências e de suas consequências mediante o acompanhamento pré-natal;
- disseminar informações sobre detecção precoce, marcos do desenvolvimento e possibilidades de intervenção precoce nas comunidades;
- orientar os familiares quanto aos cuidados e à educação das crianças nos primeiros anos de vida;
- promover mudanças no ambiente familiar da criança com deficiência ou de alto risco, por meio de acompanhamento psicológico e de orientações quanto às ações de estimulação.

Há, ainda, programas de intervenção para gestantes de alto risco, que acompanham a gravidez, o parto e o desenvolvimento do bebê; programas para atenção pré-gestacional, que envolvem aconselhamento para planejamento gestacional; programas de intervenção materno-infantil destinados a comunidades carentes e vinculados a instituições de saúde e de educação; programas de estimulação sociofamiliar desenvolvidos em maternidades para acompanhamento de bebês RN de alto risco, em unidades de terapia intensiva (UTIs) neonatais; programas de acompanhamento e complementação nutricional; entre outros.

No contexto brasileiro, os primeiros programas de estimulação precoce foram criados por iniciativa da Associação de Pais e Amigos dos Excepcionais (Apae), da Sociedade Pestalozzi e por órgãos governamentais responsáveis pela educação especial (Pérez-Ramos et al., 1992). Eles foram organizados para a detecção precoce, para o diagnóstico multidisciplinar, para a implementação da estimulação precoce, mantendo currículo próprio nas áreas psicomotora, cognitiva, linguística, social e emocional. O público atendido era de bebês de alto risco e crianças com deficiências e/ou atrasos no desenvolvimento.

Esses programas contavam com uma equipe multidisciplinar, que acompanhava todo o processo – detecção, diagnóstico e intervenção –, geralmente, composta de médicos (oftalmologista, pediatra, neurologista etc.), psicólogos, fonoaudiólogos, fisioterapeutas, assistentes sociais, pedagogos, psicopedagogos, terapeutas ocupacionais, enfermeiras, professores, entre outros. O voluntariado também era constante em tais programas, ofertados por instituições filantrópicas, mantidas com ajuda governamental, via convênios.

Assim, os programas de intervenção precoce, que começaram timidamente, organizaram-se e tornaram-se essenciais para o desenvolvimento de bebês de alto risco e de crianças com deficiências ou atrasos no desenvolvimento. Um dos feitos marcantes desses programas foi a produção de cartilhas de orientação, publicadas e distribuídas gratuitamente pelos organismos governamentais ligados aos projetos sociais, à saúde, à educação e aos direitos da criança e das pessoas com deficiência.

Documentos legais também contribuíram para o reconhecimento dos direitos das crianças e de suas mães, incluindo: a atenção primária, a prevenção, o atendimento pré-natal, a detecção, o diagnóstico, a pré-escolaridade, os programas de intervenção precoce, o acompanhamento médico, a vacinação, entre outros.

Da Constituição Federal de 1988, passando pelo Estatuto da Criança e do Adolescente (Lei n. 8.069, de 13 de julho de 1990 – Brasil, 1990), pela Declaração de Salamanca (ONU, 1994), pela Lei de Diretrizes e Bases da Educação Nacional (LDBEN – Lei n. 9.394, de 20 de dezembro de 1996 – Brasil, 1996), pelas Diretrizes Nacionais para Educação Infantil, até a Lei de Inclusão – Lei n. 13.146, de 6 de julho de 2015 (Brasil, 2015), muitas transformações aconteceram. Isso representou avanços na área da estimulação precoce no Brasil. As crianças de zero a 5 anos passaram a ter o direito à educação assegurado pela legislação geral e específica.

Goretti (2012) menciona que, ao considerar a educação infantil como primeira etapa da educação básica, a LDBEN n. 9.394/1996 atribuiu à educação a responsabilidade pela estimulação precoce. As instituições de educação infantil passaram a atender crianças de zero a 5 anos, com ou sem deficiências, assumindo a responsabilidade de promover seu desenvolvimento integral, complementando a ação da família e da comunidade (Brasil, 1996), num contexto inclusivo.

Avanços na medicina pré-natal, perinatal e pós-natal, na neonatologia, na neurologia e em outras especialidades médicas aumentaram as chances de sobrevivência de muitos bebês considerados de alto risco, tornando necessários programas de estimulação precoce para atender a uma demanda crescente.

Estudos sobre plasticidade cerebral (Luria; Coriat; Jerusalinsky), modificabilidade cognitiva (Feuerstein; Beyer), desenvolvimento e aprendizagem (Piaget, Vygotsky), psicomotricidade (Fonseca; Wallon), estimulação sensorial

(Montessori), entre outros, também representaram contribuições importantes para a área.

> **Curiosidades**
>
> **Alexander Luria** (1902-1977): neuropsicólogo russo, colaborador de Vygotsk. Dedicou-se a pesquisas sobre o funcionamento cerebral como suporte para o psicológico; a influência da cultura no processo de desenvolvimento cognitivo; e a plasticidade cerebral (capacidade de recuperação das funções mentais). Buscou compreender a inter-relação entre as funções psicológicas superiores e sua base biológica (Oliveira, 2005).
>
> **Reuven Feuerstein** (1921-2014): Romeno que empreendeu esforços em pesquisas sobre mediação, tendo como base os estudos de Vygotsky sobre a mediação simbólica. Formulou o conceito de experiência da aprendizagem mediada, propondo a modificabilidade estrutural cognitiva por meio das interações mediadas. Elaborou o Programa de Enriquecimento Instrumental (PEI) para promover essa modificabilidade e criou o dispositivo de avaliação do potencial de aprendizagem (*learning potential assessment device* – LPAD), instrumento para avaliação do potencial de aprendizagem (Meier; Garcia, 2009).

> **Hugo Otto Beyer**: pesquisador brasileiro que estuda a teoria da modificabilidade cognitiva de Feuerstein, e utiliza o PEI no Brasil.
>
> **Vitor da Fonseca**: pesquisador português, contemporâneo, cujos estudos versam sobre psicomotricidade, desenvolvimento infantil e modificabilidade cognitiva.
>
> **Maria Montessori** (1870-1952): médica, psicóloga e educadora italiana que estudou a estimulação sensorial, desenvolvendo um método de trabalho conhecido mundialmente – método Montessori. Neste, por meio do movimento e do toque as crianças conhecem o mundo, as propriedades dos objetos e aprendem.

A detecção acontece cada vez mais cedo, o que possibilita encaminhamentos imediatos para intervenção precoce, acompanhamento do desenvolvimento e orientação familiar. Exames pré-concepcionais, pré-natais e do RN podem fazer o diagnóstico de doenças, deficiências ou intercorrências precocemente, oportunizando a prevenção primária e secundária.

Contudo, ainda há carências nessa área. Uma vez que nem todas as crianças têm acesso à educação infantil e aos programas de saúde, nem sempre a detecção é precoce, a avaliação diagnóstica pode ser demorada e, muitas vezes, não há vagas para atendimentos especializados em intervenção precoce ou acesso a programas de estimulação precoce, principalmente em municípios distantes dos centros urbanos ou das capitais. Há, ainda, muito a ser feito nessa área de conhecimento e atuação.

Nesta seção, relatamos um pouco da história da estimulação essencial e das pesquisas que lhe deram fundamento. Agora, fazemos a você o convite de refletir, com base em suas experiências, sobre a realidade de seu município no que diz respeito às questões abordadas sobre carência afetiva, carência nutricional, privação cultural, detecção precoce, acompanhamento pré-natal, acesso à educação infantil, a programas de saúde, a atendimento médico, à intervenção essencial e a programas de estimulação.

1.4 Inclusão e estimulação essencial

O atendimento escolar de crianças com deficiências foi ao longo do tempo marcado por discriminação e preconceito. O momento de matrícula da criança na escola de educação infantil ou de ensino fundamental, muitas vezes, vinha acompanhado de uma negativa, assim que se identificava a deficiência.

A luta de pais, familiares e profissionais para que as crianças com deficiências tivessem acesso à escola regular foi árdua. Concordamos com Costa (2013) quando afirma que, na década de 1990, essa luta se intensificou e conquistas importantes se efetivaram, resultando em leis e políticas públicas para sua efetivação.

Historicamente, as crianças com necessidades educacionais especiais (NEE) foram segregadas em espaços exclusivos, isoladas do convívio com crianças sem NEE. Posteriormente, foram colocadas nas escolas tradicionais regulares, que, embora abrissem exceções, legitimavam as desigualdades em classes especiais, uma forma de segregação no interior da escola. Nas últimas décadas do século XX, essas crianças foram integradas em uma escola classificatória, que tolerava suas NEE, oferecendo, na medida do possível, apoio pedagógico e salas de recursos. Por fim, foram inseridas em escolas regulares inclusivas, teoricamente preparadas para respeitar as diferenças e valorizar a diversidade, mediar o conhecimento e oferecer a todos as mesmas oportunidades educativas, sendo adaptadas para garantir aprendizagem.

É muito comum que crianças com NEE em processo de inclusão educacional encontrem dificuldades no contexto escolar. É preciso refletir cuidadosamente sobre isso, pois nem sempre frequentar uma escola regular significa inclusão, e, nem sempre, a escola é de fato inclusiva. Reflexão necessária, mas a discussão fica para outro momento!

Atualmente, vivemos em um contexto inclusivo, no qual a legislação garante o direito de todos à educação de qualidade, independentemente de suas características, desde a educação infantil até o ensino superior.

Os primeiros programas de estimulação surgiram da necessidade de oferecer educação infantil a crianças com deficiências e/ou atrasos no desenvolvimento que não eram aceitas em escolas de educação infantil regulares. As Apae e outras associações de pais foram pioneiras na abertura desses programas, modificados à medida que avanços na legislação garantiram a inclusão.

Cabe, aqui, citar, como exemplos, duas instituições que são referência no atendimento de intervenção precoce/essencial e estimulação precoce/essencial em Curitiba: o Centro de

Estimulação e Desenvolvimento da Apae (Cedae) e a Associação Mantenedora do Centro Integrado de Prevenção (Amcip).

O Cedae é um centro de estimulação e desenvolvimento, mantido pela Apae de Curitiba, que oferece o programa de intervenção essencial e estimulação essencial atendendo bebês de alto risco, com atrasos no desenvolvimento e/ou com deficiências, para a população em geral. Trata-se de uma instituição privada, filantrópica, mantida pela Apae por meio de recursos próprios, promoções, doações e recursos oriundos de convênios com órgãos governamentais.

A instituição, que iniciou suas atividades na década de 1980, oferece atendimentos terapêuticos com uma equipe multidisciplinar, atualmente, composta de profissionais de serviço social, psicologia, pedagogia, neuropediatria, fisioterapia, fonoaudiologia, terapia ocupacional, musicoterapia e nutrição. Também oferece o serviço de estimulação precoce, no qual atuam pedagogos/professores especializados. Outras atividades ofertadas são natação adaptada, hidroterapia e circuito psicomotor, sob a orientação de professor de educação física especializado. Ainda há a oferta de educação infantil na Escola de Estimulação e Desenvolvimento – Cedae: Educação Infantil e Ensino Fundamental – Anos Iniciais – Modalidade Educação Especial; atendimentos especializados; avaliações diagnósticas e acompanhamento familiar. Além disso, a instituição desenvolve a estimulação essencial, acompanha e reavalia as crianças, procedendo aos encaminhamentos necessários.

A Amcip, instituição filantrópica, sem fins lucrativos, oferta atendimento especializado, mediante intervenção essencial e estimulação essencial, destinado a bebês de alto risco e crianças com deficiências. Iniciou suas atividades no ano de 1995.

Atualmente, mantém o Centro de Reabilitação e a Escola de Educação Básica Marisa Amada Pires Sella, escola de educação infantil na modalidade especial.

> **Importante!**
>
> O programa de intervenção essencial engloba avaliação diagnóstica; elaboração de programas de intervenção; acompanhamento familiar; atendimentos clínico-terapêuticos de serviço social, psicologia, neuropediatria, pediatria, psiquiatria, oftalmologia, pedagogia, terapia ocupacional, fisioterapia, nutrição e reeducação visual; estimulação essencial, que é desenvolvida por professores especializados; e acompanhamento das crianças que frequentam, concomitantemente, educação infantil em instituições regulares de ensino.

Em 1998, foi criado o Centro Lekotek, no estado do Paraná, uma franquia social de origem sueca que emprega brinquedos interativos na estimulação essencial, promovendo a inclusão social. E, em 2005, passou-se a utilizar o método Snoezelen, desenvolvido originalmente na Holanda, que destaca a importância da estimulação sensorial e a sua relação com a plasticidade cerebral.

Sella (2005) esclarece que o movimento Lekotek (*lek* indica "brincar", e *tek*, "biblioteca") nasceu em 1963, em Estocolmo, quando os pais de algumas crianças especiais compartilharam, entre si, conhecimentos e materiais sobre novas maneiras de interação com seus filhos, visando a inclusão. A estimulação, nesse contexto, dava-se por intermédio de jogos e brinquedos, com a participação efetiva da família.

Na qualidade de método de intervenção precoce/essencial, esse movimento se disseminou progressivamente, chegando aos Estados Unidos, em 1980, à Argentina, em 1990, e ao Brasil, em 1995. Em território brasileiro, disseminou-se como franquia social com programas em São Paulo (Centro de Habilitação Promove), no Paraná (Amcip), em Santa Catarina (Instituto Pedagógico de Reabilitação e Inclusão – Ispere), em Minas Gerais (Federação Estadual das Instituições de Reabilitação – Fibiex) e em Pernambuco (Clínica de Reabilitação).

O brincar, segundo essa metodologia, fortalece os vínculos entre a criança e os adultos (familiares e ludoeducadores); estimula a exploração, a descoberta e a construção espontânea; desenvolve a comunicação, a imaginação e a criatividade; estimula a autonomia, desafiando e, simultaneamente, dando segurança. O Lekotek considera que todas as brincadeiras são educativas e possibilitam o autoconhecimento, a interação social e cultural, a resolução de problemas, as relações e a aprendizagem.

O trabalho é desenvolvido, conforme Sella (2005), pelo ludoeducador, um líder Lekotek. Esse profissional, num primeiro momento, mostra o brinquedo disposto no espaço em que a criança se encontra, permitindo a ela explorá-lo; posteriormente, apresenta-o indicando suas possibilidades, de modo que a criança perceba o material; por fim, brinca com ela, estreitando vínculos, interagindo, mas dando-lhe espaço para criação.

As famílias são convidadas a participar dos encontros de jogos quinzenalmente, por uma hora, junto com a criança. Nesse caso, os brinquedos também são selecionados pelo profissional, que leva em consideração as potencialidades do objeto lúdico.

Já o Snoezelen, segundo Sella (2005), é utilizado pelos holandeses desde 1970, com crianças com atrasos no desenvolvimento; em 1991, chegou à Dinamarca; em 1992, à Inglaterra; em 1993, à Suécia; e, ao Brasil, em 2005, sendo aplicado exclusivamente pela Amcip. O termo significa "ver, explorar e relaxar". O método consiste em oferecer às crianças especiais um espaço rico em estímulos sensoriais, no qual haja luz, sons, cores, formas, texturas, aromas e sabores. Trata-se de uma sala especialmente organizada para essa experiência, com materiais específicos. Sua utilização exige a importação desses materiais, a aquisição do direito de uso e o apoio técnico dado pela Amcip, que detém o registro da marca no Brasil. Essa exploração tem potencial de promover prazer e relaxamento, estimular os sentidos e as funções cognitivas, além de facilitar as aprendizagens.

A educação infantil é direito de todas as crianças, tenham ou não NEE, sendo oferecida na rede pública. Todavia, na prática, isso não se efetiva, visto que faltam vagas e os critérios para matrícula nem sempre possibilitam o acesso. Há oferta de educação infantil privada, mas a condição financeira das famílias brasileiras nem sempre permite que essa seja uma opção.

Quanto ao bebê de alto risco ou com deficiências, a inclusão pode ser feita nas instituições de educação infantil regulares. Concomitantemente, eles podem e devem participar de programas de intervenção precoce oferecidos nas redes pública e privada, em centros de estimulação vinculados a instituições especializadas e organizações não governamentais (ONGs). Nesses espaços, são ofertados estimulação essencial, atendimentos clínicos e terapêuticos necessários, apoio e orientação familiar, além de orientações para a instituição de educação infantil regular.

> **Importante!**
>
> Receber o atendimento especializado na intervenção e estimulação essencial propicia a prevenção de atrasos, a superação de dificuldades, e promove o desenvolvimento integral e harmonioso, garantindo que o processo de inclusão se efetive.

Segundo Fonseca (2012), a intervenção precoce guarda em si a ideia de que os estímulos devem ser proporcionados o mais cedo possível, para garantir bons resultados no que se refere ao desenvolvimento e à aprendizagem de crianças com NEE.

Fonseca (2012, p. 60) acrescenta que "A intervenção precoce deve levar em conta não só o apoio à criança como também o apoio à sua família, desde as medidas de prevenção, aos cuidados materno-infantis inerentes ao nascimento e ao desenvolvimento precoce, até ao período de entrada para a pré-escola (dos 0 aos 3 anos)". Desse modo, o autor conclui que o trabalho conjunto dos profissionais da intervenção precoce, dos profissionais da escola inclusiva e dos familiares contribui para a redução do grau da deficiência e das dificuldades da criança. Isso maximiza seu potencial e viabiliza o sucesso da inclusão como possibilidade de aprender num contexto que respeita as diferenças e valoriza a diversidade.

Entende-se que a intervenção essencial e a estimulação essencial se estruturam em processos de acompanhamento do desenvolvimento infantil, incluindo medidas de prevenção, acompanhamento gestacional, cuidados com o bebê e sua mãe, do nascimento aos primeiros anos de vida, nas mais variadas esferas como: saúde, vacinação, alimentação, estimulação, vinculação e, especialmente educação e escolarização.

Síntese

Neste capítulo, apresentamos os termos utilizados e as definições da estimulação precoce, área de estudo, pesquisa, conhecimento e atuação. Abordamos sua história e os pesquisadores que formaram sua base teórica.

Conforme demonstramos, a estimulação essencial é um processo que pretende estimular integralmente o desenvolvimento de crianças de alto risco ou com diagnóstico de deficiências e/ou doenças, de modo preventivo, ou seja, procurando evitar possíveis atrasos. Trata-se, ainda, de um processo que permite a atuação terapêutica ou corretiva, quando há atrasos já detectados, de modo a evitar intensificações e a possibilitar ao máximo o desenvolvimento.

A estimulação essencial é efetivada por meio de ações educacionais planejadas e organizadas, com objetivos e técnicas, recursos e instrumentos específicos, aplicados por profissionais qualificados e em ambiente especial, com a participação da família. Destina-se a crianças na faixa etária de zero a 3 anos, podendo se estender até os 5 ou 6 anos, quando necessário, em virtude do diagnóstico tardio, das características do sujeito ou, ainda, da deficiência e de limitações dela decorrentes.

Na condição de medida preventiva, procura estimular o desenvolvimento integral de bebês de médio/alto risco ou com deficiência (visual, auditiva, física, intelectual, múltipla), com detecção precoce, e de crianças com atrasos em seu desenvolvimento ou risco de atraso em razão de situação de vulnerabilidade socioeconômica e cultural, para evitar intensificações.

O processo objetiva estruturar ou reestruturar a função materna, tão importante para o desenvolvimento da criança, a fim de possibilitar um espaço no qual ela possa imergir e no qual haja continência para os sentimentos que permeiam essa relação.

Os pais e demais familiares são chamados a participar do processo de desenvolvimento da criança, recebendo orientações, treinamento para desenvolver as atividades e exercícios, e, principalmente, apoio emocional e atendimento terapêutico, a fim de que possam expressar seus sentimentos e elaborá-los diante dos medos, das frustrações e das preocupações que vivenciam ao cuidar da criança.

A relação estabelecida com a comunidade é caracterizada pela responsabilidade social, que requer a produção e o compartilhamento de conhecimentos, a divulgação de informações, bem como a luta por inclusão, prevenção primária, saúde, educação infantil de qualidade, e participação efetiva da família e da criança, como cidadãos de direitos.

Indicações culturais

Filme

O ENIGMA de Kaspar Hauser. Direção: Werner Herzog. Alemanha: Werner Herzog Filmproduktion; Zweites Deutsches Fernsehen, 1974. 110 min.

O filme conta a história de Kaspar Hauser, um jovem encontrado vagando em Nuremberg, falando apenas uma palavra e portando uma carta que contava parte de sua história. O garoto viveu até os 16 anos em um porão, sem contato com o mundo externo. A obra possibilita uma interessante reflexão sobre a falta de estimulação e sobre sua importância no desenvolvimento das interações sociais e das relações afetivas.

Livros

MEIER, M.; GARCIA, S. **Mediação da aprendizagem**: contribuições de Feuerstein e Vygotsky. Edição do autor. Curitiba: [s.n.], 2009.

Leitura interessante sobre a mediação na concepção de Feuerstein e de Vygotsky. Possibilita uma boa reflexão sobre a aprendizagem mediada.

PATTO, M. H. de S. **Privação cultural e educação pré-primária**. Rio de Janeiro: J. Olympio, 1973.

A autora aborda questões cruciais sobre a privação cultural e o processo de desenvolvimento da criança nos primeiros anos de vida. Leitura fundamental para compreender a importância da intervenção essencial e da estimulação essencial para o processo de desenvolvimento infantil, tendo em vista uma reflexão sobre a privação cultural na realidade brasileira.

SPITZ, R. **O primeiro ano de vida**. São Paulo: M. Fontes, 2013.

> O autor aborda, de modo descritivo e minucioso, as interações emocionais entre a figura materna e o bebê durante o primeiro ano de vida. Leitura imprescindível para os pais e profissionais que atuam no atendimento de bebês, seja na estimulação essencial, seja na educação infantil.

Sites

AMCIP – Associação Mantenedora do Centro Integrado de Prevenção. Disponível em: <http://www.amcip.com.br/home.php>. Acesso em: 12 jun. 2020.

> O *site* da Amcip apresenta, entre outras informações, sua história, sua forma de atuação, seus projetos, e o método Snoezelen, com fotos ilustrativas.

CENTRO LEKOTEK PARANÁ. Disponível em: <https://lekotek-parana.wordpress.com/>. Acesso em: 12 jun. 2020.

> Portal que contém informações sobre a Lekotek e fotos ilustrativas.

Atividades de autoavaliação

1. Assinale a alternativa que apresenta a definição correta de *estimulação precoce*.
    a) Conjunto de estratégias e técnicas que visa à reparação ou à recuperação de um sistema com transtornos

decorrentes de uma doença ou deficiência, promovendo sua correção e o desenvolvimento integral.

b) Processo que objetiva a aceleração do desenvolvimento, mediante a apresentação de uma quantidade grande de estímulos em uma sequência rápida e em um curto espaço de tempo, promovendo avanços no desenvolvimento e na aprendizagem.

c) Conjunto de ações cujo objetivo é oferecer à criança, desde o seu nascimento, uma série de experiências que explorem ao máximo seu potencial, de modo a prevenir ou corrigir atrasos em seu processo de desenvolvimento.

d) Ação de caráter eminentemente corretivo que, mediante o treinamento de funções psicomotoras em atraso, objetiva normalizar o processo de desenvolvimento da criança na faixa etária de zero a 3 anos.

e) Modalidade da educação infantil ofertada na rede regular de ensino para crianças de zero a 5 anos com necessidades educacionais especiais (NEE) decorrentes de deficiências, objetivando a reeducação psicomotora.

2. Nas décadas de 1980 e 1990, três termos eram utilizados para definir o atendimento dado a crianças com atrasos no desenvolvimento. Relacione os termos a seus significados.
   1) Educação precoce
   2) Intervenção precoce
   3) Estimulação precoce
   ( ) Conjunto de ações aplicadas para proporcionar à criança, nos primeiros anos de vida, variadas experiências, as quais devem garantir ao máximo

seu desenvolvimento, prevenindo e/ou corrigindo as alterações nesse processo.

( ) Atendimento destinado a crianças que apresentam atrasos no desenvolvimento em razão de fatores orgânicos ou ambientais. Visa proporcionar o desenvolvimento integral dessas crianças, mediante a atuação de uma equipe multidisciplinar composta por profissionais da área da saúde e da educação, além da participação de suas famílias.

( ) Processo em que se realiza a detecção precoce, o diagnóstico e o tratamento de crianças de alto risco ou com atrasos no desenvolvimento, sendo a estimulação precoce uma metodologia educacional, que faz parte desse processo, visando maximizar as experiências de aprendizagem.

Agora, assinale a alternativa que apresenta a sequência correta de preenchimento dos parênteses:

a) 3-2-1.
b) 2-1-3.
c) 1-3-2.
d) 3-1-2.
e) 2-3-1.

3. Assinale a alternativa que melhor caracteriza o atendimento em estimulação essencial.

a) Atendimento educacional preventivo e terapêutico destinado a bebês de alto risco, com deficiências e atrasos no desenvolvimento, na faixa etária de zero a 3 anos.

b) Atendimento clínico terapêutico destinado a bebês de alto risco, com deficiências e/ou síndromes, na faixa etária de zero a 12 meses.

c) Atendimento médico preventivo e terapêutico destinado a bebês de médio e de alto risco, com doenças ou deficiências, na faixa etária de zero a 3 anos, podendo se estender até 5 ou 6 anos, dependendo das necessidades da criança.

d) Atendimento educacional especializado, realizado por equipe multidisciplinar, destinado a bebês de alto risco ou com deficiências, na faixa etária de zero a 2 anos, com enfoque terapêutico e corretivo.

e) Tratamento clínico e educacional especializado para bebês e crianças na faixa etária de zero a 7 anos, com diagnóstico de deficiências, ofertado por instituições especializadas.

4. Os estudos de diversos pesquisadores, ao longo do século XX, formaram uma base teórica que influenciou o desenvolvimento da estimulação precoce como área independente de estudo, pesquisa e atuação. Considere as opções a seguir como temas abrangidos por pesquisas nessa área:

I) Importância da estimulação ambiental e os efeitos da carência ambiental no processo de desenvolvimento humano.

II) O papel da interação afetiva e da privação afetiva para o desenvolvimento infantil.

III) A nutrição adequada e a carência nutricional como fatores intervenientes no processo de desenvolvimento.

IV) O aumento da estimulação ambiental como elemento acelerador do desenvolvimento infantil.

V) O intervalo de menos de um ano entre o nascimento dos filhos e a relação com os cuidados maternos

Estão corretas as proposições em:

a) I, II, III e IV.
b) IV e V.
c) II, IV e V.
d) I, II e III.
e) I e IV.

5. Analise as afirmativas a seguir com relação aos objetivos da intervenção precoce, segundo Pérez-Ramos et al. (1992).

I) Prevenir a ocorrência das deficiências e de suas consequências mediante o acompanhamento pré-natal.

II) Fornecer informações sobre detecção precoce, marcos do desenvolvimento e possibilidades de intervenção precoce nas comunidades.

III) Promover melhorias no ambiente familiar da criança com necessidades especiais, oferecendo acompanhamento psicológico e orientações em relação às práticas de estimulação.

IV) Oferecer orientação aos pais no que tange aos cuidados, à estimulação e à educação dos bebês e das crianças pequenas.

V) Promover a melhora da autoestima dos pais por meio do atendimento terapêutico psicológico.

Agora, assinale a alternativa correta:

a) Apenas as afirmativas III e IV estão corretas.
b) Todas as afirmativas estão corretas.
c) Todas as afirmativas estão incorretas.
d) Apenas as afirmativas I e IV estão corretas.
e) Apenas a alternativa V está correta.

Atividades de aprendizagem

Questões para reflexão

1. Faça uma pesquisa, na internet ou em livros, sobre carência afetiva, privação cultural e carência nutricional. Registre os conhecimentos obtidos e reflita sobre essas questões e sua relação com o processo de desenvolvimento infantil. Produza um texto com base em suas reflexões.

2. Pesquise a história da educação especial e da inclusão de crianças de zero a 3 anos em programas educacionais no Brasil. Consulte livros, artigos, dissertações de mestrado e teses de doutorado. Organize uma linha do tempo assinalando as datas, os períodos e os acontecimentos marcantes, destacando a evolução e os períodos críticos.

Atividades aplicadas: prática

1. Entreviste um profissional da educação especial que trabalhe com estimulação essencial há, pelo menos, 5 anos. Faça perguntas a ele sobre a história dessa área de atuação e a sua caracterização. Organize previamente um roteiro com questões que você considere importantes.

2. Visite um centro de estimulação essencial ou uma instituição que ofereça esse programa educacional. Converse com os profissionais, observe o trabalho desenvolvido, o espaço e os materiais utilizados e, por fim, registre os dados coletados. Apresente as informações coletadas aos seus colegas ou familiares, para, em seguida, discutir o assunto.

Capítulo 2
Desenvolvimento infantil

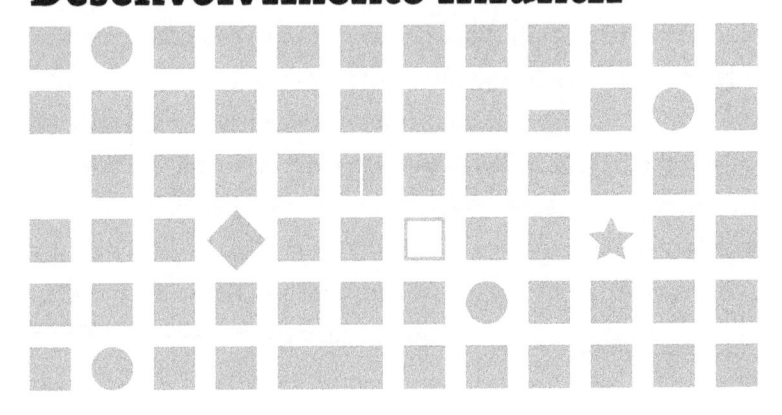

> "[...] Aquele que imagina que todos os frutos amadurecem ao mesmo tempo, como as cerejas, nada sabe a respeito das uvas."
>
> Paracelso

O desenvolvimento infantil depende, por um lado, da maturação biológica e, de outro, da interação estabelecida com outros sujeitos. Nesse aspecto, a nutrição, a estimulação e o afeto são elementos essenciais.

Esse processo é o tema deste capítulo, no qual apresentaremos as considerações de diferentes pesquisadores que o estudaram e desenvolveram teorias a seu propósito.

2.1 Processo de desenvolvimento infantil

O bebê humano, ao nascer, depende integralmente de outro indivíduo para se desenvolver. Torna-se humano na relação com outro sujeito humano de quem recebe cuidados, satisfazendo suas necessidades básicas, como higiene, alimentação e calor. Esse outro também estimula seu desenvolvimento e estabelece um vínculo afetivo primordial para seu crescimento.

No processo de desenvolvimento infantil, parte-se de uma base biológica que precisa ser nutrida. No entanto, são necessários, também, estímulos mediante interações para que estruturas neuronais se desenvolvam e funções psicológicas superiores se constituam.

Ao nascer, o bebê apresenta um conjunto de funções denominadas *elementares*, que garantem sua sobrevivência, englobando atividades respiratórias, digestórias, cardiorrespiratórias, reflexos arcaicos, entre outras.

Durante o desenvolvimento, essas funções amadurecem e outras surgem. Aquelas mais complexas são denominadas *funções psicológicas superiores*. Alguns exemplos são atenção, concentração, memória, pensamento e linguagem. Para que isso aconteça, a estimulação é fundamental, sendo acompanhada da nutrição adequada, que possibilita a mielinização dos neurônios e do estabelecimento de uma relação afetiva positiva, na qual se deseja o desenvolvimento desse bebê.

Conhecer o processo de desenvolvimento infantil é de suma importância para a estimulação essencial. Também convém conhecer as concepções de Sigmund Freud (1856-1939) e da psicanálise; de Jean Piaget (1896-1980) e da epistemologia genética; de Henri Wallon (1879-1962) e da psicogênese; e de Lev Vygotsky (1896-1934) e da psicologia histórico-cultural. As propostas desses teóricos possibilitam compreender as transformações humanas em seus diferentes aspectos.

Nas seções a seguir, trataremos do pensamento desses pesquisadores para montar um quadro geral do desenvolvimento infantil.

2.2. As contribuições da psicanálise para a compreensão do processo de desenvolvimento infantil

Ao nascer, o bebê humano é imaturo, precisa ser estimulado e estabelecer uma relação afetiva com as figuras parentais (figuras materna e paterna), que garantem a satisfação de suas necessidades básicas e, também, de seus desejos. Com base nessa relação, o infante se constituirá ao longo do tempo como sujeito desejante, "num processo de construção marcado pela imitação, pela identificação e pelo submetimento às necessidades afetivas do Outro" (Grassi, 2004, p. 25).

A sensibilidade que o bebê tem de si é, inicialmente, inconsciente. Rege-se pelo **princípio do prazer**, buscando a satisfação imediata das necessidades biológicas. Seus sentimentos são expressos em representações mentais cuja origem está, justamente, nas sensações corporais. Para Mauco (1977), essa busca não se limita à satisfação da necessidade biológica, mas, principalmente, estende-se à relação com o outro e à **satisfação de um desejo**. O que diferencia o desejo da simples busca pela satisfação da necessidade é a capacidade de enunciá-lo ao outro, de ser recebido por ele, de se expressar e de se verbalizar, possibilitando o acesso à linguagem.

Entre o bebê e a figura materna há uma relação afetiva em que é possível uma troca profunda de sensações e uma comunicação chamada por Ajuriaguerra (citado por Grassi, 2004) de *diálogo tônico*[1].

Antes do nascimento, já há uma história aguardando pelo bebê. Ao longo de sua vida, é essa história que o situa em uma cultura e em uma família. Um outro (figura materna) o aguarda e construirá com ele uma unidade. Há um espaço a ser preenchido por esse bebê; um espaço de desejo, simbólico e repleto de significações atribuídas pelas famílias materna

---

[1] Diálogo tônico: comunicação primária entre a mãe e o bebê, na qual a linguagem é corporal, inconsciente e exprime desejos, angústias, afetos e evasivas.

e paterna. Leal (1995) assinala que há uma demanda de amor que faz os pais falarem da criança, mesmo antes de seu nascimento. Quando esta nasce, ela não é sujeito de sua fala, mas está sujeita à fala do outro. A dependência e o desamparo do bebê têm relação com a biologia, mas também com a impossibilidade de responder às exigências do amor dos pais.

O bebê precisa da figura materna para se constituir sujeito. Segundo Oliveira e Carvalho (citados por Brauer, 1995), a mãe é responsável pela educação do filho, oferecendo-se a ele como o Outro que guarda os significantes que lhe serão emprestados, formando a célula narcísica na qual se apresentam como inseparáveis ligados numa simbiose afetiva e na qual há a sensação de completude.

A figura materna atende às necessidades básicas do bebê, empresta a ele seus significantes, atribui significados a seus sentimentos e satisfaz seus desejos, disponibilizando um espaço no qual ele vai se constituindo.

Grassi (2004) reafirma que o desejo materno possibilita o desenvolvimento e a constituição do sujeito. A figura materna exerce uma função essencial nessa constituição, pois é, de acordo com Mauco (1977, p. 52), "o alimento essencial para o desenvolvimento mental". Trata-se da figura central que lhe possibilita quase todas as experiências nos campos fisiológico, afetivo, psíquico e cognitivo. Isso se dá por meio do alimento, do estímulo, do movimento, da audição, da visão, da preensão, da segurança, do calor, da fala, do afeto, da satisfação, do desejo etc. Assim, a mãe direciona o bebê para o que "lhe convém" e "lhe dá prazer", ou seja, escolhe os estímulos, as ações e os objetos com os quais ele pode interagir.

Por meio dos cuidados maternos, do investimento afetivo, da estimulação, dos toques, da fala e da significação que a mãe lhe atribui, o corpo do bebê é, progressivamente, erogeneizado[2], unificado e construído imaginariamente. Uma identidade constitui-se graças à imagem do Outro, num processo de identificação no qual se dá ao sujeito nome e características, fala-se dele, com ele e por ele.

Nesse contexto, qual seria a função da figura paterna? De acordo com Cabas (2005), a figura paterna transmite ao filho os valores da cultura à qual pertence; dá nome ao bebê; serve-lhe de modelo e autoridade que disciplina, colocando limites, representando a lei, e garantindo segurança. O pai também rompe a célula narcísica e a sensação de completude na relação da figura materna com o bebê. Por esse motivo é interpretado como castrador e causador de frustração, na medida em que impõe limites na relação exclusiva entre mãe e bebê.

Grassi (2004, p. 33) destaca que:

> É a função paterna, exercida pela mediação simbólica do pai que se coloca entre a mãe e a criança rompendo a célula narcísica mãe-bebê, o que permite o acesso da criança a um lugar de desejo autônomo e a constituição do sujeito ao nível da linguagem. O pai é o terceiro elemento na relação triangular de funções (complexo de Édipo) e é aquele que vai privar a criança da relação exclusiva com a mãe. Sentido como ameaçador, de início, vai ser simbolizado gradativamente, o que permitirá ao bebê constituir-se como sujeito desejante.

---

2   Erogeneizado: investido por afetos e significados.

Para Jerusalinsky (2012), o bebê – planejado ou não, fruto da união entre os gametas masculino e feminino, da relação afetiva entre dois sujeitos desejantes ou não de um filho – já existe psiquicamente nos pais muito antes de ser gerado. O bebê é esperado durante a gestação, momento em que acontecem os preparativos para sua chegada; estes vão dos mais simples aos mais sofisticados, o que depende das condições emocionais, socioeconômicas e culturais dos pais e de suas famílias.

O nascimento de uma criança envolve muitas expectativas e desejos. Muitas vezes as figuras parentais imaginam um rosto, características físicas e emocionais, escolhem seu nome, projetam seu futuro, fazem planos, falam com ele, dele e por ele.

Dessa forma, o nascimento marca a entrada do bebê no espaço do desejo a ser preenchido por ele, mas que está repleto de significações atribuídas pelas figuras parentais. Quando de sua chegada, se fazem necessárias adaptações em um sistema relacional preexistente que se modifica justamente por sua presença. Inicia-se, então, o processo de desenvolvimento e constituição de um sujeito e de sua personalidade.

Freud, com base em seus estudos sobre as causas da neurose, fez uma importante descoberta sobre o desenvolvimento da criança. Constatou que há sexualidade no infante, mas que esta é diferente da existente no adulto, posto que ainda não está desenvolvida (Freud, 2006).

> **Importante!**
>
> Assis (2007) destaca que, depois da descoberta freudiana, as fases do desenvolvimento infantil não podem ser consideradas como simples estágios cumpridos em direção à vida adulta, mas compreendidas como etapas fundamentais para a constituição da personalidade do sujeito. Essas fases são marcadas por pulsões sexuais parciais, que lhes dão nome.

Nesse ponto, cabe tratarmos das fases do desenvolvimento psicossexual e suas características.

Do nascimento até por volta dos 2 anos, o bebê encontra-se em **fase oral**. A energia concentra-se na região da boca, utilizada para satisfazer a necessidade básica de alimentação, mas também para explorar o meio e obter prazer (Santos, 2016). O objeto é o seio materno, sendo o prazer (diminuição da tensão) e o desprazer (aumento da tensão) relacionados à saciedade e à fome, respectivamente.

O prazer, experimentado pelo bebê, no início da fase oral, ao receber o alimento e ter satisfeita sua necessidade básica de alimentação, por meio da amamentação, confere à boca (lábios e mucosa interna) o *status* de zona erógena (revestida de energia/libido), ou seja, que possibilita o prazer corporal. Freud (2006, p. 172) define zona erógena como "uma parte da pele ou da mucosa em que certos tipos de estimulação provocam uma sensação prazerosa".

É pela boca que o bebê, de acordo com Freud (2006), conhece o meio em que está inserido. É muito comum que bebês nessa faixa etária levem à boca os objetos que segura. Há a transferência do prazer experimentado, inicialmente, na boca pela alimentação, para outros objetos que lhe são apresentados pelo Outro ou alcançados com as mãos. Nessa fase, o infante suga por prazer e não apenas para obter o alimento. Há um ciclo que se repete: fome, desprazer, amamentação, prazer, saciedade e exploração através da boca, prazer, repetição, e saciedade.

Entre 2 e 4 anos, a criança passa pela **fase anal**. A energia (libido) se concentra na porção inferior do trato digestório, ou seja, na região anal. Nessa fase, realiza-se o treino do controle esfincteriano uretral (urina) e anal (fezes), o que é permitido pela maturação orgânica. Segundo Grassi (2004), trata-se de uma fase importante, na qual há a imposição de limites, e a criança aprende a adiar a satisfação das necessidades para um momento mais oportuno. Nesse momento, ela descobre a possibilidade de aumento do prazer pela retenção e pela eliminação; além disso, ela percebe que pode controlar a figura materna, agradá-la ou desagradá-la, por meio da retenção ou da eliminação das fezes.

É possível observar um interesse crescente da criança, nessa fase, por suas fezes, inclusive com ações e tentativas de manipulação (Santos, 2016). Freud (2006, p. 175-176) afirma que as fezes são sentidas pela criança "como parte de seu próprio corpo, representando o primeiro 'presente': ao desfazer-se dele, a criaturinha pode exprimir sua docilidade perante o meio que a cerca, e ao recusá-lo, sua obstinação."

Assis (2007) reforça que a ansiedade, a atenção e as exigências mais ou menos rigorosas da figura materna no controle esfincteriano, além da satisfação da criança nesse controle, são fatores determinantes no processo de constituição de sua personalidade.

A **fase fálica** tem início por volta dos 3 anos e se estende até os 5 anos, aproximadamente. A energia (libido) se concentra nos órgãos genitais, momento marcado pela descoberta da diferença sexual anatômica. Freud (2006) explica que o prazer de tocar o próprio corpo, em especial os órgãos genitais, aparece e está relacionado à experimentação e à exploração desse corpo.

O complexo de Édipo surge nessa fase, bem como a castração, possibilitando a identificação com as figuras parentais, a formação da identidade feminina ou masculina, e a constituição da personalidade. A criança percebe que a figura materna não é fálica, ou seja, não tem o falo e o poder que este garante. A figura paterna, por sua vez, entendida como fálica, opera a castração, isto é, coloca um limite na relação entre a figura materna e a criança, evidenciando que a mãe tem outros interesses além do filho, como um relacionamento com essa figura paterna.

Grassi (2004) ressalta que a castração é determinante para a constituição de um sujeito desejante que partirá em busca da satisfação de seus próprios desejos, tendo constituído sua identidade, mas estando também submetido a leis, regras e limites de sua cultura, essenciais para a vida em sociedade.

Conforme Assis (2007), essa é uma fase repleta de conflitos, na qual há, ao mesmo tempo, amor e ódio às figuras parentais. Ao fim dessa etapa de desenvolvimento, ocorre a repressão da sexualidade da criança e a entrada na fase de latência.

A **fase de latência** inicia-se por volta dos 6 anos e se estende, aproximadamente, até os 11 anos, momento em que acontece a puberdade. Nessa fase, há o aumento progressivo do interesse pelo conhecimento científico. Os impulsos sexuais ficam adormecidos e as pulsões se direcionam para o desejo de saber mais e de aprender, atividades que passam a ser fonte de prazer (Santos, 2016).

A puberdade marca a passagem da fase de latência para a **fase genital**. As mudanças causadas pelos hormônios recuperam os impulsos sexuais, mas, agora, numa perspectiva adulta. Inicia-se a adolescência. Conflitos edipianos retornam e podem ser elaborados. Há, também, a vivência de conflitos de identidade, busca por autonomia, emancipação das figuras parentais, identificação com seus pares, grupos de amigos, podendo surgir problemas com drogas, sexo e violência.

> **Importante!**
>
> Assis (2007) considera que a maior contribuição da psicanálise é evidenciar a necessidade de se conhecer a criança em sua integralidade, englobando: suas características; seus pais e/ou responsáveis; sua família; o lugar que ela ocupa na estrutura familiar; a fase do desenvolvimento em que se encontra; o modo como o desenvolvimento tem se processado do nascimento até o momento da análise; os problemas, as dificuldades ou os conflitos que ela enfrenta; o relacionamento entre os pais, entre eles e a criança, e com a família; os atendimentos que a criança recebe ou já recebeu; e o modo como ela se relaciona com outras pessoas em outros contextos.

2.3 O desenvolvimento infantil na epistemologia genética de Piaget

Para Piaget (2015, p. 11), o desenvolvimento mental é uma construção contínua em que há ajustes, mobilidade e flexibilidade, "uma equilibração progressiva, uma passagem contínua de um estado menor de equilíbrio para um estágio de equilíbrio superior." No que tange às funções da inteligência e da afetividade, o autor acrescenta que "quanto mais estáveis, mais haverá mobilidade." (Piaget, 2015, p. 12).

O desenvolvimento se organiza em estágios com características específicas referentes ao pensamento:

> Cada estágio é caracterizado pela aparição de estruturas originais, cuja construção o distingue dos estágios anteriores. O essencial dessas construções sucessivas permanece no decorrer dos estágios ulteriores, como subestruturas, sobre as quais se edificam as novas características. [...]. Mas a cada estágio correspondem também características momentâneas e secundárias, que são modificadas pelo desenvolvimento ulterior, em função da necessidade de melhor organização. Cada estágio constitui então, pelas estruturas que o definem, uma forma particular de equilíbrio, efetuando-se a evolução mental no sentido de uma equilibração sempre mais completa. (Piaget, 2015, p. 13-14)

Antes de caracterizar os estágios do desenvolvimento, faz-se importante apresentar alguns conceitos da epistemologia genética, que possibilitam uma maior compreensão dessa teoria. A **inteligência** é entendida, por Piaget, como **adaptação**, tendo como função, segundo Dolle (2000, p. 57), "estruturar e organizar o universo do próprio sujeito". O sujeito é ativo, ou seja, há ação por parte da criança sobre os objetos a conhecer, sendo preciso que esses objetos despertem seu interesse e a necessidade de conhecê-lo, o que acontece de acordo com o estágio de desenvolvimento em que ela se encontra. Os mecanismos da adaptação são a assimilação, os esquemas de ação e a acomodação.

> **Importante!**
>
> A **adaptação** pode ser entendida como o equilíbrio entre a assimilação e a acomodação. A **equilibração**, por sua vez, é o resultado do processo de conhecimento no qual a afetividade tem um papel fundamental. A **assimilação** refere-se "[à] incorporação de novos elementos à estrutura mental existente", estes são retirados do meio através das experiências (Piaget, 2015, p. 15). Já a **acomodação** corresponde à "capacidade de modificar e/ou reajustar os esquemas de assimilação, pressionados pelo meio externo, de modo a alcançar a adaptação" (Piaget, 2015, p. 16). Além disso, os **esquemas de ação** são as experiências que podem ser generalizadas e aplicadas em outras situações. Por fim, a **afetividade** é a energia que move o sujeito em direção ao conhecimento e desperta sentimentos como interesse, motivação e entusiasmo (Piaget, 2015).

O sujeito, diante de situações novas e desafiadoras, experimenta uma desequilibração. Assim, a busca pela equilibração (adaptação) impele-o a agir. Isso possibilita o desenvolvimento de estruturas de pensamento mais complexas. Logo, quanto mais desafios são apresentados aos sujeitos, maiores são as possibilidades de ampliação de conhecimentos, desde que se considere, também, a importância da afetividade nesse processo. Além disso, faz-se necessário que os desafios sejam adequados ao nível de pensamento do sujeito e as possibilidades motrizes, ou seja, que os objetos sejam desafiadores, motivadores e interessantes, nem além nem aquém.

O primeiro estágio denomina-se **sensório-motor** e se estende do nascimento até, aproximadamente, os 2 anos. Esse estágio se divide em três subestágios: o estágio dos reflexos, o estágio dos hábitos motores e primeiras percepções organizadas, e o estágio da inteligência sensório-motora (Piaget, 2015).

O desenvolvimento psicomotor, progressivamente, proporciona mais oportunidades de exploração do meio e dos objetos, contribuindo para o processo de construção da inteligência da criança. Os reflexos arcaicos se modificam, as possibilidades motrizes se ampliam, permitindo a manipulação dos objetos, o que favorece a construção de estruturas cognitivas cada vez mais complexas. O desenvolvimento da inteligência, nesse estágio, é marcado por manifestações específicas denominadas, por Piaget, de **reações circulares**; nestas, a criança repete suas ações conforme seus resultados, mas acrescentando, progressivamente, elementos novos.

Piaget (2015) alerta que as respostas do recém-nascido (RN) aos estímulos são reflexas, mas, em hipótese nenhuma, passivas, posto que suas ações indicam a existência de "assimilação sensório-motora". O reflexo de sucção, por exemplo, aperfeiçoa-se por meio do exercício, sendo, progressivamente, acompanhado pela discriminação e pela generalização. Nesse momento, o bebê coordena os movimentos dos braços e da sucção, o que indica assimilação. Em seguida, os exercícios se tornam mais complexos, e as percepções, organizadas, formando novos hábitos, como seguir com o olhar objetos em movimento, segurá-los e manipulá-los.

O bebê se movimenta e o resultado de seus movimentos lhe interessa. Isso caracteriza as **reações circulares primárias**, marcadas pela transição das ações reflexas para as ações inteligentes (entre 3 e 6 meses), presentes no subestágio dos reflexos. Essa reação pode ser observada quando a criança reproduz um movimento para obter novos resultados. Um exemplo seria quando casualmente a criança bate com as mãos em um móbile que se encontra pendurado em seu berço; essa ação provoca o movimento do objeto, o resultado observado pela criança a surpreende, levando-a à repetição do movimento para causá-lo novamente. Esse tipo de comportamento regido pela sensação e pelo movimento é designado como *esquema sensório-motor* (Piaget, 2015).

Entre 8 e 10 meses, no subestágio dos hábitos motores e primeiras percepções organizadas, as **reações circulares secundárias** se caracterizam pelo surgimento da intencionalidade e a construção de esquemas de ação. Essas reações podem ser identificadas no momento em que a criança percebe que sua ação tem o potencial de reproduzir o movimento feito por uma ação anterior. Piaget (2015, p. 18) ressalta que a criança não se limita a reproduzir os movimentos, "mas os varia intencionalmente para estudar os resultados destas variações, entregando-se a verdadeiras explorações". Isso fica claro quando, por exemplo, a criança joga objetos ao chão, a fim de observar e analisar como caem, onde caem e quais suas trajetórias.

Finalmente, no subestágio da inteligência sensório-motora, entre 10 e 24 meses, as **reações circulares terciárias** se caracterizam pela ação que reproduz de maneira intencional um movimento, repetindo-o para obter novos resultados; rolar objetos, amassar e desamassar uma caixa, passar água de um recipiente para outro, usar um objeto para pegar ou aproximar outro são alguns exemplos.

Segundo Davis e Oliveira (2010, p. 47), os problemas que se apresentam ao bebê são práticos e resolvidos com base na sensopercepção e nos esquemas de ação psicomotores. Nessa etapa do desenvolvimento, o infante já exibe condutas inteligentes, mas não conta com o pensamento. Isso acontece porque ainda não representa mentalmente suas ações, não tem a capacidade para recordar o que passou ou planejar ações futuras.

A criança explora o meio utilizando-se de esquemas de ação sensório-motores como segurar, apertar, morder, bater, jogar, entre outros. Essas ações lhe permitem conhecer e consolidar conceitos relacionados ao uso que faz do objeto, por exemplo, se gira ou não, se cai ou não, se rola ou não, se é mole ou duro, entre outros. O jogo de exercício psicomotor se efetiva nessa fase, sendo marcado pela exploração, pelo exercício e pela repetição.

Nessa fase, há a construção da identidade, quando se consolida a noção de "eu", da diferenciação entre si mesmo e os objetos e entre estes e suas funções. Inicia-se aí a estruturação das noções de espaço, tempo e causalidade. Isso torna os esquemas de ação mais complexos e dá origem à função simbólica, que sinaliza a passagem para o estágio seguinte.

Ainda durante esse primeiro estágio, constrói-se a noção de objeto permanente, ou seja, a criança percebe que as pessoas e os objetos continuam existindo mesmo que não estejam em seu campo de visão.

Piaget (2015, p. 16) destaca que esse estágio é caracterizado por um significativo desenvolvimento mental:

> no ponto de partida deste desenvolvimento, o recém-nascido traz tudo para si ou, mais precisamente, para o seu corpo, no final, isto é, quando começam a linguagem e o pensamento, ele se coloca, praticamente, como um elemento ou um corpo entre os outros, em um universo que construiu pouco a pouco, e que sente depois como exterior a si próprio.

O bebê passa de um estado de dependência para um estado de independência psicomotora ao longo dos dois primeiros anos de vida. Isso se dá em decorrência das interações estabelecidas com os objetos do conhecimento e as pessoas com quem convive. Nesse contexto, a afetividade tem um papel importante no processo de desenvolvimento e na construção da inteligência.

Entre os 2 e os 6 anos, a criança encontra-se no estágio **pré-operatório**, que tem como marco inicial a linguagem. Esta, segundo Piaget (2015, p. 23), capacita a criança a "reconstituir suas ações passadas sob forma de narrativas, e de antecipar suas ações futuras pela representação verbal". A linguagem também marca o início do pensamento, bem como da socialização e da interiorização da ação. Progressivamente, a inteligência representativa desenvolve-se, possibilitando a simbolização, na qual se evocam objetos ou situações mediante sinais e símbolos.

A imitação, na condição de jogo simbólico em que o pensamento repousa sobre a intuição, tem como função "satisfazer o eu por meio de uma transformação do real em função dos desejos" (Piaget, 2015, p. 29). Ela está presente nas atividades lúdicas em que o faz de conta, acompanhado da linguagem verbal oral e da imaginação, ocupa posição central.

No estágio pré-operacional, o pensamento é **egocêntrico**, ou seja, centrado no próprio sujeito e apresenta como características o animismo[3], o antropomorfismo[4] e a transdedutividade[5] (Davis; Oliveira, 2010).

O estágio **operatório concreto** inicia-se por volta dos 7 anos e segue até, aproximadamente, os 11 anos. Caracteriza-se pela objetivação e a descentralização do pensamento, assim como pela ampliação da socialização. Nessa etapa, a criança passa a coordenar, analisar, sintetizar diferentes pontos de vista, chegando a conclusões com apoio concreto. Ela passa a compreender noções como: conservação de peso, volume, massa, líquido, espaço, número; reversibilidade; e agrupamentos operatórios de classificação e seriação. As interações sociais aprimoram-se e os jogos de regras são as atividades lúdicas centrais.

No estágio **operatório formal** o pensamento liberta-se das limitações da realidade concreta. A partir dos 12 anos, o sujeito passa a considerar a realidade possível, levantar e analisar hipóteses, em suma, utilizar-se do raciocínio hipotético-dedutivo. Trata-se do nível de pensamento mais complexo e do grau máximo do desenvolvimento cognitivo. Desse momento em

---

[3] Animismo: "empresta 'alma' às coisas e aos animais, atribuindo-lhes sentimentos e intenções próprias do ser humano" (Davis; Oliveira, 2010, p. 49).

[4] Antropomorfismo: "atribuição de uma forma humana a objetos e animais" (Davis; Oliveira, 2010, p. 50).

[5] Transdedutividade: parte do particular para o particular para entender ou explicar fatos (Davis; Oliveira, 2010).

diante o pensamento passa apenas a sofrer ajustes, aperfeiçoamentos e solidificações.

> **Importante!**
>
> As indicações de faixa etária para cada estágio são apenas referências, pois há variações a depender de diferenças individuais, da estimulação recebida, do contexto socioeconômico e cultural e de transtornos no processo de desenvolvimento.

2.4 As contribuições de Wallon e da psicomotricidade para a compreensão do desenvolvimento infantil

Wallon dedicou-se em suas pesquisas a descrever a gênese dos processos psíquicos humanos, elegendo como objeto de estudo a criança em processo de desenvolvimento. Além disso, buscou contribuir para a educação dos pequenos, por considerar a infância etapa primordial do desenvolvimento humano.

O teórico propôs-se, então, a investigar a criança por meio do método materialista dialético[6], ao longo de sua evolução psíquica, marcada por diversos estágios, nos vários campos de atividades. Postulou, na análise de Zazzo (Dantas, 1983), que a emoção vincula a criança ao ambiente em que está inserida.

Segundo Wallon (2010), o sujeito se constitui nas interações com o meio, nas investigações que empreendeu considerava

---

[6] Materialismo: a natureza é anterior ao pensamento e a existência antecede o conhecimento; dialética: disciplina da razão para apreender a realidade em seus eventuais conflitos e contradições.

suas relações com a criança, englobando aspectos afetivos, cognitivos e motores, assim como seus vínculos.

Na proposta walloniana, o desenvolvimento humano acontece em etapas ordenadas que se caracterizam por determinadas necessidades e interesses, sendo dada fase preparatória para a seguinte e assim sucessivamente. Em cada uma, há o estabelecimento de um tipo particular de interação entre a criança e o meio cultural de que faz parte, além do ritmo funcional do organismo.

O aspecto orgânico determina uma sequência fixa que ordena as etapas, mas não sua duração, que varia dependendo das interações sociais e das especificidades da criança. Galvão (2017) assinala que o ritmo é descontínuo, caracterizado por avanços, retrocessos, rupturas e reviravoltas. Os estágios sucedem-se e, na passagem de um para o outro, há uma reformulação em que crises se instalam, decorrentes de conflitos endógenos (internos) e exógenos (externos) que impulsionam o processo de desenvolvimento.

Deve-se salientar nessa teoria a ideia de que progressivamente a determinação social passa a ocupar o espaço que, inicialmente, era exclusivo da determinação biológica. Funções psicológicas superiores desenvolvem-se graças à interação da criança com a cultura e não apenas em decorrência da maturação do sistema nervoso central (SNC).

> **Importante!**
>
> O desenvolvimento da inteligência depende da maturação biológica, das condições oferecidas pela cultura e da apropriação do sujeito, numa interação complexa e dinâmica em permanente processo de especialização.

Ao nascer, o bebê apresenta automatismos primários, reflexos arcaicos ou reflexos maturativos, que são reações automáticas desencadeadas por estímulos específicos. Ao longo do primeiro ano de vida, esses reflexos vão enfraquecendo, sendo substituídos por comportamentos motores organizados, à medida que o SNC amadurece e a criança se desenvolve. Grassi (2004) afirma que essa substituição é necessária, pois, do contrário, não haveria o desenvolvimento das condutas psicomotoras. A presença desses reflexos no nascimento e a sua substituição ao longo do desenvolvimento indicam a integridade neurológica.

Holle (1990) descreve os principais reflexos arcaicos:

- **Reflexo de sucção**: presente desde o nascimento, permite ao bebê alimentar-se, sendo desencadeado quando qualquer objeto é posicionado próximo aos lábios, à língua e à região ao redor da boca. Enfraquece até ser substituído pela mastigação, por volta dos 9 meses.
- **Reflexo de Darwin ou de preensão palmar**: presente desde o nascimento, é engatilhado por um toque na palma da mão do bebê, que se fecha, segurando o que lhe tocou, com força, com dificuldade para soltar. Enfraquece até ser substituído, por volta dos 6 meses, pela preensão voluntária, momento em que o bebê consegue segurar e soltar os objetos com facilidade, de acordo com suas vontades.
- **Reflexo de Babinski ou de preensão plantar**: presente desde o nascimento, é ativado por um toque na planta do pé do bebê, que reage esticando os dedos como um leque e, depois, os contraindo como se fosse segurar algo. Enfraquece,

progressivamente, até ser substituído em torno dos 9 meses, momento em que o bebê começa a ficar em pé com apoio.

- **Reflexo de transposição, apoio plantar e marcha automática**: presente desde o nascimento, acontece quando se encosta o peito do pé do bebê no tampo de uma mesa. Como reação, o bebê coloca o pé sobre o tampo. Nesse momento, acontece o apoio plantar, quando a criança apoia seu pé sobre o tampo, esboçando o movimento de marcha automática. Enfraquece, sendo substituído pela marcha voluntária por volta dos 9 meses ou quando o bebê começa a andar com apoio.

- **Reflexo de Moro, do susto ou do abraço**: presente desde o nascimento, trata-se de uma reação de proteção e de busca por equilíbrio. Desencadeia-se em resposta a um estampido provocado próximo da cabeça do bebê ou quando o projetamos para o alto, provocando nele a sensação de deslocamento ou de queda. Ele reage abrindo os braços para trás e para cima. Pende a cabeça para trás, em seguida, projeta-a para frente e fecha os braços como num abraço. Diminui de intensidade até por volta de 5 meses, quando o infante passa a controlar voluntariamente os movimentos do pescoço e dos braços.

- **Reflexo tônico cervical assimétrico ou do esgrimista**: presente a partir do primeiro mês, diminuindo, progressivamente, até por volta do sexto mês. Trata-se de uma reação de busca por equilíbrio. É despertada quando a cabeça do bebê é virada para um dos lados do corpo, o que o faz estender o braço e a perna do lado para o qual está voltado a sua face e flexionar os membros do lado oposto (occipital).

À medida que se alcança o equilíbrio corporal, esse reflexo vai diminuindo, o que se percebe, inicialmente, por ações psicomotoras como o rolar e o sentar-se com ou sem apoio.

- **Choro e sorriso**: o choro é um reflexo inicialmente marcado pela repetição automática em situações de desconforto ou dor. Progressivamente, constitui-se em elemento de comunicação, com significação social que precisa ser interpretado pela figura materna. Já o sorriso torna-se resposta à face e ao sorriso da mãe. Ambos se configuram como elementos organizadores na relação entre o bebê e a figura materna (Spitz, 2013).

Geralmente, o RN tem a atenção integral da figura materna, em razão das necessidades biológicas básicas que precisam ser satisfeitas. Nas primeiras semanas, são os ritmos biológicos de sono e vigília, de fome e saciedade, de eliminação e higiene do bebê que organizam as ações da figura materna. Esta atribui significado às ações e às reações do filho, estabelecendo com ele uma relação afetiva e uma profunda comunicação tônica (diálogo tônico).

Os cuidados com o bebê são importantes para a manutenção da vida, mas também para a estimulação de seu desenvolvimento e o estabelecimento de uma relação afetiva, primordial para a estruturação de sua personalidade. É preciso alimentá-lo, trocá-lo, vesti-lo, banhá-lo, aquecê-lo, niná-lo, observá-lo, controlar estímulos externos para seu bem-estar, estimulá-lo comunicando-se com ele, falando com ele, interpretando suas necessidades, seus desejos e seus sentimentos, transmitindo amor e desejo.

Durante o processo de desenvolvimento, diferentes posturas, ações e atitudes do bebê são observadas e interpretadas pela figura materna, que percebe seus limites e possibilidades e mudanças neuropsicomotoras, direcionando o filho para o que é capaz de fazer ou para o que precisa. Ela interpreta o choro, atribuindo-lhe diferentes significados – como fome, frio, dor etc. – e percebe, segundo Grassi (2004), pela expressão facial e pelas variações tônicas corporais, os sentimentos e as necessidades do bebê. Por meio da interação, ambos vão se conhecendo e se comunicando afetiva e corporalmente.

De acordo com Wallon (2010), o desenvolvimento humano acontece graças à relação entre o organismo biológico e o meio sociocultural, da interação e interdependência dos aspectos neuropsicomotores, psicoafetivos e psicossociais.

Galvão (2017, p. 43) explica que Wallon concebe o desenvolvimento:

> como uma construção progressiva em que se sucedem fases com predominância alternadamente afetiva e cognitiva. Cada fase tem um colorido próprio, uma unidade solidária, que é dada pelo predomínio de um tipo de atividade. As atividades predominantes correspondem aos recursos que a criança dispõe, no momento, para interagir com o ambiente

Os reflexos arcaicos, apresentados ao nascimento, são essenciais para a proteção do bebê e para a manutenção da vida. Gradativamente, os estímulos que lhe são apresentados solicitam dele uma adaptação perante a resistência que oferecem, promovendo o desenvolvimento de comportamentos ou condutas psicomotoras organizadas. A afetividade e as interações sociais têm um papel determinante nesse aspecto.

Os movimentos são considerados elementos condicionantes dos processos psíquicos. Inicialmente, correspondem a reflexos, sendo automáticos e involuntários. Contudo, progressivamente, assumem caráter de gesto, visto que se tornam intencionais – passam a ter objetivos e motivações conscientes e/ou inconscientes (desejos), a ser voluntários, bem como a expressar sentimentos e pensamentos. Assim, convertem-se em comportamentos.

> **Importante!**
>
> Para Wallon (2010), a relação tônico-emocional entre a mãe e o bebê é de suma importância para seu desenvolvimento psicomotor. A simbiose afetiva entre mãe e filho se estabelece quando eles se comunicam por meio do diálogo tônico. Choro, sorriso, modulações tônicas e sinais de contentamento são expressos pelo bebê. A mãe, por sua vez, interpreta-os e atribui-lhes significados, representando investimentos da relação afetiva.

As respostas dadas pela mãe às ações e aos comportamentos do bebê o induzem a repetições, dando origem à imitação. Esta possibilita a diferenciação do "eu" e do "outro" e a consequente identificação. Assim acontece imitação, identificação, diferenciação e constituição de um sujeito semelhante, mas diferente, posto que se constitui humano, mas único, desejante e autônomo.

A relação e a comunicação entre o bebê e a figura materna contribuem para a organização do tônus muscular[7], sendo

---

7   Tônus muscular: tensão presente nos músculos que possibilita os movimentos pela contração e descontração.

fundamental que a mãe atribua significados, no campo da linguagem, às variações tônico-musculares, bem como à expressão de sentimentos, necessidades e desejos, via diálogo tônico.

O desenvolvimento psicomotor do bebê acontece no sentido cefalocaudal (da cabeça para o tronco e as pernas) e proximodistal (do centro para as extremidades). Conforme Grassi (2004), a evolução psicomotora é marcada pela aquisição de comportamentos motores organizados em uma sequência que depende, por um lado, da maturação neuropsicomotora e, de outro, da estimulação recebida. Essas conquistas indicam que o desenvolvimento está acontecendo como o esperado e, quando há alterações ou atrasos, estes servem de sinal de alerta, devendo ser pesquisados, porque podem indicar problemas, necessidades especiais (NE) e encaminhamentos.

Num primeiro momento, o bebê apresenta hipotonia[8] do eixo corporal e hipertonia[9] e flexão das extremidades; gradualmente passa a apresentar hipertonia do eixo corporal e hipotonia das extremidades. Nesse processo, a alternância de modulações tônicas entre o eixo central e as extremidades possibilita as aquisições motoras. Primeiro, o bebê controla o tronco, depois, os membros superiores e inferiores, para, só então, controlar as extremidades: move o pescoço e sustenta a cabeça; depois rola, senta com e sem apoio, rasteja, engatinha, levanta com e sem apoio; e, finalmente, anda com e sem apoio. Essa evolução acontece pela ação – manipulação de objetos e movimentação corporal – e pela maturação neurológica, que possibilitam a substituição dos reflexos arcaicos

---

[8]   Hipotonia: diminuição do tônus muscular.
[9]   Hipertonia: aumento do tônus muscular.

por comportamentos motores organizados, como o desenvolvimento das atividades dos extensores da mão, oposição do polegar, rotação do punho e dissociação dos movimentos.

Wallon subdivide o desenvolvimento em estágios, caracterizados por comportamentos psicomotores específicos, por rupturas, retrocessos, descontinuidades que promovem reformulações (Galvão, 2017).

O primeiro estágio foi denominado por Wallon (2010) de **impulsivo** e corresponde aos primeiros meses de vida. Caracteriza-se pela hipertonia global e pela agitação orgânica. Esta decorre dos estados de prazer e desprazer relacionados à satisfação de necessidades, das oscilações tônicas e das emoções, representando uma forma de expressão ou de comunicação. O bebê apresenta descargas de energia muscular ineficientes, espasmos musculares, movimentos estereotipados e gestos desordenados. Gradativamente, esse estado se modifica possibilitando as primeiras relações afetivas e emocionais do bebê com outro sujeito humano, conforme destaca Fonseca (2004). Tal estágio é, portanto, marcado por manifestações afetivas intensas e pela inaptidão psicomotora que impossibilita suas ações diretas sobre os objetos.

No segundo estágio, o **tônico-emocional**, que acontece por volta dos 6 meses, a relação da criança com o meio se enriquece, conferindo a seu comportamento um estilo peculiar. Aparecem as necessidades afetivo-emocionais de afagos, embalos, beijos e sorrisos, compartilhados com o outro.

De acordo com Ajuriaguerra e Marcelli (1991), aparece, nesse estágio, o jogo do espelho, fase em que o infante reage ante a percepção de sua imagem refletida no espelho. Sem reconhecer-se ainda, ela sorri, estende os braços, olha e toca.

Para Wallon (2010), nesse estágio ocorrem ampliação e fortalecimento das relações entre a criança e o outro. As necessidades afetivas se diferenciam e passam a ser compartilhadas por meio de gestos, de carinho e as primeiras tentativas de comunicação.

O terceiro estágio é o **sensório-motor**, que começa por volta dos 12 meses, sendo caracterizado pela subjetividade e pela afetividade. A criança descobre a mão, casualmente, passando a admirá-la e a acompanhar com o olhar seu deslocamento. Gradualmente, o controle visual direciona a mão para a exploração dos objetos e do espaço. Segundo Fonseca (2004), os gestos precedem a coordenação motora fina e a coordenação visomotora. O bebê, inicialmente, segura os objetos com as duas mãos. Depois, o faz de mão a mão, momento em que se fixa em uma delas, consolidando um indicativo importante de definição lateral. Em seguida, a atividade de uma das mãos se completa com a atividade da outra mão. Por fim, as duas mãos passam a ser utilizadas de modo integrado e combinado, cada uma fazendo sua parte para que se atinja o objetivo final.

Nesse estágio, a criança percebe melhor os estímulos oriundos dos objetos, pois opera com elementos sensoriais mais ricos, associando ações e movimentos a seus efeitos.

O exercício psicomotor é essencial e se manifesta no balanceio da cabeça e do tronco, bem como nos toques com as mãos para explorar o próprio corpo. Os espaços se ampliam significativamente graças ao aperfeiçoamento das possibilidades motrizes. Isso permite explorações ricas, novas experiências, novas ações e comportamentos motores organizados como a preensão ao andar sem apoio. A atividade circular também caracteriza essa fase: a criança movimenta-se sem uma intenção específica, apenas pelo prazer. Aos poucos, percebe os efeitos de seus movimentos e passa a repeti-los com uma intenção específica, ampliando e aperfeiçoando suas ações em função de suas consequências e das respostas do meio, tomando ciência de seus movimentos, conhecendo seu corpo, explorando suas possibilidades motrizes e os objetos em seu entorno.

Grassi (2004, p. 43) ressalta que:

> Na medida em que a criança descobre e explora o próprio corpo, vai acontecer uma integração progressiva das partes desse corpo, até então fragmentadas. Ela vai utilizar suas partes para explorar o espaço circundante e os objetos. Primeiro faz uso da boca, levando até ela os dedos das mãos, dos pés e depois objetos que se encontrem próximos a ela e, com a progressiva independência motora que lhe permite rolar, rastejar, engatinhar e depois andar, objetos mais distantes serão explorados. Braços, pernas e demais partes do corpo também serão utilizadas nessa exploração e é justamente isso que permite a integração dessas partes e que possibilita a organização do esquema corporal e a construção da imagem corporal.

No estágio **projetivo**, que ocorre por volta dos 2 anos, a criança se expressa por intermédio de gestos e palavras. Fonseca (2004) registra que, para comunicar suas experiências, a criança faz uso dos gestos – que funcionam como atos simbólicos ou representação de ações (fantasia) –, para tornar presentes os objetos ausentes. Sua consciência corporal amplia-se e ela integra-se à organização espacial e temporal. Seus gestos se repetem no tempo e no espaço, seguindo um ritmo que possibilita a individuação, a organização psicomotora e as experiências lúdicas.

Segundo Grassi (2004), a marcha, a palavra e a imitação possibilitam à criança o acesso ao mundo simbólico, da imaginação, da criatividade, da satisfação de desejos e da autonomia. Esses são aspectos fundamentais para a construção da sua personalidade.

O "não", associação entre palavra e gesto, surge, nessa fase, como um organizador das relações e da personalidade. Sendo a primeira aquisição abstrata do indivíduo, representa o acesso ao mundo simbólico. Através dele, o infante ingressa no campo das relações sociais no qual há regras e limites (Ajuriaguerra; Marcelli, 1991, p. 30).

No estágio do **personalismo**, entre 2 e 5 anos, a criança toma consciência de si mesma, construindo uma representação mental, ficando extremamente sensível ao outro. Isso se verifica em reações de vergonha, constrangimento e timidez. Aos poucos, ela procura afirmar-se para o outro, mediante oposição, brincadeiras e tentativas de chamar sua atenção. Por fim, procura conquistar o outro, ser admirada e amada (Ajuriaguerra; Marcelli, 1991).

Suas ações são intencionais, orientadas para o alcance de determinado resultado. Há maior controle do corpo e de suas possibilidades psicomotoras. A determinação lateral e a dominância hemisférica acontecem nessa fase. Noções espaciais e laterais passam a nortear as movimentações corporais.

Por volta dos 6 anos, a criança atinge o estágio da **personalidade polivalente ou categorial**, momento em que a socialização assume um papel central em sua vida, especialmente na escola, ampliando suas redes relacionais. As condutas psicomotoras encontram-se desenvolvidas, possibilitando ações coordenadas, organizadas e que expressam sentimentos e pensamentos. O interesse da criança, em virtude das conquistas cognitivas, direciona-se para o conhecimento científico, ampliando suas relações com o meio.

Por volta dos 11 anos, a criança vivencia a puberdade e os conflitos dela decorrentes, entrando na fase denominada por Wallon (2010) **adolescência**. Uma reformulação faz-se necessária e há o predomínio da afetividade. Não detalharemos essa questão aqui, por extrapolar o escopo deste livro.

Wallon (2010) entende que ao longo do processo, as etapas caracterizam-se por mudanças em que as funções elementares perdem a primazia e se integram a funções mais complexas, adequando-se às necessidades. Isso também acontece com as funções psíquicas, na medida em que as novas possibilidades não encerram as anteriores, mas integram-se a elas e controlam-nas.

No que diz respeito ao pensamento da criança, Wallon (2010) caracteriza-o como sincrético e categorial. O pensamento sincrético é global, ou seja, nesse momento a criança percebe a realidade de maneira indiferenciada, misturando sujeito e objeto, objetos entre si, noções e processos. Na escolha de temas com os quais a atividade mental se ocupará e nas conceituações, nas explicações ou nas justificativas sobre a realidade, há a prevalência dos critérios afetivos sobre os lógicos. Isso resulta em relações aparentemente sem sentido, mas para a criança esse sentido está presente.

A simbolização possibilita a representação da realidade de modo lógico, com base em referências objetivas, diferenciando sujeito e objeto, um objeto do outro, classificando-os em categorias. Isso acontece quando o pensamento se caracteriza como categorial. Nessa etapa, o sincretismo diminui e a diferenciação aumenta gradualmente, de modo que o real se organiza em classes. Surgem as capacidades de análise, síntese, generalização e comparação, permitindo ajustar o pensamento à realidade.

As contribuições de Wallon para a psicologia e para a educação são significativas, na medida em que possibilitam compreender o processo de desenvolvimento do sujeito humano em sua gênese, inscrevendo na discussão as emoções. Para Galvão (2017), esses conhecimentos orientam uma educação que prioriza a pessoa "completa"/"concreta", adequando métodos e objetivos a suas necessidades e características afetivas, cognitivas e motoras, em cada etapa do processo.

Para que o desenvolvimento da criança seja harmonioso, é essencial que ela seja estimulada em um ambiente repleto de objetos e interações afetivas e que se possibilite a expressão de sua motricidade, de seus sentimentos e de seus pensamentos.

2.5 O desenvolvimento infantil na concepção de Vygotsky

Os estudos de Vygotsky representaram valiosa contribuição para a compreensão dos processos de aprendizagem e de desenvolvimento. Para o pesquisador, o ser humano apresenta processos psicológicos elementares e processos psicológicos superiores.

Os **processos psicológicos elementares** ou **funções elementares** são inatos. Entre eles, estão as funções biológicas básicas, os reflexos, os automatismos primários e as associações simples. Já os **processos psicológicos superiores** ou **funções**

psicológicas superiores precisam ser apreendidos; portanto, não são inatos. Entre essas funções, estão a atenção, a concentração, o pensamento, a linguagem, a memória etc., cuja origem está nas interações do bebê com outros seres humanos, num processo de mediação. Nesse processo, ele internaliza os conhecimentos produzidos historicamente pelo seu grupo social e cultural.

As funções psicológicas superiores caracterizam o funcionamento psicológico dos seres humanos, sendo constituídas num processo histórico de interações da espécie humana e do sujeito individual. O ser humano é, nessa perspectiva, um ser sócio-histórico ou histórico-cultural, no qual aspectos biológicos, sociais, econômicos, culturais, políticos e históricos se inter-relacionam para constituí-lo.

No processo de aprendizagem e desenvolvimento, é preciso considerar:

- **aspectos filogenéticos**, tendo em mente o ser humano na condição de uma espécie, com sua evolução biológica (história da espécie humana que define limites e possibilidades);
- **aspectos ontogenéticos**, compreendendo o ser humano na condição de sujeito individual, membro de determinada espécie, inserido num tempo histórico, social e cultural específico (história do indivíduo da espécie humana/seu percurso de desenvolvimento, ritmo e sequência);
- **aspectos sociogenéticos**, considerando o ser humano na condição de ser social que se relaciona com outros seres humanos pelo trabalho, como meio de organização, abrangendo as formas de funcionamento cultural, que interferem no funcionamento psicológico ampliando possibilidades,

além do modo como cada cultura organiza o desenvolvimento (história sociocultural);
- **aspectos microgenéticos**, ou seja, individuais, porque cada fenômeno psicológico tem uma história própria e específica.

Esse conjunto de fatores engendra a singularidade e a heterogeneidade de cada sujeito, resultantes de experiências particulares vivenciadas por organismos singulares em momentos diferentes ao longo da vida, marcados por fatos específicos.

> **Importante!**
>
> Rego (2017) destaca que o sujeito humano não nasce humano, mas se constitui assim nas interações com outros sujeitos humanos, em um meio social e cultural. A interação do sujeito com o meio físico, social e cultural acontece graças à ação de mediadores (que são os instrumentos) e dos signos (os sistemas simbólicos).
>
> Os instrumentos, mediadores da relação do indivíduo com o meio, são externos e possibilitam o trabalho e a transformação da natureza e do próprio homem, bem como sua organização social.
>
> Os signos, por sua vez, mediadores entre o sujeito e o conhecimento, são elementos de representação e de simbolização, instrumentos da atividade psicológica, voltados para o interior do indivíduo.

O bebê aprende a ser humano, portanto, na relação ativa e mediada com outro ser humano. Ao nascer, depende integralmente desse, sendo seu equipamento biológico insuficiente para garantir sua vida em sociedade. Ele tem de se apropriar dos conhecimentos produzidos ao longo da história da espécie humana pelo grupo social e cultural do qual faz parte. A apropriação pressupõe transformação e produção de novos conhecimentos, e não mera repetição ou reprodução.

Durante a filogênese[10] e a ontogênese[11], ocorrem duas mudanças qualitativas na utilização dos signos: (1) o uso de marcas externas transforma-se em processos internos de mediação, ou seja, representações mentais, via processo de internalização; (2) desenvolvem-se sistemas simbólicos que organizam os signos em estruturas mais complexas. Oliveira (2005) destaca que esses processos são fundamentais para o desenvolvimento das funções psicológicas superiores.

A linguagem é, para Vygotsky, um sistema simbólico básico de todos os grupos humanos (Oliveira, 2005). Os sistemas de representação da realidade desenvolvem-se na interação do sujeito com seu grupo cultural, que lhe fornece as formas de percepção e organização do real constituintes dos instrumentos psicológicos responsáveis pela mediação entre o sujeito e o meio.

Para Vygotsky, a cultura diz respeito ao ambiente estruturado no qual todos os elementos têm significado; e quem disponibiliza esse significado ao sujeito é seu grupo cultural (Oliveira, 2005). Não é um sistema estático, mas um processo dinâmico, no qual os sujeitos são ativos, criando, recriando e reinterpretando conceitos, informações e significados, interagindo com a cultura e com sua subjetividade.

---

10 Filogênese: evolução/história da espécie humana.
11 Ontogênese: desenvolvimento do sujeito, história do organismo individual da espécie.

No processo de desenvolvimento, as ações externas, realizadas pela criança, são interpretadas pelas pessoas de seu grupo social e cultural. Essas interpretações possibilitam ao sujeito atribuir significados a suas ações e desenvolver processos psicológicos internos que são interpretados com base em mecanismos fornecidos pela cultura e compreendidos mediante códigos comuns entre seus componentes.

> **Importante!**
>
> Vygotsky (2015b) propõe que a linguagem tem duas funções: intercâmbio social e pensamento generalizante. O sujeito se utiliza dela para comunicar-se com os outros, sendo a necessidade de comunicação estímulo inicial para seu desenvolvimento (intercâmbio social). Para que a comunicação seja possível, faz-se necessário que a linguagem se desenvolva com maior sofisticação, o que significa utilizar-se de signos que expressem pensamentos e sentimentos e sejam comuns aos componentes de seu grupo social e cultural. Esse sistema, para se traduzir em signos compreensíveis, precisa ser simplificado e generalizado (pensamento generalizante).
>
> Nos sistemas linguísticos, há a ordenação do real e o agrupamento de seus elementos em categorias conceituais, mediante classificação. Desse modo, como assinala Oliveira (2005), o pensamento generalizante faz da linguagem um instrumento de pensamento, ou seja, a utilização desta implica a compreensão generalizada do mundo. Por exemplo, ao nomear algo, o sujeito classifica-o e encaixa-o em determinada categoria, ao mesmo tempo que o distingue de outras.

Vygotsky (2015b) entende que o pensamento e a linguagem têm origens diferentes e são, inicialmente, independentes, até o momento em que se associam. Durante o processo de aquisição da linguagem, há, segundo o autor, uma trajetória em que o pensamento está desvinculado dela e uma trajetória em que ela independe dele. Em determinado momento do desenvolvimento da espécie humana, ambos se associam e o pensamento se torna verbal, e a linguagem, racional, o que acontece em razão da necessidade de intercâmbio entre os sujeitos durante o trabalho.

O processo de aquisição da linguagem do sujeito segue a mesma trajetória trilhada pela espécie. A criança passa por uma fase pré-linguística no desenvolvimento do pensamento e pré-intelectual na aquisição da linguagem.

Na fase pré-linguística do pensamento, a criança faz uso de instrumentos, e a inteligência é prática, ou seja, ela age no ambiente, mas sem a mediação da linguagem, que ainda não domina como sistema simbólico. Contudo, já faz uso de manifestações verbais (choro, riso, balbucio) como elementos de alívio emocional, assim como elementos de contato social, constituindo a fase pré-intelectual da linguagem.

Ressalta Rego (2017) que, por volta de 2 anos, pensamento e linguagem se associam, dando início a um novo modo de funcionamento psicológico. Nessa etapa, a linguagem passa a ser intelectual, adquirindo função simbólica generalizante, e o pensamento torna-se verbal, sofrendo a mediação dos significados linguísticos. Isso acontece graças à interação da criança com sujeitos mais experientes, cuja linguagem já se encontra estruturada.

A fala egocêntrica aparece durante a aquisição da linguagem, como um elemento de transição que acompanha as atividades da criança, caracterizando-se como a fala oral para si mesma, apoiando o planejamento de suas ações ou auxiliando na resolução de problemas. De acordo com Vygotsky, desenvolve-se, então, o **discurso interior**, ou seja, uma forma interna de linguagem, como se o sujeito falasse consigo mesmo, internamente, sem vocalização, com a função de auxiliar as operações psicológicas (Oliveira, 2005).

O desenvolvimento de todas as funções psicológicas superiores segue uma trajetória que vai do social – interpsicológico –, para o individual – intrapsicológico.

Para Vygotsky (2015a), desde o nascimento da criança, a aprendizagem tem relação com o desenvolvimento: "É o aprendizado que possibilita o despertar de processos internos de desenvolvimento que, não fosse o contato do indivíduo com certo ambiente cultural, não ocorreriam" (Oliveira, 2005, p. 56).

Ressalte-se que, para o psicólogo russo, o desenvolvimento somente ocorre quando são proporcionadas situações de aprendizado, ou seja, atividades que despertam processos internos de desenvolvimento, relacionadas a experiências sociais e culturais numa interação com outros sujeitos, cuja função é a mediação.

> **Importante!**
>
> Destacam-se na concepção de Vygotsky (2015a) os conceitos de desenvolvimento real, desenvolvimento potencial e de zona de desenvolvimento proximal.
>
> O **desenvolvimento real** diz respeito à capacidade do sujeito de realizar tarefas de modo independente, ou seja, compreende as etapas já alcançadas e as funções psicológicas já estabelecidas, resultantes de processos de desenvolvimento consolidados.
>
> O **desenvolvimento potencial** se refere à capacidade de desempenhar tarefas com auxílio de um mediador, alguém mais experiente que o sujeito. Corresponde, portanto, àquilo que não consegue realizar sozinho, senão com ajuda de alguém, que lhe dá instruções, orientações ou demonstrações.
>
> A **zona de desenvolvimento proximal**, por fim, é a distância entre o nível de desenvolvimento real (resolução independente de problemas) e o nível de desenvolvimento potencial (resolução de problemas com orientação). Designa o caminho a ser percorrido para o desenvolvimento de funções que estão em processo de maturação e consolidação. Trata-se de um domínio psicológico em constante transformação, no qual o aprendizado desperta processos de desenvolvimento, que se tornam parte das funções psicológicas consolidadas.

É na zona de desenvolvimento proximal que atua o mediador, movimentando os processos de desenvolvimento da criança, desde que esses já tenham sido desencadeados.

Aprendizado e desenvolvimento são processos ativos, nos quais o sujeito, também ativo, numa relação mediada, apropria-se dos conhecimentos produzidos pela humanidade, ao longo de sua história, numa interação social e cultural em que funções psicológicas superiores se consolidam, tornando-se capaz de produzir conhecimentos novos, reinterpretar e recriar, na condição de sujeito sócio-histórico.

Síntese

Neste capítulo, discutimos a importância da estimulação, da nutrição e das interações sociais e afetivas para o desenvolvimento integral do sujeito humano. Este se constitui nas relações que estabelece com outros em um contexto social, econômico, cultural, histórico e político.

A psicanálise freudiana ressalta a importância das figuras parentais na constituição do sujeito desejante, o que acontece num processo organizado em fases denominadas *oral*, *anal*, *fálica*, *de latência* e *genital*.

Piaget dedicou-se a estudos sobre a construção da inteligência na criança, formulando uma teoria que organiza esse processo em estágios, quais sejam: sensório-motor, pré-operatório, operatório-concreto e operatório formal. Em cada um desses, o pensamento tem características diferentes a depender das relações estabelecidas com os objetos do conhecimento.

Wallon buscou explicar a gênese dos processos psíquicos humanos, baseando-se na análise do processo de desenvolvimento da criança, vista como ser completo e concreto. Como considerava a infância etapa primordial para o desenvolvimento, delegou à educação uma grande importância. Utilizou para sua investigação o método materialista dialético e organizou o processo de desenvolvimento infantil em etapas com características específicas, embora em ritmos variados, destacando seu caráter dinâmico, com retrocessos, rupturas e reviravoltas.

Vygotsky também utilizou em suas pesquisas o método materialista dialético, considerando que, ao nascer, o bebê carrega consigo uma base biológica, que lhe confere funções elementares, mas, para se tornar humano, precisa relacionar-se com os sujeitos de sua cultura. Essa interação lhe possibilita desenvolver funções psicológicas superiores. Para o teórico russo, o desenvolvimento é filogenético, ontogenético, sociogenético e microgenético. A aprendizagem se organiza em desenvolvimento real (aquilo que o sujeito consegue fazer sozinho), desenvolvimento potencial (aquilo que consegue fazer com mediação) e a distância entre os dois, chamada de *zona de desenvolvimento proximal*, espaço em que atua o mediador. As relações do sujeito com o mundo são possibilitadas por instrumentos e signos. A mediação é simbólica e exercida por um sujeito com mais experiência que a criança.

É possível concluir que, para se desenvolver integralmente, o sujeito humano precisa de nutrição, estimulação e afeto, que lhe são oferecidos pelo outro num processo de interação que é ativo e dinâmico e acontece em um contexto social, econômico, cultural, histórico e político.

Indicações culturais

Filmes

A LÍNGUA das mariposas. Direção: José Luis Cuerda. Espanha: Canal+, 1999. 96 min.

Filme que aborda a relação mediada entre um professor e seus alunos. Belo retrato da interação entre os sujeitos e a aprendizagem.

FILHOS do paraíso. Direção: Majid Majidi. Irã: Miramax, 1997. 89 min.

Narrativa filmográfica da história de um menino iraniano, pobre, que trabalha para ajudar os pais, mas sem deixar a escola. Um dia, ele perde os sapatos da irmã e ambos resolvem o problema compartilhando um par de tênis. Excelente reflexão sobre o compartilhamento e a interação.

FREUD: além da alma. Direção: John Huston. EUA: Universal International Pictures, 1962. 140 min.

Retrato cinematográfico da vida de Freud que mostra também as descobertas da psicanálise. Obra interessante para compreender a teoria freudiana.

HENRI Paul Hyacinthe Wallon. Direção: Régis Horta. Brasil: Paulus, 2006. 45 min. (Coleção Grandes Educadores).

Documentário em que Izabel Galvão aborda os principais conceitos da teoria walloniana.

JEAN Piaget. Direção: Régis Horta. Brasil: Paulus, 2006. 57 min. (Coleção Grandes Educadores).

Documentário em que Yves de La Taille apresenta os principais conceitos da epistemologia genética de Jean Piaget.

LEV Vygotsky. Direção: Régis Horta. Brasil: Paulus, 2006. 45 min. (Coleção Grandes Educadores).

Documentário em que Marta Kohl de Oliveira aborda os principais conceitos da teoria de Vygotsky.

NELL. Direção: Michael Apted. EUA: 20th Century Fox, 1994. 112 min.

Relato da história de uma jovem que vivia isolada da convivência social. Com a morte da mãe, precisa aprender a falar e conviver com outras pessoas.

O QUARTO de Jack. Direção: Lenny Abrahamson. Canadá: Universal International Pictures, 2016. 118 min.

Longa sobre a vida de uma criança que vive com sua mãe em um cativeiro, um quarto, sem contato com o mundo externo. Interessante reflexão sobre a função materna e a estimulação.

Livros

FREUD, S. **Obras psicológicas completas de Sigmund Freud**. Edição standard brasileira. Rio de Janeiro: Imago, 2006. 24 v.

Leitura que possibilita um aprofundamento sobre a psicanálise. Indicamos, em especial, a leitura do volume VII, que reúne os três ensaios sobre a teoria da sexualidade nos quais Freud aborda as fases do desenvolvimento psicossexual.

GALVÃO, I. **Henri Wallon**: uma concepção dialética do desenvolvimento infantil. Petrópolis: Vozes, 2017.

Obra interessante e essencial para compreender a concepção de Wallon, na qual são apresentados os principais conceitos de sua teoria.

OLIVEIRA, M. K. **Vygotsky**: aprendizado e desenvolvimento um processo sócio-histórico. São Paulo: Scipione, 2005.

Leitura fundamental para compreender a teoria de Vygotsky. A autora apresenta, de modo claro, todos os conceitos desenvolvidos pelo psicólogo sociointeracionista.

PIAGET, J. **Seis estudos de psicologia**. Rio de Janeiro: Forense, 2015.

Para aprofundar os conhecimentos sobre o desenvolvimento na concepção de Piaget, é fundamental a leitura dessa obra. Nela, você encontra a caracterização de cada um dos estágios propostos pelo autor.

REGO, T. C. **Vygotsky**: uma perspectiva histórico-cultural da educação. Petrópolis: Vozes, 2017.

A autora apresenta, nessa obra, os principais conceitos da teoria de Vygotsky.

SANTOS, M. V. **Psicanálise e a natureza humana**. Curitiba: Juruá, 2016.

O autor reúne os principais conceitos da psicanálise. Leitura complementar para a compreensão das contribuições da teoria psicanalítica.

VYGOTSKY, L. S. **A formação social da mente**. São Paulo: M. Fontes, 2015.

Leitura obrigatória para aprofundar conhecimentos sobre a psicologia sócio-histórica e a concepção sóciointeracionista.

WALLON, H. **A evolução psicológica da criança**. São Paulo: M. Fontes, 2010.

Síntese dos pontos centrais da psicogenética de Wallon. Leitura que aprofunda os conceitos, possibilitando sua compreensão.

Atividades de autoavaliação

1. Freud caracteriza o processo de desenvolvimento em fases. Relacione as fases indicadas pelo autor a suas características:
   1) Fase oral
   2) Fase anal
   3) Fase fálica
   4) Fase de latência
   5) Fase genital
   ( ) Há a possibilidade da vivência da sexualidade e elaboração dos conflitos edipianos.
   ( ) Há a imposição de limites e a criança aprende a adiar a satisfação das necessidades para um momento mais oportuno.

( ) Descoberta da diferença sexual anatômica e vivência do complexo de Édipo.
( ) Adormecimento dos impulsos sexuais e direcionamento das pulsões para a aprendizagem e o conhecimento.
( ) A energia se concentra na porção superior do trato digestório, havendo a repetição de um ciclo: tensão, fome, desprazer, alimentação, prazer, relaxamento.

Agora, assinale a alternativa que apresenta a sequência correta de preenchimento dos parênteses:

a) 5-2-3-4-1.
b) 3-2-1-4-5.
c) 1-4-3-5-2.
d) 4-5-1-2-3.
e) 3-4-5-2-1.

2. O bebê humano precisa do outro para se constituir sujeito. Leia as afirmativas e classifique-as como verdadeiras (V) ou falsas (F).
   ( ) O bebê, regido pelo princípio do prazer, busca a satisfação imediata das necessidades biológicas. Essa busca não se limita à satisfação da necessidade biológica, mas, principalmente, é uma busca da relação com o outro e da satisfação de um desejo.
   ( ) O nascimento marca a entrada do bebê no espaço do desejo, que vai ser preenchido por ele, mas que está repleto de significações atribuídas pelas figuras parentais.

( ) A figura paterna é responsável pela educação do bebê, oferecendo-se a ele como o Outro que guarda os significantes que lhe serão emprestados, formando a célula narcísica na qual há a sensação de completude.

( ) Há entre o bebê e a figura materna uma relação afetiva em que é possível uma troca profunda de sensações e uma comunicação profunda denominada *fala interior*.

( ) A figura materna é o Outro que direciona o bebê para o que ela quer, o que lhe convém e o que lhe interessa.

a) F, V, V, F, F.
b) V, F, V, F, V.
c) F, F, F, V, F.
d) V, V, F, F, V.
e) V, V, V, F, V.

3. O estágio do desenvolvimento denominado, por Piaget, *pré-operatório* apresenta algumas características. Leia as afirmativas a seguir sobre esse tema:

I) O estágio pré-operatório inicia-se quando a criança começa a andar, o que lhe dá liberdade maior para a exploração.

II) O desenvolvimento da inteligência representativa possibilita ao sujeito simbolizar.

III) O pensamento é egocêntrico, ou seja, tem como ponto de referência o próprio sujeito.

IV) O pensamento é reversível, possibilitando ao sujeito voltar mentalmente ao ponto de partida.

V) Animismo, antropomorfismo e transdedutividade são característica do pensamento nesse estágio

Assinale a seguir a afirmativa correta:

a) As alternativas I e II são verdadeiras.
b) Todas as alternativas são verdadeiras.
c) Apenas a alternativa III é verdadeira.
d) As alternativas II e III são verdadeiras.
e) Apenas a alternativa V é verdadeira.

4. Ao nascer, o bebê apresenta automatismos primários, reflexos arcaicos ou reflexos maturativos, reações automáticas desencadeadas por estímulos específicos. Ao longo do primeiro ano de vida, esses reflexos vão enfraquecendo, sendo substituídos por comportamentos motores organizados. Assinale a alternativa que apresenta apenas reflexos arcaicos:

    a) Reflexo patelar, reflexo de Moro, reflexo de Babinski e reflexo de queda.
    b) Reflexo de sucção, reflexo de preensão palmar, reflexo de preensão plantar e reflexo do esgrimista.
    c) Reflexo de sucção, reflexo de Darwin, reflexo pupilar e reflexo tônico cervical assimétrico.
    d) Reflexo de Darwin, reflexo de Babinski, reflexo pupilar, reflexo patelar e reflexo fotomotor.
    e) Reflexo luminoso, reflexo do espelho, reflexo de Edward, reflexo de Moro e reflexo de Darwin.

5. Assinale a alternativa que apresenta a descrição da zona de desenvolvimento proximal, segundo Vygotsky:

    a) Capacidade de desempenhar tarefas com auxílio de um mediador. Trata-se daquilo que a criança não consegue

realizar sozinha, mas que faz com a ajuda de alguém, que lhe dá instruções, orientações ou demonstrações.
b) Refere-se àquilo que a criança é capaz de realizar sozinha, de modo independente, sem necessidade de mediação.
c) Fase caracterizada pela intervenção da função generalizante da linguagem.
d) Caminho que o sujeito percorre para desenvolver funções que estão em processo de maturação e que se consolidarão, no qual atua o mediador, movimentando os processos de desenvolvimento da criança, desde que esses já tenham sido desencadeados.
e) Relação de interação da criança com os objetos do conhecimento que acontece de modo independente, sem a necessidade de mediação simbólica.

Atividades de aprendizagem

Questões para reflexão

1. Assista aos documentários sobre Piaget, Vygotsky e Wallon mencionados nas "Indicações culturais" deste capítulo, registrando os conceitos básicos de suas concepções. Relacione os exemplos apresentados nos filmes com suas experiências e discorra sobre isso. Organize uma apresentação para expor as teorias dos três pesquisadores.

2. Faça uma pesquisa sobre as fases do desenvolvimento segundo Freud, utilizando livros, artigos científicos de revistas ou da internet. Elabore um quadro caracterizando cada uma das fases. Compartilhe com colegas para que

vocês comparem as semelhanças e diferenças na organização do material.

Atividades aplicadas: prática

1. Assista a um dos filmes relacionados nas "Indicações culturais" deste capítulo e relacione-o com as teorias estudadas. Elabore um texto comentando as relações feitas.

2. Organize um portfólio (físico ou virtual) com fotos ou imagens, além de descrições dos reflexos arcaicos e dos principais marcos do desenvolvimento infantil. Fundamente suas escolhas e explanações nas teorias estudadas.

Capítulo 3
Prevenção e identificação precoce de deficiências

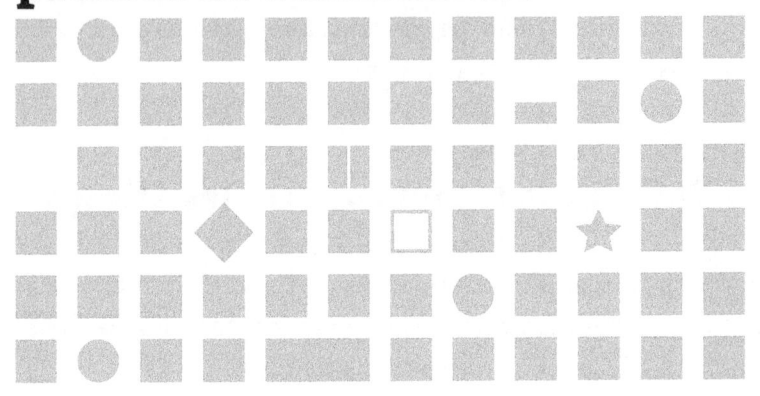

> *"Na compreensão da História como possibilidade, o amanhã é problemático. Para que ele venha é preciso que o construamos mediante a transformação do hoje. Há possibilidades para diferentes amanhãs. A luta já não se reduz a retardar o que virá ou assegurar a sua chegada; é preciso reinventar o mundo."*
>
> Paulo Freire

Quando os temas a serem abordados são a estimulação essencial e a intervenção essencial, é fundamental discutir a prevenção e a identificação precoce de deficiências.

A prevenção de doenças e deficiências é uma ação de suma relevância, dever do Estado e direito do cidadão brasileiro. Políticas públicas devem ser implementadas, a fim de garantir a prevenção primária, secundária e terciária. A identificação precoce das deficiências, o diagnóstico e o tratamento de doenças são medidas importantes para evitar sequelas e atrasos no desenvolvimento infantil. Eis a função da intervenção essencial.

Neste capítulo, explicaremos o que é prevenção e como identificar precocemente as deficiências; também mencionaremos as doenças que podem ser prevenidas e tratadas para evitar sequelas ou minimizar seus efeitos.

3.1 Definições de prevenção e classificação

A prevenção é um conjunto de medidas e práticas de educação e saúde, que têm como propósito evitar doenças e suas sequelas, intercorrências, acidentes e deficiências.

De acordo Brasil (1995a) e Costa (2013), a prevenção classifica-se em:

- **Prevenção primária**: medidas e práticas de educação e saúde que visam evitar doenças e deficiências. Alguns exemplos são vacinação, exames pré-concepcionais, acompanhamento pré-natal, palestras e orientações em postos de saúde, campanhas de prevenção de doenças, pesquisas sobre doenças e aconselhamento genético.
- **Prevenção secundária**: medidas e práticas de educação e saúde que se prestam a evitar as consequências ou sequelas de uma doença ou deficiência já diagnosticada. O tratamento da sífilis durante a gestação, a estimulação essencial de bebês de alto risco, e as orientações dadas por grupos de apoio aos familiares de crianças com diagnóstico precoce de deficiências são exemplos desse nível de prevenção.
- **Prevenção terciária**: medidas e práticas de educação e saúde que objetivam tratar doenças e suas sequelas, além de deficiências já instaladas, minimizando seus efeitos, com vistas a propiciar ao sujeito o alcance de funcionalidade. O atendimento de estimulação essencial a bebês com microcefalia, o tratamento cirúrgico do lábio leporino e da fenda palatina, as orientações dos grupos de apoio para familiares de crianças com diagnóstico tardio de deficiências são exemplos.

Importante!

No Brasil, em razão da situação econômica, social e cultural, faltam políticas públicas preventivas. Além disso, realiza-se muito mais a prevenção terciária do que a prevenção primária. Os surtos de dengue e zika vírus que acometeram o país e preencheram os noticiários recentemente são exemplos disso. Poucas medidas de prevenção primária foram tomadas, resultando em alto índice de mortalidade e sequelas neurológicas em bebês de mães infectadas pelo zika vírus durante a gestação.

Curiosidade

Os primeiros casos de Zika foram detectados no final de 2014, na Região Nordeste. Constatou-se o aparecimento de uma doença que causava coceira, manchas no corpo e febre, desaparecendo após aproximadamente cinco dias.

 Os casos aumentaram consideravelmente e, em 2015, um pesquisador da Universidade Federal da Bahia identificou o vírus Zika. Em julho, aumentou o número de internações de pacientes infectados e com sintomas neurológicos. Em outubro, houve o aumento de casos de microcefalia. Em seguida, o Laboratório da Fiocruz, no Paraná, e o Laboratório do Instituto Evandro Chagas, no Pará, realizaram exames em natimortos, os quais possibilitaram associar o Zika vírus na gestação à microcefalia. Um estudo epidemiológico coordenado pela equipe do Instituto Aggeu Magalhães da Fiocruz, em Pernambuco, confirmou a relação entre a infecção de gestantes e a ocorrência de malformações. Em novembro, foi decretada situação de emergência em saúde pública, em razão do aumento do número de casos de microcefalia (Brasil, 2017c). Em 2016, foram registrados 211.487 casos prováveis de febre pelo Zika vírus; já nas primeiras 35 semanas de 2017, foram registrados 15.586 casos prováveis. E, com relação às gestantes, registraram-se 2.105 casos, tendo sido confirmados 728 (Brasil, 2017b).

Segundo dados do Boletim Epidemiológico do Ministério da Saúde (Brasil, 2019), no período de 30 de dezembro de 2018 a 26 de janeiro de 2019, foram registrados 630 casos prováveis de Zika vírus no Brasil, sendo 65,1%, na Região Norte; 18,95, na Região Sudeste; 7,8%, na Região Nordeste, 6,8%; na Região Centro-Oeste; e 1,45%, na Região Sul. Especificamente na Região Norte, o maior número de casos foi registrado no Tocantins e no Acre. Em gestantes, registraram-se 74 casos prováveis em 2019, sendo 15 confirmados. Em 2018, haviam sido registrados 94 casos, sendo 39 confirmados. Em 2019 (Brasil 2020a), foram registrados 10.768 casos prováveis de Zika vírus no país, sendo 5.406 na Região Nordeste. No primeiro trimestre de 2020, foram registrados 1.395 casos, sendo 61 na Região Sul; 174 na Região Norte; 258 na Região Centro-Oeste; 436 na Região Sudeste; e 466 na Região Nordeste (Brasil, 2020b).

3.2 Exames pré-concepcionais

A gravidez planejada diminui os riscos de intercorrências e doenças durante o processo gestacional, mas nem sempre isso é possível.

Quando uma gravidez é planejada, muitos exames preventivos podem ser realizados e certas medidas podem ser tomadas para evitar doenças e suas consequências.

Quando se decide ter um filho, recomenda-se passar por uma consulta médica, na qual são solicitados vários exames importantes (Brasil, 2012a). Inicialmente, o médico faz uma anamnese, que consiste em uma entrevista de levantamento de dados históricos dos genitores, principalmente relacionados a doenças e deficiências. Caso haja a suspeita de doenças genéticas ou hereditárias, deficiências ou síndromes genéticas ou a constatação de outros fatores de risco (como idade materna ou paterna avançadas ou casamento consanguíneo), o médico pode solicitar o estudo de cariótipo. Esse exame faz o mapeamento genético e indica os percentuais de risco para doenças e deficiências numa futura gestação.

Caso não haja essa suspeita, são realizados outros exames, tais como: exame físico; hemograma completo; glicemia em jejum; exames sorológicos para HIV (Vírus da Imunodeficiência Humana), sífilis (VDRL – Veneral Disease Research Laboratory), rubéola, toxoplasmose, hepatites B e C, e citomegalovírus; tipagem sanguínea com fator Rh; exames de fezes e de urina; e ecografia (Brasil, 2005; São Paulo, 2018).

Após a análise dos exames, quando diagnosticadas doenças, estas devem ser tratadas e algumas ações podem ser tomadas, como colocar em dia o calendário de vacinação dos genitores e iniciar a ingestão de ácido fólico.

Não havendo problemas com os genitores e nenhuma doença impeditiva, a gravidez pode acontecer, e o médico fará orientações para que se dê sequência ao processo.

Uma vez constatada a gravidez, por meio de exame de sangue ou de urina, a gestante deve procurar o médico para iniciar o acompanhamento pré-natal.

Em nosso país, ainda há muitas gestações não planejadas, o que tende a obstar a tomada de medidas preventivas importantes para evitar doenças e complicações gestacionais.

Na seção a seguir, comentaremos os fatores de risco pré-natais e explicitaremos a importância da prevenção primária.

3.3 Medidas preventivas e fatores de risco pré-natais

Na condição de medida preventiva, o acompanhamento pré-natal deve ocorrer por todo o período da gestação. Isso deve ser feito com vistas a monitorar o desenvolvimento da gestação e do bebê, prevenir e detectar doenças e intercorrências, para tratá-las a tempo de evitar sequelas, orientar a gestante, preparando-a para o parto, para a amamentação e para os primeiros cuidados com o filho.

No início da gestação, as consultas pré-natais devem ser mensais; já no terceiro trimestre, podem, de acordo com a necessidade, acontecer quinzenal ou semanalmente. Na fase final da gestação, existe a possibilidade de esses intervalos diminuírem mais, principalmente se houver risco para a gestante ou o feto.

No primeiro trimestre, o médico solicita exames de urina, fezes e hemograma completo com tipagem sanguínea (ABO e Rh); no caso de Rh negativo, realiza-se o teste de Coombs indireto, as sorologias anteriormente mencionadas, os testes de glicose e TSH (Hormônio Estimulante da Tireoide) (Brasil, 2012a). Alguns desses exames são repetidos a cada trimestre e outros são realizados à medida que a gravidez avança.

Outros exames importantes nesse período servem como medida preventiva, já que podem detectar doenças no feto, possibilitando o tratamento e as orientações para a gestante. Entre esses exames, Moura (1996) e Fonseca e Sá (2018) citam:

- **Ultrassonografia (3D e 4D)**: exame não invasivo, realizado várias vezes ao longo da gestação. Ele possibilita coletar informações sobre o desenvolvimento do feto, considerando-se possíveis alterações. Também permite prever sua evolução e a necessidade de tratamentos específicos, além de, após o quarto mês de gestação, saber o sexo do bebê.
- **Ultrassonografia morfológica**: exame não invasivo, realizado entre a 18ª e a 24ª semana de gestação, acompanha o desenvolvimento do bebê, detectando malformações.
- **Ecocardiografia fetal**: exame não invasivo, realizado via ultrassonografia pélvica, a partir da 20ª semana de gestação, detecta malformação cardíaca.
- **Ultrassonografia com Doppler**: exame não invasivo, realizado a partir da 32ª semana de gestação, no qual se mede o fluxo sanguíneo nos vasos do bebê, avaliando seu

desenvolvimento, deficiências nutricionais, a quantidade de líquido amniótico, além do amadurecimento da placenta.
- **Amniocentese**: exame invasivo, no qual há risco de aborto (cerca de 1%), realizado entre a 14ª e 18ª semana de gestação. Consiste na coleta de uma amostra do líquido amniótico. Detecta alterações cromossômicas.
- **Biópsia de vilo corial ou biópsia de vilo coriônico (BVC)**: exame invasivo, com risco de aborto de 1% a 2%, realizado entre a 10ª e a 13ª semana de gestação. Coleta-se uma amostra da placenta para análise do material genético do bebê, podendo detectar alterações cromossômicas.
- **Translucência nucal**: uma ultrassonografia, portanto exame não invasivo, realizado a partir da 12ª semana da gestação. A técnica consiste em medir o comprimento da nuca do bebê e o acúmulo de líquido nessa região, visto que essa medida pode indicar alterações cromossômicas e malformações.
- **NIPT – Teste pré-natal não invasivo**, do inglês Non Invasive Prenatal: é um exame de sangue, realizado com uma amostra do sangue materno. Não é invasivo e analisa alterações cromossômicas (trissomias e monossomias), sendo realizado a partir da 10ª semana de gestação. Na versão desenvolvida pela empresa Igenomix, recebe o nome *NACE*.
- **Teste de sobrecarga de glicose** ou **curva glicêmica**: exame de sangue, não invasivo, que avalia a sobrecarga de glicose. É realizado entre a 24ª e a 28ª semana da gestação com uma coleta de sangue em jejum e, outra, duas horas depois da ingestão de um xarope de glicose.
- **Cardiotocografia basal**: exame não invasivo, realizado no final da gestação para avaliar os batimentos cardíacos do

bebê e a atividade uterina. Utilizado, principalmente, em gestações que ultrapassam o período previsto para o parto.

Entre os **fatores de risco pré-natais**, citamos algumas doenças e intercorrências que podem ser prevenidas ou tratadas durante a gestação a fim de evitar sequelas. Com base em Fontes (1994), Murahovschi (2013), Moore, Persaud e Torchia (2016), Laugier e Gold (1982), Segre, Costa e Fiod-Lipp (2015), Fonseca e Sá (2018) e Fernandes, Sá e Mariani Neto (2019), apresentaremos, a seguir, os fatores de risco pré-natais, perinatais e pós-natais, os exames e as condutas preventivas.

Acreditamos que esses conhecimentos são importantes para a formação profissional do educador especial, do professor, do estimulador, dos profissionais da área clínica, posto que auxiliam na compreensão da criança, de sua família e de sua história. Esses conhecimentos também possibilitam compreender o que determinou o alto risco; as possíveis causas da deficiência; as intercorrências que foram enfrentadas e suas possíveis consequências; as patologias e possíveis sequelas; o que está registrado em um laudo, em uma avaliação diagnóstica e/ou em um informe diagnóstico psicopedagógico. Além disso, permitem conhecer medidas preventivas, compreendendo sua importância na luta pela superação das desigualdades.

Vejamos, então, alguns desses fatores de risco.

A **sífilis congênita** é uma infecção sexualmente transmissível que pode ser detectada em exames pré-natais e tratada a fim de que se evitem sequelas para o bebê. É causada pelo *treponema pallidum* e sua transmissão também pode se dar de forma materno-fetal. A doença pode alternar surtos agudos e períodos de latência, em que permanece assintomática, o que dificulta a detecção e o tratamento precoce. Desenvolve-se em três estágios entremeados por períodos assintomáticos. No estágio primário, surge uma ferida na região genital ou na boca; não há dor, coceira ou presença de secreção, mas pode haver ínguas na virilha. No estágio secundário, aparecem manchas pelo corpo, há febre, dores de cabeça, mal-estar e ínguas. No terciário, que pode levar vários anos para se manifestar, há lesões na pele, no sistema cardiovascular, nos ossos e no sistema neurológico, levando à morte. Entre esses estágios, há períodos de latência. Quando não é detectada na gestação ou não é tratada, pode ocasionar lesão cerebral, surdez, cegueira, parto prematuro, crescimento intrauterino retardado (CIUR), meningoencefalite e hidrocefalia (São Paulo, 2018).

A **toxoplasmose congênita** corresponde a um processo infeccioso causado pelo protozoário *Toxoplasma gondii*, presente em fezes de animais como o gato. Esse protozoário é contraído por meio da ingestão de carnes malpassadas, frutas e verduras mal-lavadas, além do manuseio de carne, terra ou fezes contaminadas, sem utilização de luvas. Sua detecção e seu tratamento durante a gestação podem evitar a microcefalia, a hidrocefalia, as calcificações intracranianas, a coriorretinite, a meningoencefalite e a prematuridade, que podem deixar como sequelas lesões cerebrais, cegueira ou baixa visão e deficiência intelectual (São Paulo, 2018).

A **rubéola congênita**, de acordo com Fernandes, Sá e Mariani Neto (2019) é uma infecção viral que causa danos fetais graves, principalmente no primeiro trimestre da gestação. A vacina faz parte do esquema vacinal brasileiro e a sorologia para rubéola detecta a presença de anticorpos no sangue materno. Caso a mulher não esteja imunizada, deve tomar a vacina, mas só pode engravidar seis meses depois; por isso, é fundamental checar esse dado em período pré-concepcional. A rubéola congênita pode causar malformações cardíacas, podendo: levar a anóxia e a hipóxia[1], responsáveis por lesões cerebrais; gerar defeitos oculares, como microftalmia, catarata, coriorretinite, causadores de cegueira e baixa visão; e causar microcefalia, hidrocefalia, calcificações intracranianas, meningoencefalite e convulsões, que podem culminar em lesões cerebrais e surdez.

A **hipertensão arterial** é uma patologia que pode ocorrer durante a gestação (São Paulo, 2018). Classifica-se em: **hipertensão arterial crônica**, quando antecede a gestação ou inicia-se antes da 20ª semana de gestação, tendo geralmente bom prognóstico na inexistência de doença renal ou cardiopatia; **hipertensão gestacional/pré-eclâmpsia**, quando aparece após a 20ª semana de gestação e não estava presente antes, associada a proteinúria[2], disfunção ou lesão renal ou cardíaca, disfunção hepática, sintomas visuais e/ou cerebrais e edema pulmonar; ou **eclâmpsia**, quando é acompanhada por convulsões. Trata-se de uma condição grave, pois causa complicações pré-natais e neonatais, colocando a vida da gestante em risco. Além disso, resulta em danos cerebrais ao bebê, em razão de possível anóxia. Em geral, leva ao parto prematuro de um feto que sofreu anóxia ou hipóxia pré-natal e/ou neonatal – em função da eclâmpsia, convulsões durante a gestação e/ou o

---

[1] Anóxia: falta de oxigenação. Hipóxia: diminuição da oxigenação.
[2] Proteinúria: perda de proteínas pela urina, principalmente de albumina, essenciais para a manutenção da circulação nos vasos e da nutrição.

parto –, com redução nutricional que teve como consequência o CIUR, causando lesões cerebrais determinantes de atrasos no desenvolvimento, dificuldades de aprendizagem, cegueira, deficiência intelectual e deficiência física motora.

A **diabetes pré-gestacional** e a **gestacional** são consideradas determinantes de gestação de risco, tanto para o feto, quanto para a gestante (São Paulo, 2018). A diabetes é caracterizada pela hiperglicemia, ou seja, pelo aumento do nível de glicose no sangue. A insulina é o hormônio produzido pelo pâncreas e responsável por permitir a entrada da glicose nas células para a produção de energia, reduzindo a glicemia. Quando sua quantidade não é suficiente ou sua ação não é efetivada, a glicose sanguínea aumenta e se instala a diabetes. Na gestação, há a produção de elevados níveis de hormônios pela placenta, podendo prejudicar a ação da insulina, causando a diabetes gestacional, o que potencialmente prejudica o feto. Este pode ser macrossômico, ou seja, grande para a idade gestacional (GIG), nascendo prematuro, de alto risco e frágil; com lesão neurológica decorrente de hipoglicemia, hipocalcemia, hipomagnesemia e hiperbilirrubinemia; síndrome de angústia respiratória (SAR), com hipóxia, acidose e disfunções metabólicas; anóxia neonatal, decorrente de partos prolongados com sofrimento fetal; tocotraumatismos[3]; infecções neonatais; e cardiopatias congênitas. O feto também pode ser microssômico, isto é, pequeno para a idade gestacional (PIG), com alto risco neurológico. O acompanhamento pré-natal e um adequado

---

3   Tocotraumatismos: traumas de parto e de quedas dos quais podem decorrer fraturas, deslocamentos, paralisias ou lesões.

atendimento médico neonatal ao bebê são fundamentais para prevenir esses problemas.

A **ingestão de álcool** durante a gravidez, compreendida como uso de droga, pode causar hipoglicemia fetal com lesões cerebrais, complicações respiratórias no recém-nascido (RN), diminuição dos reflexos e SAR (Brasil, 2012a). Caso a ingestão de álcool seja crônica (diária), pode ocasionar a síndrome alcoólica fetal (SAF), expondo o bebê ao risco de malformações, deficiência física motora, deficiência intelectual, microcefalia, lesões cerebrais e CIUR.

A **anemia gestacional**, por deficiência de ferro e ácido fólico, é frequente e tem consequências para o feto, como a anóxia, que pode deixar sequelas neurológicas e causar CIUR (Brasil, 2012a). Suas sequelas são percebidas durante o desenvolvimento da criança, no qual são comuns as dificuldades de aprendizagem, além de atrasos nos desenvolvimentos neuropsicomotor e linguístico. A anemia aguda tem como causas possíveis, por exemplo, o descolamento prematuro da placenta, a placenta prévia, a hipotensão arterial, e pode levar a anóxia aguda, determinante de lesões cerebrais. A prevenção está relacionada à ingestão de ferro e ácido fólico mediante alimentação adequada e complementos vitamínicos (ácido fólico e ferro).

O **CIUR** caracteriza-se pelo desenvolvimento insuficiente do feto durante a gestação, resultando em um bebê PIG, independentemente de a gestação ser de termo, pré-termo ou pós-termo (Brasil, 2012a). Quando atinge o feto no início da gestação, resulta em desenvolvimento global insuficiente. Caso ocorra no terceiro trimestre, os danos são menores, mas ainda existentes. Sua principal consequência é a lesão cerebral. Pode ser causado por anóxia decorrente de hipertensão arterial, uso de drogas e fumo; infecções intrauterinas decorrentes de sífilis, toxoplasmose, rubéola e citomegalia; desnutrição e anemia maternas; doenças maternas como cardiopatias, pneumopatias, entre outras; patologias placentárias, como a placenta prévia e o descolamento da placenta, por exemplo.

O **uso de drogas e medicamentos** na gestação pode ocasionar lesões no feto, malformações, bem como comprometer seu desenvolvimento neurológico (Brasil, 2012a). Quando usadas no início da gestação (1o trimestre), têm ação teratogênica mais intensa sobre o sistema nervoso central (SNC). Todavia, também nos outros trimestres, têm consequências, pois atravessam com facilidade a membrana placentária, num período de formação e de desenvolvimento das estruturas básicas. A automedicação e o uso de drogas devem ser evitados, sendo a ingestão de medicamentos realizada apenas sob prescrição médica.

No Quadro 3.1, listamos as substâncias que, quando utilizadas durante a gestação, podem causar danos ao feto. Arrolamos nesse quadro, também, as consequências para a saúde do bebê.

Quadro 3.1 – Consequências da ingestão de substâncias químicas na gestação

Substância	Consequências
Estreptomicina	Surdez
Gentamicina e amicacina	Surdez
Aminopterina	Hidrocefalia; lesões no tubo neural; CIUR; malformações no SNC
Hidantoína	Microcefalia e deficiência intelectual
Hexaclorobenzeno	Lesão no SNC
Chumbo	Deficiência intelectual e epilepsia

(continua)

(Quadro 3.1– continuação)

Substância	Consequências
Mercúrio	Paralisia cerebral; deficiência intelectual
Imipramina	Lesão no SNC
Tiouracil	Lesão no SNC
Quinina	Surdez
Ácido valproico	Malformações cranianas; defeitos do tubo neural; hidrocefalia; defeitos cardíacos
Álcool	SAF; CIUR; deficiência intelectual; microcefalia; defeitos oculares
Andrógenos e progestógenos	Masculinização fetal feminina; genitália externa ambígua
Bussulfano	Atrofia do crescimento; anormalidades esqueléticas; opacidade da córnea; fenda palatina
Carbonato de lítio	Malformações cardíacas
Cocaína e *crack*	CIUR; microcefalia; lesão cerebral; aborto espontâneo; descolamento da placenta; parto prematuro
Fenitoína	CIUR; microcefalia; deficiência intelectual; hipoplasia das falanges
Isotretinoína	Malformações craniofaciais; defeitos no tubo neural; espinha bífida; malformação cardíaca
Metotrexato	Malformações ósseas, principalmente de crânio, face, membros e coluna vertebral
Talidomida	Malformação de membros: ausência parcial ou completa; malformações faciais; malformações cardíacas e renais

(Quadro 3.1– conclusão)

Substância	Consequências
Trimetadiona	Atraso no desenvolvimento; lábio leporino e/ou fenda palatina
Varfarina	Deficiência intelectual; malformações oculares

Fonte: Fontes, 1994; Moore; Persaud; Torchia, 2016.

O **fumo** na gestação também deve ser evitado, pois há no cigarro uma quantidade elevada de substâncias químicas com efeitos tóxicos, comprovadamente prejudiciais ao feto, podendo prejudicar seu desenvolvimento físico e neurológico. O consumo do fumo pela gestante ou sua exposição passiva à fumaça do cigarro podem causar anóxia, efeitos tóxicos sobre as células nervosas, CIUR, prematuridade, descolamento prematuro da placenta e placenta prévia, oferecendo riscos neurológicos ao feto. Dificuldades de aprendizagem em crianças também podem estar associadas ao uso de fumo durante a gestação, de acordo com pesquisas recentes (Fernandes; Sá; Mariani Neto, 2019).

O **herpes genital** é uma infecção sexualmente transmissível causada por vírus cujos sintomas são bolhas, úlceras ou feridas na região genital, acompanhada de prurido ou dor e formação de crostas. Pode não haver manifestação sintomática, o que dificulta sua detecção. Durante a gestação, pode causar comprometimento neurológico no feto, microcefalia, microftalmia, displasia retiniana, coriorretinite, calcificações cerebrais e deficiência intelectual. O parto deve ser cesáreo, pois o parto normal oferece riscos de contaminação ao bebê, sendo a meningoencefalite viral grave uma possível consequência, o que pode levar à morte ou deixar sequelas neurológicas graves (São Paulo, 2018).

A **infecção urinária** é um processo infeccioso comum na gestação, muitas vezes assintomático, sendo detectado apenas por meio de exames de urina realizados como rotina pré-natal. Uma vez detectada, deve ser tratada para evitar suas consequências sobre o feto, como a infecção fetal sistêmica que afeta o SNC, gerando lesões. Nas gestantes, pode causar eclâmpsia, parto prematuro e CIUR, deixando sequelas neurológicas no feto (Brasil, 2012a).

O **oligo-hidrâmnio** corresponde à redução acentuada do líquido amniótico que pode causar lesão cerebral (Brasil, 2012a). Tem como consequências a pós-maturidade, o CIUR, a toxemia gravídica e a compressão do cordão umbilical. O acompanhamento médico faz-se essencial e a antecipação do parto, em caso de sofrimento fetal, é indicada.

A **placenta prévia** trata-se da implantação baixa da placenta, podendo ocasionar lesões neurológicas. Causa hemorragias durante a gestação ou no momento do parto, levando à anemia, ao choque e à hipotensão materna, resultando em anóxia e lesão cerebral fetal. Pode, também, acarretar o descolamento da placenta, provocando anóxia e sofrimento fetal. Traumatismos de parto são comuns nesses casos. Em geral, os bebês nascem prematuros, apresentam CIUR e elevada taxa de mortalidade (São Paulo, 2018).

A **exposição à radiação** é um fator de risco neurológico, principalmente no primeiro trimestre da gestação, podendo causar mutações genéticas, malformações e alterações neurológicas, no feto e/ou nas próximas gerações. Precisa ser evitada e algumas medidas preventivas devem ser rotineiras, entre elas o uso de avental de chumbo para os profissionais que trabalham com radiação. Essa exposição pode causar no feto microcefalia, hidrocefalia, anoftalmia e catarata (Fontes, 1994).

O **sarampo**, doença infectocontagiosa grave, é transmitida por secreções através de tosse, espirro, respiração e fala. Alguns de seus sintomas são febre, manchas vermelhas pelo corpo, coceira, tosse, dor de cabeça. Na gravidez, representa um fator de risco importante a ser considerado, uma vez que pode causar no feto meningoencefalite, resultando em lesão cerebral e em surdez (Fontes, 1994). A vacina contra essa doença faz parte do esquema vacinal brasileiro. Isso tem evitado sua incidência sobre as gestantes, mas é fundamental que as crianças sejam vacinadas, visto que, a partir de 2019, alguns casos graves foram registrados no Brasil, causando a morte de crianças e adultos.

O **Zika vírus** na gravidez pode causar microcefalia (Fonseca; Sá, 2018). Tornou-se um problema sério de saúde pública no Brasil a partir de 2015, com o registro do aumento de casos associados a ele. A microcefalia é uma malformação congênita do cérebro, caracterizada por seu desenvolvimento inadequado; e resulta em alterações neurológicas com sequelas mais ou menos graves. Nessa condição, o perímetro cefálico está abaixo do esperado para a idade gestacional e para o sexo – segundo o Ministério da Saúde, menos de 31,9 para o sexo masculino e 31,5 para o sexo feminino em RN de termo (Brasil, 2016a).

A pesquisa sobre a etiologia esclarece pontos importantes e indica a melhor modalidade de intervenção. Como medidas preventivas, são necessárias políticas públicas e medidas de educação e saúde para acabar com os criadouros do mosquito transmissor, além do encaminhamento imediato para os programas de intervenção essencial. Geralmente, o bebê apresenta sequelas neurológicas graves, que resultam em atrasos no desenvolvimento neuropsicomotor.

A **varicela** na gravidez pode causar lesão cerebral no feto, principalmente no primeiro trimestre (Fontes, 1994), deixando como sequelas a coriorretinite, a microftalmia, a cegueira, a meningoencefalite e o CIUR.

Há muitas outras doenças e intercorrências que podem deixar sequelas e que se configuram fatores de risco pré-natais. Optamos por listar, neste capítulo, as mais frequentes. Sugerimos, ao final do capítulo, obras para consulta e aprofundamento sobre o tema.

3.4 Medidas preventivas e fatores de risco neonatais

Os fatores de risco neonatais são aqueles relacionados ao momento do nascimento, ao parto e às intercorrências nos primeiros momentos de vida pós-parto.

Um bom acompanhamento pré-natal auxilia o obstetra a detectar fatores de risco neonatais e tomar medidas preventivas, ou ações imediatas, para evitar sequelas graves. A assistência em sala de parto e a presença de um pediatra (neonatologista) são formas de prevenção fundamentais nesse momento tão importante e tão delicado que é o nascimento.

Há dois tipos de parto: o natural, também chamado *normal*; e o cesáreo, também designado *cirúrgico* ou *eletivo*. O mais indicado é o parto normal, pois a mãe se recupera mais rapidamente; além disso, seu corpo e o do bebê estão preparados naturalmente para ele. Quanto ao cesáreo, deve ser realizado apenas por indicação, ou seja, quando o parto normal oferece riscos à mãe ou ao bebê.

Alguns exames são realizados na maternidade, na hora do nascimento ou logo após. Entre esses, está o Boletim de Apgar (Quadro 3.2), cujas notas no primeiro e no quinto minuto devem ser anotadas na carteirinha do RN e observadas. Isso porque indica possíveis anormalidades decorrentes de complicações ou intercorrências no momento do parto.

Quadro 3.2 – Boletim de Apgar: critérios de avaliação

	0	1	2
Frequência cardíaca	Ausente	Menor 100	Maior 100
Esforço respiratório	Ausente	Choro fraco Respiração irregular	Choro forte Respiração regular
Tônus muscular	Flácido	Discreta flexão dos membros	Hemiflexão completa
Irritabilidade	Ausente	Responde com careta	Tosse ou espirro
Coloração da pele	Cianose e palidez	Corpo róseo e extremidades cianóticas	Completamente róseo

Fonte: Murahovschi, 2013, p. 39.

A nota do primeiro minuto indica as condições imediatas quando do nascimento. Já a nota do quinto minuto mostra a evolução e a recuperação rápida ou não do RN e, por conseguinte, os riscos de lesões no SNC. Uma nota de zero a 3 aponta anóxia grave e possíveis lesões neurológicas; de 4 a 7, anóxia moderada ou leve, risco moderado ou leve de lesões neurológicas; já de 8 a 10, boas condições de vitalidade do RN.

Algumas condições determinam riscos para o bebê durante o nascimento e sugerem a necessidade ou não de um parto cesáreo. Observemos algumas dessas, a seguir.

O **circular de cordão umbilical** pode ser detectado durante o acompanhamento pré-natal, representando a necessidade de um parto eletivo (Fonseca; Sá, 2018). Nessa situação, o cordão umbilical encontra-se enrolado em volta do pescoço do bebê ou outro segmento corporal. Pode causar anóxia, sofrimento fetal agudo, lesões cerebrais e asfixia em um parto normal.

O **descolamento prematuro da placenta** diminui a oxigenação no cérebro do bebê, podendo causar lesões (São Paulo, 2018). Como consequência, há sofrimento fetal, anóxia, acidose respiratória e metabólica, decorrentes de anemia aguda materna, choque materno, hipertonia uterina grave, anemia fetal e choque hemorrágico. Essa complicação está associada ao parto prematuro, à toxemia gravídica e ao CIUR, determinantes de danos neurológicos graves, bem como de morte do neonato e da gestante. Sua prevenção é difícil, os riscos são minimizados com acompanhamento pré-natal, antecipação do parto e atendimento pediátrico em sala de parto, com o propósito de evitar hipoxemia, acidose e choque hemorrágico.

O **sofrimento fetal agudo** (Fernandes; Sá; Mariani Neto, 2019) se caracteriza pela anóxia aguda, que corresponde à restrição de oxigênio no sangue fetal (hipoxemia), durante o parto. Trata-se de uma intercorrência grave que oferece riscos neurológicos ao feto, em decorrência além da anóxia, da acidose respiratória e metabólica. Entre suas possíveis causas, estão a hiperatividade uterina acentuada (que reduz o fluxo sanguíneo), a hipotensão materna, a compressão dos vasos umbilicais, o uso de ocitocina, a toxemia gravídica, o período expulsivo prolongado, a expulsão rápida, as anestesias, bem como as hemorragias maternas, fetais e placentárias. As sequelas do sofrimento fetal são, entre outras, a lesão cerebral, as hemorragias cerebrais, a aspiração do líquido amniótico e de mecônio, a paralisia cerebral, a epilepsia e a deficiência intelectual. Um bom pré-natal diminui os riscos, possibilitando sua avaliação e a indicação do parto mais adequado, além do atendimento imediato do RN por pediatra em sala de parto, com reanimação, adequada oxigenação, aquecimento e tratamento da acidose.

O **uso do fórceps** acontece para auxiliar a saída do bebê do canal de parto, diminuindo os riscos de anóxia. Contudo, seu manejo inadequado pode causar afundamento e fraturas no crânio, paralisias faciais (acarretada por compressão nervosa), e, mais raramente, hemorragias cerebrais. Em situações que envolvem esse instrumento, lesões cerebrais são comuns, porém estas resultam das condições clínicas – sofrimento fetal, anoxia, parto prolongado – que demandam sua utilização (Fernandes; Sá; Mariani Neto, 2019).

A **macrossomia** se manifesta em bebê de grande porte, com mais de 4 kg. Isso pode decorrer, entre outras causas, de diabetes, pós-maturidade fetal e obesidade materna. Suas consequências são o tocotraumatismo pela desproporção céfalo-pélvica; os partos prolongados com sofrimento fetal e anóxia; a lesão cerebral; a predisposição; a hipoglicemia; e os distúrbios metabólicos. O acompanhamento da gestação, a indicação de parto cesáreo e o adequado atendimento pós-natal podem prevenir lesões neurológicas (Fontes, 1994; Fernandes; Sá, 2018).

Os **partos prematuros** são considerados fatores de risco, pois o nascimento antes do tempo expõe o bebê a muitas intercorrências que podem deixar sequelas, como distúrbios metabólicos e homeostáticos, infecções, tocotraumatismos, lesões cerebrais, hemorragias intracranianas, sofrimento respiratório, acidose, hipoglicemia, hipocalcemia, icterícia, hipomagnesemia, hipoxemia, acidose, hidrocefalia, paralisia cerebral também chamada *diplegia* (Brasil, 2012a). Partos cesáreos agendados por questões práticas e não por indicação médica não são recomendados, levando-se em consideração tais complicações.

Após o nascimento, o bebê RN passa por um exame físico, é higienizado, pesado, medido e identificado. Nesse exame, observa-se seu corpo e avaliam-se todas as funções, verificando sua integridade e suas possíveis alterações. Ainda na maternidade, são realizados os testes do olhinho, da orelhinha e do coraçãozinho, além do teste do pezinho, medidas preventivas importantes. O **teste do olhinho** e o **teste do olhinho ampliado** detectam cegueira e alterações que podem obstruir o eixo visual. Simples, o exame é feito direcionando-se iluminação para o olho do bebê, com um feixe de luz que gera um reflexo vermelho quando o eixo ótico está livre, ou seja, sem obstáculos à entrada ou à saída da luz pela pupila. Isso demonstra que a visão poderá se desenvolver sem problemas. Trata-se de um teste obrigatório e gratuito, sendo ofertado pelo Sistema Único de Saúde (SUS). Caso seja encontrada alguma alteração, ela pode ser sugestiva de catarata ou glaucoma, que podem ser tratados, possibilitando um desenvolvimento normal da visão. O exame ampliado, por sua vez, é realizado empregando-se um aparelho, o RetCam, que registra imagens de alta definição dos olhos do bebê, podendo detectar retinopatia da prematuridade, catarata congênita, retinoblastoma, infecções e hemorragias da retina e malformações congênitas dos olhos; havendo a necessidade, faz-se encaminhamento para atendimento especializado, inclusive de estimulação essencial (Brasil, 2013, 2016b).

O **teste da orelhinha,** ou ***triagem auditiva neonatal***, é realizado no segundo ou terceiro dia de vida do RN, utilizando-se um fone de ouvido que, acoplado a um computador, emite sons de intensidade fraca e registra as respostas produzidas pelo ouvido interno do bebê. Ele detecta alterações e, com base nelas, há o encaminhamento para a intervenção e a estimulação essencial. É obrigatório e gratuito desde agosto de 2010, sendo realizado nas maternidades (Comunicar, 2010).

O **teste do coraçãozinho,** ou ***oximetria de pulso***, consiste em um instrumento de triagem neonatal fundamental para detectar cardiopatias congênitas. É realizado após as primeiras 24 horas de vida do RN, ainda na maternidade, empregando-se um oxímetro (sensor de pulso) colocado no pulso direito e, depois, em um dos pés, para verificar os níveis de oxigênio. Em caso de saturação, o bebê não recebe alta da maternidade e são realizados mais exames para investigar a possibilidade de cardiopatia congênita. Em alguns estados, sua realização já é obrigatória, gratuita e garantida por lei. Em maternidades que atendem pelo SUS, ele é gratuito e realizado antes da alta hospitalar desde junho de 2014 (Brasil, 2018a).

O **teste do pezinho,** ou ***teste de Guthrie***, embora realizado ainda na maternidade, demanda que o bebê tenha mamado algumas vezes. Idealmente, é feito após 48 horas de vida. Coleta-se uma gota de sangue do calcanhar do bebê que é impressa em três círculos em um papel-filtro; o material é encaminhado, em seguida, para análise. O exame detecta a fenilcetonúria, o hipotireoidismo congênito, a anemia falciforme, a hiperplasia adrenal congênita, a fibrose cística e a deficiência de biotinidase. É obrigatório e gratuito desde 1992. Há a opção de completar a testagem com o teste do pezinho ampliado, que não é gratuito. Este faz o diagnóstico de galactosemia, toxoplasmose congênita, deficiência de glicose-6-fosfato, desidrogenase, sífilis congênita, HIV, rubéola congênita, herpes congênita, citomegalia congênita, doença de Chagas congênita, entre outras doenças (Brasil, 2002; São Paulo, 2015)

A detecção desses fatores de risco, de doenças ou de sequelas das intercorrências indica a necessidade de intervenções imediatas, de atendimentos especializados e de estimulação essencial para possibilitar o desenvolvimento integral do bebê.

3.5 Fatores de risco pós-natais

Os fatores de risco pós-natais relacionam-se a intercorrências, doenças ou sequelas destas, os quais incidem após o nascimento e nos primeiros anos de vida da criança.

O acompanhamento do desenvolvimento do bebê, com ou sem fatores de risco, deve ser feito pelo pediatra em consultas mensais nos primeiros anos de vida, momento em que alterações podem ser detectadas e os encaminhamentos adequados podem ser realizados. Para o médico, a dinâmica dessas consultas consiste em pesar e medir o bebê, fazer o exame físico, realizar a ausculta cardíaca, observar as respostas e o desenvolvimento psicomotor, conversar com os pais e orientá-los prescrevendo ações, medicações, tratamentos e imunizações, quando necessário ou recomendado.

A seguir, comentaremos esses fatores indicativos de bebês de médio e alto risco, com os quais o profissional da estimulação essencial tem de trabalhar.

A **acidose** corresponde a um declínio do pH sanguíneo que resulta da formação ou absorção de ácidos em quantidade excessiva, dificultando ou impedindo sua neutralização ou eliminação. Ela pode ser classificada como: respiratória, na qual há formação ou retenção excessiva de CO_2; metabólica, quando há formação ou retenção de ácido láctico; e mista, na associação de ambas. Há riscos para o bebê, visto que a anóxia é a causa mais comum da acidose nos períodos pré-natal e neonatal, podendo resultar em lesões cerebrais. Já no período pós-natal, no RN, pode ser causada por sépsis com ou sem choque séptico, desidratação e icterícia. Nesse caso, também há a possibilidade de resultar em lesões cerebrais. A prevenção é feita mediante acompanhamento do bebê em sala de parto e cuidados médicos em berçário, principalmente no caso daqueles com patologias que possam causar tal complicação (Segre; Costa; Fiod-Lipp, 2015).

A **anemia**, causada pela redução dos níveis de hemácia e hemoglobina, diminui a oxigenação, podendo resultar em lesão cerebral (São Paulo, 2015). Entre suas causas estão passagem de sangue da circulação sanguínea do bebê para a mãe, durante a gravidez ou durante o parto; por perdas sanguíneas decorrentes de placenta prévia ou de descolamento prematuro; por incisão acidental da placenta durante o parto cesáreo; por processos hemolíticos, como incompatibilidade sanguínea; por hemorragias traumáticas ou decorrentes da anóxia, cerebrais, hepáticas ou suprarrenais. O tratamento, nos casos mais graves, é feito por transfusão sanguínea ou exsanguineotransfusão[4].

A **apneia** do RN é a interrupção temporária e recorrente da respiração, acompanhada de cianose[5], bradicardia[6], palidez, hipotonia e hiporreflexia, podendo causar lesão cerebral grave (Brasil, 2015). Patologia frequente nos bebês prematuros, eventualmente pode acometer também bebês de termo e de pós-termo. Os paroxismos convulsivos (convulsões) podem ser causa ou efeito das apneias e podem estar relacionados a hipoglicemia, hipocalcemia, hipomagnesemia, hiponatremia, hipermagnesemia, hiperglicemia, infecções, hipotermia, hemorragia cerebral, anóxia e SAR, por exemplo. Para a prevenção são demandados cuidados intensivos ao bebê prematuro; evitação do parto prematuro; monitoramento da apneia e intervenção rápida de suas consequências.

O **choque neonatal** pode deixar sequelas neurológicas graves, decorrentes da anóxia (Segre; Costa; Fiod-Lipp, 2015). Pode ser, segundo sua causa, classificado como: hipovolêmico, causado por desidratação ou hemorragias agudas; séptico, decorrente de infecções bacterianas; cardiogênico, resultado de insuficiência cardíaca; e vasogênico, quando causado por uso de drogas. A redução da oxigenação, decorrente do choque, leva à acidose metabólica e à hipotensão, causando lesões. Faz-se fundamental tratar todas as patologias que podem levar ao choque, para prevenir suas consequências.

---

4 Exsanguineotransfusão: transfusão sanguínea em que se troca o sangue do bebê por outro, sem bilirrubina.
5 Cianose: coloração roxa ou azulada na pele, nas mucosas e nas extremidades em decorrência de falta de oxigenação e problemas cardiocirculatórios.
6 Bradicardia: diminuição acentuada da frequência cardíaca.

A **desidratação**, causada por vômitos, diarreias, estados febris, perdas de líquido decorrentes do uso dos berços aquecidos, jejum prolongado, imaturidade renal, problemas gastrointestinais, pode levar, entre outras consequências, a acidose, hipocalcemia, hipovolemia, hipotensão, choque, hipóxia, hipotermia, convulsões, hiperpotassemia, hiponatremia, hipernatremia. A intervenção nesses casos consiste em evitar e/ou tratar a desidratação (Segre; Costa; Fiod-Lipp, 2015).

A **doença hemolítica do RN**, ou ***eritroblastose fetal***, é consequência da incompatibilidade sanguínea entre o feto Rh positivo e a mãe Rh negativo. Nesses casos, há uma sensibilização do sangue materno durante a gravidez. Isso pode, em uma gestação subsequente, representar graves riscos para o bebê. Existem três tipos de eritroblastoses e todos podem determinar lesões cerebrais: a hidrópica, responsável por morte intrauterina, a ictérica e a anêmica. Associadas a essa condição estão a hipoglicemia e a prematuridade. A prevenção realiza-se mediante administração de imunoglobulina anti-Rh na mãe, nas primeiras 72 horas após o parto. O tratamento adequado aos bebês sensibilizados dá-se por meio de exsanguineotransfusão e fototerapia (Brasil, 2012a).

A **icterícia fisiológica** resulta da elevação dos níveis de bilirrubinemia no sangue do RN, caracterizando-se pela coloração amarelada em sua pele, sem consequências graves para o bebê. Há, contudo, outra forma de icterícia, denominada *nuclear grave* ou *kernicterus*, que representa riscos neurológicos. Esta se caracteriza pela impregnação, no tecido nervoso e nos núcleos cerebrais de base, de bilirrubinemia indireta. Suas causas podem ser incompatibilidade de Rh, infecções bacterianas, sífilis, toxoplasmose, citomegalia, rubéola, herpes, hipotireoidismo e galactosemia. As lesões cerebrais decorrem de fatores associados tais como hipoglicemia, hipocalcemia, hipomagnesemia, acidose, hipoxemia, infecções, assim como medicamentos neurotóxicos. Seus riscos são maiores em prematuros. Tal condição deve ser tratada rapidamente, para se evitar sequelas, por meio de fototerapia, de exsanguineotransfusão, bem como de investigação, descoberta e tratamento das causas. O kernicterus é grave e resulta em surdez, ataxia, deficiência intelectual e epilepsia (Paraná, 2020).

Os **erros inatos do metabolismo** (Fernandes; Sá; Mariani Neto, 2019) são decorrentes de: ausência de enzimas para a elaboração de proteínas vitais; síntese de substâncias de maneira inadequada, causando alterações metabólicas; formação de substâncias tóxicas que, acumuladas, alteram o metabolismo celular; e alterações genéticas que modificam a absorção de substâncias plásticas e energéticas. Os tipos mais frequentes são a fenilcetonúria, a galactosemia, o hipotireoidismo, a intolerância à frutose, a leucinose, as acidemias orgânicas, as hiperamoniemias, a hiperglicemia não cetótica e a síndrome adrenogenital. Os diagnósticos pós-natais são realizados com uso do teste do pezinho (exame de sangue) ou de exames de urina. Uma vez detectados, devem ser tratados para prevenir sequelas. O tratamento pode ser medicamentoso ou dietético.

A **fenilcetonúria**, um dos erros inatos do metabolismo, representa a impossibilidade metabólica de transformar a fenilalanina em tirosina, por conta da ausência da enzima fenilalanina hidroxilase. Não havendo a conversão, o acúmulo de fenilalanina nos tecidos nervosos causa intoxicação e lesões. Embora, ao nascer, o bebê não os apresente, esses danos acontecem quando ele recebe leite materno ou qualquer alimento que contenha o aminoácido. Nesses casos, deve-se realizar, como medidas preventivas: dieta livre de alimentos de origem animal e vegetal que contenham fenilalanina, como leite, ovos, carnes, trigo, soja e derivados, feijão etc.; acompanhamento médico periódico, com exames de controle; e a administração de suplementos de aminoácidos. Recomenda-se o uso de uma fórmula especial em substituição ao leite. As consequências da fenilcetonúria podem ser graves, incluindo deficiência intelectual, convulsões, hiperatividade, atrasos no desenvolvimento, microcefalia, odor desagradável na urina, além de pele, rosto e olhos claros – devido à impossibilidade de a fenilalanina ser convertida em melanina (Brasil, 2002).

A **galactosemia** é um erro inato do metabolismo dos açúcares, no qual existe uma deficiência das enzimas responsáveis pela conversão da galactose em glicose. Dessa forma, há um acúmulo daquela substância, gerando intoxicação no fígado e no SNC. Associam-se a esses problemas, a desidratação, causadora de acidose, a lesão hepática, que resulta em hiperbilirrubinemia com icterícia, levando a lesões neurológicas. O diagnóstico precoce é feito com o teste do pezinho. Uma dieta deve ser feita, retirando-se alimentos com galactose, como o leite – este precisa ser substituído por um especial, sem lactose, ou por leite de soja –, bem como incluindo frutas, carnes e legumes, além de suplemento de cálcio. Caso não seja tratada, via dieta, esse erro metabólico pode causar catarata, cirrose hepática, atrasos no desenvolvimento, lesões neurológicas e dificuldades de aprendizagem (Brasil, 2018b).

A **deficiência da biotinidase** consiste na incapacidade do organismo de metabolizar a biotina, vitamina do complexo B, fundamental para a transformação de algumas substâncias importantes para o funcionamento neurológico. A criança, caso não seja tratada, pode apresentar convulsões, problemas de coordenação psicomotora, atrasos no desenvolvimento e deficiência intelectual. O tratamento consiste na administração da biotina, o que evita sequelas (São Paulo, 2015).

A **anemia falciforme** caracteriza-se por uma alteração no formato das hemácias, que reduz sua capacidade de transportar o oxigênio para as células corporais, afetando o desenvolvimento de alguns órgãos. Por volta dos 4 meses, ela provoca cansaço, palidez, sonolência, dores nos ossos, nos músculos e nas articulações – nestas resultam, ainda, em inflamações que provocam inchaço nas mãos e nos pés –, infecções frequentes, atrasos no desenvolvimento e na puberdade, comprometimento do fígado, deixando olhos e pele amarelados. O teste do pezinho faz o diagnóstico precoce. Medicamentos como a penicilina – para crianças de 2 meses a 5 anos –, analgésicos e anti-inflamatórios – para alívio de dores – são recomendados, assim como o uso de máscara de oxigênio, para melhorar a oxigenação sanguínea e a respiração. O tratamento também envolve transfusões de sangue e transplante de medula óssea. O transplante pode resultar em cura, mas também pode gerar complicações; além disso, é difícil encontrar doador compatível (Brasil, 2002).

A **hiperplasia adrenal congênita** é uma desordem genética das glândulas adrenais na qual não há a fabricação dos hormônios cortisol e aldosterona em quantidade suficiente. Em contrapartida, ocorre a produção excessiva dos andrógenos, provocando crescimento excessivo ou insuficiente, puberdade precoce, além de desidratação, hipoglicemia, hipotensão arterial, entre outros. O diagnóstico também é feito pelo teste do pezinho e o tratamento consiste em reposição hormonal e/ou estabilização dos hormônios em excesso (São Paulo, 2015).

A **fibrose cística** é uma doença hereditária, sem cura, com expectativa de vida média de 40 anos, na qual algumas glândulas produzem muco, que se acumula nas vias aéreas e no pâncreas, comprometendo o sistema respiratório e o digestório (Brasil, 2002). Seus sintomas são: suor salgado, tosse crônica, catarro espesso, bronquiolite, pneumonia, dificuldades respiratórias, diarreia crônica, prisão de ventre, cansaço, perda de apetite, alteração nas fezes, dificuldades para ganhar peso e atrasos no desenvolvimento. O diagnóstico é feito pelo teste do pezinho. Já o tratamento consiste na administração de anti-inflamatórios, antibióticos, broncodilatadores, mucolíticos, enzimas digestórias, dieta alimentar e suplementos vitamínicos. Além disso, recomenda-se acompanhamento nutricional e psicológico, fisioterapia respiratória e, em alguns casos, cirurgia, inclusive transplante de pulmão.

O **hipotireoidismo congênito** é uma deficiência endócrina da tireoide. As causas mais comuns são um erro inato do metabolismo ou na síntese da tiroxina. O diagnóstico precoce é feito mediante teste do pezinho e o tratamento deve ser iniciado o mais rápido possível, com a administração oral do hormônio tireoidiano – T4, para evitar lesões neurológicas e deficiência intelectual. Há sintomas que indicam o hipotireoidismo, como a macrossomia, a icterícia metabólica e a hipotermia das extremidades com cianose, que precisa ser confirmado por exames laboratoriais.

As **fraturas de crânio** decorrentes dos tocotraumatismos são causa comum de lesões neurológicas. Essas podem ser causadas pelo uso do fórceps, que comprime as estruturas ósseas sobre o cérebro, provocando hemorragias intracranianas. Um bom acompanhamento pré-natal, com avaliação obstétrica adequada e indicação de parto cirúrgico, contribui para sua prevenção (Fontes, 1994).

As **hemorragias intracranianas** são provocadas por: fragilidade vascular, na prematuridade; predisposição à hemorragia, em decorrência da redução de fatores de coagulação sanguínea (vitamina K); tocotraumatismos; e anóxia (Fontes, 1994). Associam-se a elas, convulsões, anemias, choque hipovolêmico hemorrágico, acidose, apneia, desidratação e depressão cardiorrespiratória, responsáveis por lesões neurológicas. As hemorragias e suas complicações deixam sequelas neurológicas causadoras de epilepsia, deficiência intelectual, paralisia cerebral, surdez, cegueira, atrasos no desenvolvimento, entre outras. Os cuidados pré-natais, perinatais e pós-natais podem prevenir sua incidência, sendo fundamental evitar a prematuridade, a anóxia e os tocotraumatismos.

A **hidrocefalia** caracteriza-se pelo acúmulo do líquido cefalorraquidiano no sistema ventricular, o que desencadeia lesões neurológicas. Configura-se causa ou efeito. Há um bloqueio que impede a drenagem do liquor no interior dos ventrículos, causando sua distensão e a hipertensão intracraniana, diminuindo a oxigenação e determinando lesões. Para evitá-las, é necessária uma intervenção cirúrgica para a colocação de válvulas que desviam o liquor para a cavidade peritoneal, onde pode ser absorvido. Entre os fatores etiológicos, estão as infecções como toxoplasmose, sífilis e citomegalia, bem como a anóxia neonatal que leva a hemorragias intracranianas, frequentes em prematuros. A intervenção essencial mostra-se fundamental para minimizar seus efeitos (Cunha, 2014).

A **hipoglicemia**, diminuição da glicose nos primeiros dias de vida do bebê, representa risco neurológico e pode ser causada, entre outros fatores, por prematuridade, diabetes materna, pós-maturidade, incompatibilidade sanguínea, baixo peso ao nascimento (bebê PIG), anóxia, hipotermia, hipertermia, pós-exsanguineotransfusão, jejum materno prolongado durante o parto, jejum prolongado do RN, sofrimento respiratório, insuficiência cardíaca, hemorragia cerebral, e macrossomia. Faz-se necessário observar o RN de risco, acompanhando cuidadosamente sua evolução e mantendo seu adequado aquecimento. Quando detectada, seu tratamento é feito com glicose oral, leite materno e, em casos mais graves, com glicocorticoides (Segre; Costa; Fiod-Lipp, 2015).

A **hiperglicemia** também representa um fator de risco pós-natal, sendo comum em prematuros de baixo peso, que recebem soluções glicosadas, por via intravenosa, nas UTI neonatais. Pode resultar em hemorragias intracranianas; por isso, o monitoramento cuidadoso deve ser prática constante no atendimento desses bebês (Brasil, 2011).

A **hipermagnesemia** caracteriza-se pelo nível elevado de magnésio no sangue do RN, decorrente do uso materno de sulfato de magnésio no tratamento da toxemia gravídica (hipertensão arterial), durante a gestação ou o parto (Fontes, 1994). Tal condição acomete, com mais frequência, os bebês prematuros, os que sofreram anóxia, os que tiveram CIUR e os que são PIG. Há riscos de lesões cerebrais e de morte. O tratamento consiste em intervenção rápida com a colocação do bebê em um respirador, a exsanguineotransfusão ou o uso de solução com cálcio.

Já a **hipomagnesemia** é a redução do nível de magnésio no sangue, substância fundamental para a transmissão neuromuscular. Presente em casos de toxemia gravídica, hipomagnesemia materna, diabetes materna, prematuridade, anóxia, pós-exsanguineotransfusão, CIUR e PIG, pode causar lesão neurológica. A intervenção consiste em administrar o magnésio, com rigoroso controle laboratorial (Fontes, 1994).

A **hipernatremia** caracteriza-se por um nível elevado de sódio no sangue do RN, causado pela administração de soluções com teor elevado dessa substância, bem como pela perda de água através dos pulmões – em bebês com patologias respiratórias – e através da pele – naqueles colocados em berços aquecidos, em incubadoras ou submetidos a fototerapia (Brasil, 2011). Pode causar hemorragias cerebrais e lesões neurológicas. O acompanhamento, nos primeiros dias de vida do RN de risco, e sua intervenção imediata são medidas preventivas que visam evitar ou diminuir os danos ao sistema nervoso.

Já a **hiponatremia** caracteriza-se pelo nível baixo de sódio no sangue. Sendo assintomática, essa condição requer monitoramento do RN de risco, pois causa lesão neurológica grave. A administração de sódio, através de soro fisiológico, e o acompanhamento dos bebês diminuem os riscos de sequelas (Brasil, 2011).

A **hipotermia** (Segre; Costa; Fiod-Lipp, 2015) é um risco principalmente para bebês prematuros, PIG que sofreram anóxia, e pós-maturos. Nessa condição, há a diminuição da temperatura corporal para menos de 36 °C. Nesses casos, existem riscos neurológicos associados à hipoglicemia, à acidose metabólica, à apneia, à hiperpotassemia e à cianose decorrente de anóxia. O acompanhamento dos prematuros ou bebês com outros fatores de risco, o equilíbrio do aquecimento nos berços, nas incubadoras e na fototerapia, bem como a adequada hidratação e o controle glicêmico são medidas preventivas essenciais.

A **hipocalcemia** é a redução do cálcio sérico, substância fundamental para o funcionamento neurológico. Pode aparecer nos primeiros dias de vida do bebê, em decorrência de anóxia, jejum prolongado em prematuros, exsanguineotransfusão, hemorragias intracranianas, eliminação inadequada de fósforo, podendo resultar em lesão neurológica se não for tratada. O aleitamento materno previne essa complicação, assim como a administração de cálcio (Fontes, 1994; Brasil, 2011).

As **meningites** ou **meningoencefalites** decorrem de septicemias bacterianas, tendo relação com a incapacidade imunológica do RN. Seus sintomas são letargia, irritabilidade, cianose e convulsões. Essa condição pode deixar graves sequelas como lesões neurológicas, hidrocefalia e morte. Os bebês prematuros, PIGs e que tiveram anóxia são os mais suscetíveis a essas infecções (Segre; Costa; Fiod-Lipp, 2015; São Paulo, 2015).

A **prematuridade** é uma condição em que o bebê nasce antes de completar 36 ou 37 semanas de gestação, sendo considerada de alto risco, em virtude de complicações que pode acarretar. A desnutrição materna, a gestação gemelar, a placenta prévia, a hipertensão arterial são causas frequentes de partos prematuros. Entre os fatores associados estão a hipoglicemia, hipocalcemia, hipomagnesemia, meningoencefalite, anóxia, acidose, septicemia, icterícia, tocotraumatismo, apneia e hemorragia intracraniana, que podem determinar lesões neurológicas, paralisia cerebral e hidrocefalia. A assistência pediátrica é fundamental para intervir e evitar sequelas graves, além da intervenção essencial e da estimulação essencial, após alta hospitalar (Fonseca; Scochi, 2015; Fontes, 1994).

A **pós-maturidade** consiste no nascimento do bebê após 42 semanas de gestação. Isso pode representar riscos neurológicos, principalmente em razão de fatores associados, entre os quais se destacam a hipoglicemia, a hipóxia, a hipocalcemia, a hipomagnesemia, as convulsões, a hipotermia, a aspiração de mecônio (Fontes, 1994). Acompanhamento pré-natal, previsão do parto e parto cirúrgico por indicação, e assistência neonatal e pós-natal adequadas são medidas preventivas importantes.

A **SAR** é grave e responsável por elevado percentual de mortes ou de sequelas neurológicas, resultantes de anóxia. Ela está relacionada a prematuridade, partos cesáreos, hemorragias no final da gestação, asfixia neonatal, diabetes materna e incompatibilidade sanguínea. Origina-se da impossibilidade ou da diminuição na produção de surfactante[7] e se associa a hipoglicemia, hipotensão arterial, infecções pulmonares e hemorragias cerebrais. Os cuidados no período neonatal e pós-natal são essenciais para evitar essa patologia ou diminuir suas sequelas (Fontes, 1994).

A **síndrome da criança espancada (SCE)** está relacionada ao descaso com relação aos cuidados com o bebê, à negligência, e à violência física e emocional. Esses fatores podem levar o bebê à morte ou deixar sequelas graves, principalmente neurológicas, resultado de agressões, infelizmente, muito comuns (Ruaru et al., 1997).

O **RN de mãe diabética** pode nascer prematuro ou a termo, quando é macrossômico. Essa condição pode levar a partos prolongados com sofrimento fetal, anóxia, tocotraumatismos e

---

7   Surfactante: substância responsável pela estabilidade alveolar durante a expiração, que evita o colapso pulmonar.

lesões neurológicas. Alguns fatores se associam, aumentando os riscos de danos ao sistema nervoso, entre os quais estão a hipoglicemia, a hipocalcemia, a hipomagnesemia, as hemorragias intracranianas, e a acidose metabólica. Acompanhamento médico pré-natal, neonatal e pós-natal previnem complicações e diminuem os riscos de lesão neurológica (Rios; Amaral, 2014).

As **síndromes genéticas** podem ser diagnosticadas ainda durante a gestação, mas, nesse período, as únicas medidas possíveis são as orientações aos pais e eventual acompanhamento psicológico. Após o nascimento do bebê e a confirmação do diagnóstico, o encaminhamento para programas de intervenção essencial e estimulação essencial torna-se fundamental. Além disso, atendimentos médicos específicos, quando há problemas de saúde associados, também são de suma importância.

A síndrome mais frequente é a **síndrome de Down**, também denominada *trissomia do cromossomo 21*, na qual estão presentes três cromossomos no par 21. O bebê apresenta características físicas específicas, entre as quais estão: braquicefalia, fissura palpebral com inclinação ascendente, epicanto, estrabismo convergente, nariz pequeno e em sela, macroglossia, clinodactilia, palato em ogiva, implantação baixa das orelhas, pescoço curto e grosso, cifose, prega simiesca palmar, hipotonia, cardiopatias congênitas, deficiência intelectual, atrasos no desenvolvimento. Assim que confirmado o diagnóstico, o bebê deve ser encaminhado para o programa de intervenção essencial para receber a estimulação essencial necessária a seu desenvolvimento, prevenindo possíveis atrasos (Mikami et al., 2010; Murahovschi, 2013).

Há um grande conjunto de síndromes genéticas cujo diagnóstico precoce possibilita um encaminhamento rápido para os programas de intervenção essencial; entre elas estão a síndrome de Turner, a de Cri du Chat (ou do miado de gato), a de Cornélia de Langue, a de Prader Willi, a de Patau, a de Usher, a de Edwards, e a de West. Após o diagnóstico, as orientações, a intervenção essencial e os encaminhamentos devem ser implementados visando o desenvolvimento do bebê, a prevenção de sequelas e a maximização do seu potencial[8].

Os fatores de risco apontados até aqui demandam intervenção essencial e estimulação essencial durante os primeiros anos de vida para oferecer a estimulação adequada e propiciar o desenvolvimento integral do bebê, evitando ou minimizando os efeitos das doenças, intercorrências e/ou deficiências citadas.

O acompanhamento pediátrico, com consultas mensais e orientações, o cumprimento do calendário nacional de vacinação, a alimentação adequada, os cuidados básicos de higiene e saúde, a estimulação, a educação infantil, o afeto e a proteção são direitos da criança e deveres dos responsáveis por ela e de toda a sociedade.

O calendário nacional de vacinação apresenta o esquema vacinal brasileiro que deve ser cumprido rigorosamente, a fim de prevenir doenças que podem deixar sequelas, comprometendo o desenvolvimento da criança. Entre essas doenças estão as infectocontagiosas que podem causar danos graves ou levar à morte.

---

[8] Sugerimos que você, leitor, faça leituras complementares sobre as síndromes genéticas para aprofundamento dos conhecimentos sobre o tema. Por essa razão, ao final deste capítulo disponibilizamos uma lista com indicações de leitura.

No Quadro 3.3, apresentamos o esquema vacinal atual, que é gratuito, oferecido nos postos de saúde, direito das crianças e dever dos pais ou responsáveis.

Quadro 3.3 – Calendário nacional de vacinação da criança

Idade	Vacina	Dose	Doença
RN	BCG (bacilo de Calmette-Guérin)	Única	Tuberculose
	Hepatite B	1ª dose	Hepatite B
2 meses	Pentavalente (DTP+HB+ Hib)	1ª dose	Difteria, tétano, coqueluche, hepatite B, meningite e outras infecções causadas pelo *Haemophilus influenzae* tipo b
	VIP (vacina inativada poliomelite)	1ª dose	Poliomielite (paralisia infantil)
	VORH (vacina oral de rotavírus humano)	1ª dose	Diarreia por rotavírus
	Pneumocócica 10 valente	1ª dose	Doenças invasivas e otite média aguda causada por *Streptococcus pneumoniae* sorotipos 1, 4, 5, 6B, 7F, 9V, 14, 18C, 19F e 23F
3 meses	Meningocócica C (conjugada)	1ª dose	Doenças invasivas causadas por *Neisseria meningitidis* do sorogrupo C

(continua)

(Quadro 3.3 – continuação)

Idade	Vacina	Dose	Doença
4 meses	Pentavalente (DTP+HB+ Hib)	2ª dose	Difteria, tétano, coqueluche, hepatite B, meningite e outras infecções causadas pelo *Haemophilus influenzae* tipo b
	VIP (vacina inativada poliomielite)	2ª dose	Poliomielite (paralisia infantil)
	VORH (vacina oral de rotavírus humano)	2ª dose	Diarreia por rotavírus
	Pneumocócica 10 valente	2ª dose	Doenças invasivas e otite média aguda causada por *Streptococcus pneumoniae* sorotipos 1, 4, 5, 6B, 7F, 9V, 14, 18C, 19F e 23F
5 meses	Meningocócica C (conjugada)	2ª dose	Doenças invasivas causadas por *Neisseria meningitidis* do sorogrupo C
6 meses	Pentavalente (DTP+HB+Hib)	3ª dose	Difteria, tétano, coqueluche, hepatite B, meningite e outras infecções causadas pelo *Haemophilus influenzae* tipo b
	VIP (vacina inativada poliomielite)	3ª dose	Poliomielite (paralisia infantil)
9 meses	Febre amarela	Única	Febre amarela

(Quadro 3.3 – conclusão)

Idade	Vacina	Dose	Doença
12 meses	SRC (tríplice viral)	1ª dose	Sarampo, caxumba e rubéola
	Vacina pneumocócica 10 valente	Reforço	Contra doenças invasivas e otite média aguda causadas por *Streptococcus pneumoniae* sorotipos 1, 4, 5, 6B, 7F, 9V, 14, 18C, 19F e 23F
	Vacina meningocócica C (conjugada)	Reforço	Doenças invasivas causadas por Neisseria meningitidis do sorogrupo C
15 meses	VOP (vacina oral poliomielite)	1º reforço	Poliomielite (paralisia infantil)
	Hepatite A	Única	Hepatite A
	DTP (tríplice bacteriana)	1º reforço	Difteria, tétano e coqueluche
	SCRV (tetra viral)	1ª dose	Sarampo, caxumba, rubéola e varicela
4 anos	DTP (tríplice bacteriana)	2º reforço	Difteria, tétano e coqueluche
	VOP (vacina oral poliomielite)	2º reforço	Poliomielite (paralisia infantil)
	Vacina varicela	2ª dose	Varicela (catapora)

Fonte: Espírito Santo, 2018.

Outras causas de deficiências e sequelas na infância, comprometendo o desenvolvimento da criança, são os acidentes. Entre os acidentes, há as quedas, os afogamentos, os sufocamentos, os engasgos, as queimaduras, as intoxicações e os envenenamentos. Há uma série de medidas preventivas para evitar suas ocorrências e suas consequências. Cuidados básicos devem ser tomados e a atenção deve ser redobrada à medida que a criança vai alcançando maior independência motora

(São Paulo, 2015). A seguir, listamos algumas ações e procedimentos básicos para prevenir acidentes e garantir a segurança da criança:

- A criança não pode ser deixada sozinha em nenhum ambiente sem supervisão de um adulto.
- Produtos de higiene, limpeza e medicamentos devem ser mantidos fora do alcance dela, preferencialmente guardados em armários fechados e altos. Esses produtos e outras substâncias tóxicas nunca devem ser armazenados em recipientes como garrafas de refrigerantes ou embalagens de alimentos.
- Potes, bacias e baldes com água não devem ser deixados a seu alcance, pois apenas 2,5 cm de água são suficientes para o afogamento de uma criança pequena.
- As portas devem ter proteção para evitar que se fechem com o vento e prendam os dedos da criança ou machuquem-na.
- Móveis e eletroeletrônicos devem ser fixados de modo que se evitem quedas sobre a criança.
- Cabos de panelas devem ser posicionados no fogão voltados para dentro.
- Proteções, redes ou portões devem ser instalados para impedir o acesso à cozinha, às escadas, às janelas e às sacadas.
- A criança não pode ser deixada sozinha em piscinas, lagos, rios ou mar. As piscinas devem ter proteção, os ralos devem ter uma tela para evitar a sucção e seu acesso dever ser restrito.
- No banho, deve-se observar a temperatura da água, para evitar queimaduras, e não abandonar a criança sozinha na banheira, para evitar afogamento.

- Na troca de fraldas ou roupas, o bebê não pode ficar sozinho sobre o trocador ou a cama, pois ele pode rolar e cair.
- Na hora da amamentação ou da alimentação, é preciso atentar para a temperatura dos alimentos e cuidar com os engasgos, socorrendo de imediato quando esses acontecem.
- Ao transportar a criança, no carro, sempre se recomenda usar o dispositivo de segurança indicado para a faixa etária, tamanho e peso: bebê conforto, cadeirinha e assento de elevação. O bebê não pode ser levado no colo e no banco da frente. Quando maior, se estiver passeando ou for atravessar a rua, deve ser orientada e segurada pelo pulso e não pela mão.

Cuidar da criança é obrigação dos adultos, não só em casa, mas também na escola. Cuidados básicos são fundamentais para garantir sua segurança. Os brinquedos devem ser escolhidos considerando-se a segurança como elemento principal; os móveis colocados em salas de aula e em casa, também. Há proteções que podem ser colocadas em pontas de mesas e outras para tomadas, travas de segurança para armários e para vaso sanitário, cintas para fixar armários, cômodas e televisões.

Quanto aos brinquedos, é preciso evitar os pequenos ou com peças pequenas que se desprendem, com cordas, pontas e arestas e que se quebrem com facilidade. Recomenda-se que sejam laváveis, antitóxicos e antialérgicos, sempre com o selo do Instituto Nacional de Metrologia, Normalização e Qualidade Industrial (Inmetro), que faz a indicação de faixa etária, assim como garante a qualidade do material e o atendimento aos critérios de segurança.

Síntese

Este capítulo contemplou a importância da prevenção classificada em primária, secundária e terciária. A prevenção primária refere-se a medidas de saúde e educação que visam evitar doenças e intercorrências; a secundária diz respeito às medidas que objetivam detectar precocemente doenças e intercorrências de modo a evitar suas consequências e sequelas; já a terciária busca minimizar os efeitos das doenças, das intercorrências e das deficiências.

As medidas de prevenção englobam: planejamento gestacional; realização de exames pré-concepcionais; realização de exames pré-natais; acompanhamento da gestação por médico obstetra; atendimento adequado no momento do parto; atendimento ao recém-nascido e acompanhamento de seu desenvolvimento e de sua saúde pelo médico pediatra.

Há várias doenças e intercorrências que oferecem riscos ao feto (durante a gestação) e ao bebê (fatores pré-natais), no momento do nascimento (fatores neonatais) e nos primeiros anos de vida (fatores pós-natais). Arrolamos muitas dessas doenças e intercorrências, explicamos como acontecem e listamos suas possíveis consequências. A vacinação previne doenças como rubéola, sarampo, varicela, tuberculose, poliomielite, caxumba e tétano. Essas vacinas estão disponíveis na rede pública e fazem parte do esquema vacinal brasileiro.

O acompanhamento pré-natal previne doenças como toxoplasmose, sífilis, herpes genital e diabetes, possibilitando o diagnóstico precoce e o tratamento imediato, evitando possíveis sequelas.

No momento do nascimento, o acompanhamento médico no parto, a adequada assistência ao RN e os exames que avaliam suas condições auxiliam na detecção precoce de problemas, o que permite indicar tratamentos, encaminhamentos e estratégias de intervenção precoce.

Após o nascimento, os cuidados maternos com o bebê são essenciais para seu desenvolvimento, evitando acidentes e doenças, assim como as tratando, quando surgirem, para evitar suas consequências. Além disso, o acompanhamento pediátrico é fundamental para a manutenção da saúde da criança.

Indicações culturais

Filmes

A VIDA antes da vida. Direção: Nils Tavernier. França: Transparences Production, 17 Juin Media, Europe Images International, 2008. 90 min.

> Documentário sobre o desenvolvimento do bebê, durante a gestação. É fundamental para se compreender como o bebê se forma dentro do útero e como os sistemas biológicos vão se constituindo.

ZIKA, microcefalia e os dilemas da gravidez. Reportagem: Patrícia Campos Mello e Avener Prado. Brasil: TV Folha, 5 fev. 2016. Disponível em: <https://www.youtube.com/watch?v=EYbOVO9bX2o>. Acesso em: 26 jun. 2020.

> Reportagem que aborda a questão do zika vírus e a microcefalia na gestação.

Livros

SEGRE, C. A. M.; COSTA, H. de P.; FIOD-LIPP, U. G. **Perinatologia**: fundamentos e práticas. São Paulo: Sarvier, 2015.

> Apesar da linguagem técnica empregada na obra, essa é uma leitura interessante para aprofundar conhecimentos sobre os fatores de risco e as intercorrências perinatais.

MOORE, K. L.; PERSAUD, T. V. N.; TORCHIA, M. **Embriologia clínica**. Rio de Janeiro: Elsevier, 2016.

> Obra sobre embriologia que aborda síndromes genéticas.

Sites

CRIANÇA SEGURA BRASIL. Disponível em: <https://criancasegura.org.br/>. Acesso em: 26 jun. 2020.

> O site reúne informações sobre prevenção de acidentes na infância. Sugerimos especialmente o acesso à aba Publicações, Materiais educativos, na qual é possível baixar cartilhas e fôlderes, assistir a vídeos e obter informações e orientações importantes sobre prevenção.

Atividades de autoavaliação

1. Assinale a alternativa que apresenta apenas fatores de risco pré-natais:
    a) HIV, macrossomia, tétano congênito, sofrimento fetal agudo e ingestão de álcool.

b) Acidose, pneumonia, meningite, tocotraumatismo, malformações congênitas e desidratação.
c) Sífilis congênita, toxoplasmose congênita, uso de drogas, rubéola congênita e hipertensão arterial.
d) Fenilcetonúria, hipotireoidismo congênito, galactosemia, anemia falciforme, fibrose cística e tuberculose.
e) Circular de cordão umbilical, CIUR, hiponatremia, hipoglicemia e hidrocefalia.

2. A prevenção pode ser classificada como primária, secundária ou terciária. Relacione o nível de prevenção à descrição correspondente:
1) Prevenção primária
2) Prevenção secundária
3) Prevenção terciária
( ) Medidas e práticas de educação e saúde cujo objetivo é evitar as doenças e as deficiências.
( ) Medidas de educação e saúde que visam tratar doenças e deficiências já instaladas, minimizando seus efeitos e sequelas, de modo a tornar o sujeito o mais funcional possível.
( ) Medidas educacionais e de saúde em que se procura realizar o diagnóstico precoce de doenças ou deficiências para evitar suas consequências ou sequelas.

Agora, assinale a alternativa que apresenta a sequência correta de preenchimento dos parênteses:
a) 3-2-1.
b) 2-1-3.

c) 1-3-2.
d) 3-1-2.
e) 1-2-3.

3. O sistema vacinal brasileiro viabiliza uma estratégia de prevenção importante. Leia as afirmativas a seguir e classifique-as em verdadeiras (V) ou falsas (F):
   ( ) A BCG é uma vacina contra tuberculose, em dose única, administrada ao bebê no nascimento.
   ( ) A vacina Tríplice Viral (SRC) é administrada ao bebê aos 12 meses, para imunizá-lo contra sarampo, caxumba e rubéola.
   ( ) A vacina oral do rotavírus não faz parte do esquema vacinal brasileiro e deve ser tomada em laboratórios particulares.
   ( ) A vacina contra poliomielite foi incluída no esquema vacinal brasileiro no ano de 2018, como resposta ao crescimento de casos da doença nas regiões Norte e Nordeste do Brasil.
   ( ) A vacina pentavalente imuniza contra difteria, tétano, coqueluche, hepatite B, meningite e infecções causadas pelo *Haemophilus influenzae* tipo b, sendo administrada em dose única no segundo mês de vida.

   Agora, assinale a alternativa que apresenta a sequência correta de preenchimento dos parênteses:

   a) F, F, V, F, F.
   b) V, V, F, F, F.
   c) V, V, V, F, V.

d) F, F, V, V, V.
e) V, F, V, F, V.

4. Assinale a alternativa que apresenta os exames do RN realizados na maternidade:
   a) Boletim de Apgar, teste de Guthrie, teste do coraçãozinho, teste do olhinho e teste da orelhinha.
   b) Tipagem sanguínea, oximetria de pulso, teste do pezinho, teste de tolerância a glicose e eletroencefalograma.
   c) Hemograma completo, cardiotocografia basal, NIPT, translucência nucal e boletim de Apgar.
   d) Ultrassonografia morfológica, amniocentese, curva glicêmica, teste de Guthrie e estudo do cariótipo.
   e) Exame físico do RN, exame de Coombs indireto, teste do pezinho, exame de sangue e audiometria.

5. O boletim de Apgar avalia:
   a) a capacidade auditiva do RN e suas alterações.
   b) as condições de nascimento do RN e sua evolução, indicando os riscos de lesão cerebral.
   c) os níveis de oxigênio do bebê, indicando alterações cardíacas, risco de anóxia e consequente lesão cerebral.
   d) obstruções no eixo visual que impedem a entrada e a saída da luz pela pupila, sugerindo patologias graves, como até mesmo a cegueira.
   e) a frequência cardíaca para detectar alterações nos batimentos cardíacos e possíveis arritmias.

Atividades de aprendizagem

Questões para reflexão

1. Faça uma pesquisa sobre acidentes na infância e registre os dados coletados. Na sequência, componha um texto reflexivo sobre medidas preventivas e acidentes mais frequentes. Ao fim, elabore um tutorial sobre a prevenção de acidentes na infância.

2. Entreviste um profissional da área de saúde (um médico obstetra ou uma enfermeira, por exemplo) sobre a importância do acompanhamento pré-natal. Peça para observar uma carteirinha da gestante e verifique seus campos de preenchimento. Elabore um texto reflexivo a respeito do acompanhamento pré-natal.

Atividades aplicadas: prática

1. Observe sua casa ou seu espaço de trabalho, e examine possíveis riscos de acidentes para crianças nesses locais. Em seguida, aponte medidas para evitá-los. Consulte o site da organização Criança Segura Brasil, cujo endereço eletrônico consta nas "Indicações culturais". Elabore uma cartilha sobre segurança em casa, utilize imagens, fotos e textos.

2. Faça uma pesquisa sobre os fatores de risco neonatais, procure fotos e vídeos sobre esses fatores e organize um fichário (físico ou virtual) associando texto e imagens, ou texto e vídeo.

3. Consulte uma Caderneta de Saúde da Criança em que há o calendário de vacinação. Observe os registros feitos pelo

médico e pela equipe de saúde responsável pelo controle da vacinação. Faça uma análise e registre suas observações.

Capítulo 4
Programas de estimulação essencial

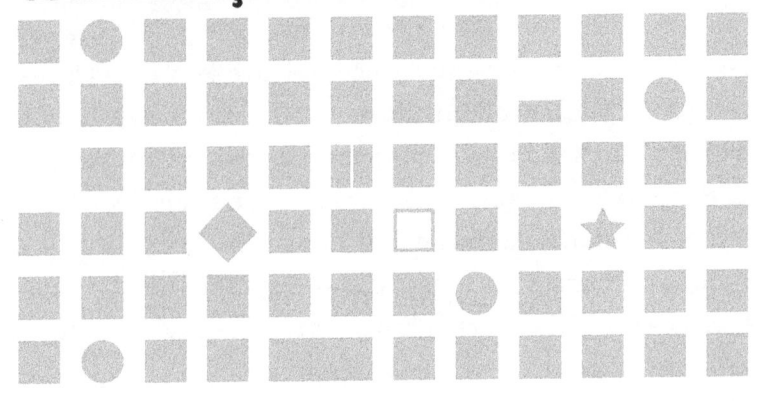

> *"O que é que se encontra no início? O jardim ou o jardineiro?*
> *É o jardineiro.*
> *Havendo um jardineiro, mais cedo ou mais tarde um jardim aparecerá.*
> *Mas, havendo um jardim sem jardineiro, mais cedo ou mais tarde ele desaparecerá.*
> *O que é um jardineiro?*
> *Uma pessoa cujos sonhos estão cheios de jardins.*
> *O que faz um jardim são os sonhos do jardineiro."*
>
> Rubem Alves

Em casos de bebês de risco ou com deficiências ou doenças que deixaram sequelas, ou em casos de gestação de risco, os programas de estimulação precoce são alternativas preventivas importantes para garantir o desenvolvimento e fazer a detecção precoce de doenças ou intercorrênciaspara evitar suas consequências.

Neste capítulo, discorreremos sobre os programas de estimulação essencial, um processo que se inicia com as medidas preventivas de detecção precoce, principalmente de fatores de risco pré-natais, neonatais e pós-natais, passa pela avaliação diagnóstica dos bebês de alto e médio risco e pelo acompanhamento do seu desenvolvimento, nos primeiros meses de vida. Os diagnósticos são realizados por uma equipe multidisciplinar em que vários profissionais das áreas de saúde e educação se inter-relacionam a fim de indicar o melhor atendimento a criança conforme suas necessidades. Segue-se, então, a intervenção e a estimulação, atendimentos especializados, também realizados por equipe multidisciplinar.

4.1 A organização do trabalho de estimulação essencial

Os programas de estimulação essencial englobam ações desenvolvidas com bebês de alto risco e/ou com deficiências e seus familiares, desde a triagem e a detecção precoce, passando pela avaliação diagnóstica, pelo atendimento clínico-terapêutico e pelo atendimento educacional.

A **triagem** e a **detecção precoce** são processos de prevenção que visam à identificação de fatores de risco antes e durante a gestação, assim como nos primeiros anos de vida do bebê, possibilitando a prevenção e a intervenção imediatas. Atuam neste processo os profissionais das áreas de saúde, assistência social e familiar, alimentação e educação, como médicos, enfermeiros, psicólogos, geneticistas, pediatras, fonoaudiólogos, neurologistas, nutricionistas, pedagogos, professores e educadores. Esses profissionais podem atuar em serviços públicos e privados como clínicas, postos de saúde, hospitais e maternidades, organizações não governamentais (ONGs), escolas de educação infantil e centros de atendimentos especializados.

Uma vez feita a triagem ou a detecção precoce, são tomadas medidas de intervenção. A avaliação diagnóstica é, então, realizada, considerando-se o caso, bem como o momento da triagem e da detecção. Nessa fase, selecionam-se os instrumentos para a coleta dos dados que embasarão as indicações, os encaminhamentos e a intervenção.

Uma equipe multidisciplinar responsabiliza-se pelo processo de avaliação diagnóstica e pela prescrição dos atendimentos especializados, das áreas a serem estimuladas e das atividades a serem realizadas. Para essa avaliação, faz-se uso de uma série de exames, testes e técnicas, na intenção de fazer o diagnóstico, além de conhecer o sujeito e seu perfil, para, assim, poder indicar a melhor forma de intervenção.

Com base nas indicações, nos encaminhamentos e nas prescrições feitas na avaliação diagnóstica e, sob a luz de uma linha teórica específica sobre o desenvolvimento e a aprendizagem, que fundamenta o trabalho da equipe multidisciplinar, é planejada e organizada a intervenção e a estimulação essenciais.

O programa de intervenção essencial é implementado por uma equipe multidisciplinar, que pode ser a mesma que fez a avaliação ou outra. Isso depende do diagnóstico, dos encaminhamentos, das necessidades da criança, das possibilidades familiares e da própria instituição.

Além dos atendimentos clínicos terapêuticos, é ofertado à criança atendimento de estimulação essencial, vinculado à área educacional. A família tem uma função importante no programa de intervenção e recebe orientações e atendimentos especializados, quando necessário.

Os atendimentos clínicos dependem das necessidades das crianças e de seus familiares e contemplam, por exemplo, as áreas de serviço social, psicologia, pedagogia, psicopedagogia, pediatria e neuropediatria, psiquiatria, oftalmologia, otorrinolaringologia, ortopedia, fisiatria, cardiologia, nutrição, fonoaudiologia, fisioterapia, terapia ocupacional, psicomotricidade, musicoterapia, hidroterapia, equoterapia, enfermagem e reeducação visual. A participação e o envolvimento dos familiares, bem como a continuidade do processo por eles em casa, em especial pela figura materna, também fazem parte do trabalho e compõem os objetivos do programa. Por conta disso, essas pessoas também demandam orientação, acompanhamento e atendimento.

O atendimento educacional de estimulação essencial é desenvolvido por pedagogo e/ou professor especializado. Quando o trabalho educacional especializado se realiza em pequenos grupos, outros professores compõem a equipe, atuando em artes, educação física e natação adaptada.

> **Importante!**
>
> Na estimulação essencial, são necessários organização curricular e planejamento, com definição de objetivos, metas, conteúdos, áreas, estratégias, metodologias, seleção de atividades, recursos e técnicas, avaliação e acompanhamento individualizados. Esse planejamento deve ser pensado de modo a contemplar as áreas física, psicomotora, cognitiva, sensório-perceptiva, socioafetiva, pessoal, linguística e comunicacional. É de suma importância que seja flexível, operativo, dinâmico, interdisciplinar, relacional, coerente e adequado às características e às necessidades da criança, viabilizando a aprendizagem e o desenvolvimento. O plano curricular corresponde ao elemento organizativo e norteador das ações, do tempo e do espaço nos quais a estimulação acontece, retrata uma concepção teórica, uma relação e uma práxis em construção.

Navarro (2018, p. 5) corrobora a importância do planejamento no programa de estimulação essencial, afirmando que esse atendimento:

> requer o planejamento prévio de um programa de atividades que responda a conceitos claros e a objetivos definidos. Sua metodologia buscará permitir à criança viver e participar na

criação de experiências significativas, prazerosas, pedagogicamente construídas, adequadas para o desenvolvimento evolutivo e apropriadas para a maturidade do cérebro e do sistema neural.

O autor propõe um programa de intervenção essencial que vem ao encontro à concepção de estimulação adotada nesta obra, a qual visa estimular o desenvolvimento integral da criança nas diversas áreas, por meio de atividades diversificadas como brincadeiras, jogos, exercícios psicomotores, atividades artísticas, promovidas em diferentes e variados espaços, em que a exploração, o movimento e a experimentação sejam propiciadas. Destaca, também, a importância do estabelecimento de vínculos e ambientes afetivos, acolhedores e seguros entre os profissionais, os familiares e a criança, engendrada pela mediação, no processo de estimulação (Navarro, 2018).

Os programas e os planejamentos devem ser registrados e arquivados para consulta; a avaliação da criança, por sua vez, deve ser documentada em relatórios e pareceres descritivos. Esse material pode servir como fonte de consulta, estudo de caso e produção científica.

A organização aqui descrita segue as Diretrizes Educacionais sobre Estimulação Precoce, propostas pelo MEC (Brasil, 1995a).

4.2 O bebê de médio ou alto risco

Considera-se bebê de alto risco aquele que, por fatores pré-natais ou neonatais, tem maior risco de apresentar, durante o processo de desenvolvimento, atrasos e/ou deficiências, caso não sejam tomadas medidas de intervenção em programas de seguimento.

Ribeiro (2012) apresenta as determinantes mais frequentes desse risco: prematuridade severa (33 semanas de gestação ou menos); baixo peso ao nascimento (abaixo de 1,5 kg); bebê recém-nascido (RN) pequeno para a idade gestacional (PIG); asfixia perinatal (anóxia ou hipóxia); hiperbilirrubinemia; hipoglicemia; necessidade de oxigênio; infecções congênitas (sífilis, rubéola, toxoplasmose etc.); malformações congênitas e síndromes genéticas, mencionadas no Capítulo 3. As determinantes citadas pela autora estão em consonância com o disposto pelo Ministério da Saúde (Brasil, 2012b).

De acordo com Pires (2005), os profissionais da área médica classificam os bebês de risco em "alto risco" e "médio risco". Essa classificação parte da análise de características apresentadas por eles ao nascimento.

Uma ou mais características de uma lista organizada pela Organização Mundial da Saúde (OMS), constante em Brasil (2012b), em Chermont et al. (2014) e em Pires (2005), apontam os indicativos do médio risco e do alto risco:

1. **Médio risco**: necessidade de supervisão constante, monitoramento de funções cardiorrespiratórias, oxigênio, alimentação por sonda, glicose, soluções hidroeletrolíticas e/ou monitoramento hidroeletrolítico, fototerapia, testagem de gasometria, glicemia, bilirrubina etc.; malformações congênitas como hidrocefalia, microcefalia, mielomeningocele, cardiopatias; macrossomia; diabetes gestacional; infecções congênitas como sífilis, toxoplasmose, sendo necessária administração de antibióticos; e convulsões.

2. **Alto risco**: prematuridade extrema (33 semanas ou menos); baixo peso ao nascimento (abaixo de 1,5 kg.); malformações congênitas graves; necessidade de ventilação assistida; *distress* respiratório; necessidade de suporte respiratório constante, cirurgia de emergência, nutrição parenteral, exsanguineotransfusão, diálise peritonial, dreno torácico; e convulsões.

Pinto (2010) explica que, nesses casos, após a constatação dos fatores de risco, o bebê é encaminhado para uma UTI neonatal, onde recebe os tratamentos necessários e o acompanhamento médico que objetivam garantir sua sobrevivência com o mínimo de sequelas. As mães acompanham seus filhos e são orientadas sobre os cuidados que devem dedicar a eles (Brasil, 2017a). Essas ações já podem ser consideradas medidas de intervenção essencial.

Os bebês de risco necessitam, após a alta hospitalar, de encaminhamento para programas de estimulação essencial, nos quais se dá continuidade à intervenção e à prevenção. Nesses programas, os infantes são avaliados por uma equipe multidisciplinar e encaminhados para os atendimentos clínico-terapêuticos necessários, bem como para as atividades de estimulação e para o acompanhamento familiar. Médicos de diferentes especialidades acompanham constantemente o bebê, considerando suas especificidades.

Segundo Pinto (2010), denomina-se *follow up* o acompanhamento sistemático da saúde do RN de alto risco, cujo objetivo é identificar atrasos no desenvolvimento, proceder às intervenções necessárias o mais cedo possível, encaminhar para programas de intervenção e estimulação essenciais, orientar e apoiar a família.

Acompanhar sistematicamente a criança nos primeiros anos de vida é uma medida preventiva fundamental para a promoção da saúde, para a detecção precoce de atrasos e/ou transtornos, para o encaminhamento aos programas adequados e para viabilização do desenvolvimento integral dos bebês de alto risco (Brasil, 2016c).

Os profissionais que atuam na estimulação essencial precisam compreender o que é um bebê de risco, conhecer os fatores determinantes desse risco (pré-natal, perinatal e pós-natal) e atuar em conjunto com a equipe e com os familiares numa ação transdisciplinar individualizada.

4.3 Detecção precoce

A detecção precoce corresponde a um processo em que se percebe ou se constata o mais cedo possível a deficiência, a necessidade especial (NE), o alto ou médio risco, as doenças, as intercorrências, os transtornos e/ou atrasos no desenvolvimento da criança. Cabe reforçar que isso é feito nos períodos pré-natal, neonatal e pós-natal, antes que os atrasos apareçam ou se intensifiquem. É considerada uma medida preventiva, pois permite o encaminhamento, também precoce, para as intervenções necessárias de maneira a evitar problemas no desenvolvimento, minimizando os efeitos das complicações.

Essa detecção, na maioria das vezes, é realizada pelas equipes médicas que acompanham a gestação e o nascimento do bebê, avaliando suas condições, realizando exames de rotina pré-natal, neonatal e pós-natal, prestando os primeiros atendimentos e fazendo o acompanhamento pediátrico.

Durante o acompanhamento pré-natal, exames de rotina, o olhar atento do profissional que atende a gestante, e as orientações sobre os cuidados necessários neste período são fundamentais para a detecção precoce de doenças ou intercorrências, que podem ser tratadas e, assim, diminuir as chances de sequelas.

No momento do nascimento, o acompanhamento médico e a realização de alguns exames do RN também levantam fatores de risco, detectam doenças e/ou deficiências, permitindo tratá-las ou encaminhar o bebê a programas de intervenção essencial.

Após o nascimento, o acompanhamento pediátrico é crucial para encaminhar medidas preventivas de orientação dos pais, tratamento de problemas de saúde, e detecção de condições que podem acarretar atrasos no desenvolvimento (Brasil, 2016c).

Os profissionais da educação infantil de Centros de Educação Infantil (CEI) e Centros Municipais de Educação Infantil (CMEI) também têm papel de relevo na detecção precoce de fatores de risco, de deficiências e atrasos no desenvolvimento das crianças. Há escalas indicativas que servem para essa detecção e que estão disponíveis nessas instituições, muitas vezes nas paredes das salas de aula.

Alguns municípios promovem cursos de formação continuada para professores e educadores, buscando instrumentalizá-los para a detecção precoce de atrasos no desenvolvimento, para a identificação dos sinais de alerta e para as ações de estimulação essencial. Os bebês de alto risco devem receber o acompanhamento e a estimulação essencial para que se desenvolvam integralmente (Brasil, 2000).

Uma vez feita a detecção precoce, o processo segue com a avaliação diagnóstica, momento de investigação sobre o desenvolvimento da criança, para identificar seu perfil, possíveis causas, verificando as habilidades e compreendendo as alterações e dificuldades presentes.

4.4 Avaliação diagnóstica

A avaliação diagnóstica consiste em um processo complexo no qual se estuda um caso específico de modo sistemático, coletando dados mediante técnicas, instrumentos, testes e exames, a fim de conhecer e compreender o sujeito em avaliação. Trata-se de um processo de investigação sobre o desenvolvimento do sujeito e de suas aprendizagens, mais do que um levantamento de dificuldades ou o estabelecimento de um "rótulo" expresso pelo nome de uma doença, deficiência ou transtorno, que pouco ou nada diz sobre o sujeito em avaliação.

Nesse processo, diferentes áreas são analisadas por uma equipe multidisciplinar que coleta dados cuidadosamente, analisa-os, levanta hipóteses, confirma-as ou refuta-as, busca compreender o sujeito, suas características e necessidades. O fechamento do diagnóstico e a indicação de um prognóstico, dos encaminhamentos e dos programas de intervenção e estimulação essencial são a etapa final desse processo. Pode-se, também, elaborar tais programas, com currículo individualizado, em uma abordagem científica, sistemática e rigorosa, de modo a atender às necessidades especiais (NE) da criança em desenvolvimento, considerando suas potencialidades.

> **Importante!**
>
> Entende-se a avaliação diagnóstica psicopedagógica prescritiva como a modalidade mais adequada e completa para compreender o sujeito a ser encaminhado para os programas de estimulação essencial. Nessa modalidade, defendida por Sella (2005), procura-se conhecer a criança em avaliação, identificar suas características, além de descrever seu perfil atual no que diz respeito ao processo de desenvolvimento e de aprendizagem. Seu destinatário é a figura do professor/estimulador; portanto, precisa apresentar uma prescrição das ações que terão de ser implementadas, considerando as áreas, as habilidades e as dificuldades específicas, decorrentes da deficiência, da doença ou da intercorrência e suas sequelas.

Quando a criança é encaminhada para a avaliação, chega com uma queixa formulada, a ser considerada como ponto de partida. O diagnóstico médico já foi realizado, na maioria dos casos, e há um laudo que acompanha o encaminhamento. Procede-se, então, a uma pesquisa para levantamento da origem e das causas das dificuldades apontadas na queixa. Verificam-se os fatores associados e as alterações que obstaculizam os processos de desenvolvimento e aprendizagem, bem como as habilidades nas diferentes áreas. Em seguida, organiza-se a intervenção elaborando-se um programa de estimulação essencial, no qual os profissionais de cada área fazem prescrições (Brasil, 2000).

De acordo com Guralnick (2000), para que os programas de intervenção atendam às necessidades da criança e de sua família e para que se possa proceder às orientações e às recomendações mais adequadas, devem ser analisados, durante a avaliação, seu padrão evolutivo, suas condições de saúde, o perfil de organização e de funcionamento da família, as áreas que precisam de estimulação, os exames e avaliações complementares, bem como as possíveis origens e causas das dificuldades.

Diversos instrumentos são utilizados, considerando-se a faixa etária da criança: exames diagnósticos, testes padronizados, testes informais, laudos, observações dos terapeutas, dos professores e dos pais no que diz respeito às áreas física, psicomotora, cognitiva, afetiva, social e da linguagem. Diferentes linhas teóricas fundamentam esse processo e seu encaminhamento, havendo pequenas diferenças em sua nomenclatura, mas com o mesmo objetivo.

No processo de avaliação, diferentes fontes são referência para a coleta de dados e os instrumentos devem ser escolhidos segundo um referencial teórico que lhes fundamente. Os profissionais organizam o processo em uma sequência que possibilita otimizar o tempo e efetivar o diagnóstico. Cabe salientar a importância da escuta atenta das informações sobre o bebê expostas pelos familiares; da observação das interações entre estes e seus filhos durante o processo de avaliação; além do levantamento das características do desenvolvimento do bebê, com destaque para suas capacidades e/ou habilidades.

Os profissionais das diferentes áreas realizam a avaliação psicopedagógica contribuindo para uma análise detalhada do processo de desenvolvimento da criança. A equipe multidisciplinar, também denominada *interdisciplinar*, é composta por psicólogo, fisioterapeuta, fonoaudiólogo, terapeuta ocupacional, musicoterapeuta, psicomotricista, psicopedagogo, pedagogo, professor especializado, nutricionista, médicos especialistas de diferentes áreas, enfermeiro, assistente social e outros profissionais que podem auxiliar no processo de avaliação, planejamento e implementação dos programas de intervenção e estimulação essenciais. Em Pérez-Ramos et al. (1992) e Brasil (1995a; 2000), são listados os profissionais que devem compor uma equipe multidisciplinar nos processos de avaliação e de intervenção.

Os instrumentos utilizados pelos **psicólogos** para a avaliação diagnóstica psicopedagógica dependem da faixa etária da criança. Para os bebês, há profissionais que utilizam escalas de desenvolvimento como a de Denver ou de Bayley, a anamnese, a observação em diferentes atividades, principalmente espontâneas e lúdicas. No caso de crianças com mais idade, utilizam-se testes específicos como Bender e pré-Bender, Colúmbia, projetivos e observação lúdica. Acreditamos que, na avaliação, estabelecer um vínculo com o bebê e relacionar-se com ele propondo movimentos, ações e atividades lúdicas permite obter informações riquíssimas para o diagnóstico. Observar a relação da família com o bebê e solicitar a participação dela em atividades durante o processo também é importante.

Navarro (2018) propõe a utilização do inventário *Home*, desenvolvido por Caldwell e Bradley (1984) para avaliar a qualidade da estimulação oferecida pelo ambiente em que a criança está inserida, mediante a observação e a aplicação de um questionário. Com base nos dados coletados, torna-se possível propor uma intervenção para melhorar o ambiente, tornando-o mais estimulante e rico em experiências.

Com base na epistemologia genética de Piaget, o profissional da psicologia pode desenvolver uma avaliação tendo em mente os estágios do desenvolvimento, propondo atividades que provoquem determinadas respostas, ações ou movimentos esperados nesses estágios. Desse modo, um perfil da evolução da criança pode ser traçado, complementando o processo de avaliação diagnóstica e orientando a elaboração do programa de intervenção.

De acordo com Rodrigues (2005), na **avaliação neurológica** são também utilizadas as escalas de Denver e de Bayley. Estas permitem avaliar as áreas do desenvolvimento (pessoal, social, psicomotor, adaptativo e da linguagem) em crianças de zero a 6 anos, sendo consideradas instrumentos de triagem que indicam atrasos. Realizam-se, ainda, a anamnese, um exame físico da criança e um exame neurológico específico.

No caso dos RN, Rodrigues (2005) sugere a observação de seus comportamentos motores; de seu choro; de suas movimentações voluntárias e espontâneas; de seu tônus muscular, com manobras específicas realizadas pelo neurologista; de seus reflexos profundos (patelar, adutor, aquileu, entre outros), arcaicos (preensão palmar, preensão plantar, tônico cervical assimétrico, Moro, marcha automática), fotomotor, dos olhos de boneca, cócleo-palpebral, fundo de olho, óculo-vestibular. Além disso, recomenda a medição do perímetro cefálico e o exame das fontanelas e do crânio.

Quanto ao bebê nos primeiros meses de vida, algumas características devem ser observadas, porque sinalizam atrasos e a necessidade de ações de estimulação essencial.

No Quadro 4.1, são apresentados os comportamentos esperados em cada fase do desenvolvimento. Vale fazer aqui a ressalva de que essas são apenas referências norteadoras, não leis universais.

Quadro 4.1 – Características do desenvolvimento da criança de zero a 3 anos

Faixa etária	Comportamento
1 mês	Permanece em flexão independentemente da posição em que é colocada. Apresenta respostas reflexas – reflexos arcaicos. Executa seguimento visual.
2 meses	Vivencia o início da lalação. Levanta a cabeça quando em prono. Movimenta os braços quando em supino. Fixa o olhar em objetos.
3 meses	Adota posição simétrica. Não apresenta reflexo tônico-cervical assimétrico. Realiza rotação da cabeça para os lados. Passa a apresentar reflexo de Landau. Em prono, apoia os braços e levanta a cabeça para olhar ao redor. Faz contato visual.
4 meses	Sustenta a cabeça. Rola para os lados. Dirige as mãos para os objetos. Junta as mãos na linha mediana. Realiza preensão voluntária palmar. Brinca com as mãos. Movimenta bem membros inferiores. Olha o entorno explorando-o visualmente.
5 meses	Permanece em posição ortoestática com apoio. Passa a realizar preensão voluntária. Faz manobra mão-objeto. Senta-se sem apoio. Rola de supino para prono. Estende os braços quando em prono. Procura alcançar objetos seguindo-os com os olhos.

(continua)

(Quadro 4.1– continuação)

Faixa etária	Comportamento
6 meses	Senta sem apoio. Inicia o rastejar. Brinca com os objetos, segurando e soltando. Transfere o olhar de um objeto para outro.
7 meses	Rasteja se deslocando pelo espaço. Manipula e explora visualmente os objetos.
8 meses	Primeiras palavras e palavra-frases. Pode começar a engatinhar. Senta-se sem apoio e mantém a postura ereta. Brinca sentada. Realiza preensão voluntária radial. Passa a apresentar o reflexo de paraquedas. Fica em pé com apoio. Permanece deitada apenas para dormir. Procura objetos que foram escondidos ou cobertos. Participa do jogo "Cadê?... Achou!". Brinca com seus brinquedos, atira-os e bate neles. Apanha um terceiro objeto, cubo ou brinquedo, largando um dos dois que já segura. Apanha uma pastilha com a participação do polegar. Procura com o olhar o objeto caído.
9 meses	Tem reação de defesa quando sentada e empurrada para trás. Apresenta preensão voluntária em pinça. Engatinha bem e rápido. Pode começar a andar com apoio. Focaliza o olhar em objetos distantes. Reage a certas palavras familiares. Faz gestos com as mãos – até logo, palmas, obrigado. Fala uma palavra de duas sílabas. Apanha uma pastilha entre o polegar e o indicador.

(Quadro 4.1 – continuação)

Faixa etária	Comportamento
10 meses	Duplica sílabas. Permanece em posição ortostática sem apoio. Marcha sem apoio. Fica em pé sem ajuda. Olha e pega objetos que estão a seu alcance. Compreende uma proibição. Repete um som ouvido. Coloca um brinquedo ou um cubo num recipiente ou retira-o. Encontra um objeto escondido.
11 meses	Coloca e retira objetos de recipientes.
12 meses	Fixa objetos próximos e distantes, alternadamente. Oferece um objeto a pedido ou em resposta a um gesto. Diz três palavras significantes. Consegue agarrar três objetos ao mesmo tempo. Solta um cubo numa xícara. Rabisca fracamente de maneira espontânea. Caminha segura por uma mão e abaixa-se para juntar um brinquedo.
12 a 18 meses	Anda sem apoio e com facilidade. Cai com frequência. Sobe e desce escadas engatinhando. Arremessa objetos e os acompanha com o olhar. Faz construções horizontais.
15 meses	Aponta o que deseja. Bebe sozinha no copo. Diz cinco ou mais palavras significantes. Rabisca por solicitação. Apanha um objeto e o introduz num recipiente.

(Quadro 4.1 – conclusão)

Faixa etária	Comportamento
18 a 24 meses	Sobe escadas, mas sem alternar os pés. Pula. Corre. Empurra objetos. Identifica as pessoas em fotos. Aponta as partes de seu corpo. Identifica objetos em fotos ou imagens.
24 a 36 meses	Corre. Pedala. Sobe e desce escadas alternando os pés. Salta. Faz encaixes. Agrupa objetos por cor e forma.
36 a 48 meses	Percebe e distingue figura e fundo. Identifica figuras simples de acordo com o modelo.

Fonte: Bee; Boyd, 2017.

Geralmente, realizam-se exames complementares para avaliar melhor o bebê (Rodrigues, 2005). Entre esses, estão as radiografias, o eletroencefalograma, a tomografia computadorizada, a ressonância magnética, o potencial evocado visual, o potencial evocado auditivo, o potencial evocado somato-sensitivo, as sorologias, o estudo de cariótipo.

Na **avaliação psicopedagógica**, que tem como propósito analisar, principalmente, as condições cognitivas, intelectuais (funções psicológicas e psicomotoras) e relacionais do bebê, são propostas atividades lúdicas, com brinquedos diversos e adequados à faixa etária e ao que se deseja observar; desenhos com diferentes materiais e adequados às possibilidades psicomotoras da criança. Além disso, são observadas as relações e as interações da criança com as outras pessoas e os objetos que se encontram em seu entorno. Pérez-Ramos et al. (1992) ressalta a importância de coletar informações relacionadas às experiências da criança em contextos educacionais específicos, como escolas de educação infantil, creches, CMEIs, programas de intervenção e/ou estimulação essencial anteriores ou concomitantes.

Indica-se, adicionalmente, uma **avaliação oftalmológica**, posto que, nesses bebês, é frequente a presença de oftalmopatias de intervenção necessária, principalmente naqueles de alto e médio risco. O diagnóstico precoce dessas patologias mostra-se fundamental para a prevenção, a terapêutica e a minimização de seus efeitos, preservando-se a visão da criança. Entre os tratamentos, há a possibilidade de cirurgias, correções ópticas e estimulação visual. Os riscos relacionam-se a doenças como o glaucoma congênito, a catarata, o estrabismo, a ceratopatia, a retinopatia da prematuridade e o descolamento da retina, causadores da cegueira (Gehlen, 2005). Segundo Pérez-Ramos et al. (1992), nos exames, avaliam-se as capacidades de focalização ocular, a acuidade visual, a visão binocular, o acompanhamento visual, o deslocamento ocular, a coordenação visomotora e a percepção visual – figura-fundo, identificação, localização, discriminação, constância perceptual.

Realizada por um profissional especializado, a avaliação oftalmológica permite detectar patologias, indicar tratamentos, orientar a família e, sobretudo, prescrever práticas de estimulação essencial importantes para o crescimento do bebê. Essas práticas são imprescindíveis nos primeiros anos de vida, pois possibilitam, justamente, o desenvolvimento da visão. O contato do bebê com a luz estimula seu desenvolvimento, principalmente nos primeiros meses, fase em que as oftalmopatias podem determinar diminuição da acuidade visual.

Durante o processo de avaliação, os **profissionais da fisioterapia** detectam atrasos, indicando a intervenção essencial que tem o potencial de possibilitar o desenvolvimento neuropsicomotor do bebê. Nos exames fisioterápicos, observam-se o desenvolvimento físico, muscular e articular, as alterações do tônus muscular, as alterações de equilíbrio, as alterações da postura, a persistência de reflexos arcaicos, os atrasos no desenvolvimento psicomotor, além das alterações na mobilidade e na coordenação de movimentos amplos e finos. Esses sinais são analisados por todos os profissionais que compõem a equipe multidisciplinar, responsáveis pelo fechamento do diagnóstico e pela indicação dos atendimentos.

Souza, Gondim e Júnior (2014) sugerem a observação da motricidade espontânea – movimentação corporal espontânea – provocada – movimentos em resposta a estimulações específicas feitas sobre o corpo do bebê –, liberada – o observador sustenta a nuca da criança, colocada em posição semissentada, deixando seu corpo livre para movimentação espontânea – e dirigida – o observador o estimula de modo dirigido para provocar determinadas reações e/ou movimentos –; assim como a avaliação do tônus muscular, dos reflexos primitivos e dos comportamentos motores esperados na fase em que o bebê se encontra, inclusive manuais.

Há casos em que se faz necessária **a avaliação de um ortopedista** para complementar o diagnóstico, indicar as intervenções mais adequadas, dar orientações específicas e realizar tratamentos específicos, inclusive cirúrgicos.

Para Pérez-Ramos et al. (1992), os **profissionais da fonoaudiologia** atuam detectando alterações auditivas e avaliando o processo de evolução da criança quanto à audiocomunicação e às linguagens. Eles observam o desenvolvimento da linguagem analisando o choro, as vocalizações, o balbucio, a lalação, a fonação, a articulação dos fonemas, a acuidade auditiva, os jogos de linguagem, a repetição, a fala espontânea, os gestos, as alterações de audição e de fala. De acordo com Andraus (2005, p. 133), essa avaliação pode detectar alterações "nas funções neurovegetativas (mastigação, deglutição, sucção e respiração), na tonicidade, motricidade e características de estrutura física dos órgãos fonoarticulatórios (língua, lábios, dentes, gengivas e bochechas), na aquisição de linguagem oral e escrita, voz e audição."

É importante analisar as formas de comunicação utilizadas pela criança (oral e gestual) e a acuidade auditiva. A **avaliação de um otorrinolaringologista** é, portanto, imprescindível para complementar o diagnóstico no que diz respeito à audição e à fala, até mesmo com indicação de aparelho auditivo ou implante coclear, caso necessário.

Um **dentista** pode acompanhar e examinar a arcada dentária, o desenvolvimento da dentição, as alterações morfológicas de lábios, palato e língua, realizando intervenções, orientando a equipe e os familiares.

Em Brasil (2016c) constam orientações para a **avaliação auditiva** realizada pelos profissionais da fonoaudiologia e da otorrinolaringologia. Em conformidade com essas diretrizes, o processo de avaliação tem início com a triagem auditiva neonatal em que podem ser aplicados o EOE (emissões otoacústicas evocadas) e o PEATE-A (potencial evocado auditivo de tronco encefálico) automático, para bebês com indicação de risco para deficiência auditiva. Em seguida, há avaliações otorrinolaringológicas e audiológicas completas, que visam detectar as perdas auditivas condutivas e neurosensoriais, além das alterações no processamento auditivo central. Já a intervenção requer o acompanhamento, a estimulação auditiva, a estimulação da comunicação oral e/ou gestual por meio da Língua Brasileira de Sinais (Libras), bem como a orientação aos familiares e aos educadores por parte do profissional da fonoaudiologia.

Na equipe de avaliação diagnóstica prescritiva, a **terapia ocupacional** avalia as capacidades funcionais da criança, por sua observação em atividades diversas e, em especial, nas atividades lúdicas, podendo indicar a intervenção, a adaptação de materiais, a adaptação ao uso de próteses e órteses, o acompanhamento do desenvolvimento, o desenvolvimento de atividades de rotina, independência e autonomia, as quais englobam as atividades de vida diária (AVDs) – como higiene e alimentação –, as atividades de vida prática (AVPs) – como vestimenta, organização pessoal, higiene ambiental – e as atividades de vida no lazer (AVLs) – como passeios e festas. Com base nisso, os terapeutas ocupacionais orientam os demais profissionais da equipe e a família.

Ao **assistente social** cabe acolher e ouvir os pais ou os responsáveis; avaliar as questões sociais, econômicas e culturais da família; observar as relações familiares da criança; levantar as dúvidas relativas à patologia, à deficiência ou à intercorrência que determinou a necessidade especial; discutir com os pais e demais familiares sua participação no processo de desenvolvimento da criança; auxiliar todo o processo diagnóstico, contribuindo com os demais profissionais em seu fechamento (Pérez-Ramos et al., 1992).

Outros profissionais podem complementar a avaliação a depender das especificidades do caso, como: pediatra, cardiologista, nutricionista, psicomotricista, musicoterapeuta. É fundamental a interação e a inter-relação entre os profissionais, que devem trabalhar juntos, de modo integrado.

Conforme Pérez-Ramos et al. (1992), os resultados da avaliação são apresentados aos pais verbalmente e por escrito em um documento: um relatório ou parecer descritivo cuja linguagem deve estar adequada ao nível socioeconômico e cultural dos responsáveis, de modo a possibilitar sua compreensão.

A orientação dos profissionais e o apoio emocional oferecido aos pais, nesse momento, são basilares e determinantes para o atendimento às necessidades da criança e o engajamento desses atores no programa de estimulação essencial proposto.

4.5 Indicações de atendimento multidisciplinar e clínico-terapêutico

Pérez-Ramos et al. (1992) explica que os profissionais responsáveis pela avaliação diagnóstica psicopedagógica prescrevem a indicação e os encaminhamentos dos atendimentos clínicos multidisciplinares, necessários ao desenvolvimento integral das crianças com NE, decorrentes do alto risco, das deficiências e/ou das intercorrências. As necessidades de cada uma delas são consideradas, assim como os serviços médicos, terapêuticos e educacionais disponíveis no município (públicos, privados e assistenciais), além da participação dos pais e outros familiares

(Brasil, 1995a). Os serviços são oferecidos em instituições de saúde e educação, nas quais as crianças recebem, além dos atendimentos clínico-terapêuticos nas diferentes áreas, a estimulação essencial, desenvolvida por um professor especializado, sob orientação da equipe multidisciplinar (Brasil, 1995a).

Como qualquer bebê, aqueles de alto ou médio risco necessitam do acompanhamento pediátrico, com a diferença de demandarem um olhar mais atento, voltado a possíveis alterações no processo de desenvolvimento. O pediatra verifica as condições do bebê, pesa-o e mede-o, orienta a mãe sobre a importância da amamentação exclusiva até o sexto mês, dá orientações sobre imunização e registra os dados na Caderneta de Saúde da Criança (Distrito Federal, 2017). De acordo com as NE que apresenta, a criança é encaminhada para atendimentos médicos específicos: neurológico, oftalmológico, cardiológico, endocrinológico, otorrinolaringológico, ortopédico, entre outros.

Considerando-se o diagnóstico, a avaliação psicopedagógica e as necessidades, são indicados os atendimentos clínicos que deverão ser desenvolvidos com a criança durante o processo de intervenção essencial, bem como o acompanhamento periódico pelos profissionais que o implementam. Cada caso terá indicações diferentes e um programa específico, considerando-se as necessidades e potencialidades da criança atendida.

De acordo com Maia (2007), os programas de intervenção essencial e de estimulação essencial têm melhores resultados quando são iniciados nos primeiros meses de vida do bebê e aplicados de modo sistemático e sequencial. Outro fator que potencializa os resultados é a participação da figura materna (mãe ou outro responsável) como mediadora no processo.

A acolhida da criança e de seus familiares é feita pelo **assistente social** e pelo **psicólogo**, que orientam os pais, oferecem apoio emocional, esclarecem dúvidas relativas à realidade imposta pelas patologias, pelo alto risco ou pela deficiência, e organizam os agendamentos para os atendimentos especializados.

Tais atendimentos têm diferentes periodicidades, o que depende das necessidades de cada criança, de sua faixa etária e das indicações dos profissionais avaliadores. Também a família pode ser atendida, quando há indicação, principalmente para psicoterapia.

Geralmente, o bebê recebe atendimentos clínicos e de estimulação essencial individuais, em sessões diárias de 50 minutos, sempre havendo a preocupação de não sobrecarregá-lo. Inicialmente, as sessões podem ter menor duração (20 a 30 minutos), sendo ampliadas progressivamente (Brasil, 1995a). Esses encontros podem acontecer duas ou mais vezes por semana, a depender das necessidades da criança, e os pais são orientados a dar continuidade em casa. Boa parte dos infantes atendidos também frequenta programas de educação infantil em CMEI ou CEI, o que é importante e recomendado.

Crianças com mais de 18 meses continuam recebendo os atendimentos clínicos individuais, mas passam a ser inseridas em atendimentos de estimulação desenvolvidos em pequenos grupos. Há instituições que as encaminham para grupos assim que começam a andar, falar ou quando apresentam maior independência motora.

Já os bebês, no programa de intervenção precoce/essencial, recebem os atendimentos indicados entre os quais se destacam a fisioterapia, a terapia ocupacional, a psicologia, a fonoaudiologia, a musicoterapia, a psicomotricidade, a hidroterapia e a estimulação essencial.

O **acompanhamento nutricional** dos bebês é fundamental, pois a nutrição adequada possibilita um melhor desenvolvimento cognitivo. O nutricionista levanta dados sobre a alimentação: aleitamento materno, alimentação artificial, introdução de novos tipos de alimentos; patologias gastrointestinais: vômitos, alergias, intolerâncias, diarreia; acompanha o peso e a estatura; e faz as orientações necessárias.

Esse acompanhamento e essas orientações são de suma importância, principalmente para os bebês de alto risco. O ideal é o aleitamento materno exclusivo até os 6 meses e a introdução progressiva de alimentos naturais a partir dessa idade, evitando-se corantes e conservantes, garantindo uma dieta alimentar equilibrada. A alimentação adequada evita desnutrição, anemia, obesidade, sobrepeso, diabetes e hipovitaminose (Pinto, 2010).

O **atendimento fisioterápico** envolve a estimulação psicomotora do bebê, objetivando prevenir ou minimizar os atrasos no desenvolvimento, tratando as alterações psicomotoras já instaladas. Esse trabalho visa o alcance da independência funcional da criança e a melhoria de sua qualidade de vida. As sessões são realizadas considerando-se suas necessidades específicas e seu diagnóstico. Utilizam-se diferentes equipamentos, técnicas e materiais específicos da fisioterapia. Além dos atendimentos especializados às crianças, orientam-se os pais sobre a continuidade dos procedimentos em casa e o professor estimulador, sobre os exercícios, a postura e a locomoção.

De acordo com Gevaerd (2005), o trabalho desenvolvido na **terapia ocupacional** procura estimular o desenvolvimento neuropsicomotor, inibindo os reflexos arcaicos, corrigindo posturas inadequadas, normalizando o tônus muscular, desenvolvendo o equilíbrio e as condutas psicomotoras, também prevenindo deformidades. Esses objetivos podem ser alcançados, mediante a prática de exercícios psicomotores do método de Bobath[1] e da integração sensorial, na qual o terapeuta ocupacional faz a intervenção auxiliando a criança a processar as informações recebidas pelos canais sensoriais, por meio da organização de seus movimentos. A brincadeira e a recreação são outros instrumentos utilizados nesses trabalhos, bem como o acompanhamento na realização das atividades de higiene, alimentação, vestimenta, locomoção e autocuidado.

O **atendimento fonoaudiológico** na intervenção essencial tem como objetivo estimular o desenvolvimento da criança na área da linguagem e das funções neurovegetativas, acompanhar sua evolução, reavaliar com frequência, além de orientar a família e os demais profissionais que a atendem. O profissional realiza com a criança, exercícios específicos, considerando suas necessidades. Esses envolvem respiração, mastigação, deglutição, sucção, movimentação dos órgãos fonoarticulatórios, estimulação da linguagem oral, vocalização, sensação e percepção auditiva.

A intervenção essencial desenvolvida pelo **psicólogo** visa, primordialmente, estreitar os laços entre a mãe e o bebê, estruturando ou reestruturando a função materna, de modo que

---

[1] Método de Bobath, ou terapia neurodesenvolvimentista (TND): técnica desenvolvida por Karel e Berta Bobath cujo princípio básico é o controle axial, a inibição das reações automáticas e a dissociação dos membros. É utilizado para o tratamento de crianças com paralisia cerebral e outras alterações neuropsicomotoras.

ela o deseje e invista nele. Trabalham-se questões de ordem emocional, relacionadas ao luto, à negação, à culpa, à perda, ao medo, à raiva e à aceitação. Quando o pai se faz presente, também recebe o atendimento. Bark (2005) reforça que esse profissional deve orientar os pais com relação ao bebê, dar-lhes suporte emocional e atender a criança. Pode-se desenvolver a estimulação essencial ou fazer o atendimento psicológico da criança, dependendo de sua idade e de suas necessidades, de modo a aumentar sua autoestima, fortalecer sua estrutura emocional, formar sua personalidade e estimular o desenvolvimento das funções psicológicas superiores.

A estimulação essencial pode ser desenvolvida por um **professor especializado** ou por um **pedagogo**, por um **psicomotricista** ou por um **psicopedagogo especializado**. Esses oferecem à criança um programa de estimulação no qual diversas atividades são desenvolvidas, envolvendo as funções sensoperceptuais, neuropsicomotoras e psicológicas superiores, assim como o movimento e a afetividade.

O processo não é simples, pois não basta apresentar estímulos à criança. Faz-se necessário organizá-los, mediar as ações, escolher os materiais com objetivos específicos definidos, dispô-los de modo a provocar, na criança, ações psicomotoras e interações afetivas, nas quais o vínculo é uma condição *sine qua non*.

A **reeducação visual** também se mostra importante na intervenção essencial de bebês de alto risco ou com lesões neurológicas já instaladas. O profissional, geralmente um professor especializado, propõe à criança uma série de exercícios com prescrição oftalmológica, que estimulam a visão residual ou o desenvolvimento integral da visão, trabalhando funções como fixação, focalização, mobilização e acomodação visual; discriminação, reconhecimento, identificação e memória visual; e, por fim, a percepção visomotora, integrando visão e ação motora. Pires (2005) esclarece que, com todas as crianças e, em especial, com aquelas cujo diagnóstico é de cegueira, trabalha-se a **estimulação sensorial,** enfatizando-se a sensação e a percepção tátil (texturas, formas, temperaturas, pesos, tamanhos, preensão, ações motoras de segurar, amassar, rasgar, bater etc.), auditiva (sons do ambiente, do corpo, dos animais, dos objetos, da natureza, reconhecimento das vozes etc), gustativa (sabores, temperaturas, consistências etc), olfativa (odores diferentes e variados) e visual (luz, sombra, forma etc.).

A **hidroterapia** e a **natação adaptada** são, quando indicadas, desenvolvidas por profissionais especializados, como fisioterapeutas ou professores de educação física. De acordo com Meirelles e Santos (2012), as atividades na água relaxam a musculatura corporal e facilitam a execução de movimentos importantes no processo de estimulação; melhoram o tônus muscular, a circulação, a postura e a respiração; desenvolvem a coordenação motora ampla e a sensopercepção; e proporcionam prazer ao bebê.

Pode-se contar, ainda, com a musicoterapia, a psicomotricidade, a psicopedagogia e a equoterapia, na intervenção e na estimulação, o que depende das necessidades da criança, da disponibilidade local e dos recursos financeiros.

A **musicoterapia**, conforme Passarini (2013), é uma ciência e uma terapia que se utiliza da música (som, ritmo, melodia e harmonia) para estimular o desenvolvimento integral do ser humano, promover a saúde, prevenir problemas e intervir terapeuticamente em transtornos físicos e psicológicos. Essa atividade tem papel importante no processo de estimulação, sendo indicada como alternativa de atendimento de acordo com as necessidades da criança e a disponibilidade do serviço no espaço público e/ou privado. Sua implementação fica a cargo de um musicoterapeuta, profissional com formação específica.

A **psicomotricidade** corresponde a um atendimento especializado, desenvolvido por profissional habilitado, que promove a educação, a reeducação e o desenvolvimento psicomotor, bem como a estimulação essencial, prevenindo transtornos e atrasos no processo de desenvolvimento, habilitando e reabilitando aqueles que apresentam atrasos, alto risco e/ou deficiências.

A **psicopedagogia** atua na prevenção de atrasos no desenvolvimento da criança através da estimulação de funções psicológicas e psicomotoras, por meio de atividades lúdicas.

Por fim, a **equoterapia** trata-se de um atendimento especializado que faz uso de técnicas específicas de equitação desenvolvido por equipe multidisciplinar. Nela, o cavalo é um elemento cinesioterapêutico ativo que promove o desenvolvimento integral da criança por meio da estimulação sensoperceptiva, do movimento e da interação (Neves; Malta, 2002). Nessas atividades, portanto proporcionam-se experiências que estimulam funções psicomotoras, psicológicas, cognitivas e sensoperceptivas. Após avaliação médica e fisioterápica, esse atendimento pode ser implementado, gerando inúmeros benefícios, entre os quais Buchene e Savini (1996) destacam: o aprimoramento do equilíbrio, da postura, da coordenação motora ampla e fina, da coordenação visomanual, da lateralidade, do esquema corporal, da orientação espaçotemporal, da capacidade de previsão e planejamento, da sensopercepção; a melhora da autoestima e de funções como atenção, concentração, memória, linguagem, comunicação e raciocínio; a regulação do tônus; a conquista de autonomia e independência; além da interação e da socialização.

Síntese

Neste capítulo exploramos os programas de intervenção essencial, destacando sua indicação para os bebês de alto e médio risco. Também comentamos a importância da detecção precoce na condição de medida preventiva, a avaliação diagnóstica prescritiva – como elemento norteador das práticas interventivas que devem ser implementadas visando o desenvolvimento integral –, a prevenção de atrasos e a minimização de sequelas.

Explicamos, na avaliação diagnóstica, como é formada a equipe multidisciplinar e a especificidade de cada profissional que pode fazer parte dela. Esses profissionais contribuem não só para o fechamento do diagnóstico, mas também para a indicação dos atendimentos, das prescrições e da intervenção essencial. Citamos, ainda, as alternativas de atendimento especializado clínico-terapêutico e de estimulação essencial para os bebês de risco e/ou com deficiências, mencionando as atribuições de cada profissional.

Evidenciamos a importância dos programas de estimulação essencial para a prevenção de atrasos no desenvolvimento das crianças, destacando a ação desenvolvida pelos profissionais de educação e saúde que compõem a equipe multidisciplinar. O trabalho de intervenção desenvolvido por esses profissionais é crucial para propiciar as experiências necessárias ao desenvolvimento nas áreas psicomotora, cognitiva, socioafetiva e da linguagem, além das orientações e acompanhamento familiar.

Indicações culturais

Livros

ALVES, E. M. R. **Prática em equoterapia**: uma abordagem fisioterápica. São Paulo: Atheneu, 2009.

> Leitura recomendada para quem deseja conhecer a equoterapia e suas indicações.

BUENO, J. M. **Psicomotricidade**: teoria e prática – estimulação, educação e reeducação psicomotora com atividades aquáticas. São Paulo: Lovise, 1998.

> Abordagem sobre o trabalho de estimulação psicomotora com atividades aquáticas. Uma leitura interessante sobre os atendimentos clínico-terapêuticos que podem ser desenvolvidos na intervenção essencial.

BEE, H.; BOYD, D. **A criança em desenvolvimento**. Porto Alegre: Artmed, 2017.

> Obra de referência sobre o desenvolvimento infantil essencial para profissionais que atuam com crianças nas áreas da educação e da saúde.

ESPOSITO, S. **Musicoterapia para el desarrollo**: 40 actividades lúdico-musicales para la estimulación neuromotriz. Scotts Valley: Createspace Independent Publishing Plataform, 2016.

> Livro que reúne atividades de musicoterapia para estimulação neuropsicomotora. Leitura interessante para quem trabalha com estimulação essencial.

FONSECA, V. **Educação especial**: programa de estimulação precoce uma introdução às ideias de Feuerstein. Porto Alegre: Artes Médicas, 1997.

> Abordagem técnica sobre o programa de estimulação precoce enriquecido por conhecimentos e experiências do autor.

FONSECA, V. **Modificabilidade cognitiva**. São Paulo: Salesiana, 2009.

> Trabalho sobre a modificabilidade cognitiva de Feuerstein. Leitura interessante para conhecer a teoria e refletir sobre a plasticidade neuronal e a estimulação essencial.

NASCIMENTO, M. do. **Musicoterapia e a reabilitação do paciente neurológico**. São Paulo: Memnon, 2009.

> Leitura interessante para aprofundar conhecimentos sobre musicoterapia.

Atividades de autoavaliação

1. Leia as asserções a seguir a respeito do bebê de alto risco e classifique-as como verdadeiras (V) ou falsas (F):
   ( ) Os bebês de risco são classificados em "alto risco" e "médio risco" pelos profissionais da área médica, de acordo com suas características ao nascimento.
   ( ) Os bebês classificados como de alto risco são encaminhados, após a alta hospitalar, para programas de intervenção e estimulação essencial.
   ( ) Os profissionais que atuam nos programas de estimulação essencial precisam compreender o que significa a classificação "bebê de alto risco", conhecer suas determinantes, para atuar em conjunto com outros profissionais e com os familiares, planejando uma ação individualizada.
   ( ) A avaliação dos bebês de alto risco é realizada por uma equipe multidisciplinar, que faz o encaminhamento para a estimulação essencial, indicando um programa de atividades padronizado para cada tipo de patologia ou deficiência.
   ( ) O alto risco pode ser detectado observando-se a nota do Boletim de Apgar.

   Agora, assinale a alternativa que apresenta a sequência correta de preenchimento dos parênteses:

a) V, F, F, V, F.
b) V, V, V, F, V.
c) F, F, F, V, V.
d) F, V, V, F, V.
e) F, F, V, V, V.

2. Assinale a alternativa que define corretamente o que é a detecção precoce:
   a) Processo de constatação de deficiências, intercorrências, riscos, atrasos, transtornos ou doenças, o mais imediatamente possível, de modo a possibilitar a prevenção e o encaminhamento precoce a programas de avaliação diagnóstica e intervenção essencial.
   b) Processo de avaliação desenvolvido por uma equipe multiprofissional, que, por meio de exames e testes específicos, faz o diagnóstico das doenças ou deficiências e os encaminhamentos para os programas de tratamento médico e intervenção indicados para cada caso.
   c) Processo de diagnóstico de deficiências realizado apenas pelos profissionais da área médica que, ao constatá-las, indicam o tratamento e os encaminhamentos necessários com o propósito de intervir corretivamente.
   d) Processo de avaliação diagnóstica desenvolvido, exclusivamente, na escola de educação infantil, objetivando atender às necessidades especiais de bebês e crianças de até 5 anos que apresentam atrasos no desenvolvimento.
   e) Processo de avaliação diagnóstica psicoeducacional prescritiva em que se faz a detecção de atrasos no desenvolvimento de crianças na faixa etária de zero a 3 anos.

3. Leia as afirmativas a seguir sobre o processo de avaliação diagnóstica:
   I) A avaliação diagnóstica é um processo de investigação sobre o desenvolvimento e a aprendizagem de um sujeito em diferentes áreas, objetivando levantar seu perfil, suas características, suas habilidades e suas necessidades.
   II) Na avaliação diagnóstica, as áreas do desenvolvimento são analisadas cuidadosamente por uma equipe de profissionais especializados, com o objetivo de compreender o sujeito, indicar um prognóstico e realizar os encaminhamentos necessários.
   III) No processo de avaliação diagnóstica, é fundamental destacar a patologia que a criança apresenta, sintetizada em um nome e um número, além da enumeração de suas dificuldades e sintomas.
   IV) O modelo de avaliação diagnóstica mais indicado em programas de estimulação essencial é denominado *avaliação diagnóstica diferencial*, em que se analisam todas as hipóteses e se fecha o diagnóstico de modo objetivo, indicando as dificuldades e limitações apresentadas pelo sujeito.
   V) A avaliação diagnóstica descritiva é o modelo utilizado na estimulação precoce, garante vantagens aos profissionais pois consiste em uma descrição detalhada dos sintomas e das dificuldades das crianças, orientando a intervenção

Está correto o que se afirma na(s) alternativa(s):

a) IV.
b) I e III.
c) I e II.
d) III e IV.
e) I, II e V.

4. No processo de avaliação diagnóstica, uma equipe de profissionais de diferentes áreas analisa diferentes aspectos e contribui para o diagnóstico, o prognóstico, os encaminhamentos, as indicações e as prescrições. A seguir relacione o profissional à descrição de suas atividades.

1) Fonoaudiólogo
2) Neurologista
3) Fisioterapeuta
4) Pedagogo
5) Psicólogo

( ) Faz uso das escalas de desenvolvimento, como as de Bayley e Denver, exames específicos, físicos e complementares, além de testagem de reflexos e automatismos primários.

( ) Observa e analisa a persistência de reflexos arcaicos, a presença de atrasos no desenvolvimento neuropsicomotor, bem como as alterações tônico-musculares e na mobilidade, indicando intervenções específicas.

( ) Realiza a observação da criança em atividades lúdicas, desenhos e interações, a fim de analisar aspectos cognitivos, intelectuais e relacionais.

( ) Realiza observações de atividades espontâneas e lúdicas, faz a anamnese com os pais, aplica testes específicos de acordo com a idade e observa a relação da família com o bebê.

( ) Faz a detecção de alterações nas funções neurovegetativas, observa a estrutura dos órgãos do aparelho fonador, bem como o desenvolvimento da linguagem e da audição.

Agora, assinale a alternativa que apresenta a sequência correta de preenchimento dos parênteses:

a) 2-3-4-5-1.
b) 3-1-2-4-5.
c) 5-1-4-3-2.
d) 4-5-2-1-3.
e) 1-2-5-4-3.

5. Assinale a alternativa correta com relação aos profissionais que acolhem o bebê e seus pais quando são encaminhados para programas de intervenção essencial e estimulação essencial.
   a) Médico e assistente social.
   b) Médico e psicólogo.
   c) Assistente social e pedagogo.
   d) Assistente social e psicólogo.
   e) Pedagogo e psicólogo.

Atividades de aprendizagem

Questões para reflexão

1. Faça uma pesquisa sobre o processo de desenvolvimento no primeiro ano de vida. Observe um bebê de zero a 9 meses considerando as características do desenvolvimento neuropsicomotor, a presença dos reflexos arcaicos, a evolução psicomotora, as reações aos estímulos. Alternativamente, assista a um vídeo ou documentário sobre o desenvolvimento dos bebês nos primeiros 9 meses de vida. Registre os dados coletados. Faça, também, o registro fotográfico, a filmagem em diferentes momentos, ou selecione imagens ou vídeos (pode ser da internet), e relacione com a pesquisa teórica. Organize um álbum virtual associando imagens e descrições. Reflita sobre o que observou, sobre o desenvolvimento do bebê e/ou sobre a sua relação com seus familiares ou cuidadores.

2. Busque informações sobre a equoterapia para crianças pequenas. Verifique se em sua cidade ou estado há a oferta desse tipo de atendimento. Registre os resultados de sua pesquisa: como esse atendimento acontece, indicações e benefícios para a criança. Se possível, visite esse local e registre em fotos o que observou.

3. Faça a leitura do livro *Modificabilidade cognitiva*, de Vitor da Fonseca, o qual consta das "Indicações culturais", ou pesquise em artigos, revistas científicas ou *sites*. Sugerimos, os seguintes artigos:

GONÇALVES, C. E. de S.; VAGULA, E. Modificabilidade cognitiva estrutural de Reuven Feuerstein: uma perspectiva educacional voltada para o desenvolvimento cognitivo autônomo. In: SEMINÁRIO DE PESQUISA EM EDUCAÇÃO DA REGIÃO SUL, 9., 2012, Caxias do Sul. **Anais...** Caxias do Sul: UCS/ANPED, 2012.

LIMA, P. D. P. de; DICKEL, A. **Reuven Feuerstein e a teoria da modificabilidade cognitiva estrutural**: conceitos e implicações educacionais. 15 f. Artigo de Conclusão de Curso (Graduação em Pedagogia) – Universidade de Passo Fundo, Passo Fundo, 2019.

Registre suas ideias sobre a teoria e pesquise, entre seus colegas de trabalho, quem a conhece e o que sabem sobre ela. Compartilhe seus conhecimentos e questionamentos.

Atividades aplicadas: prática

1. Visite um posto de saúde, um consultório médico (pediatria ou obstetrícia) e um CEI ou CMEI. Entreviste os profissionais do local para levantar dados sobre programas de detecção precoce e prevenção de doenças, fatores de risco, deficiências e intercorrências, encaminhamentos, tratamentos e orientações. Observe se há, à vista, quadros ou cartazes sobre prevenção e cuidados básicos, bem como sobre sinais e sintomas de doenças, deficiências ou atrasos no desenvolvimento. Registre os dados coletados e analise-os. Produza um texto reflexivo sobre a realidade de seu município com relação ao tema estudado.

2. Visite uma instituição especializada, em seu município ou seu estado, que ofereça programa de estimulação essencial. Registre como é o ambiente em que o atendimento acontece. Entreviste os profissionais que desenvolvem o programa e descreva como trabalham. Faça a observação de um atendimento, ou mais, a bebês ou crianças.

   Caso não exista esse tipo de atendimento em sua cidade ou estado, pesquise na internet e registre os dados que encontrar, comentando-os, relacionando-os com os conteúdos estudados.

Capítulo 5
O atendimento de estimulação essencial: a massagem

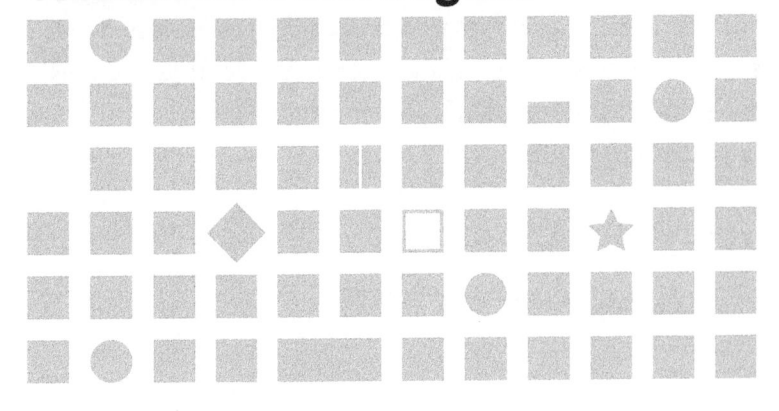

> *"Se é a razão que faz o homem, é o sentimento que o conduz."*
>
> Jean-Jacques Rousseau

Este capítulo será dedicado ao tema da massagem, uma prática que pode auxiliar no desenvolvimento integral de qualquer bebê, mas que contribui enormemente no caso dos bebês de alto risco, com atrasos ou com deficiências.

A massagem contempla a estimulação nas áreas psicomotora, sensoperceptiva, cognitiva, socioafetiva, da linguagem e da comunicação. Por meio dela, é possível estabelecer um vínculo afetivo especial com o bebê e uma comunicação tônica profunda, estimulando as sensações corporais pelo toque.

Nessa prática, não existem passos que devem ser seguidos rigorosamente. O que apresentaremos aqui são sugestões que visam auxiliar no planejamento das atividades que serão desenvolvidas nos programas de estimulação essencial, fundamentada nas experiências de profissionais da área e na vivência da autora no atendimento de bebês e crianças na estimulação essencial.

Cabe ao profissional que aplicará as técnicas de massagem organizar o programa de acordo com as necessidades e as características das crianças, selecionando as atividades, a sequência dessas, os recursos e as técnicas mais adequadas, considerando sua evolução.

Mais importante do que a técnica é a relação afetiva estabelecida entre a criança e o estimulador. Isso, de fato, faz toda a diferença em seu processo de desenvolvimento. O profissional deve interagir com a criança e com sua família, mediando, desejando que se desenvolva, que aprenda, que alcance independência e autonomia.

A seguir, apresentaremos duas técnicas de massagem utilizadas na estimulação essencial e os exercícios que as compõem.

5.1 Shantala ou massagem para o bebê

A Shantala é uma técnica de massagem para bebês que pode ser utilizada no atendimento de estimulação essencial, seja para bebês de alto risco – em especial, para os prematuros após a alta hospitalar e quando atingem peso mínimo de 1 kg –, seja para os com deficiências e os institucionalizados em abrigos, hospitais ou creches. Seus resultados tendem a ser excelentes, tanto para o bebê, quanto para os pais e para os profissionais que atuam nesses programas. Essa prática promove o estreitamento do relacionamento entre os bebês e seus pais (ou responsáveis), fortalecendo seus vínculos. Isso também se aplica aos profissionais que os atendem na estimulação essencial ou na educação infantil.

> **Curiosidade**
>
> A Shantala foi trazida para o Ocidente em 1970 pelo médico francês Fréderick Leboyer, que, em uma viagem para a Índia, observou uma mãe, cujo nome era Shantala, massageando seu bebê na rua, em Calcutá. A jovem era paraplégica e moradora de uma favela. A cena chamou a atenção do homem pela beleza da relação entre a mãe e o bebê, repleta de amor e carinhos profundos. O médico pediu para fotografá-la realizando a massagem. Ele observou que os movimentos eram harmoniosos e suaves, o que parecia tornar aquele momento mágico e o ambiente agradável. A principal característica da massagem – que foi batizada com o nome da jovem Shantala, homenagem feita por Leboyer – é o fortalecimento e o aprofundamento do vínculo afetivo entre o bebê e a figura materna. Ele acompanhou a mãe por dias para registrar os movimentos. Esse trabalho de observação resultou em um livro em que apresenta a técnica, mundialmente conhecida e praticada na atualidade.

Conforme Pereira (1996), a massagem é um recurso preventivo que pode ser utilizado em bebês após o primeiro mês de vida, sendo recomendável que o profissional treine bastante os exercícios, suas sequências e sua quantidade, antes de realizá-la.

A massagem oferece muitos benefícios para os bebês, entre eles: o prazer e o relaxamento; a comunicação tônica (ou diálogo tônico); a proximidade e a confiança vivenciadas por essa comunicação em que há o contato da pele do estimulador e a pele do bebê; a melhora do padrão de sono, da digestão e da circulação sanguínea; a interação e o contato emocional; o compartilhamento de energia; e o desenvolvimento da atenção, das sensações, das percepções e das condutas psicomotoras.

Há diversas técnicas de massagem para bebês que podem ser utilizadas na estimulação essencial; na maioria delas, os exercícios são semelhantes aos da Shantala ou baseados nessa técnica.

Entre os autores que elaboraram técnicas de massagem, estão Leboyer (2017), Auckett (1986), Schulze (2009), Nielsen (1989), McClure (1997), Pereira (1996), Giannotti (2014).

Relato Pessoal

Tenho utilizado a massagem na estimulação essencial com excelentes resultados. Essa experiência foi compartilhada de modo prático com meus pacientes e seus pais, com meus alunos e alunas nos cursos de estudos adicionais, de estimulação essencial e de formação de docentes, na graduação e na pós-graduação. Em minha vida pessoal, porém, ela foi aplicada, de modo especial, com meu filho. Nós dois nos beneficiamos das massagens quando ele ainda era bebê, pois isso estreitou nossos laços. E ainda hoje ele solicita a massagem quando está cansado, tenso, preocupado, ansioso e quer relaxar, ou, simplesmente, quando quer carinho e atenção.

Na sequência, apresentamos as técnicas e os exercícios que compõem a massagem para bebês.

5.2 A técnica de massagem

A utilização da massagem como recurso de estimulação essencial requer, por parte do profissional, a compreensão e o domínio da técnica, o conhecimento sobre o bebê, suas características e necessidades, o estabelecimento de vínculos, a sensibilidade, a organização e a parceria com os outros profissionais que atendem a criança. Esses colegas orientam o profissional que aplicará a massagem e esclarecem eventuais dúvidas sobre a possibilidade e a pertinência dos movimentos e exercícios, bem como sobre os limites eventualmente impostos pelo alto risco, pela deficiência ou pela doença.

Sugere-se que a massagem seja realizada, preferencialmente, no período da manhã, sem impedimento para que seja realizada nos períodos da tarde ou da noite. É preciso considerar a disponibilidade dos pais e os horários de atendimento dos profissionais. Embora não deva acontecer logo após as refeições, é fundamental que a criança esteja alimentada, pois a fome pode deixá-la inquieta.

O local em que é feita a massagem deve ser aquecido, pois a criança estará despida e precisa sentir-se confortável. Um óleo natural de amêndoas, de girassol, de coco ou de camomila, amornado, pode ser utilizado. Em dias quentes, pode ser realizada ao ar livre. A duração média da sessão é de 20 a 30 minutos, a depender da faixa etária e das características do infante atendido. No caso de bebês prematuros ou de alto risco, pequenos para a idade gestacional (PIG), ela deve ser mais curta (cerca de 10 minutos) e com toques mais leves e delicados.

A movimentação acontece no sentido cefalocaudal (de cima para baixo) e proximodistal (do centro para as extremidades). Há, contudo, autores que sugerem os sentidos opostos. Portanto, essa é uma opção do profissional. É importante, porém, que os movimentos sigam no mesmo sentido e simetricamente (do lado direito e depois do lado esquerdo, ou vice-versa). Cada passo executado é repetido, no mínimo, três vezes e a conclusão se dá com uma carícia longa que tem início na cabeça e termina nos pés.

Inicialmente, os toques são leves, mas firmes, aumentando-se a pressão à medida que o bebê cresce e se desenvolve. Nas áreas pequenas do corpo, a massagem é feita com a ponta dos dedos e, nas áreas grandes, com os dedos e as palmas das mãos. Em algumas partes, utiliza-se uma das mãos e, em outras, ambas ao mesmo tempo.

Depois da sessão, o bebê é banhado, o que contribui para o relaxamento e para a retirada do excesso de óleo, se esse tiver sido utilizado, complementando a estimulação.

Leboyer (2017) aconselha que o profissional que realiza a massagem se sente no chão, sobre um tapete, colchonete ou tatame, com as costas eretas, pernas esticadas e joelhos dobrados ligeiramente para fora, juntando as solas dos pés. No local, pode-se colocar uma manta grossa e, sobre ela, um tecido impermeável coberto por uma toalha, pois o relaxamento pode facilitar a eliminação de urina pela criança.

O estimulador posiciona o bebê entre suas pernas, de frente para si e com a cabeça apoiada sobre seus pés. Quando utiliza o óleo, este fica ao lado do profissional, em um recipiente aquecido com água. Toalhas, fraldas e o material para o banho são também dispostas próximo ao estimulador.

Pereira (1996) recomenda fortemente que o profissional mantenha as unhas aparadas, para evitar arranhar a criança, e que retire anéis, pulseiras e relógios que possam machucá-la.

Em seguida, o estimulador aquece o ambiente e higieniza as mãos, relaxa o próprio corpo, permanecendo em silêncio por alguns minutos, momento em que pode olhar o bebê nos olhos, estabelecendo um contato profundo com ele. Opcionalmente, o profissional coloca uma música ambiente, instrumental suave ou cantigas de ninar, as quais também auxiliam no relaxamento e na estimulação.

Durante a execução da massagem, o estimulador conversa com o bebê, empregando principalmente o diálogo tônico, com toques suaves, firmes, amorosos e seguros.

A seguir, apresentamos duas técnicas trabalhadas na estimulação essencial com os bebês, na orientação de pais e na formação de estimuladores.

5.3. Desenvolvimento e aplicação da técnica I de massagem

Após receber a avaliação diagnóstica, o parecer e as orientações dos profissionais da equipe multidisciplinar, o responsável pela estimulação essencial planeja as sessões a serem realizadas, levando em consideração as características e as necessidades da criança.

A massagem é uma atividade primordial, pois possibilita o estabelecimento de vínculos entre ambos e entre o bebê e a figura materna, a comunicação e a estimulação sensorial, perceptual e psicomotora.

As sessões em que a massagem é realizada são organizadas de modo a oferecer estimulação e relaxamento ao bebê. Para tanto, o profissional seleciona os exercícios ou movimentos que executará e os realiza, acompanhando as reações e as movimentações da criança, observando a necessidade de mudanças e de adaptações.

5.3.1. Sequência dos movimentos da técnica I

Nessa técnica, inicia-se a massagem pelo peito; depois, passa-se para braços e mãos; em seguida, toca-se abdômen, pernas e pés, costas e rosto. Ainda há os exercícios finais e o relaxamento no banho. A sequência dos movimentos apresentada aqui é a proposta por Pereira (1996), que a organizou com base em suas experiências no trabalho de musicoterapia com gestantes e bebês, bem como no ensino da técnica da Shantala em cursos para gestantes.

1. **Peito**

    Exercício 1

    Passa-se o óleo aquecido nas mãos, friccionando-as. Em seguida, posicionam-se as mãos juntas, abertas e com as palmas encostadas, sobre o centro do peito do bebê; depois, afastam-se as mãos, encostando-as sobre o peito do bebê deslizando-as sobre ele, seguindo do centro para os lados direito e esquerdo, simultaneamente, na direção dos ombros e dos braços (Figuras 5.1 e 5.2).

Figura 5.1 – Do centro para os lados

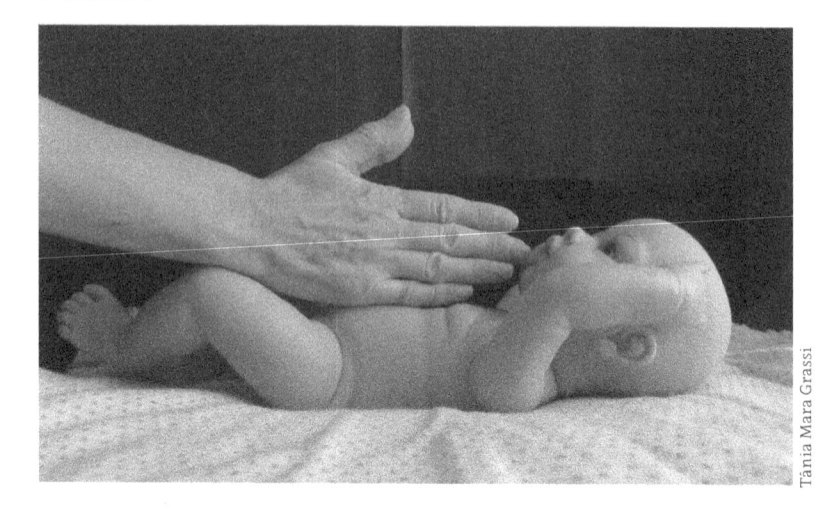

Figura 5.2 – Deslizando as mãos

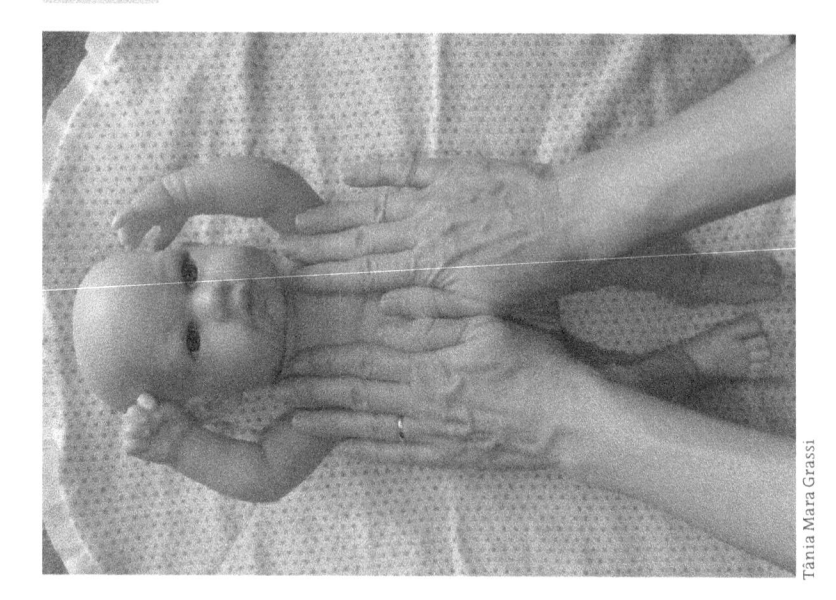

Exercício 2

Coloca-se uma das mãos sobre as coxas do bebê. A outra, parte da perna, passando pela barriga, sem pressioná-la, massageando o peito. Termina no ombro, do lado oposto ao do início, deslizando a lateral da mão no pescoço do bebê. Em seguida, realiza-se os mesmos passos, mas no lado e no sentido opostos.

Os movimentos são apenas de ida, cruzando o peito em diagonal. O movimento se completa quando ambas as mão fazem o percurso formando um "x", uma de cada vez (Figuras 5.3 e 5.4).

Figura 5.3 – Da coxa aos ombros

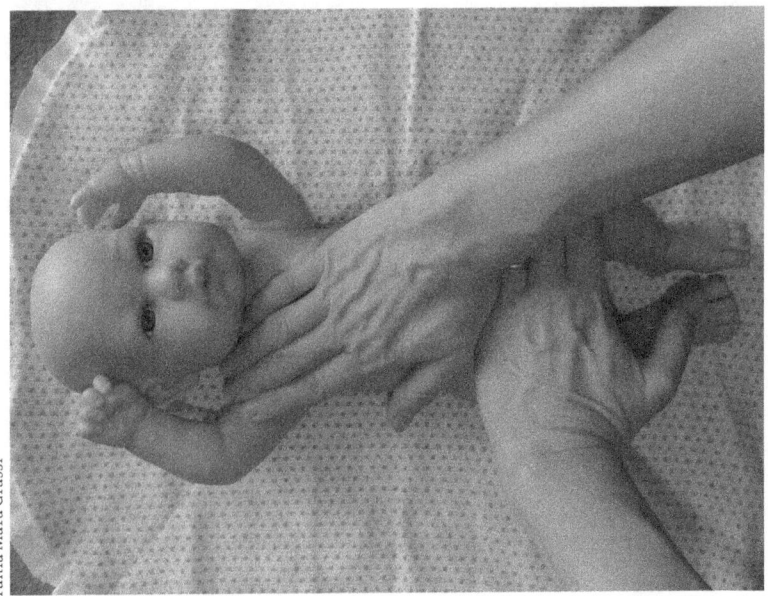

Figura 5.4 – Cruzamento em "x"

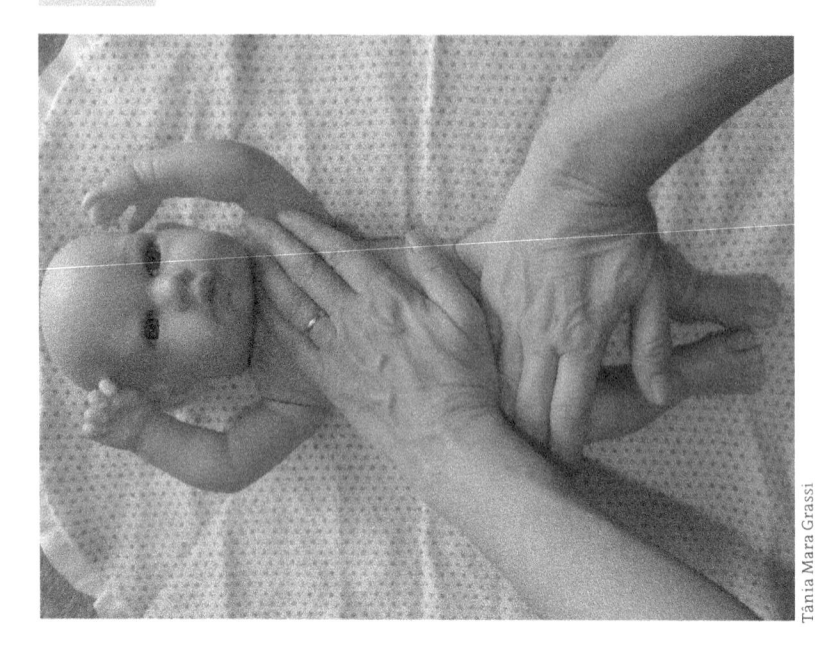

2. **Braços e mãos**

Os cinco exercícios são realizados primeiro em um lado e depois no outro, seguindo a mesma sequência.

Exercício 1

Segura-se o pulso do bebê, com firmeza, com uma das mãos. Com a outra, envolve-se o braço desde a axila. Sobe-se essa mão, até chegar ao pulso, trocando a mão que o segurava pela que fez o movimento de "puxada". A mão que segurava o pulso envolve, então, o braço desde a axila e sobe até o pulso, quando as mãos trocam de posição novamente. O movimento é repetido três vezes (Figura 5.5).

Figura 5.5 – Envolvendo os braços

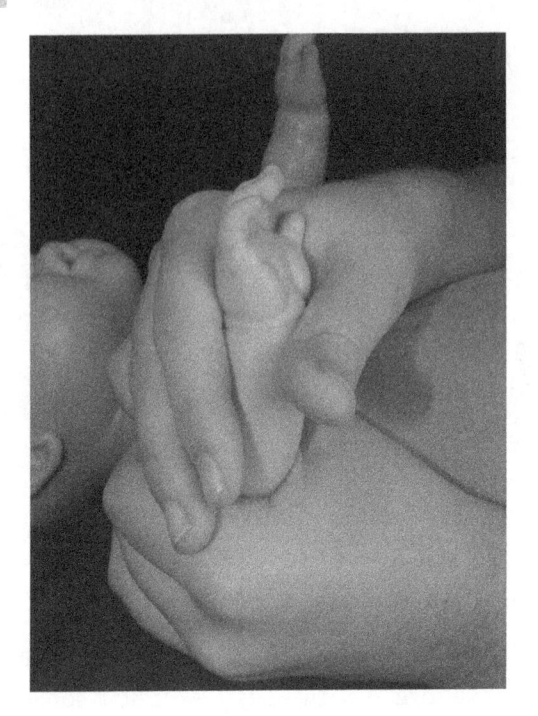

Exercício 2

Envolve-se o braço do bebê com as duas mãos, entre o ombro e a axila. Sobe-se, fazendo movimentos circulares, giratórios, em sentido horário e anti-horário (movimentos de rosquear e desroscar), ao mesmo tempo, lenta e suavemente. O movimento é realizado três vezes com cada mão, de baixo para cima (Figura 5.6).

Figura 5.6 – Rosqueando

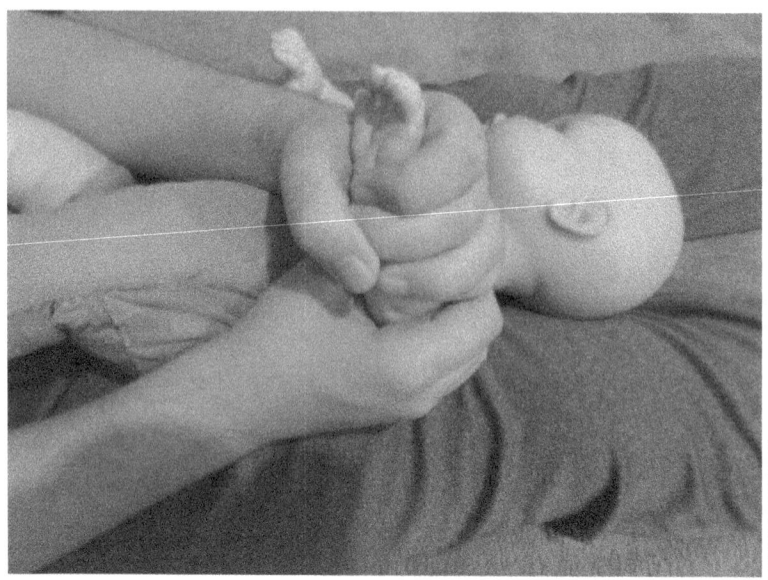

Exercício 3

Acariciam-se com os polegares, de dentro para fora, as mãos do bebê, o dorso das mãos, os dedos, as palmas, de dentro para fora. Aplica-se esse exercício sobre uma mão de cada vez (Figuras 5.7 e 5.8).

Figura 5.7 – Acariciando as mãos

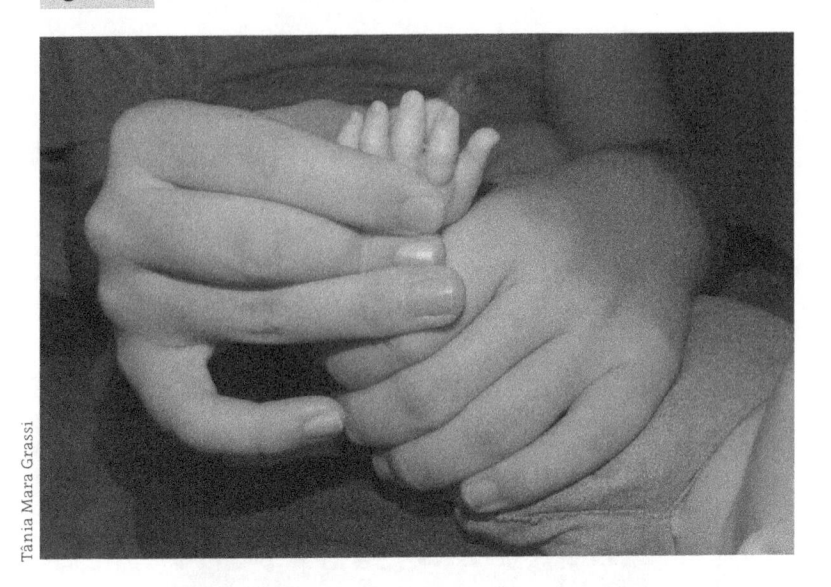

Figura 5.8 – Tocando os dedinhos

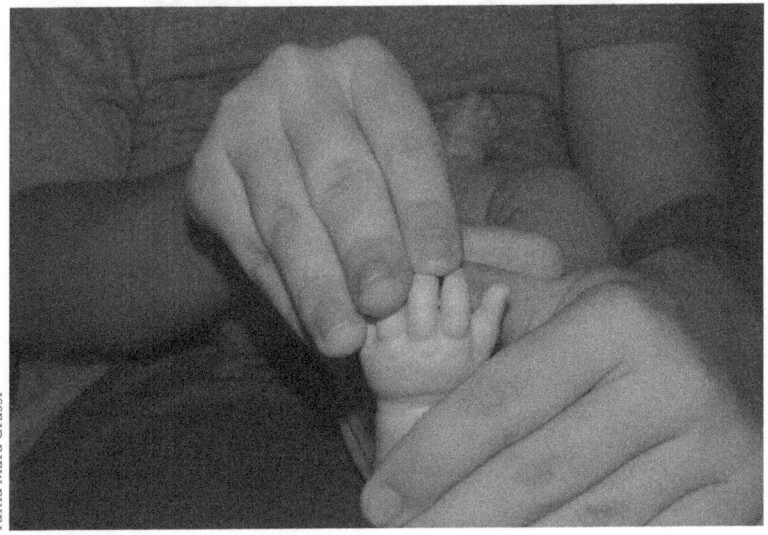

Exercício 4

Segura-se a mão do bebê por trás e esfrega-se a palma. Uma das mãos do profissional serve de apoio, e a outra faz o movimento esfregando sua palma na palma da mão do bebê. Começa-se o movimento com os dedos no pulso da criança, acabando com os dedos dela no pulso do estimulador. Repete-se o movimento três vezes (Figuras 5.9 e 5.10).

Figura 5.9 – Deslizando as mãos

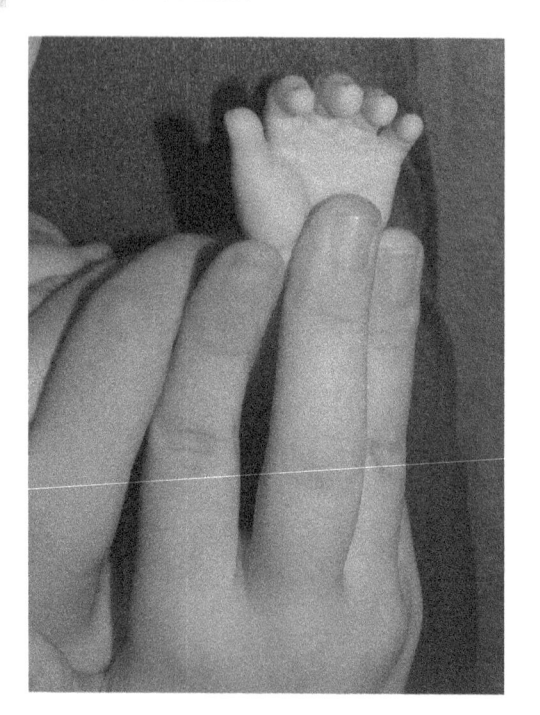

Tânia Mara Grassi

Figura 5.10 – Do pulso aos dedos

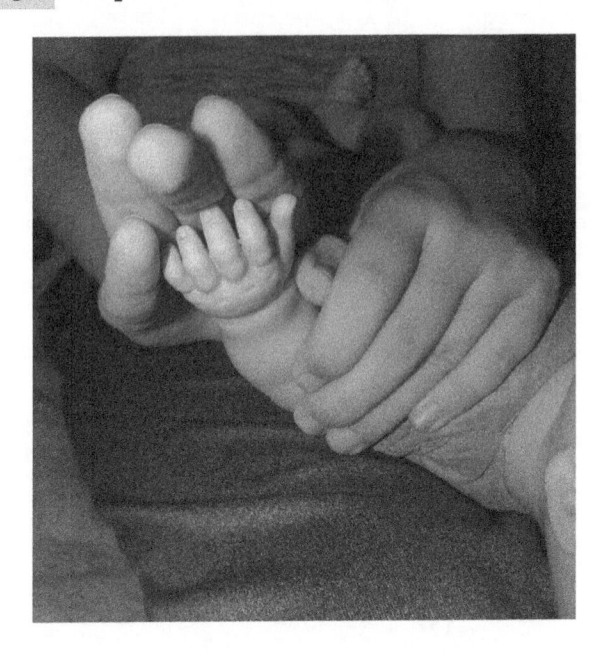

Exercício 5

Aperta-se, delicadamente, a ponta dos dedos do bebê. Belisca-se, suavemente, puxando a ponta de cada um dos dedos, um de cada vez (Figuras 5.11 e 5.12).

Figura 5.11 – Massageando os dedinhos

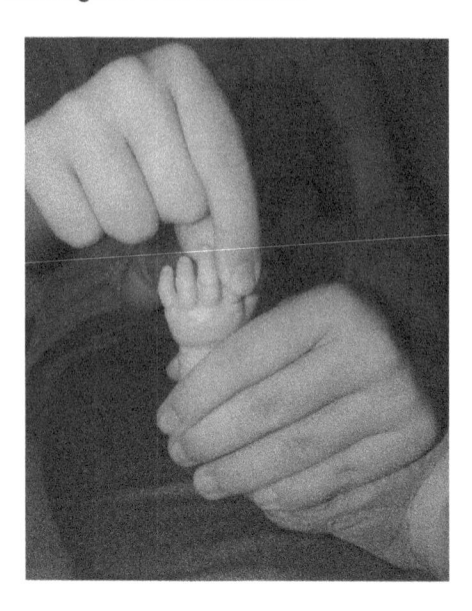

Figura 5.12 – Beliscando as pontas dos dedos

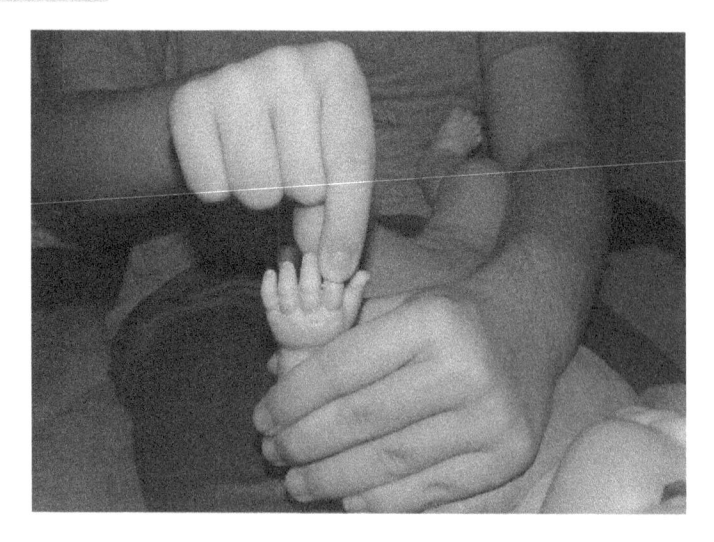

3. **Abdômen**

Exercício 1

Aquecem-se as mãos, friccionando-as com o óleo. Estas são posicionadas em forma de concha e movimentadas de modo contínuo, descendo pelo abdômen do bebê, como ondas no mar chegando à praia. É importante não pressionar as costelas e o diafragma do bebê. Fazem-se os movimentos várias vezes, com suavidade, observando-se as reações da criança. Conclui-se o exercício, estendendo o movimento sobre as pernas do bebê (Figuras 5.13 e 5.14).

Figura 5.13 – Mãos em concha

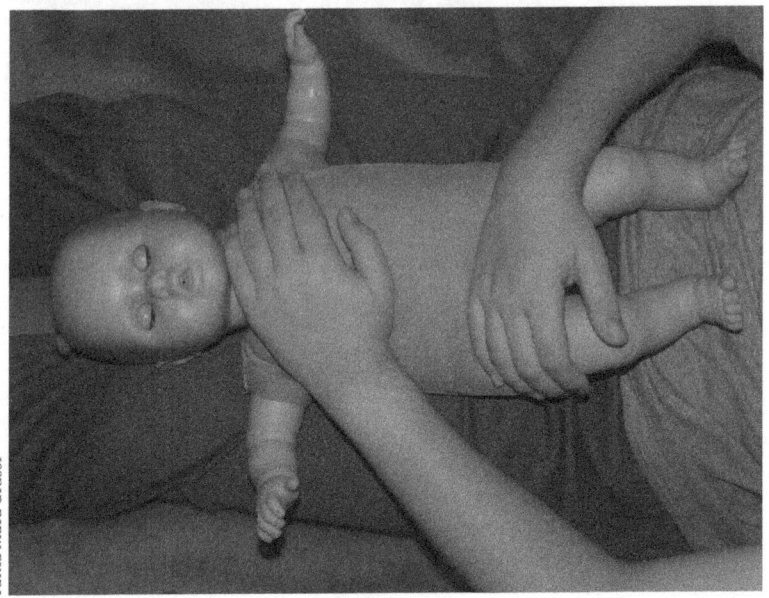

Figura 5.14 – Movimento das ondas

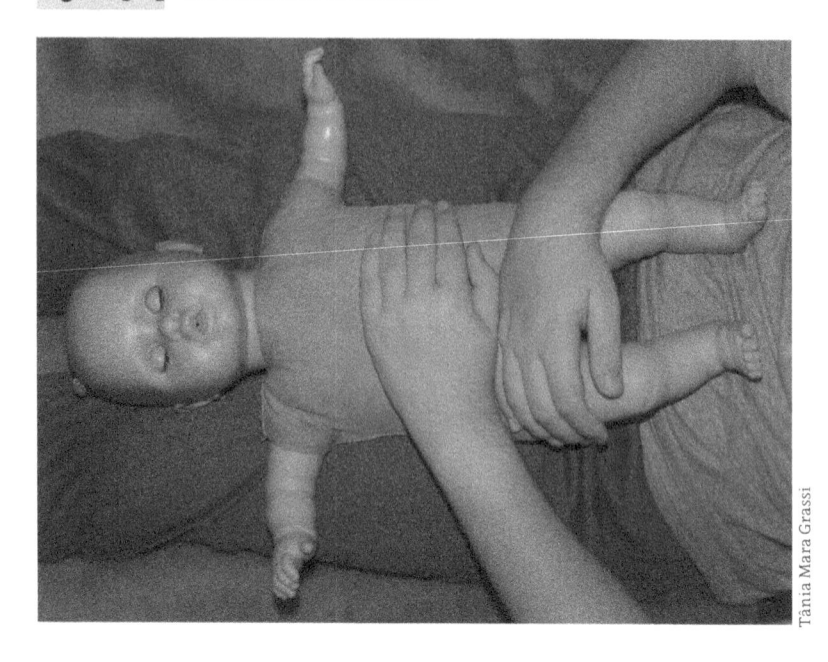

Exercício 2

Coloca-se o óleo no antebraço direito do estimulador, em seguida segura-se as pernas do bebê com a mão esquerda. Desliza-se o antebraço ou o pulso, da barriga para as pernas, três vezes, utilizando apenas um braço (Figuras 5.15 e 5.16).

Figura 5.15 – Deslizando o antebraço

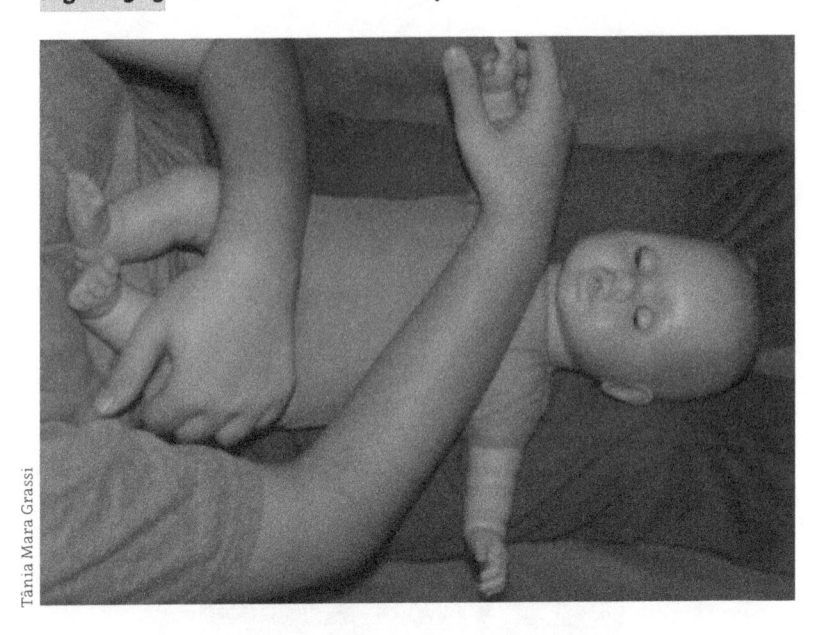

Figura 5.16 – De cima para baixo

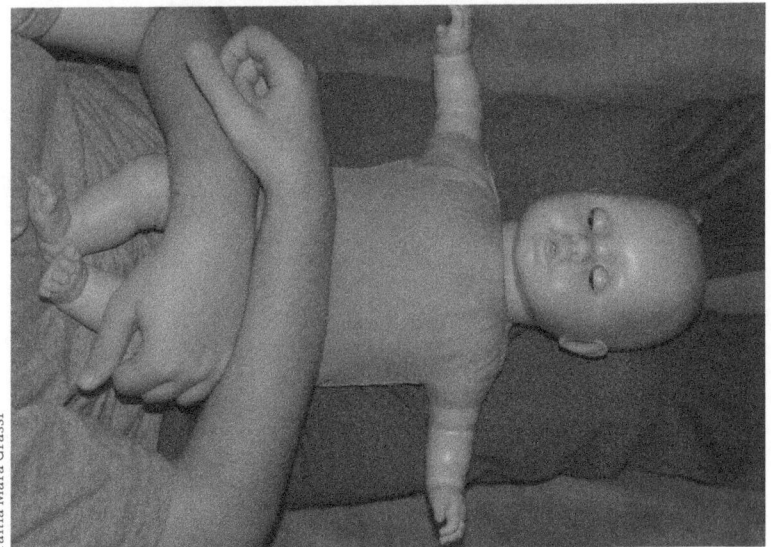

4. **Pernas e pés**

Exercício 1

Segura-se o tornozelo do bebê com uma das mãos. Com a outra, envolve-se sua perna desde a coxa ou o quadril. Realiza-se o movimento de subida até chegar ao tornozelo, de dentro para fora, de baixo para cima. Trocam-se as mãos, aquela que segurava o tornozelo passa a fazer o movimento de subida, da mesma maneira que a outra. Repete-se o movimento três vezes com cada uma das mãos, em uma perna de cada vez (Figuras 5.17 e 5.18).

Figura 5.17 – Envolvendo a perninha

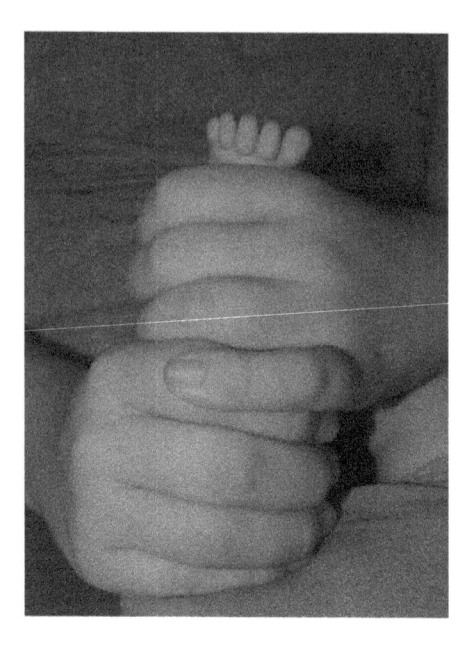

Figura 5.18 – Deslizando as mãos pela perninha

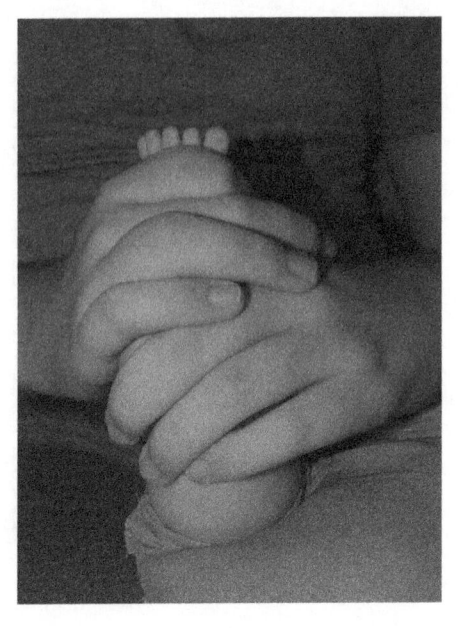

Exercício 2

Envolvem-se as pernas do bebê, uma de cada vez, com as duas mãos colocadas nas coxas, a partir do quadril ou da virilha. Com a mão que fica na lateral externa da perna, por baixo, e com a mão que fica entre as pernas, por cima, sobe-se em movimentos giratórios, nos sentidos horário e anti-horário (rosquear e desroscar), até chegar ao tornozelo. O movimento repete-se três vezes em cada perna.

A mão direita fica abaixo da esquerda quando massageia a perna esquerda e a mão esquerda fica abaixo da direita quando massageia a perna direita do bebê (Figuras 5.19 e 5.20).

Figura 5.19 – Rosqueando a perna

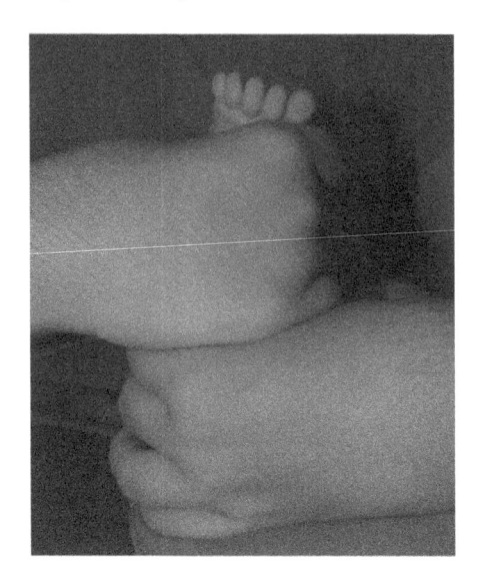

Figura 5.20 – Rosquear e desroscar

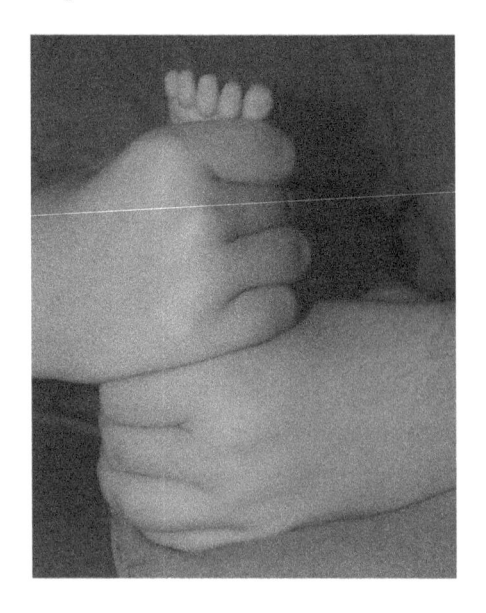

Exercício 3

Acariciam-se os pés do bebê: peito, planta, dedos.
Os movimentos devem ser leves e devem ser repetidos pelo menos três vezes (Figuras 5.21 e 5.22).

Figura 5.21 – Acariciando os pés

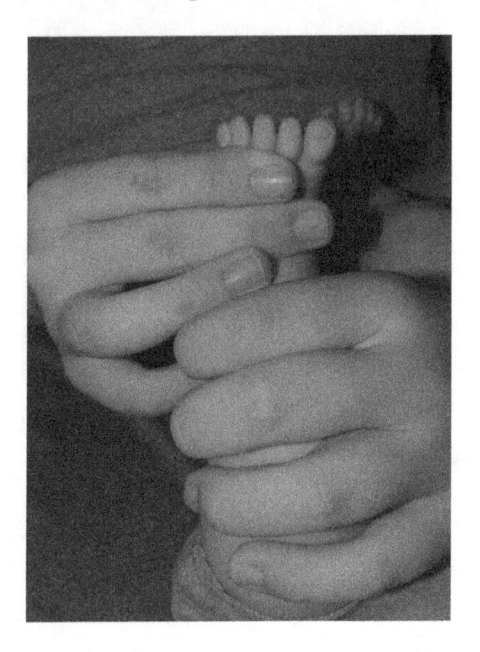

Figura 5.22 – Tocando os dedinhos dos pé

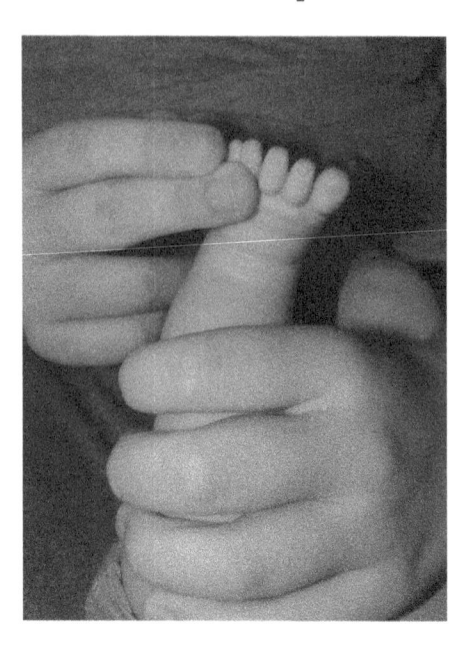

Tânia Mara Grassi

Exercício 4

Segura-se o pé do bebê com uma das mãos. Com a outra, esfrega-se a palma da mão na planta do pé. O movimento inicia-se com os dedos no calcanhar e termina com os dedos do pé no pulso do estimulador. Repete-se três vezes em cada um dos pés (Figura 5.23).

Figura 5.23 – Estimulando a planta do pé

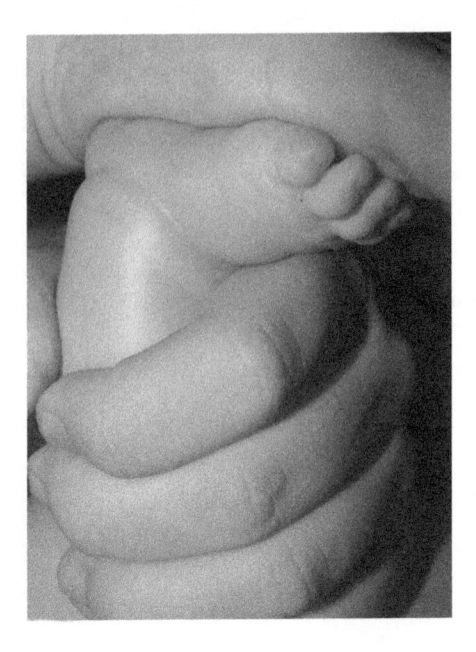

Exercício 5

Com o polegar e o indicador, belisca-se suavemente a ponta dos dedos do pé do bebê, puxando levemente cada um dos dedos. Repete-se três vezes em cada um dos pés (Figura 5.24).

Figura 5.24 – Puxando os dedinhos do pé

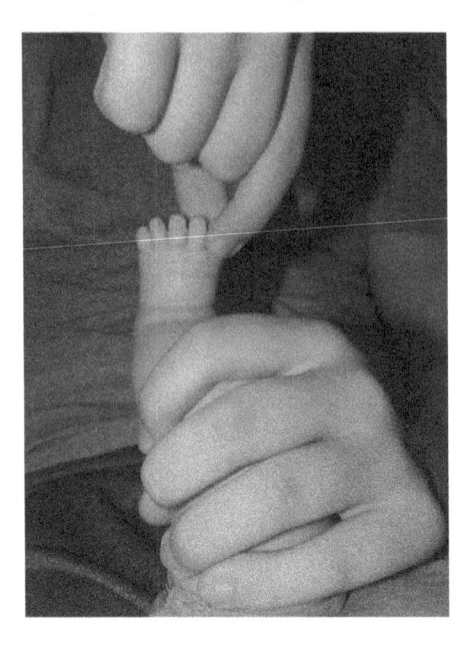

Tânia Mara Grassi

5. **Costas**

Exercício 1

Segura-se o bebê, aproximando-o do peito e abraçando-o. Em seguida, deita-se o bebê de costas no colo, transversalmente às pernas, com a cabeça para baixo e para o lado esquerdo do estimulador. Tem-se como objetivo estimular a musculatura intercostal e alongar o abdômen.

Realizam-se, então, com as mãos espalmadas, movimentos de vai e vem, uma para frente e outra para trás, ao mesmo tempo, no sentido do pescoço para as nádegas. Repete-se por três vezes (Figuras 5.25 e 5.26).

Figura 5.25 – Estimulando as costas

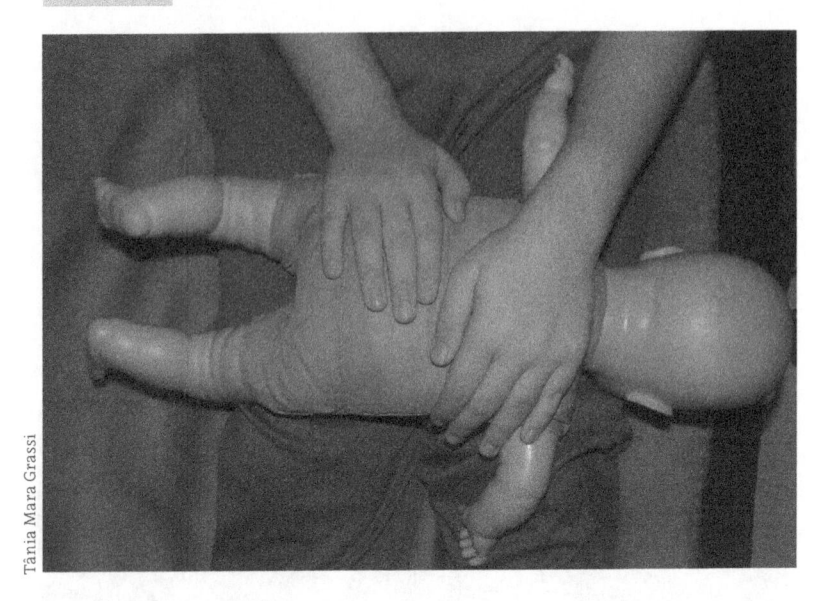

Figura 5.26 – Vai e vem

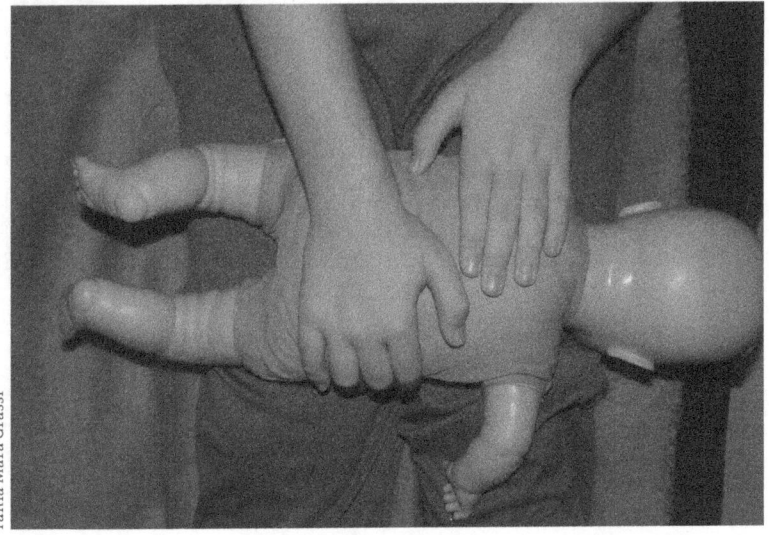

Exercício 2

O estimulador apoia as nádegas do bebê com a mão direita. Com a mão esquerda aberta, desce pelas costas, massageando pescoço, ombros, costas até encontrar em sua mão direita, deixando as nádegas entre as mãos.
O movimento é repetido três vezes (Figuras 5.27, 5.28 e 5.29).

Figura 5.27 – Descendo do pescoço

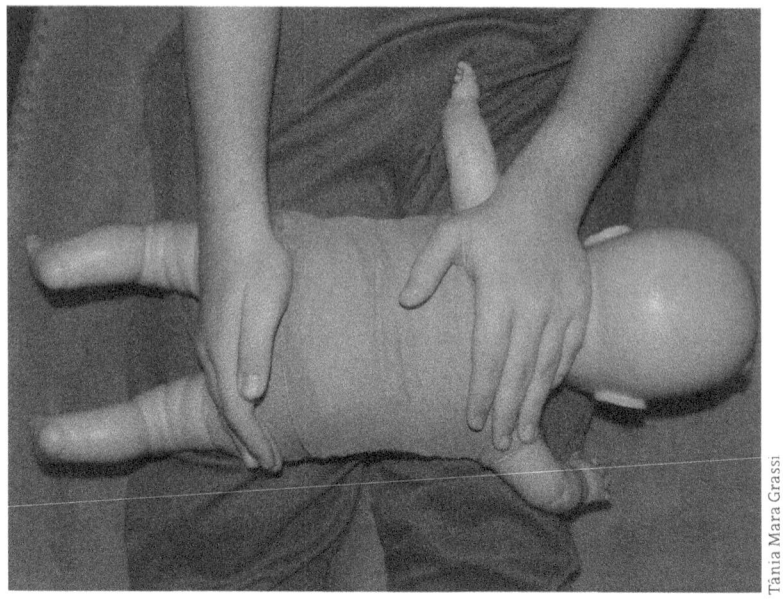

Figura 5.28 – Chegando às nádegas

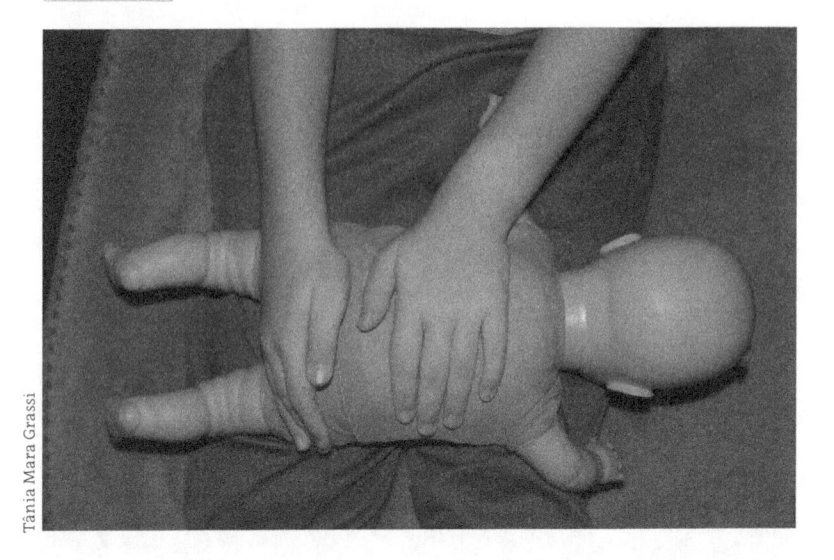

Figura 5.29 – Entre as mãos

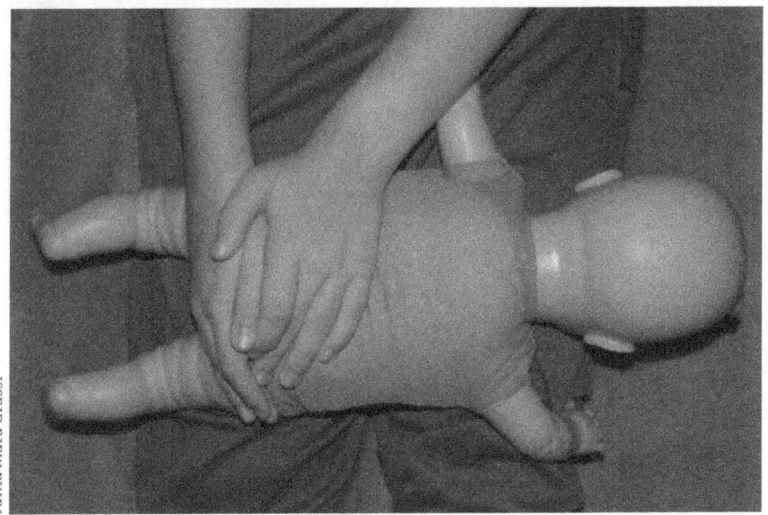

Exercício 3

Seguram-se os pés do bebê firmemente, com a mão direita. A mão esquerda desce, massageando as costas, do pescoço até o calcanhar, por três vezes (Figuras 5.30, 5.31 e 5.32).

Figura 5.30 – Segurando os pés

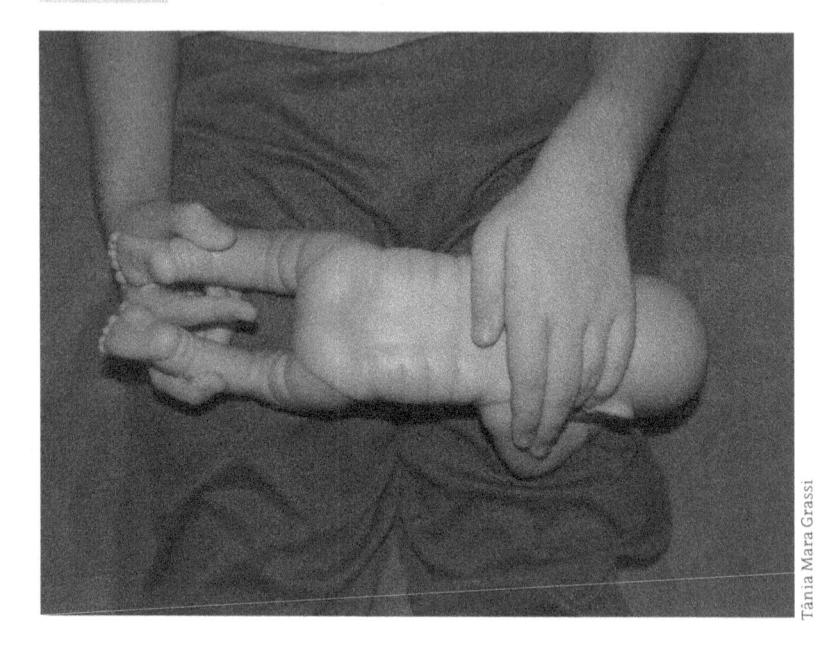

Figura 5.31 – Descendo pelas costas

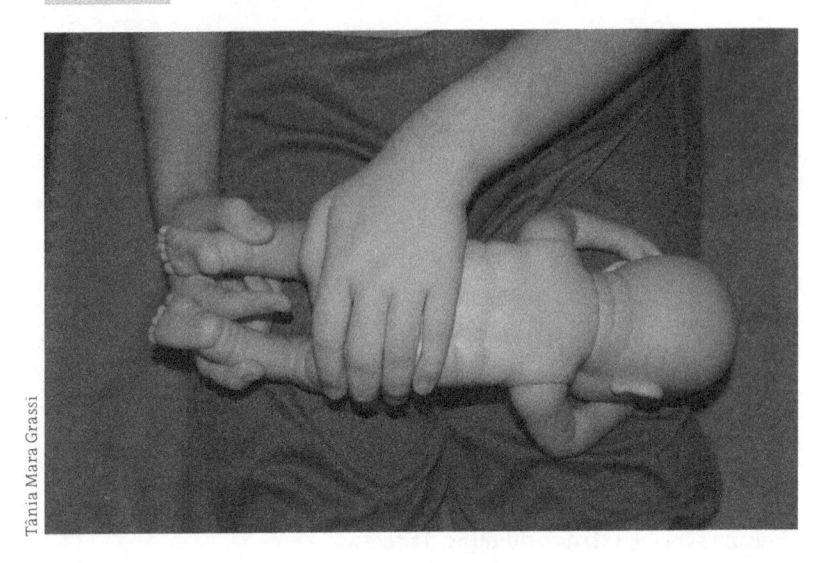

Figura 5.32 – Chegando aos calcanhares

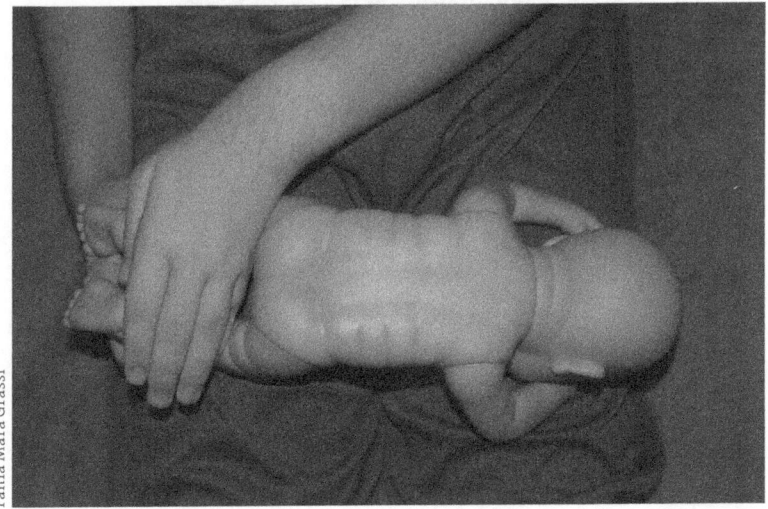

6. **Rosto**

Exercício 1

Coloca-se o bebê de frente, retornando à posição inicial da massagem. Com a polpa dos polegares, parte-se do meio da testa em direção às têmporas, passando sobre os supercílios. Retira-se o excesso de óleo das mãos antes de iniciar esse movimento.

Quando há resistência por parte do bebê é importante não insistir, realizando o movimento em outra sessão até que ele aceite e demonstre sentir-se bem (Figuras 5.33 e 5.34).

Figura 5.33 – Partindo do meio da testa

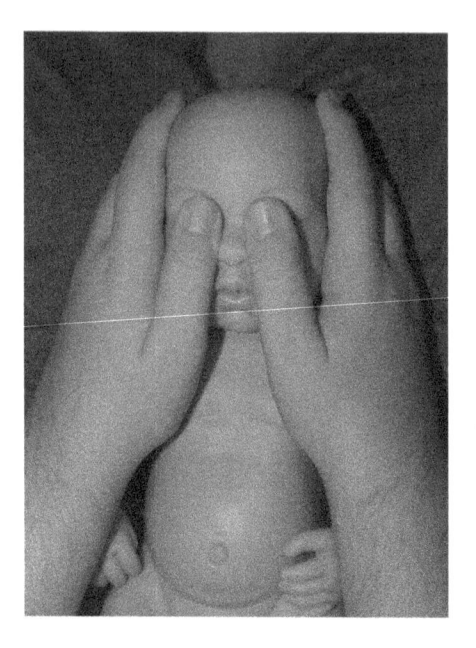

Figura 5.34 – Chegando às têmporas

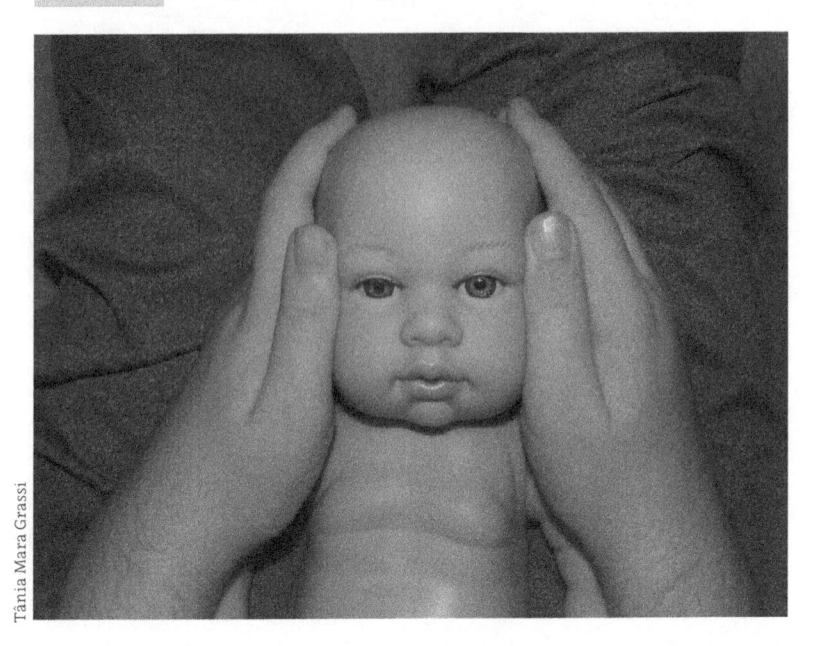

Tânia Mara Grassi

Exercício 2

Inicia-se o movimento pela frente, com as polpas dos polegares, descendo pelo rosto, passando pelas laterais do nariz e das narinas, até o queixo, com movimentos leves. Repete-se o exercício três vezes (Figuras 5.35, 5.36 e 5.37).

Figura 5.35 – Partindo da fronte

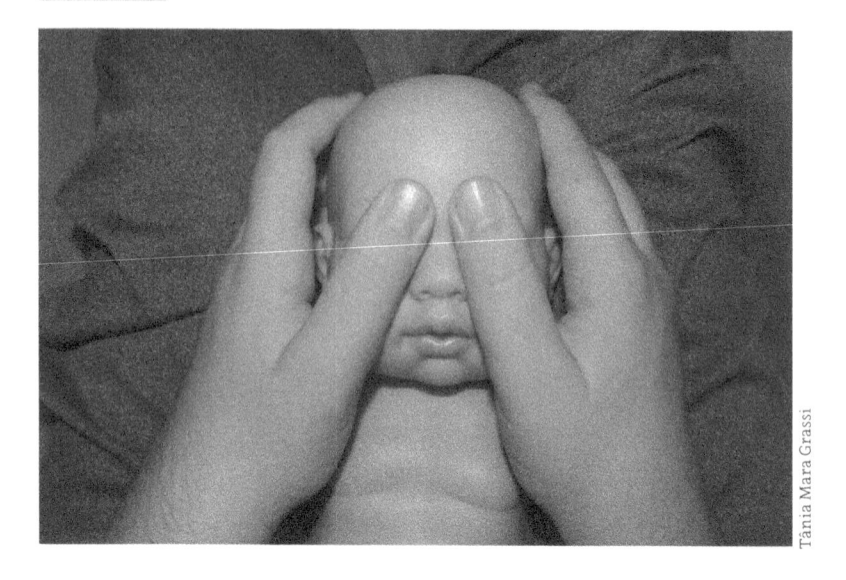

Figura 5.36 – Descendo pelas laterais do nariz

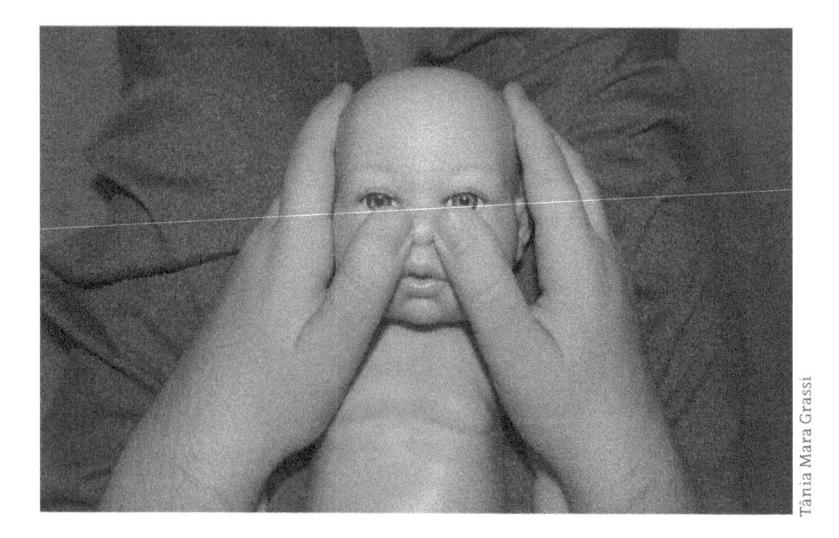

Figura 5.37 – Chegando ao queixo

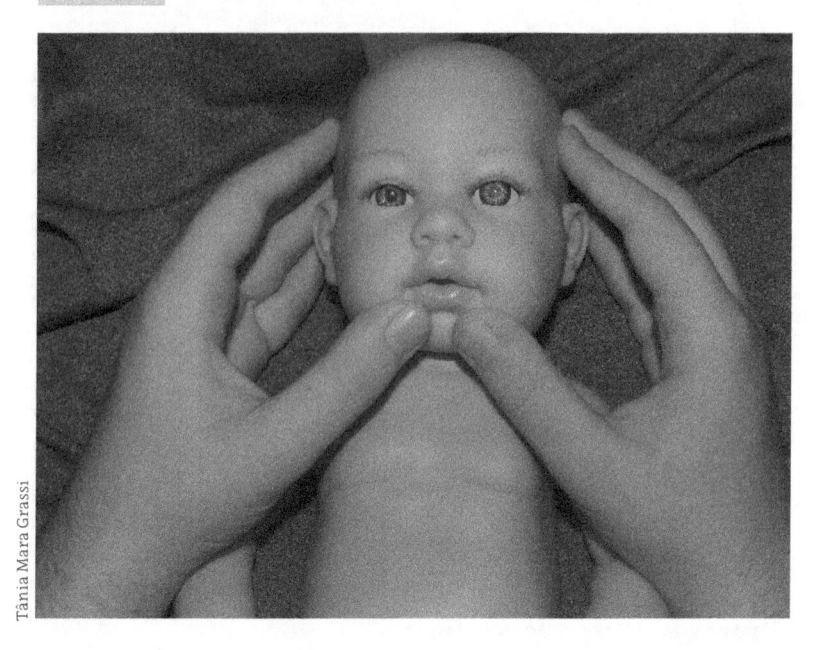

Exercício 3

Realiza-se o exercício três vezes, com a polpa dos polegares, partindo das têmporas, passando por sobre os supercílios, pela fronte, descendo pelas laterais do nariz, encerrando no queixo (Figuras 5.38, 5.39, 5.40 e 5.41).

Figura 5.38 – Partindo das têmporas

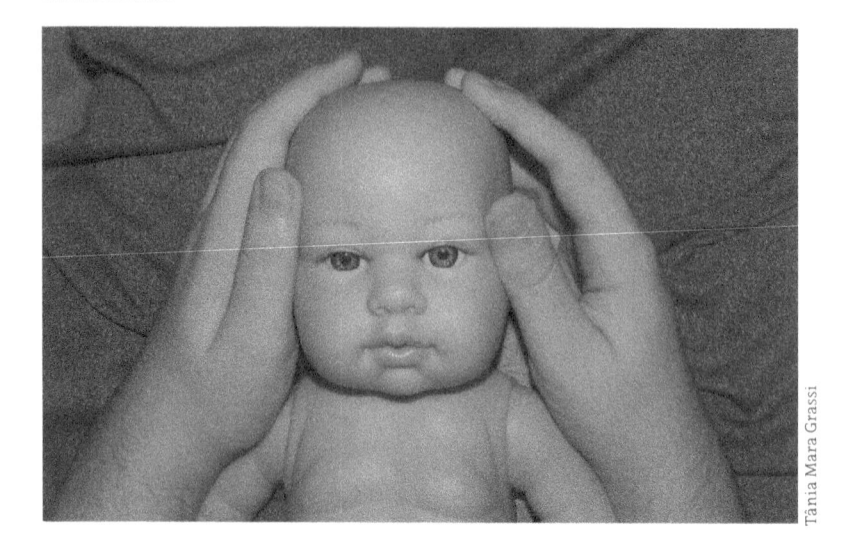

Figura 5.39 – Passando pela fronte

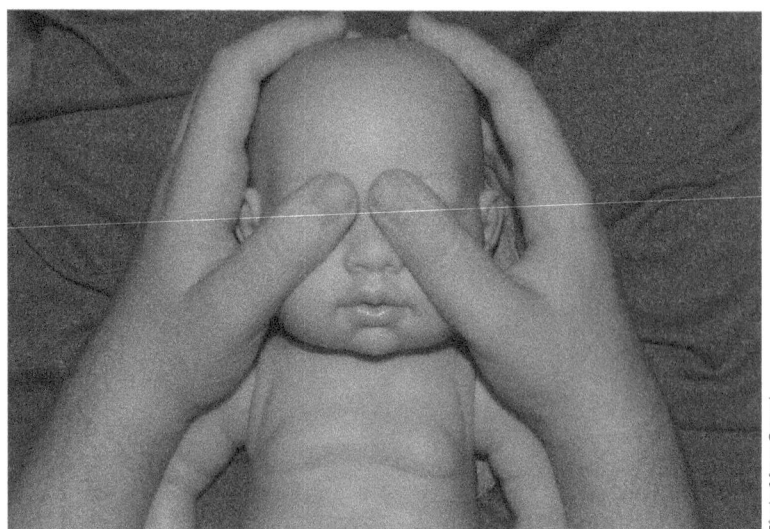

Figura 5.40 – Descendo pelo rosto

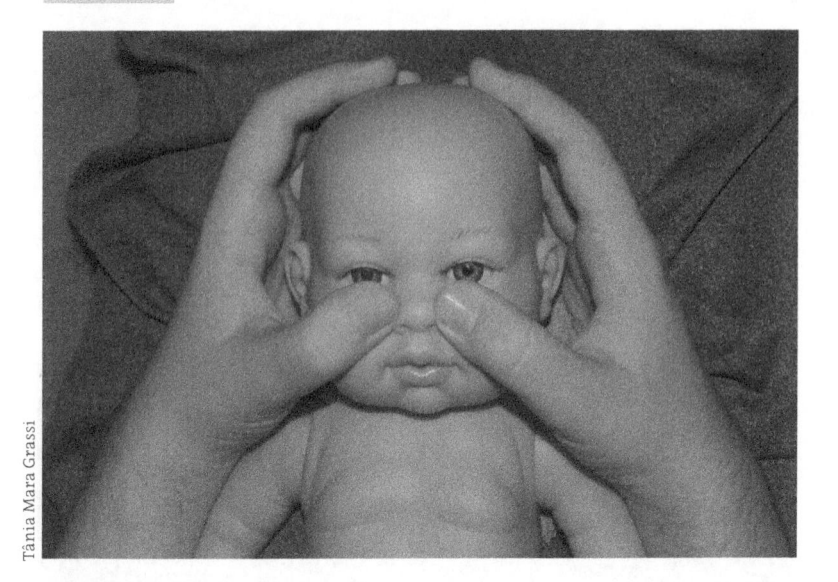

Figura 5.41 – Encerrando no queixo

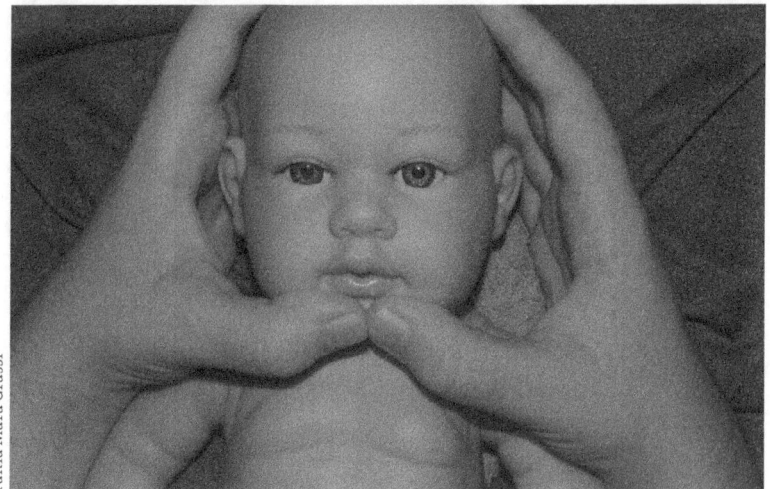

Exercício 4

Esse movimento tem início na testa e é realizado com a polpa dos polegares. Os dedos descem suavemente, fechando as pálpebras sobre os olhos, terminando nas bochechas, ao lado dos lábios. Repete-se o movimento por três vezes (Figuras 5.42, 5.43 e 5.44).

Figura 5.42 – Polegares na testa

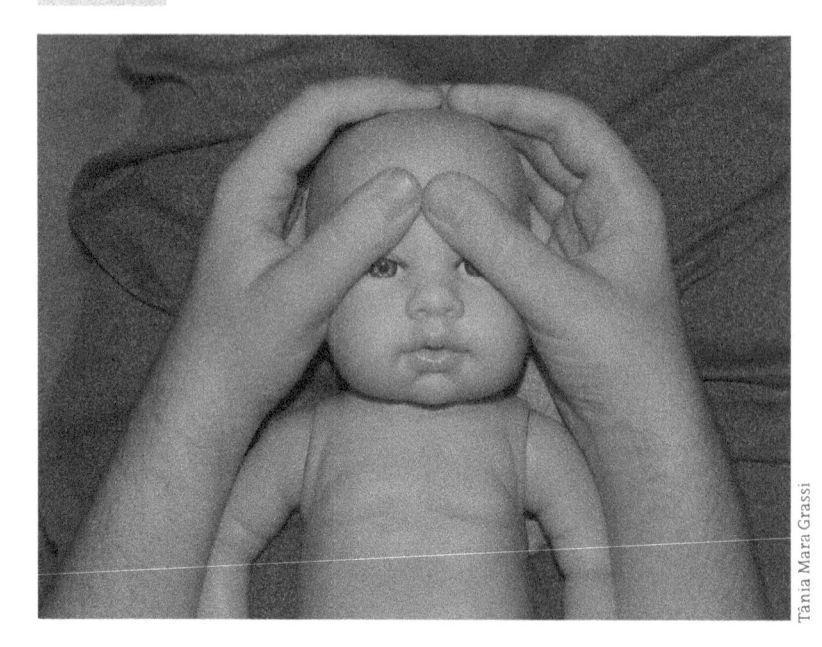

Figura 5.43 – Fechando as pálpebras

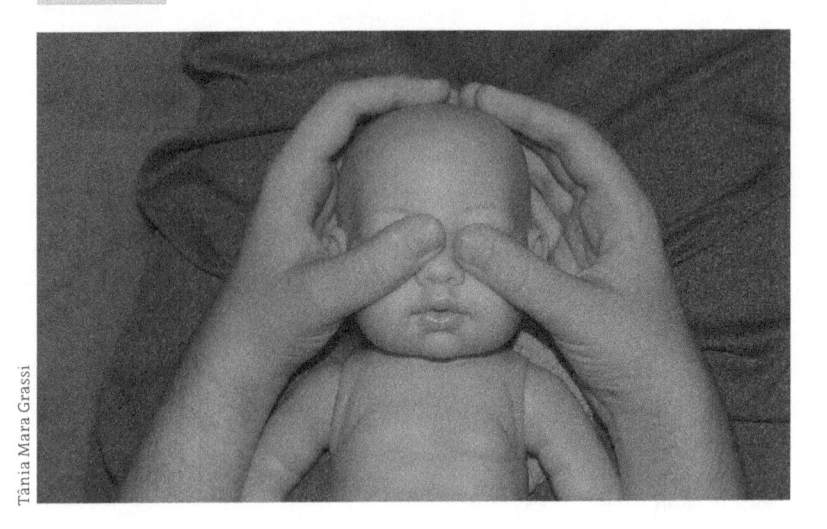

Figura 5.44 – Chegando às bochechas

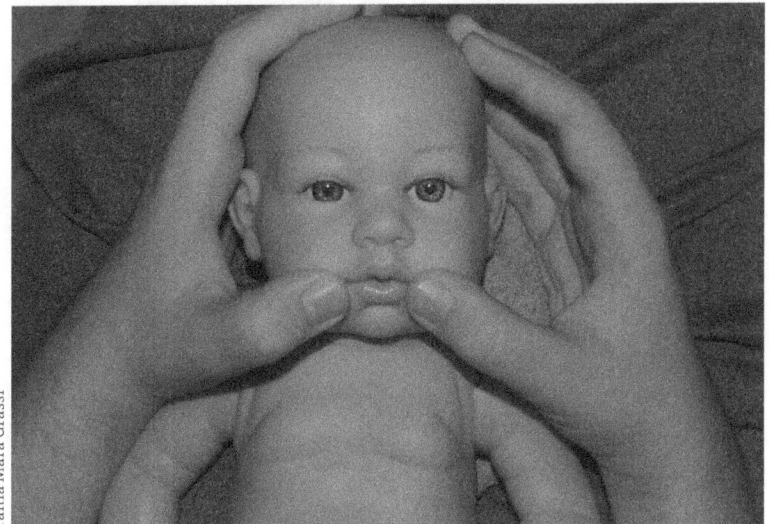

7. **Finalização**

Exercício 1

Com o bebê deitado em decúbito dorsal (barriga para cima) sobre as pernas do estimulador, de frente para ele, realiza-se o movimento que consiste em abrir e fechar os braços, lateralmente, cruzando-os na altura do peito; uma vez o braço esquerdo por baixo e, depois, por cima do direito, repetindo-se três vezes o exercício. O movimento se completa cada vez que as duas posições são realizadas (Figuras 5.45 e 5.46).

Figura 5.45 – Abertura lateral

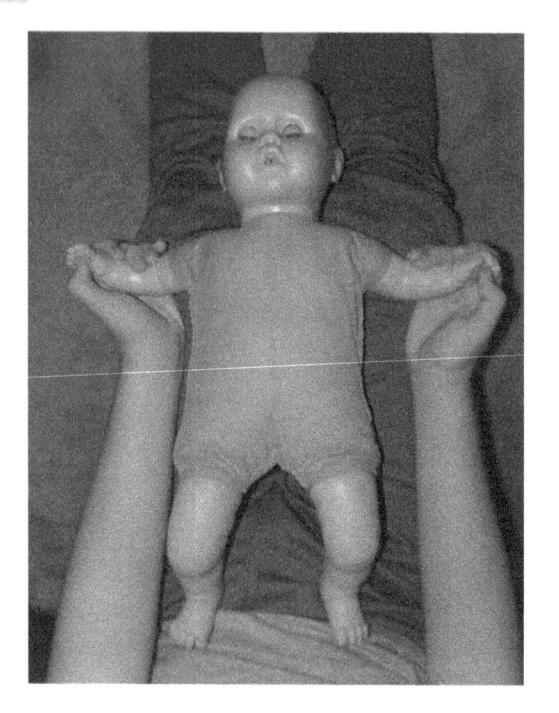

Figura 5.46 – Cruzamento no peito

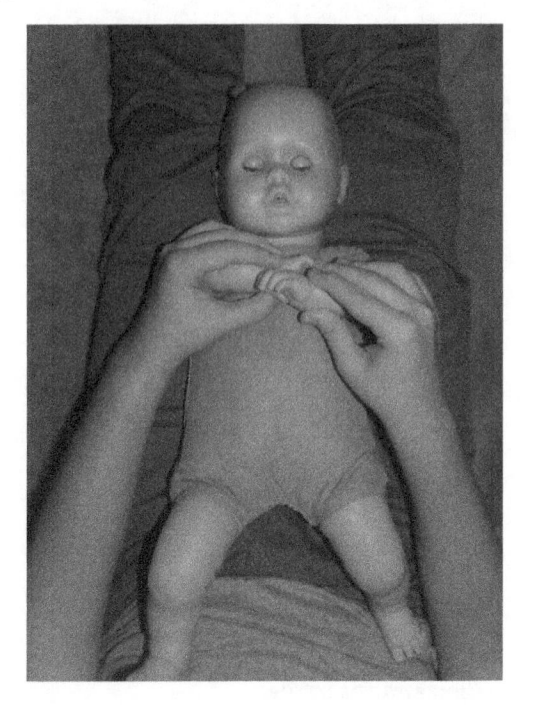

Exercício 2

Na mesma posição do exercício anterior, o estimulador movimenta as pernas do bebê esticando-as, flectindo-as e, depois, cruzando-as na altura do quadril, uma vez em cima, outra em baixo (Figuras 5.47 e 5.48).

Figura 5.47 – Esticando as pernas

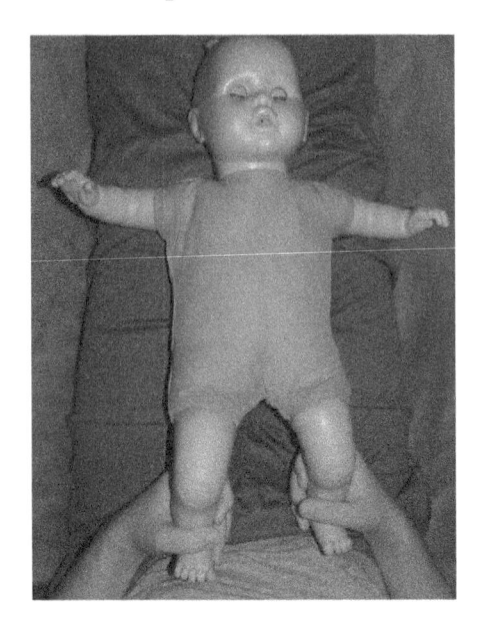

Figura 5.48 – Cruzando as pernas

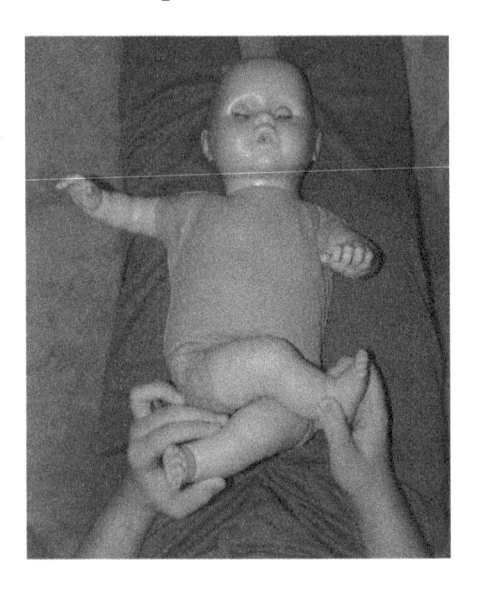

Exercício 3

Finaliza-se a massagem com o cruzamento da perna com o braço do lado oposto. A perna é movimentada em direção ao peito e o braço em direção ao umbigo, ao mesmo tempo. Realiza-se o movimento com um par de cada vez. A série completa-se com três repetições do movimento (Figura 5.49).

Figura 5.49 – Cruzando braço e perna

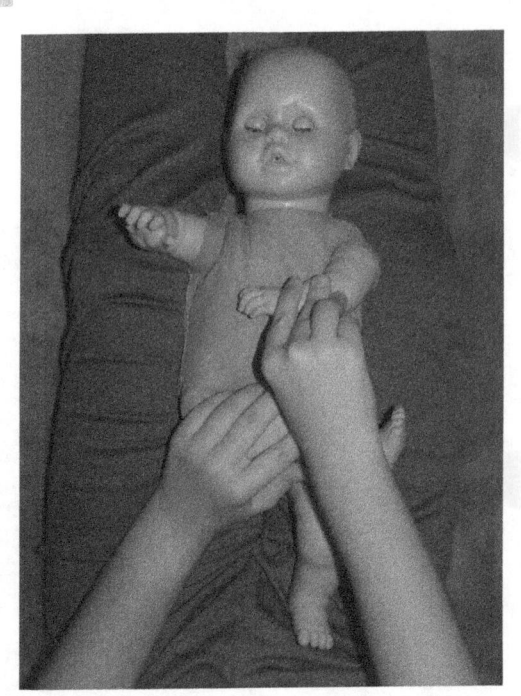

8. **Relaxamento final**

Banho:

O banho pode finalizar o relaxamento. Contudo, isso nem sempre é viável, visto que alguns bebês de risco utilizam sondas ou outros equipamentos que requerem cuidados especiais, e outros podem apresentar restrições médicas diversas. Não havendo contraindicações, segura-se o bebê em uma banheira com água morna, sustentando-o de modo que se sinta seguro, deixando-o relaxar em contato com a água, deve-se evitar que esta toque seu rosto (Figura 5.50).

Figura 5.50 – Relaxamento de frente

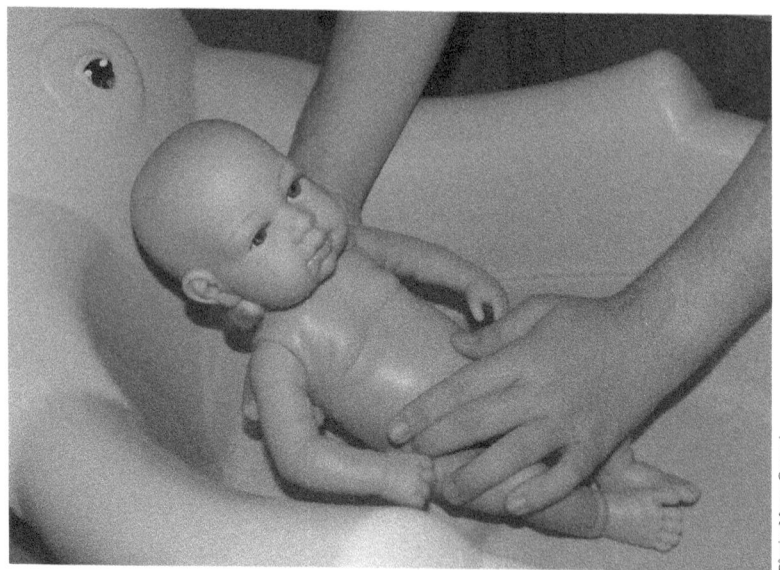

Em seguida, com cuidado vira-se o bebê de costas, deixando-o seguro e à vontade (Figura 5.51).

Figura 5.51 – Relaxamento de costas

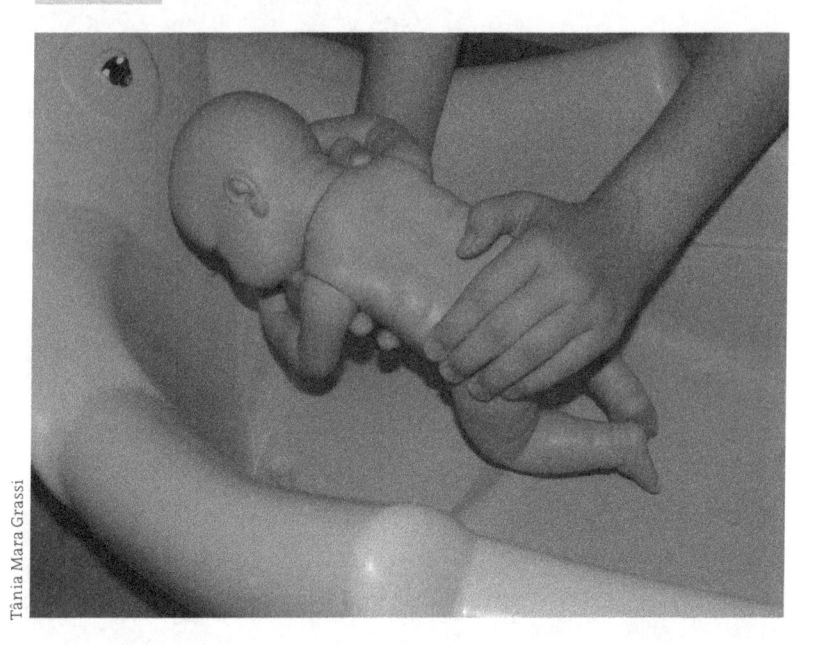

Tânia Mara Grassi

Encerra-se a massagem, molhando-se a ponta dos dedos em água corrente e encostando-as no cóccix, no final da coluna vertebral e no topo da cabeça do bebê (Figuras 5.52 e 5.53).

Figura 5.52 – Finalizando

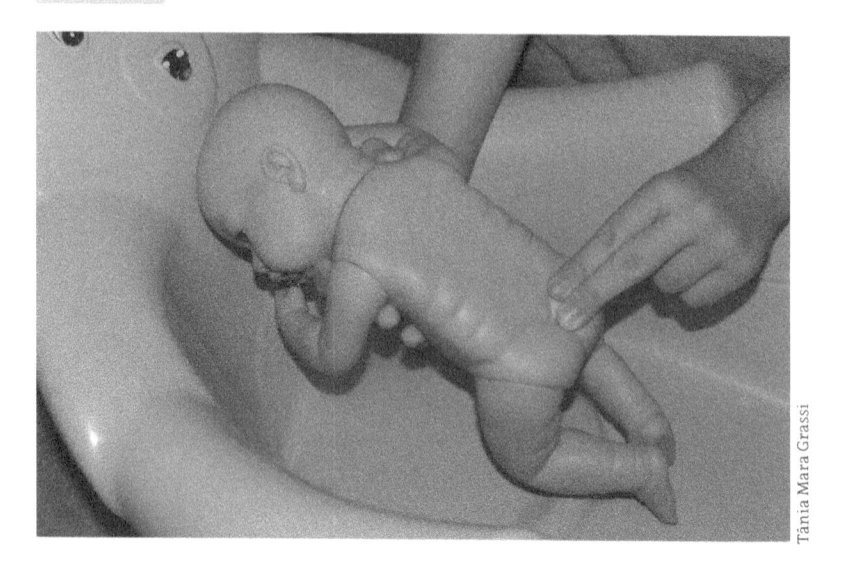

Figura 5.53 – Toque final

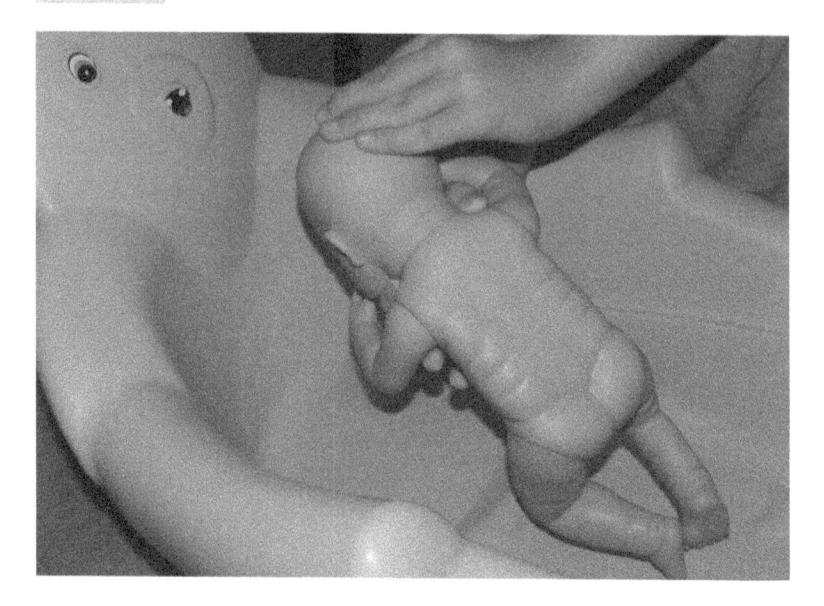

Ao fim, o estimulador enxuga o bebê e o veste (Figura 5.54).

Figura 5.54 – Vestindo o bebê

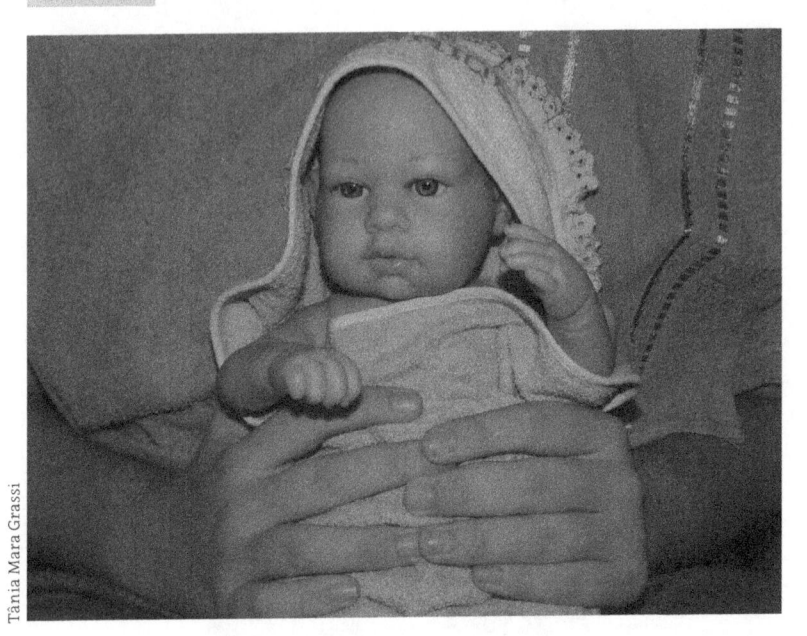

5.4. Desenvolvimento e aplicação da técnica II da massagem

Os exercícios apresentados a seguir, compõem a técnica organizada por McClure (1997), baseada nos movimentos da Shantala (na versão descrita por Leboyer), em suas experiências em um orfanato na Índia e, depois, na utilização com os seus próprios filhos.

1. **Pernas e pés**

   Nessa técnica, os movimentos começam pelas pernas e pelos pés, considerados partes menos vulneráveis do corpo, conforme destaca McClure (1997). Todos os exercícios são realizados primeiro em uma perna, depois, na outra, sempre na mesma sequência. Objetiva-se auxiliar a circulação sanguínea, tonificar e relaxar os músculos dos membros inferiores.

   Exercício 1

   As mãos são posicionadas ao redor da coxa, próximo à virilha, na forma de pequenos braceletes. As mãos elevam-se, uma após a outra, pela perna, até alcançar o pé do bebê, apertando-o ligeiramente (Figura 5.55).

Figura 5.55 – Braceletes

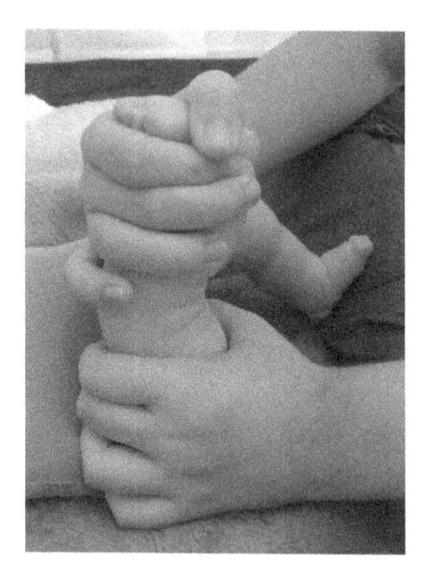

Tânia Mara Grassi

Exercício 2

As mãos realizam o mesmo movimento simultaneamente, em sentido inverso. Elas são colocadas uma ao lado da outra, circundando a coxa do bebê, elevando-se até o pé, em um movimento de rosca ou torção. A mão externa move-se por fora da coxa e a mão interna por dentro, segurando delicadamente o tornozelo (Figura 5.56).

Figura 5.56 – Rosquear

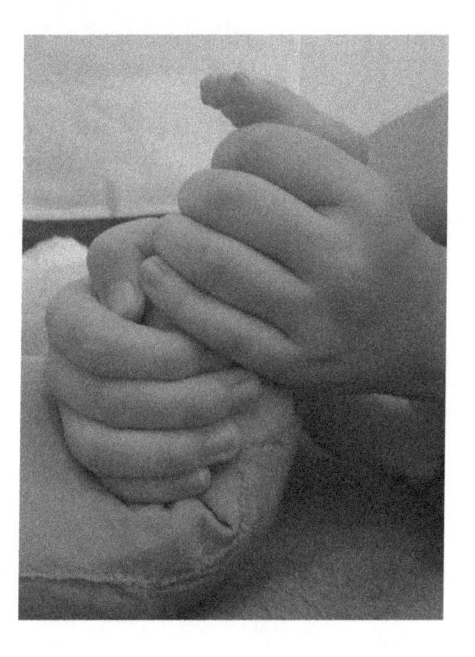

Exercício 3

Em seguida empurra-se a planta do pé do bebê, com os polegares, um após o outro, do calcanhar até os dedos (Figura 5.57).

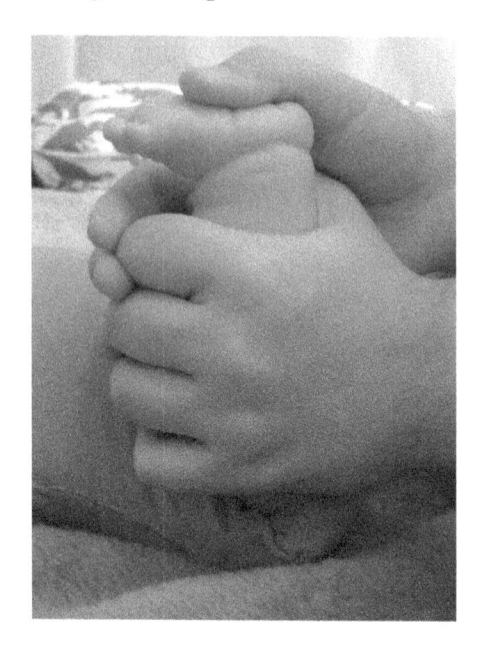

Figura 5.57 – Massageando os pés

Exercício 4

Apertam-se os dedos do pé, um de cada vez (Figura 5.58).

Figura 5.58 – Dedinhos

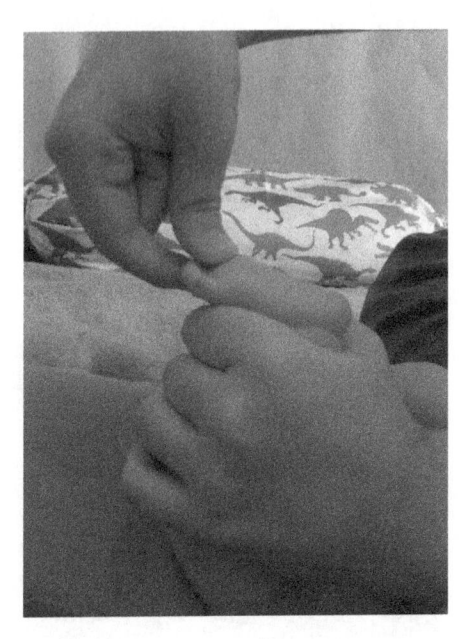

Exercício 5

Puxa-se, com delicadeza, o calcanhar do bebê para trás (Figura 5.59).

Figura 5.59 – Calcanhares

Exercício 6

Pressiona-se, com os polegares, toda a extensão da planta dos pés do bebê (Figura 5.60).

Figura 5.60 – Planta dos pés

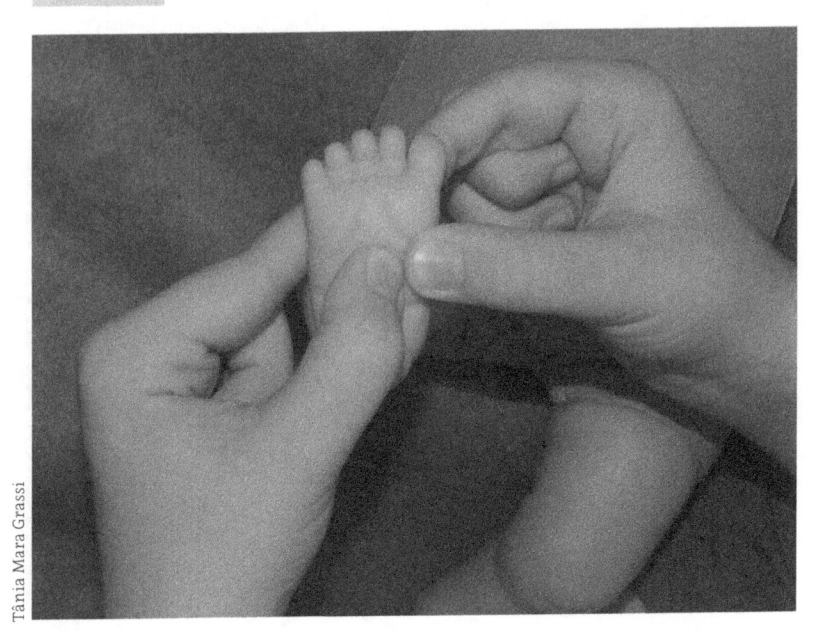

Exercício 7

Com os polegares, empurra-se o peito do pé do bebê em direção ao tornozelo (Figura 5.61).

Figura 5.61 – Peito do pé

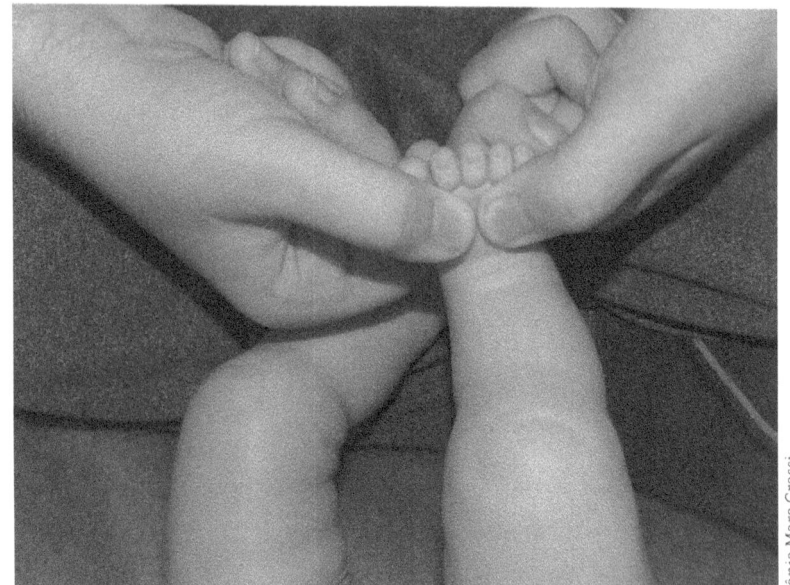

Tânia Mara Grassi

Exercício 8

Utilizando os polegares, fazem-se pequenos círculos ao redor do tornozelo do bebê (Figura 5.62).

Figura 5.62 – Tornozelo

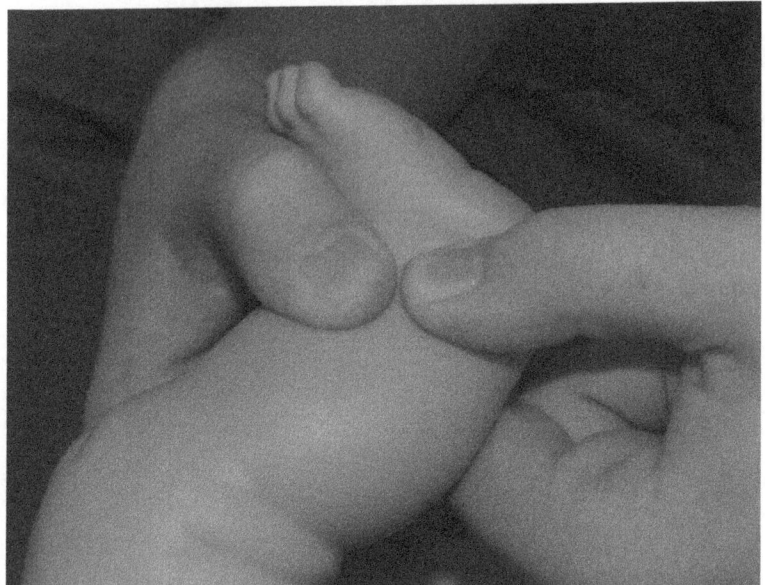

Exercício 9

As mãos realizam o mesmo movimento simultaneamente, em sentido inverso. Elas são colocadas uma ao lado da outra, circundando o tornozelo do bebê, descendo até o quadril, em um movimento de rosca ou torção. A mão externa move-se por fora do tornozelo, e a mão interna, por dentro, segurando delicadamente a coxa (Figura 5.63),

Figura 5.63 – Torção

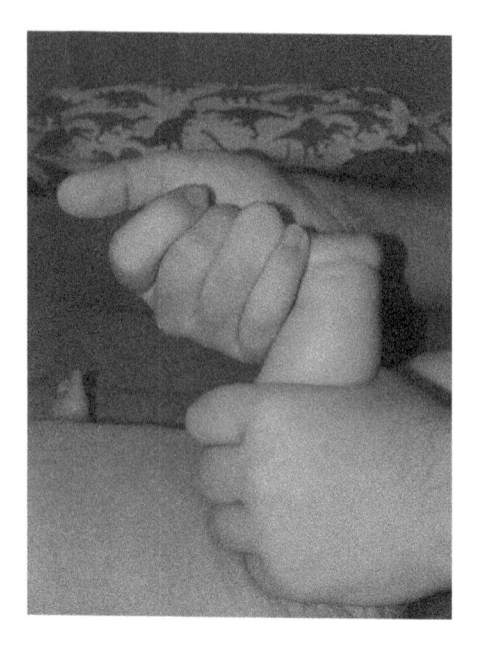

Exercício 10

Rola-se a perna do bebê, entre as mãos, do joelho até o tornozelo. O objetivo é integrar as pernas ao tronco e comunicar ao bebê a mudança de área (Figuras 5.64 e 5.65).

Figura 5.64 – Rolamento

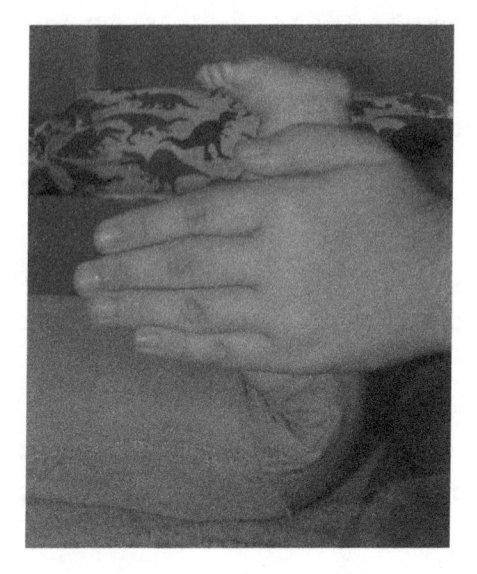

Figura 5.65 – Finalizando no tornozelo

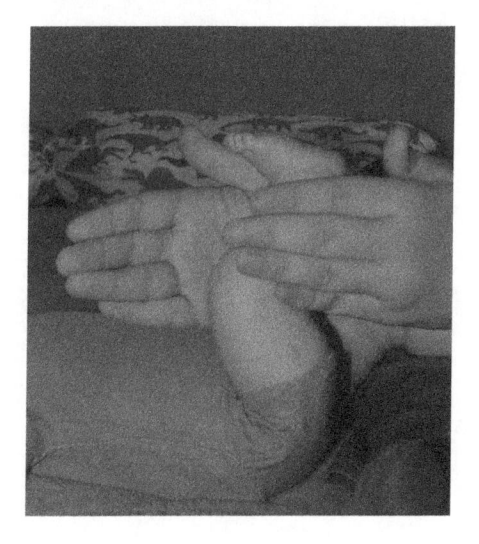

Repete-se a sequência de exercícios com a outra perna. Finaliza-se massageando as nádegas com ambas as mãos e balançando delicadamente as pernas até os pés.

2. **Estômago**

O objetivo da massagem nessa área é a tonificação do sistema intestinal, auxiliando no alívio dos gases e da constipação intestinal, diminuindo possíveis cólicas. A maior parte dos movimentos é concluída no lado inferior esquerdo do abdômen (direita do estimulador), no qual se localiza a porção eliminatória do trato intestinal. Eles são executados da caixa torácica para baixo, com gestos circulares em sentido horário.

Exercício 1

Realizam-se movimentos semelhantes aos das "pás" com uma mão seguindo a outra sobre o abdômen do bebê, como se ambas estivessem conduzindo algo na direção do estimulador (Figuras 5.66 e 5.67).

Figura 5.66 – Movimento de pás

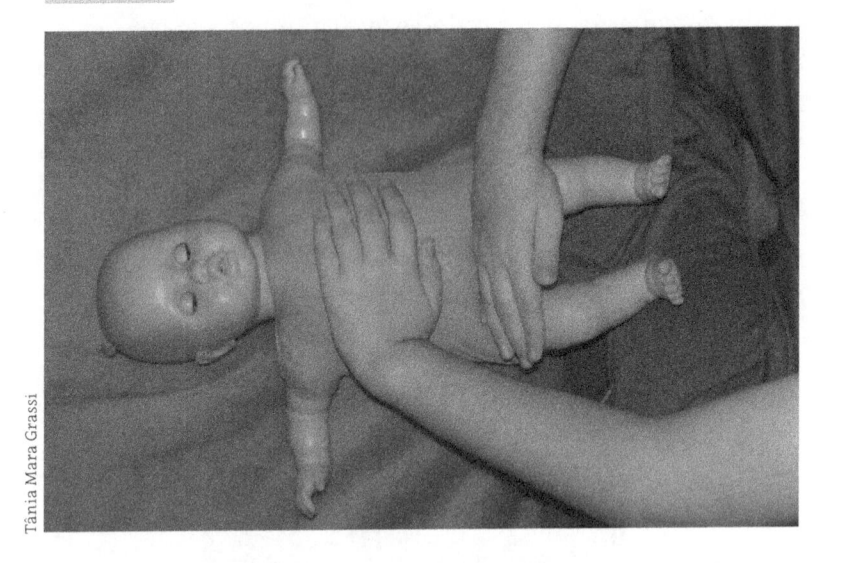

Figura 5.67 – Alternando os movimentos

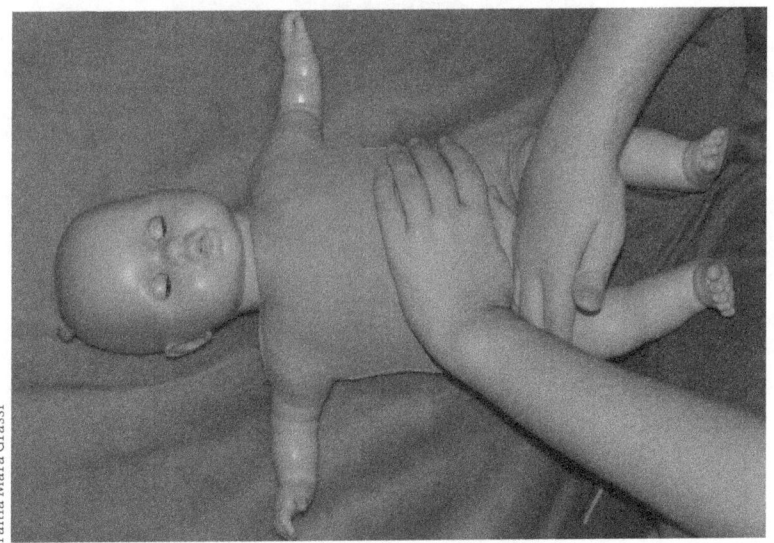

Em seguida, levantam-se as pernas do bebê com a mão esquerda, segurando-se os tornozelos. Repete-se o movimento das "pás de moinho", com a mão direita, o que relaxa a região abdominal, aprofundando a massagem (Figura 5.68).

Figura 5.68 – Moinho

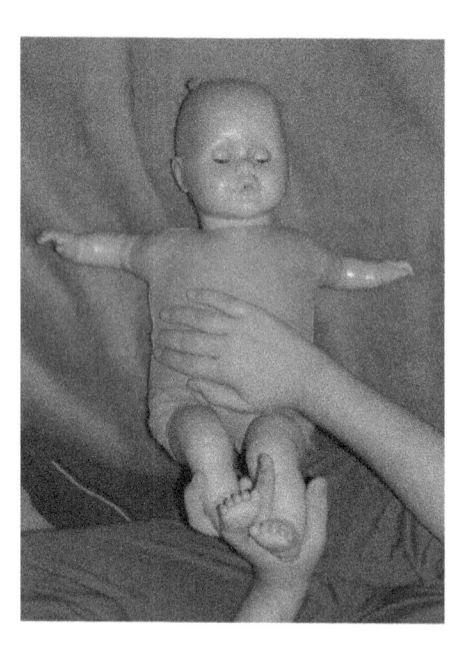

Tânia Mara Grassi

Exercício 2

Posicionam-se as polpas dos polegares ao redor do umbigo do bebê, puxando-os para os lados, sem cutucar (Figuras 5.69 e 5.70).

Figura 5.69 – Posição dos polegares

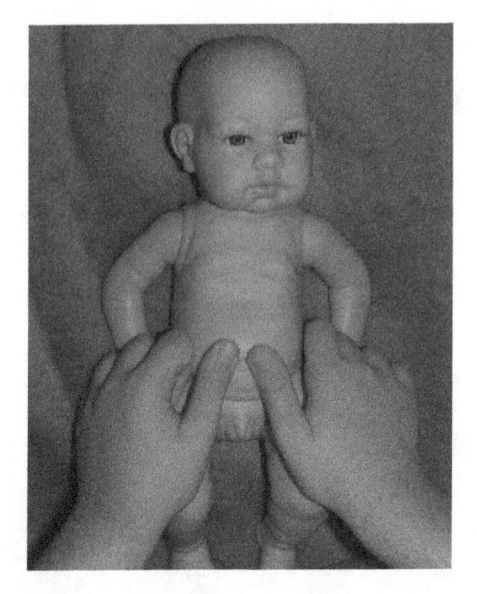

Figura 5.70 – Movimento dos polegares

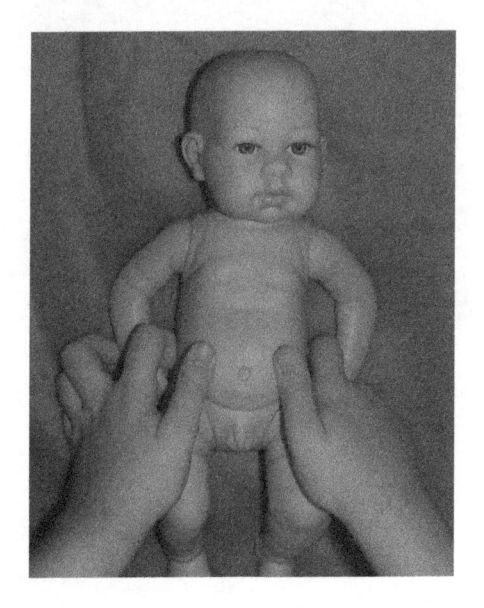

Exercício 3

No abdômen, ao redor do umbigo, com a mão direita, faz-se uma "meia-lua" posicionada ao contrário, da esquerda (do estimulador) para a direita. Com a mão esquerda faz-se um círculo completo movendo-se no sentido horário. Enquanto a mão direita está posicionada em cima, a mão esquerda está embaixo (Figuras 5.71, 5.72 e 5.73).

Figura 5.71 – Meia lua

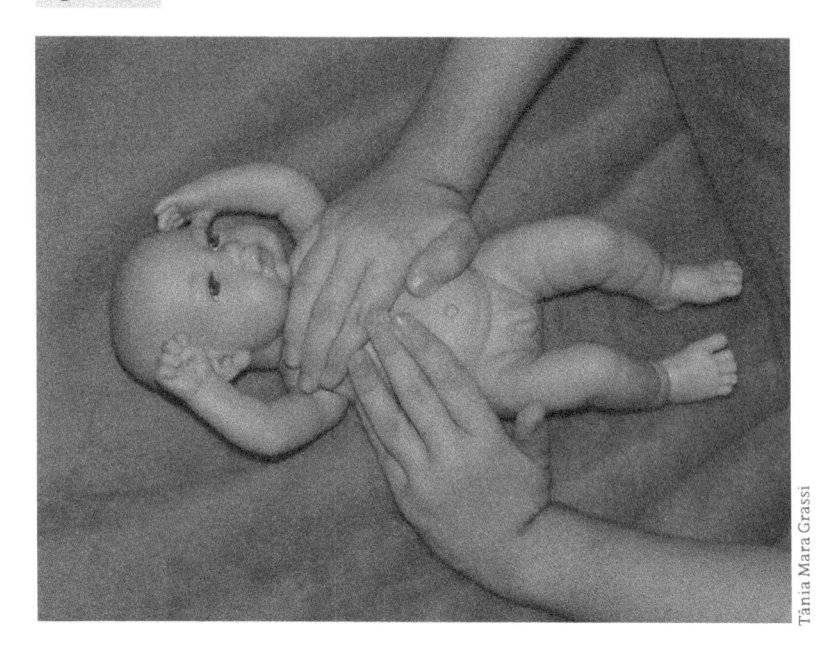

Figura 5.72 – Iniciando o círculo

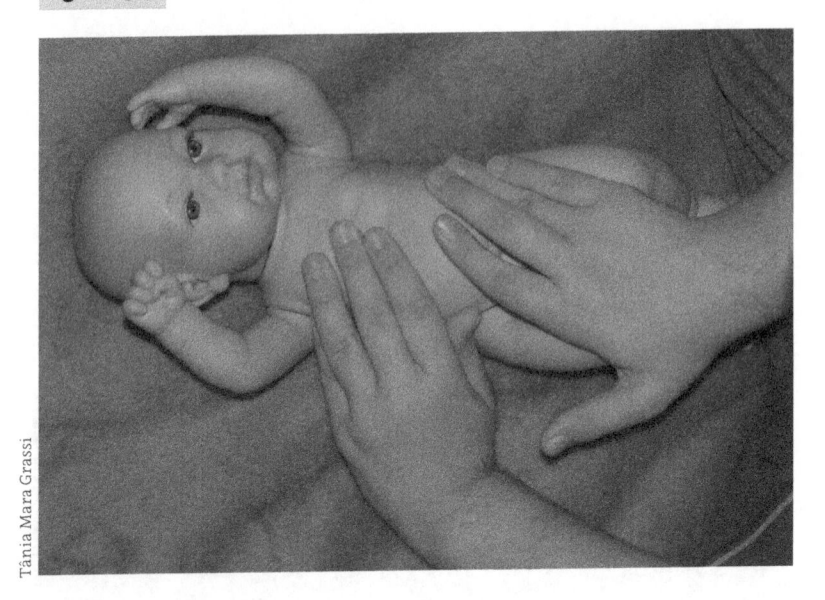

Figura 5.73 – Finalizando o movimento

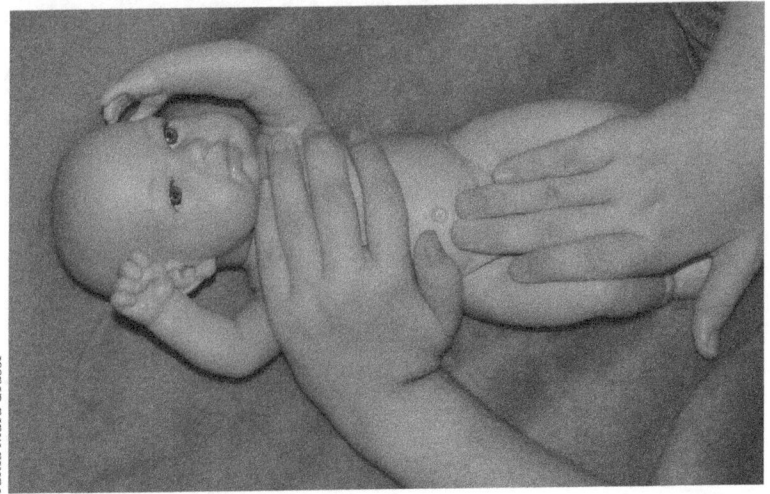

Exercício 4

Realiza-se um movimento simples, em forma de "I", com a mão direita, sobre o lado esquerdo da barriga do bebê (direita do estimulador) (Figura 5.74).

Figura 5.74 – Movimento em "I"

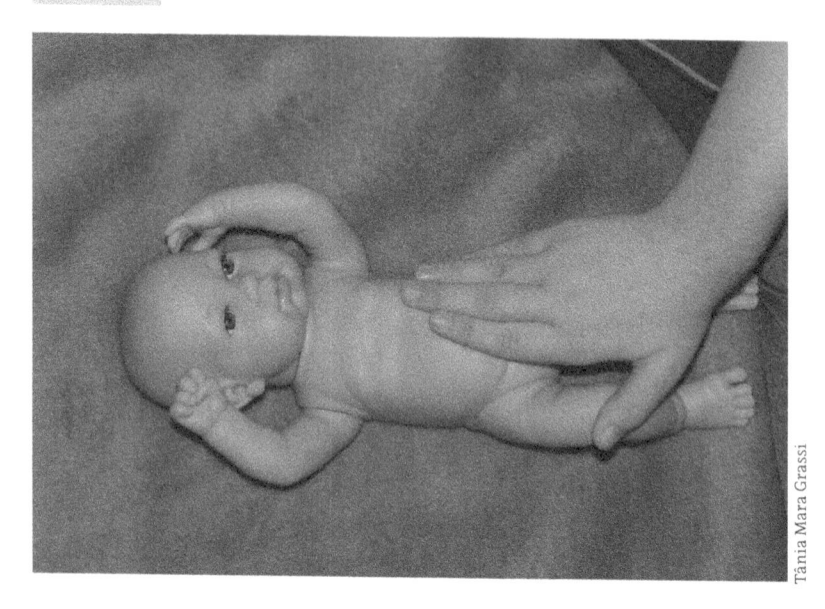

Em seguida, faz-se um "L", para trás e para o lado, indo da esquerda (do estimulador) para a direita (Figura 5.75).

Figura 5.75 – Movimento em "L"

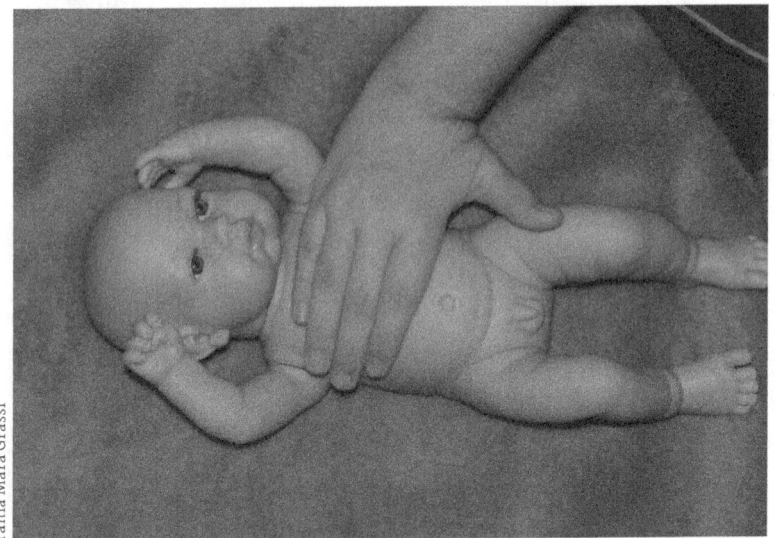

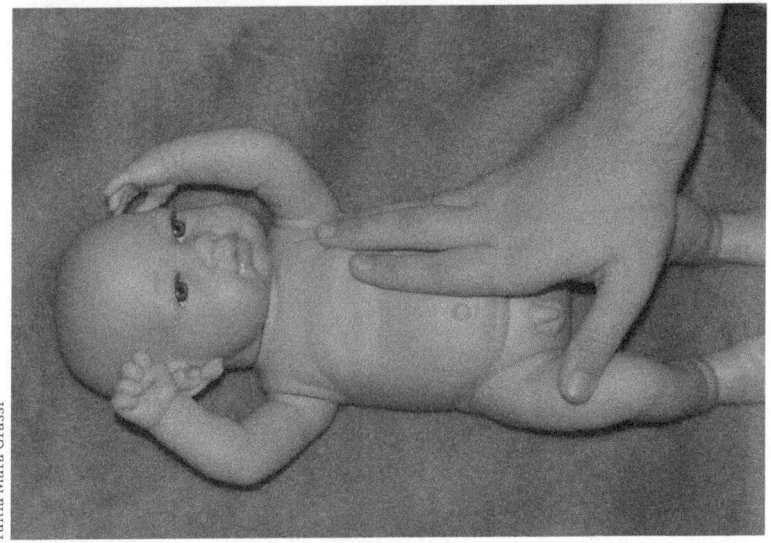

Por fim, traça-se um "U" de cabeça para baixo, da esquerda (do estimulador) para a direita. Enquanto o movimento está sendo realizado, conversa-se com o bebê em tom de voz suave e afetuoso (Figuras 5.76 e 5.77).

Figura 5.76 – Traçando o "U"

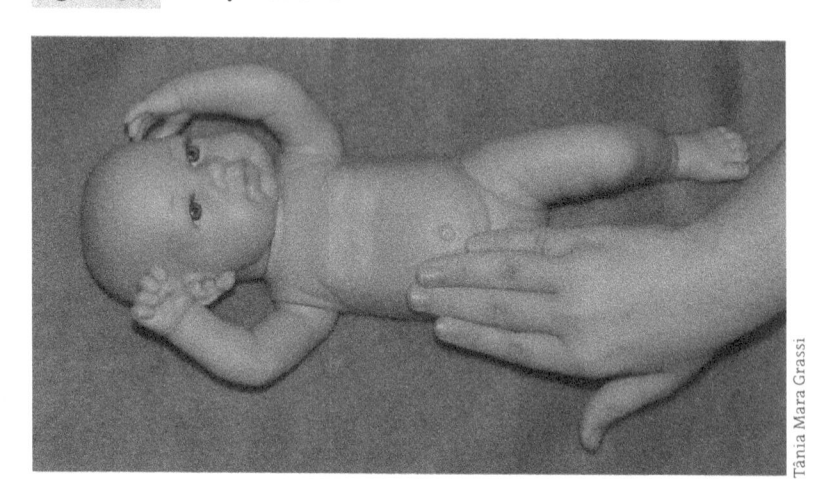

Figura 5.77 – Finalizando o movimento

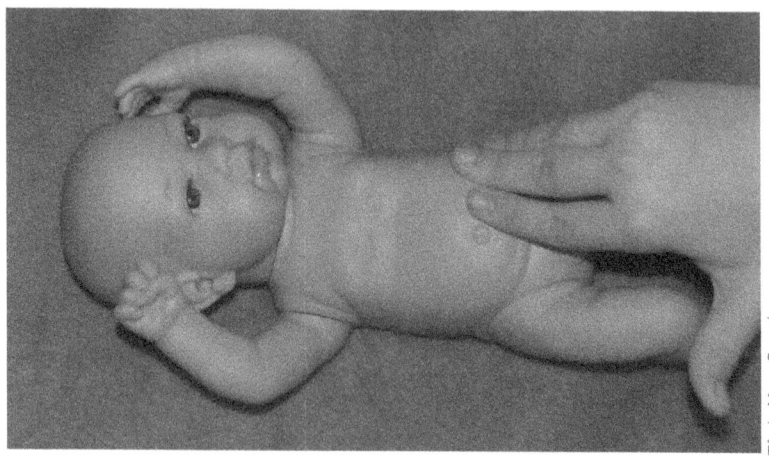

Exercício 5

As pontas dos dedos imitam o movimento de caminhada pelo abdômen do bebê, da esquerda (do estimulador) para a direita. É possível que o estimulador perceba os movimentos dos gases nesse exercício (Figura 5.78).

Figura 5.78 – Caminhando com os dedos pelo abdômen

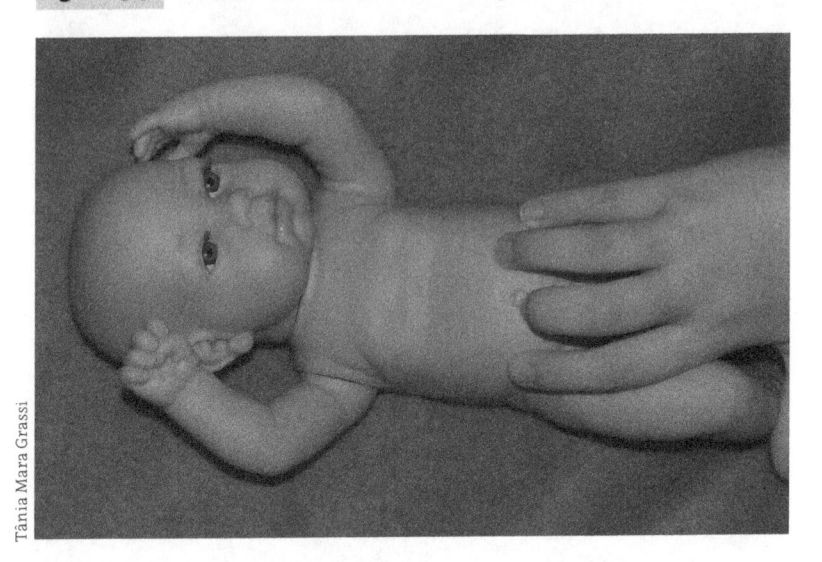

3. **Peito**

Massagear a região do peito possibilita a tonificação dos pulmões, do coração e da musculatura peitoral.

Exercício 1

Posicionam-se as mãos juntas no centro do peito do bebê, movimentando-as para os lados, seguindo as costelas delicadamente (Figura 5.79).

Figura 5.79 – Deslizando pelo peito

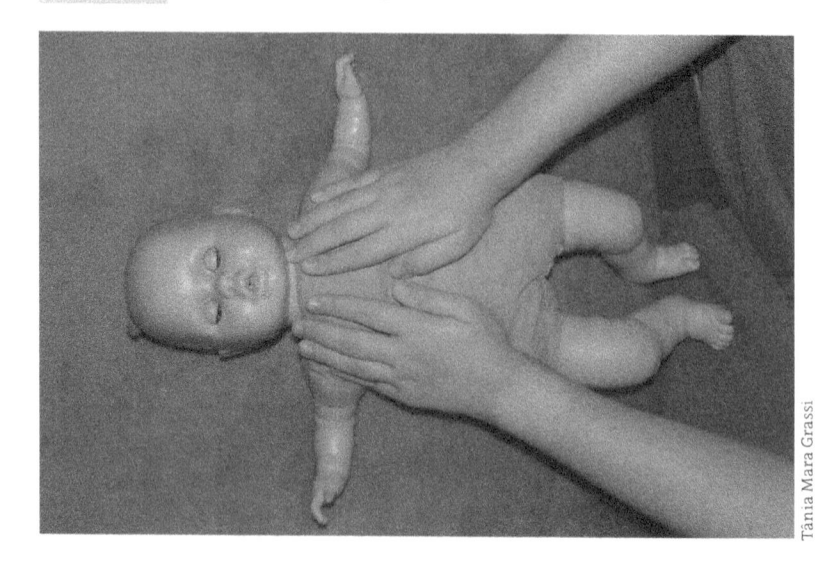

Sem retirar as mãos do corpo do bebê, elas deslizam de volta ao centro do peito imitando o formato de um coração (Figura 5.80).

Figura 5.80 – Formando um coração

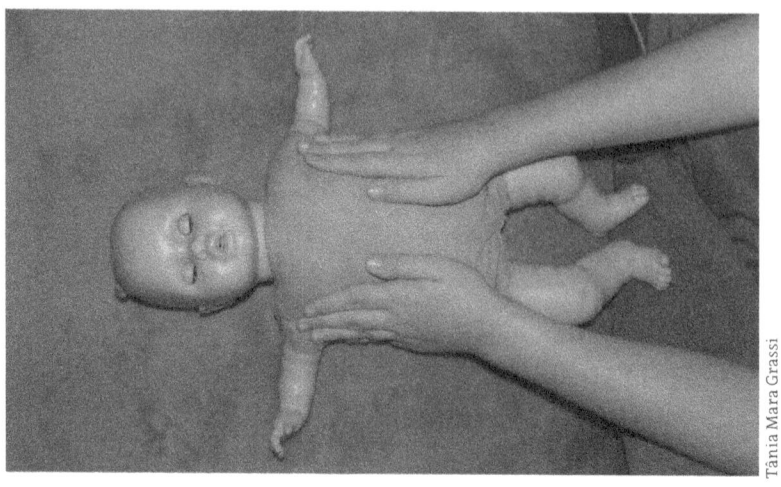

Exercício 2

Inicia-se o movimento com as mãos posicionadas em ambos os lados do abdômen do bebê, na base da caixa torácica (Figura 5.81).

Figura 5.81 – Início do movimento

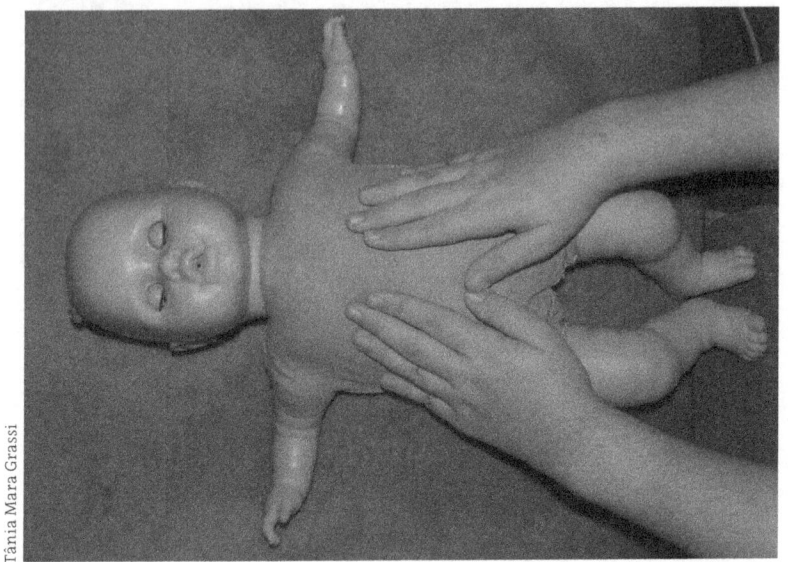

Com a mão direita, realiza-se um movimento diagonal pelo peito até o ombro direito do bebê, empurrando-o com delicadeza. Volta-se para a posição original, cruzando, novamente, o peito (Figura 5.82).

Figura 5.82 – Cruzamento com a mão direita

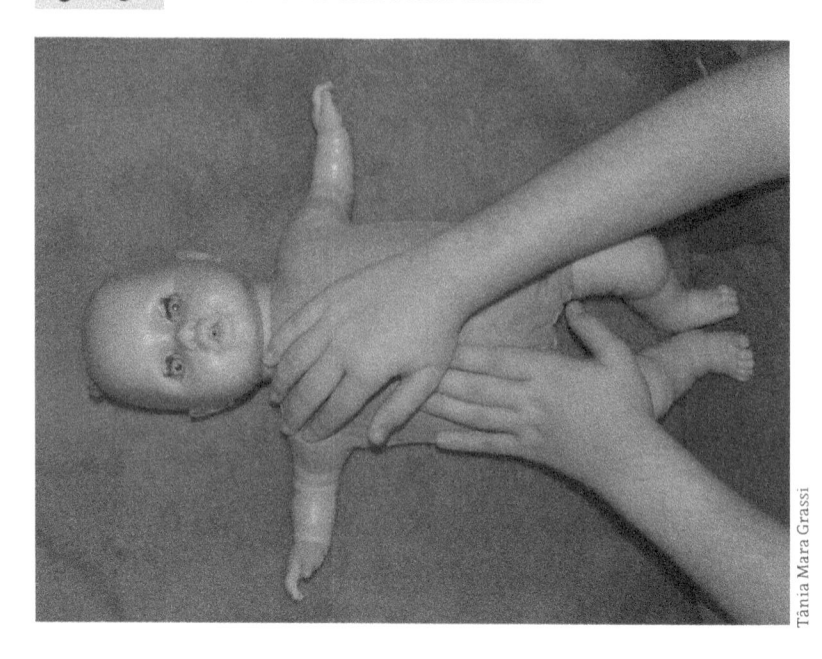

Com a mão esquerda, realiza-se um movimento diagonal pelo peito até o ombro esquerdo do bebê, repetindo esse movimento com a mão direita. As mãos seguem-se, cruzando o peito do bebê nas duas direções, ritmicamente (Figura 5.83).

Figura 5.83 – Cruzamento com a mão esquerda

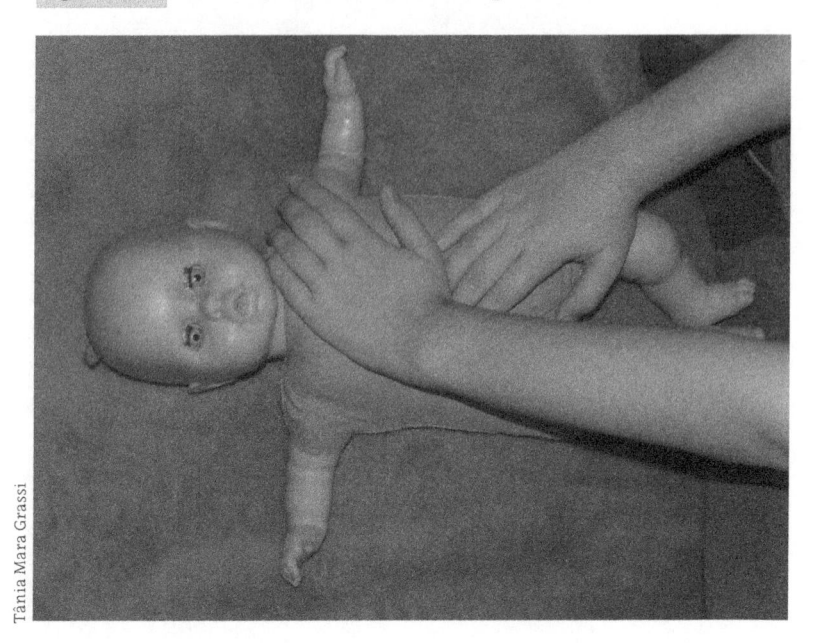

Tânia Mara Grassi

4. **Braços e mãos**

   A massagem nos braços e nas mãos tem por objetivo equilibrar e liberar o tônus muscular e a energia, relaxando e tonificando os músculos.

   Exercício 1

   Inicia-se massageando as axilas (Figura 5.84).

Figura 5.84 – Axilas

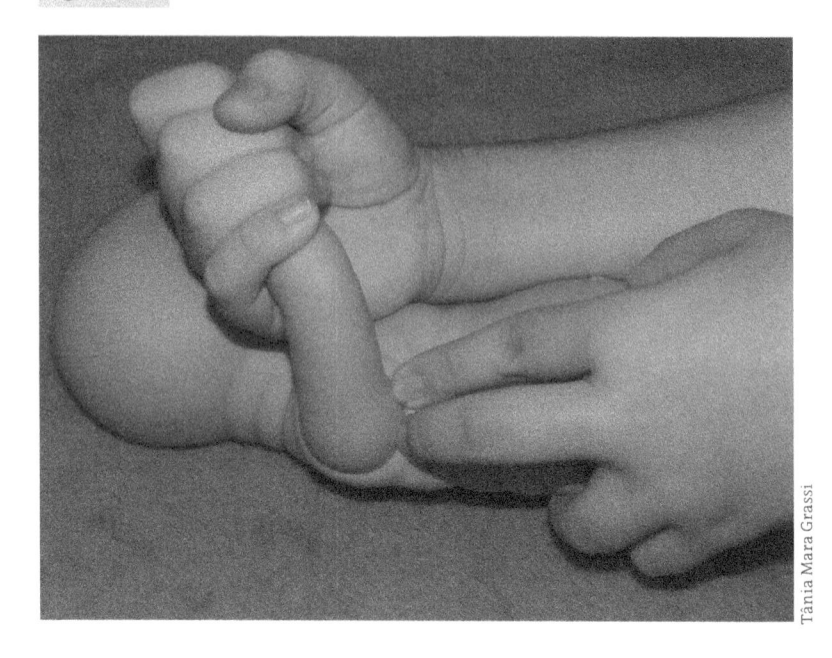

Exercício 2

Envolve-se o pulso do bebê com a mão esquerda como se formasse um bracelete em torno dele. Desliza-se a mão direita, pelo braço do bebê, começando pelo ombro e seguindo em direção ao pulso. Essa mão agora segura o pulso, e a esquerda segue fazendo o movimento. Alternam-se as duas mãos, por três vezes em cada braço do bebê (Figura 5.85).

Figura 5.85 – Braceletes

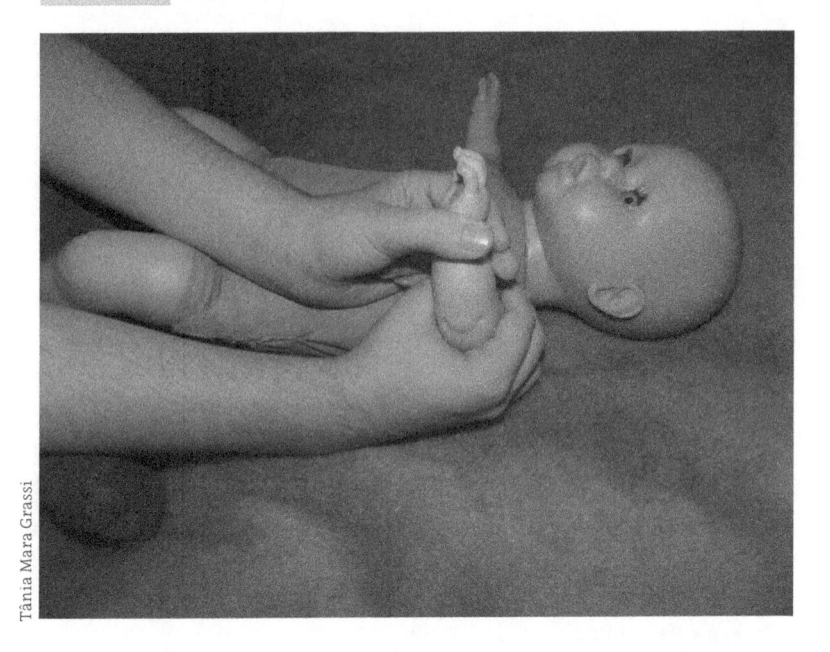

Exercício 3

Segura-se o braço com as mãos juntas, na altura do ombro. Elas movem-se em sentido inverso uma da outra, em direção ao pulso do bebê, com um movimento de rosca. Chegando ao pulso, retorna-se ao ombro e o movimento recomeça (Figuras 5.86 e 5.87).

Figura 5.86 – Ida

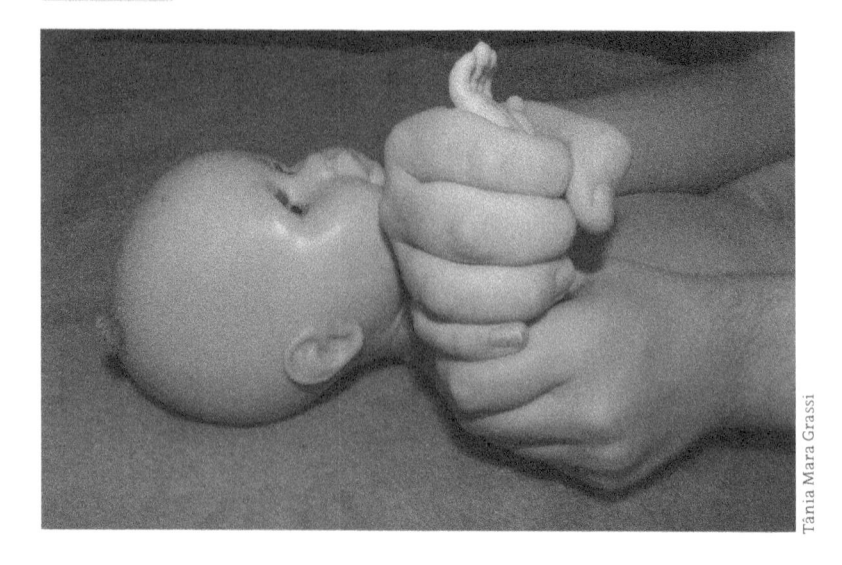

Figura 5.87 – Volta

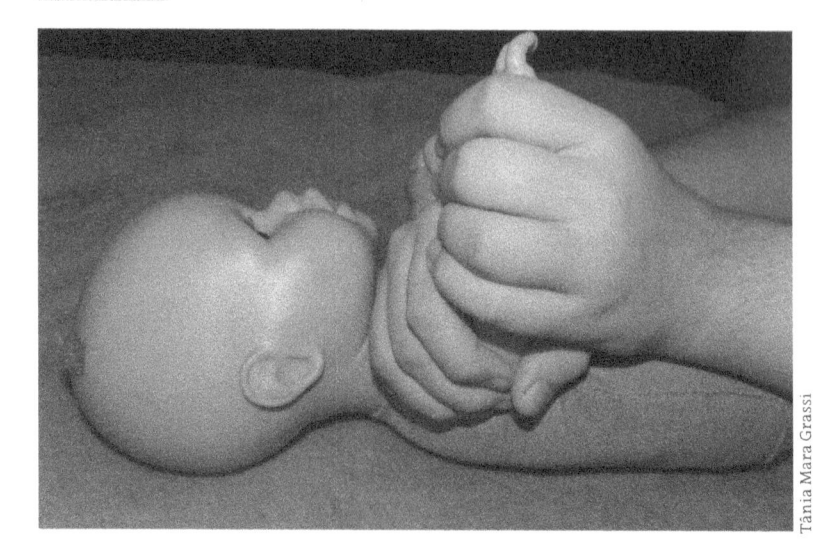

Exercício 4

Abre-se a mão do bebê, massageando a palma e, em seguida, os dedos. Após massageá-los, segura-os suavemente, dobrando-os. Depois rola-se cada um dos dedos entre o indicador e o polegar (Figuras 5.88 e 5.89).

Figura 5.88 – Massageando as palmas das mãos

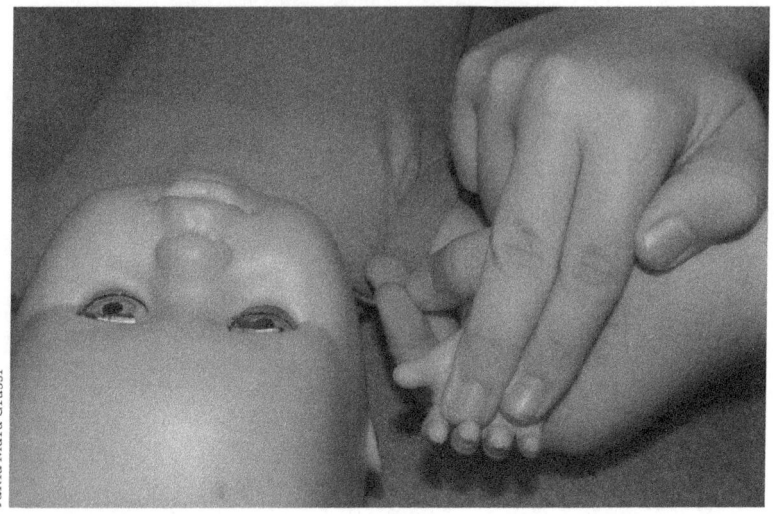

Figura 5.89 – Rolando os dedinhos

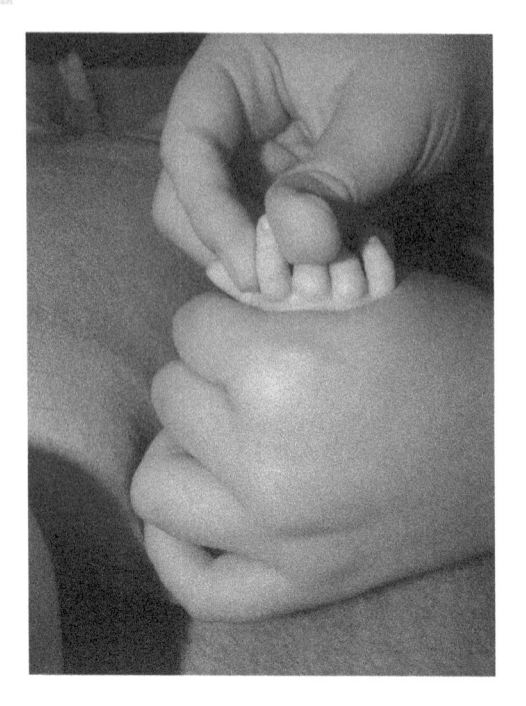

Tânia Mara Grassi

Exercício 5

Massageia-se o dorso das mãos do bebê, primeiro uma e depois a outra, do pulso aos dedos, algumas vezes, com as duas mãos (Figura 5.90).

Figura 5.90 – Massageando o dorso das mãos

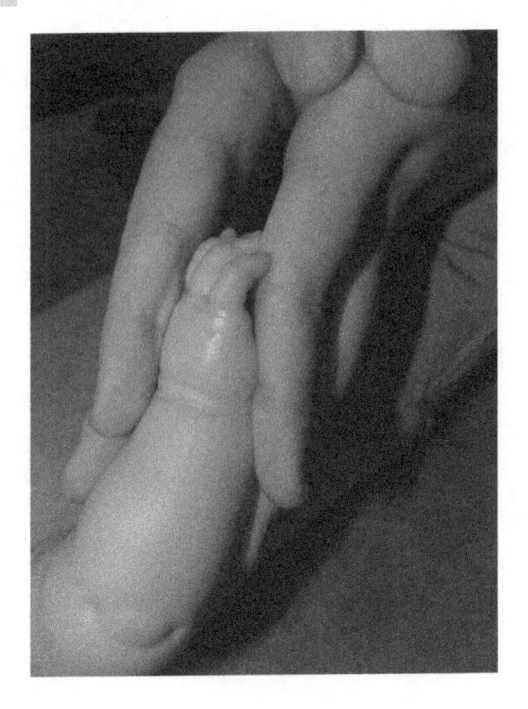

Exercício 6

Massageiam-se os pulsos, um de cada vez, fazendo pequenos círculos ao redor deles, por três vezes (Figura 5.91).

Figura 5.91 – Circulando os pulsos

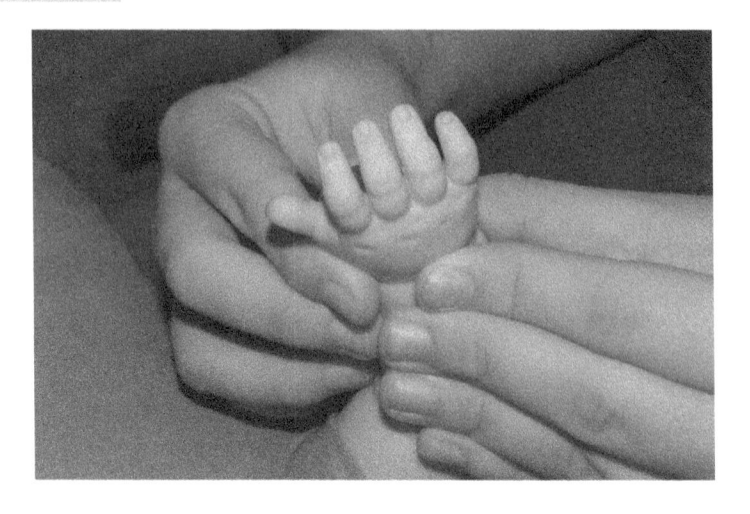

Exercício 7

Consiste no mesmo movimento do Exercício 2, mas em sentido inverso, indo do pulso ao ombro (Figura 5.92).

Figura 5.92 – Do pulso ao ombro

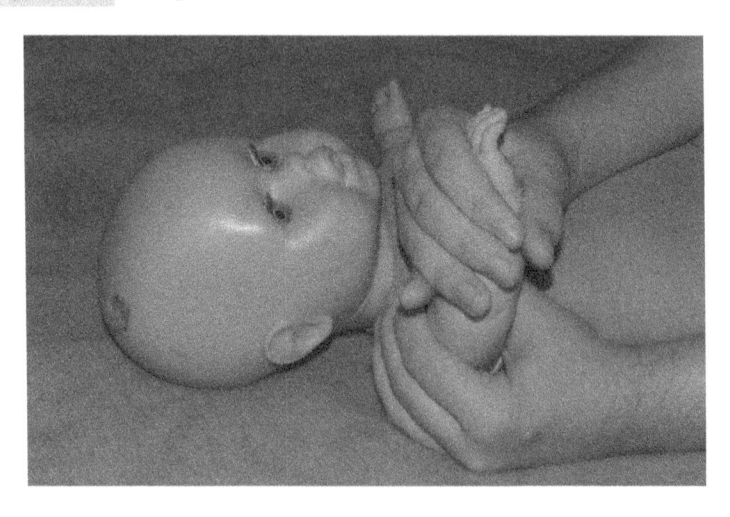

Exercício 8

Executa-se o movimento de rolagem do braço do bebê entre as mãos. Visando ao relaxamento dos braços, eles são balançados com delicadeza; em seguida, recebem palmadinhas leves (Figuras 5.93 e 5.94).

Figura 5.93 – Rolagem

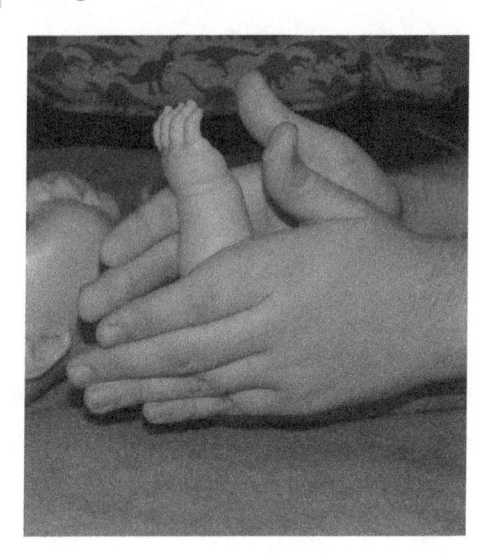

Figura 5.94 – Palmadinhas

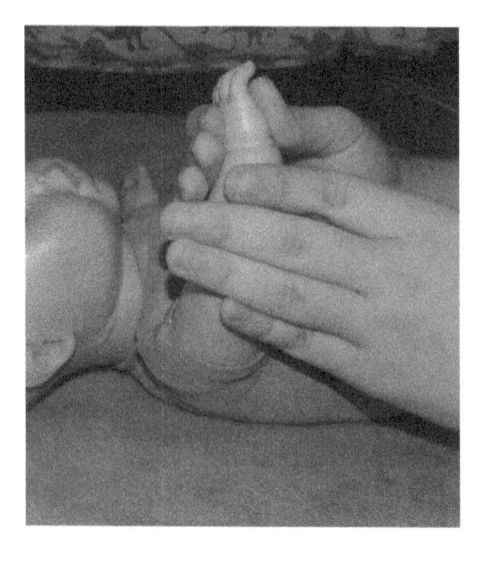

5. **Rosto**

O rosto do bebê tende a acumular tensões. Por essa razão, a massagem nessa região pretende relaxar a musculatura da face, além de tonificá-la.

Exercício 1

A partir do centro da testa do bebê, deslocam-se as pontas dos dedos para os lados, contornando as sobrancelhas. Retorna-se para o meio da testa, a fim de recomeçar. Progressivamente os dedos afastam-se mais, chegando às têmporas, de onde descem, contornando os olhos ao longo das bochechas (Figuras 5.95 e 5.96).

Figura 5.95 – Da testa às sobrancelhas

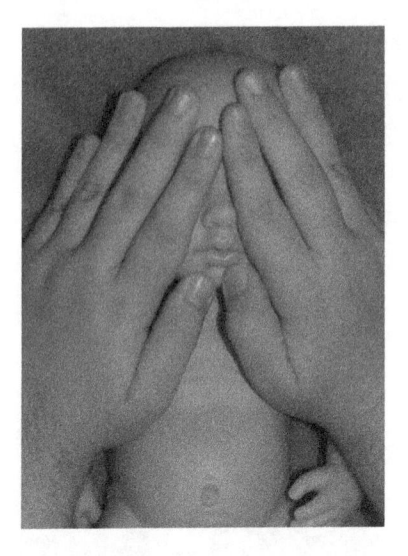

Figura 5.96 – Das têmporas às bochechas

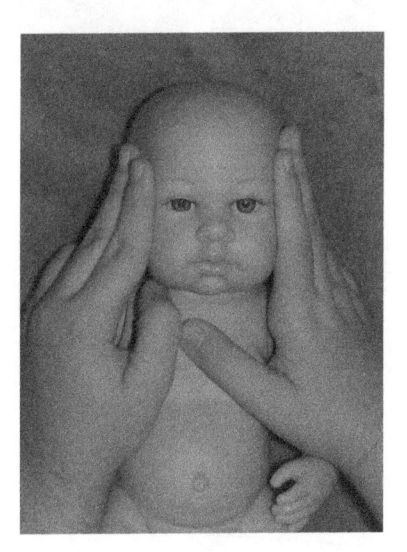

Exercício 2

Os polegares tocam ligeiramente os olhos do bebê sobre as pálpebras, pressionando-os delicadamente (Figuras 5.97 e 5.98).

Figura 5.97 – Descendo sobre as pálpebras

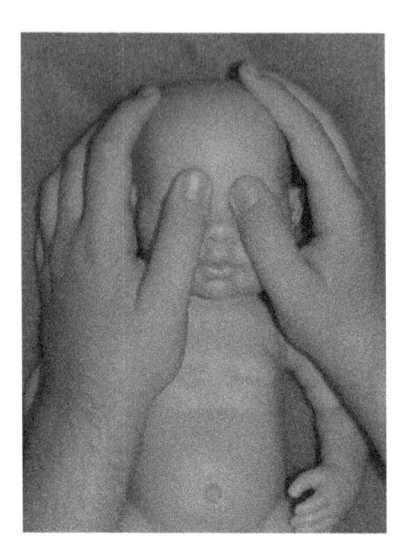

Figura 5.98 – Tocando os olhos fechados

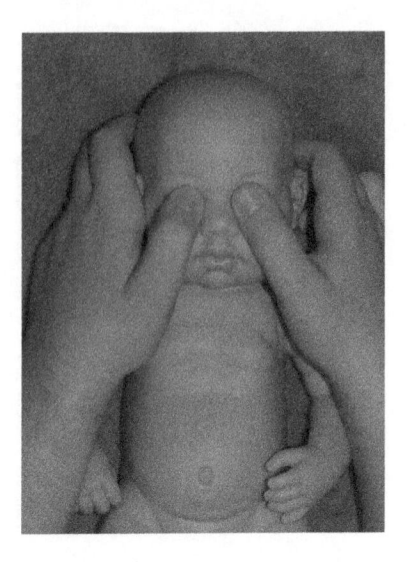

Exercício 3

Com os polegares, sobe-se até a base do nariz, descendo em seguida. Repete-se o movimento, subindo e descendo, por três vezes (Figuras 5.99 e 5.100).

Figura 5.99 – Início na base do nariz

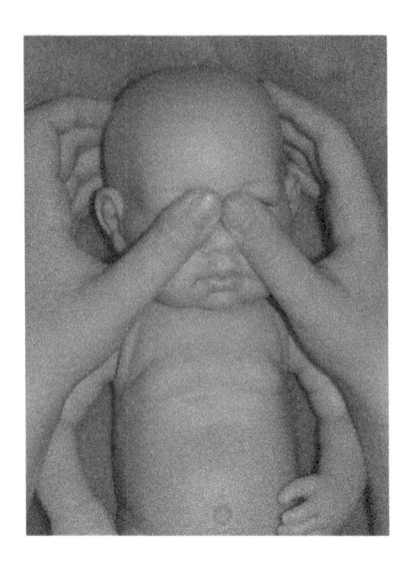

Figura 5.100 – Descendo pelas laterais do nariz

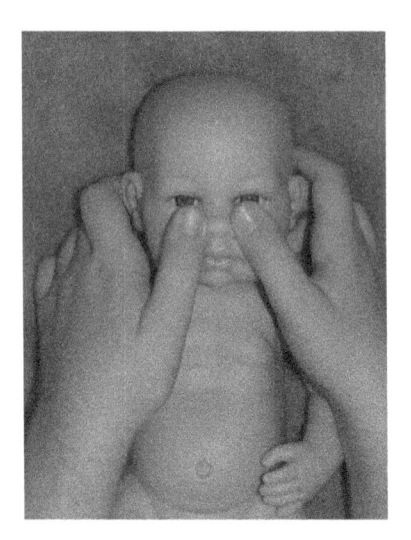

Exercício 4

Colocam-se os polegares sobre os olhos do bebê, descendo pela lateral do nariz, seguindo suas linhas externas. Dirige-se para as comissuras da lateral da boca, detendo-se embaixo das bochechas. Puxa-se delicadamente, com os polegares, a musculatura ao redor dos lábios, movimentando-os como num sorriso, primeiro com o superior e, depois, com o inferior (Figuras 5.101, 5.102, 5.103).

Figura 5.101 – Iniciando o movimento

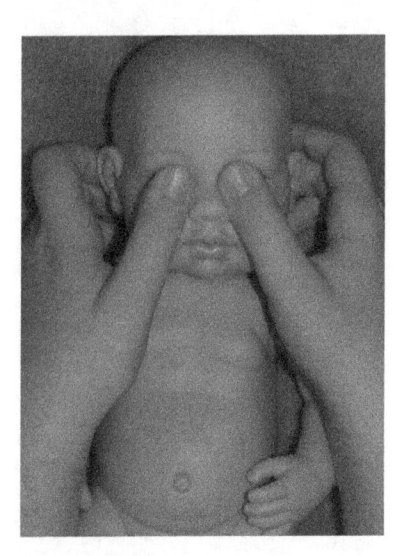

Figura 5.102 – Descendo pela lateral do nariz

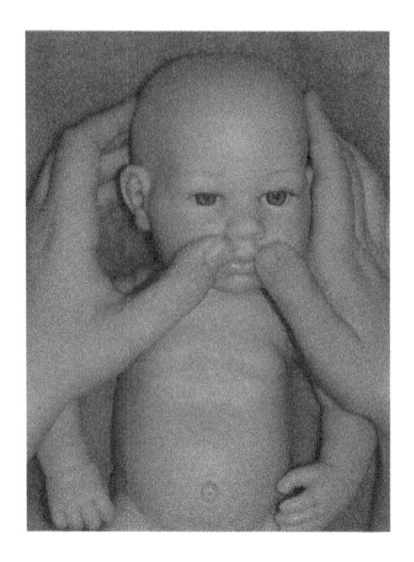

Figura 5.103 – Simulando um sorriso

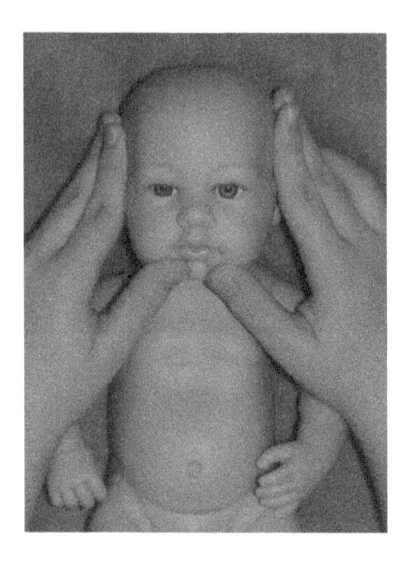

Exercício 5

Realizam-se movimentos circulares pelo maxilar, com as pontas dos dedos (Figura 5.104).

Figura 5.104 – Massageando o maxilar

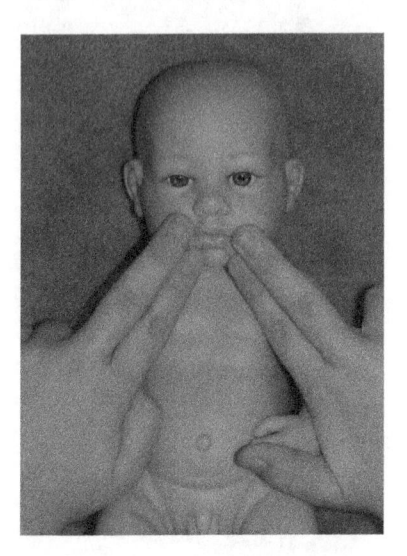

Exercício 6

Massageiam-se as orelhas com as pontas dos dedos das duas mãos. Os movimentos são realizados ao redor delas, descendo por trás e puxando por baixo do queixo, delicadamente. Esse exercício possibilita o relaxamento do maxilar e massageia nódulos linfáticos (Figuras 5.105 e 5.106).

Figura 5.105 – Massageando as orelhas

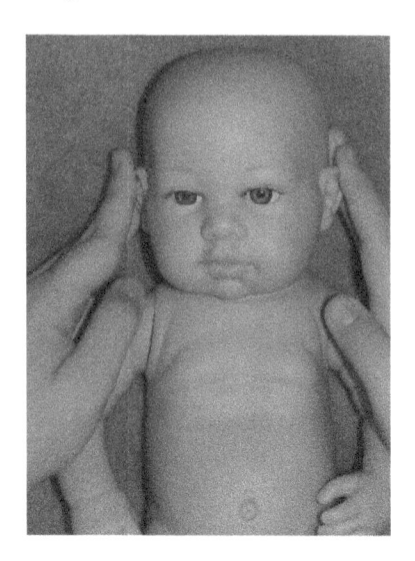

Figura 5.106 – Chegando ao queixo

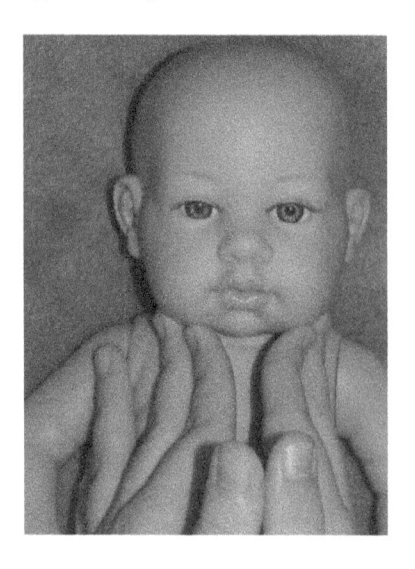

6. **Costas**

A massagem nas costas do bebê é muito relaxante, ideal para os pequenos e para os que começam a andar.

Exercício 1

Esse movimento tem por objetivo o aquecimento da musculatura de modo a preparar para os demais exercícios. O bebê é colocado de bruços, sobre as pernas do estimulador, no sentido horizontal. Com os polegares e os indicadores, toca-se as costas do bebê, do pescoço para baixo e da cintura para cima (Figura 5.107).

Figura 5.107 – Toques leves nas costas

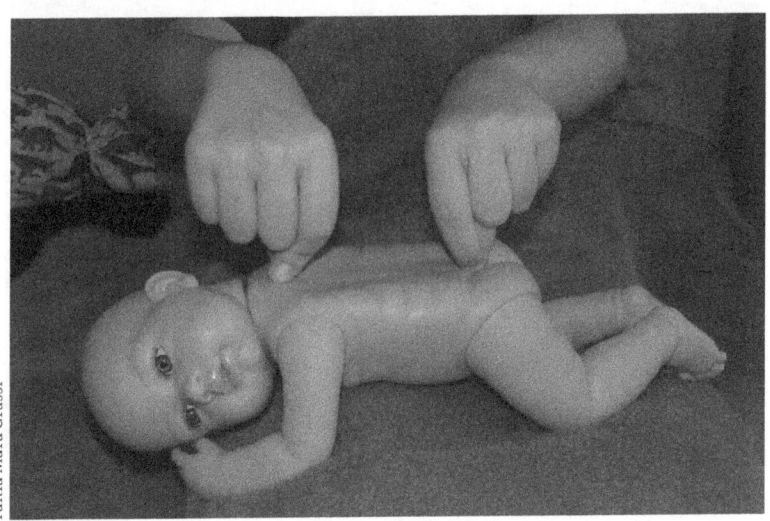

Exercício 2

O movimento tem início com as mãos juntas no topo das costas, em ângulo reto com a coluna. As mãos se movem para cima e para baixo, em direções opostas, descendo pelas costas até as nádegas, depois subindo até os ombros e descendo de novo (Figuras 5.108 e 5.109).

Figura 5.108 – Descendo até as nádegas

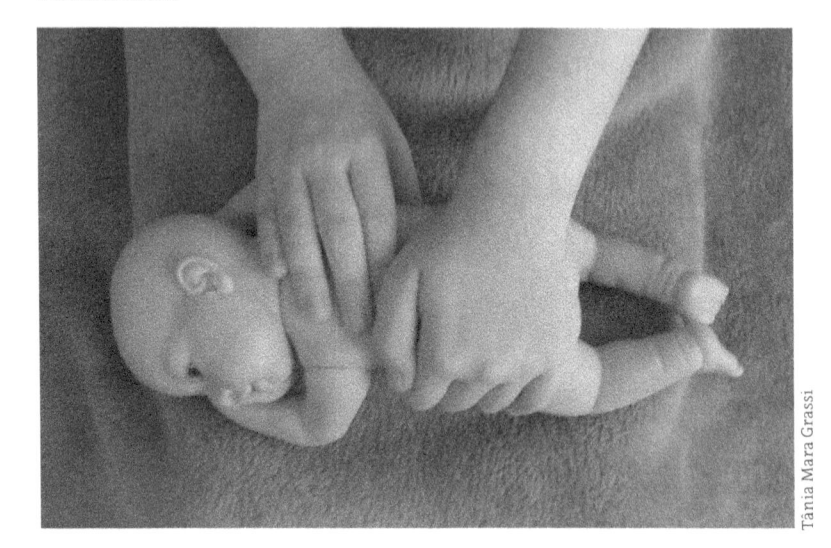

Figura 5.109 – Subindo até os ombros

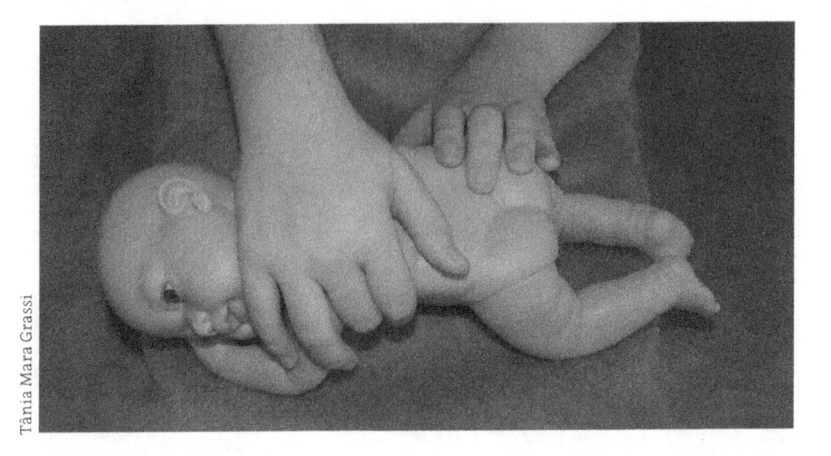

Exercício 3

A mão direita é posicionada sobre as nádegas e a esquerda desce pela nuca até encontrar a outra mão (Figuras 5.110 e 5.111).

Figura 5.110 – Descendo pela nuca

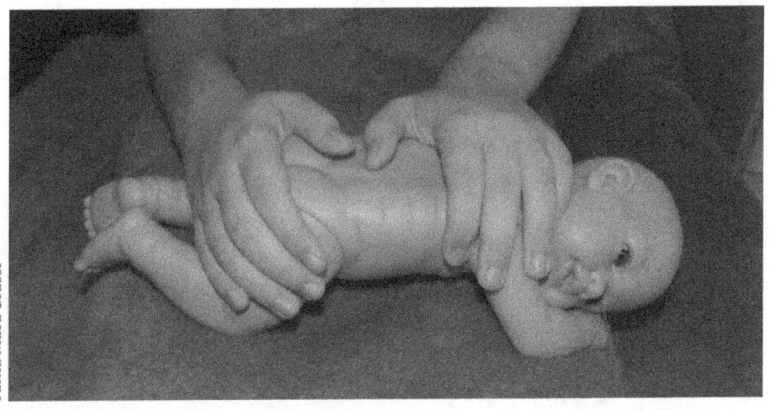

Figura 5.111 – Chegando às nádegas

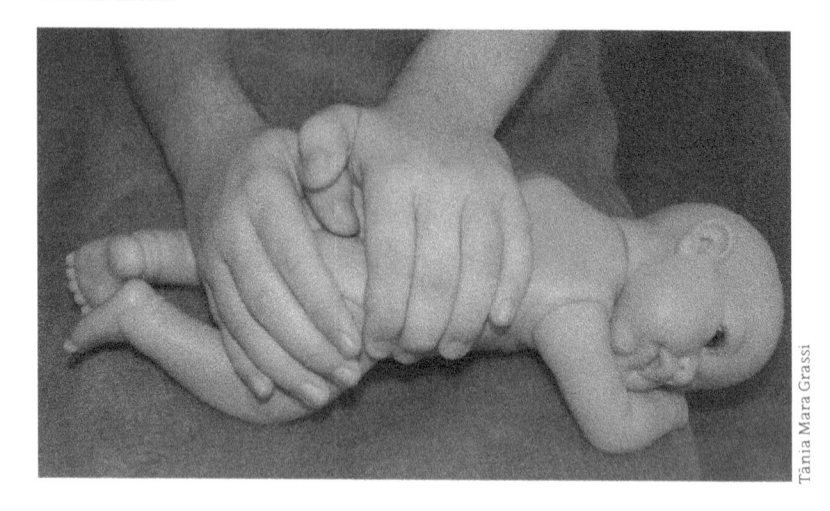

Exercício 4

Levantam-se as pernas do bebê com a mão direita. A esquerda repete o movimento de descida por elas, deslizando até os tornozelos (Figuras 5.112, 5.113 e 5.114).

Figura 5.112 – Levantando as pernas

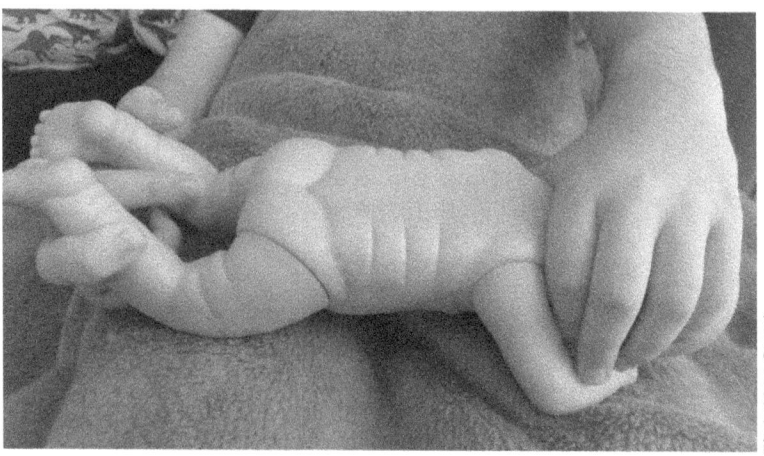

Figura 5.113 – Descendo pelas pernas

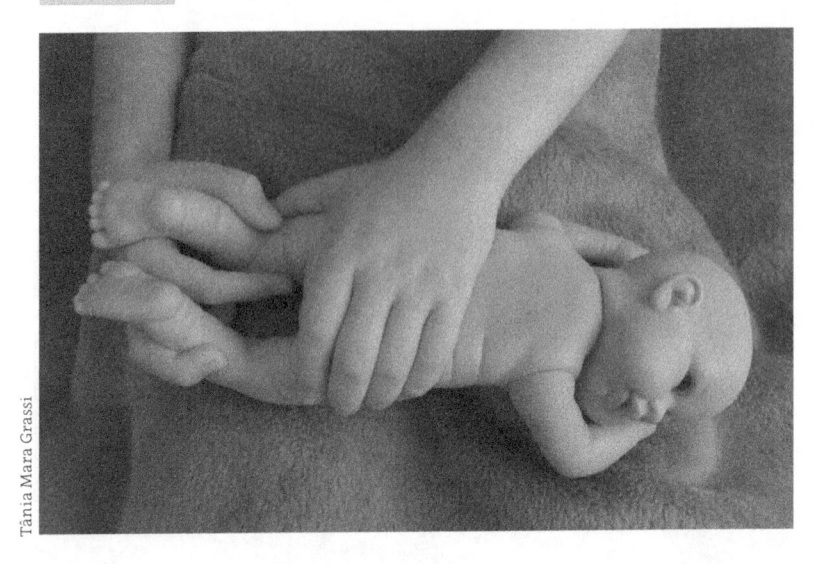

Figura 5.114 – Chegando aos tornozelos

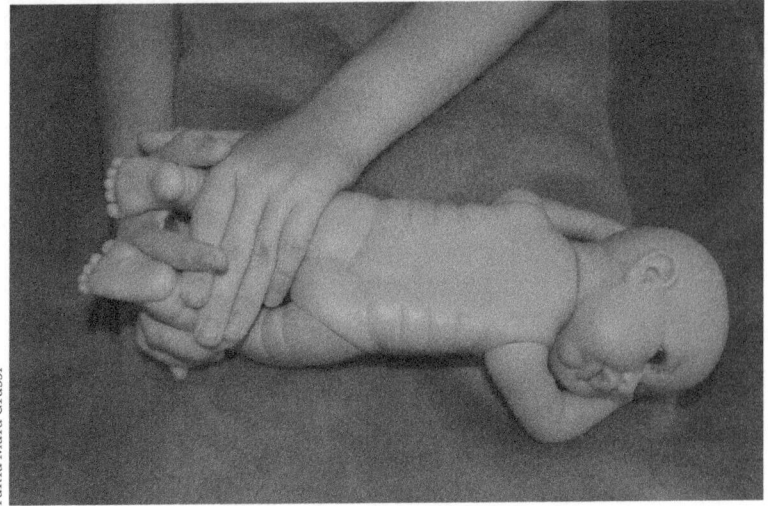

Exercício 5

Com as pontas dos dedos, fazem-se pequenos círculos por toda a extensão das costas (Figura 5.115).

Figura 5.115 – Movimentos circulares nas costas

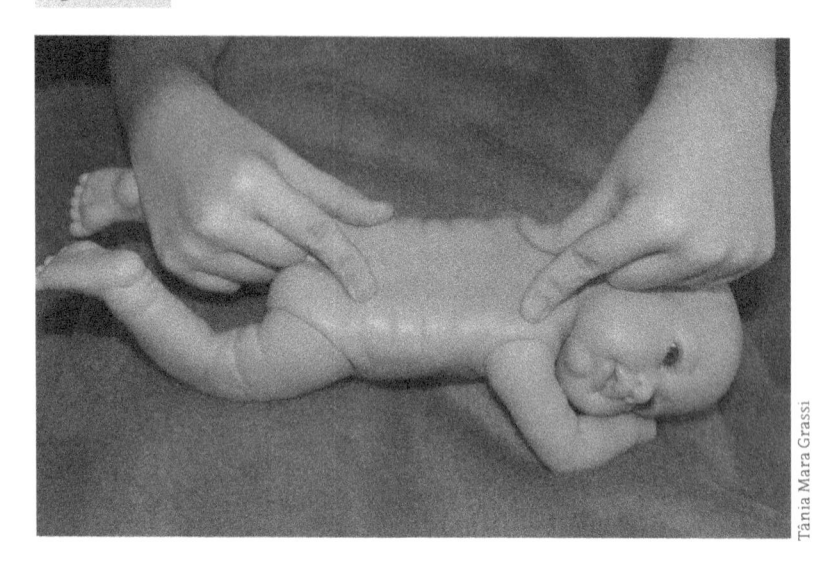

Exercício 6

Espalma-se a mão direita, separando-se os dedos. Executa-se o movimento de "pentear" as costas do bebê, da nuca até as nádegas. Os toques tornam-se cada vez mais leves (Figuras 5.116 e 5.117).

Figura 5.116 – Com as mãos espalmadas

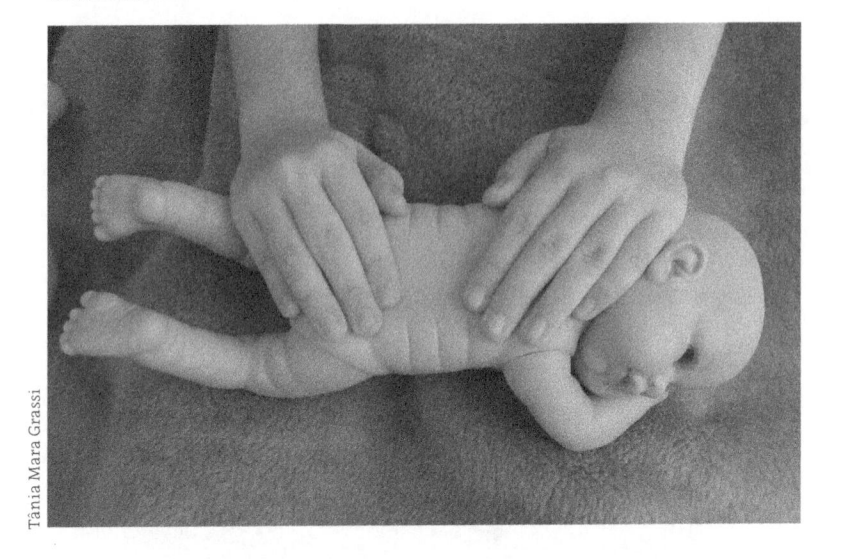

Figura 5.117 – Descendo pelas costas

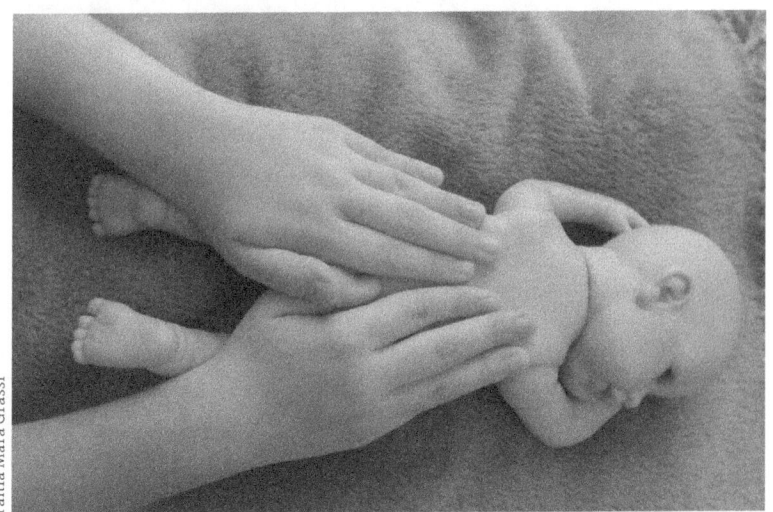

7. **Movimentos leves**

   Esses movimentos encerram a sessão de massagem, são simples, visam alongar os braços e as pernas do bebê, massagear o estômago e os quadris, bem como alinhar a coluna. Podem ser repetidos cerca de cinco vezes.

   Exercício 1

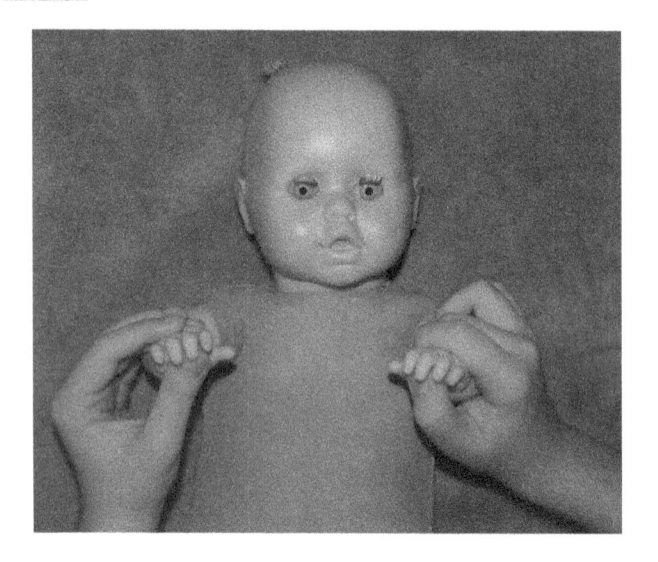

   Seguram-se as mãos do bebê, esticando os braços lateralmente, cruzando-os sobre o peito de quatro a cinco vezes (Figuras 5.118, 5.119 e 5.120).

   Figura 5.118 – Segurando as mãos

Figura 5.119 – Esticando os braços

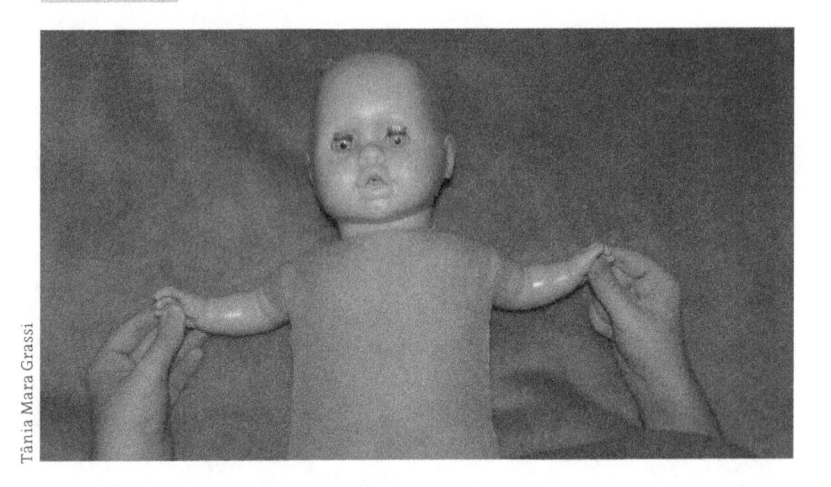

Figura 5.120 – Cruzando os braços

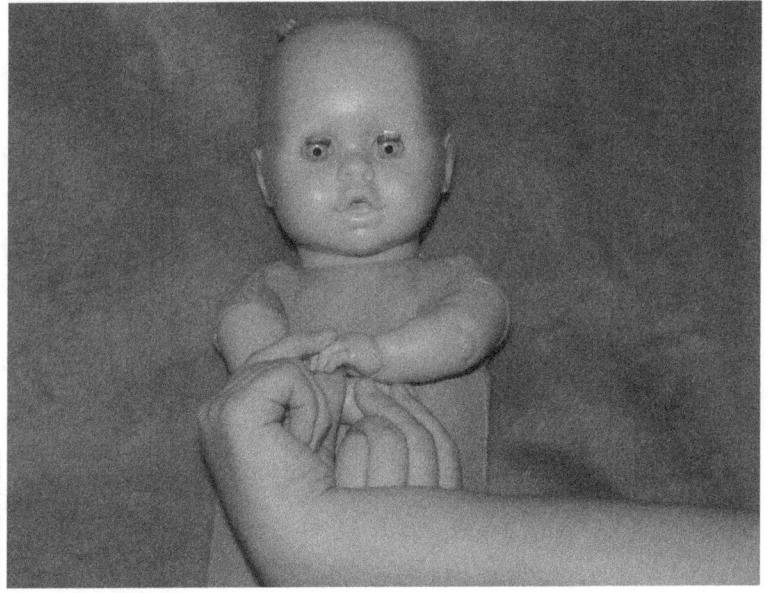

Exercício 2

Segura-se um dos pés do bebê e a mão do lado oposto, de modo que o braço e a perna se cruzem. Em seguida, conduz-se, suavemente, o braço para baixo, até a virilha, e o pé para cima, até o ombro, abrindo e fechando, colocando a perna por baixo e o ombro por cima (Figuras 5.121 e 5.122).

Figura 5.121 – Segurando o pé e a mão

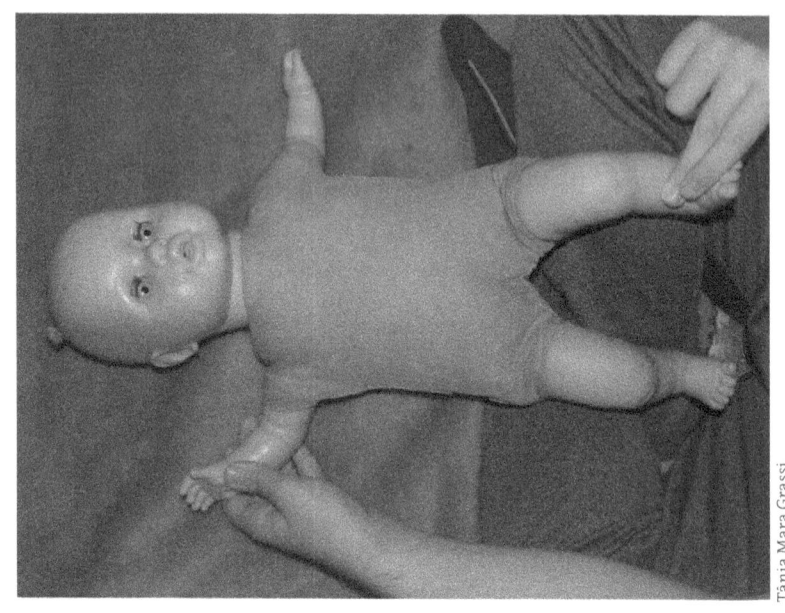

Figura 5.122 – Cruzando alternadamente

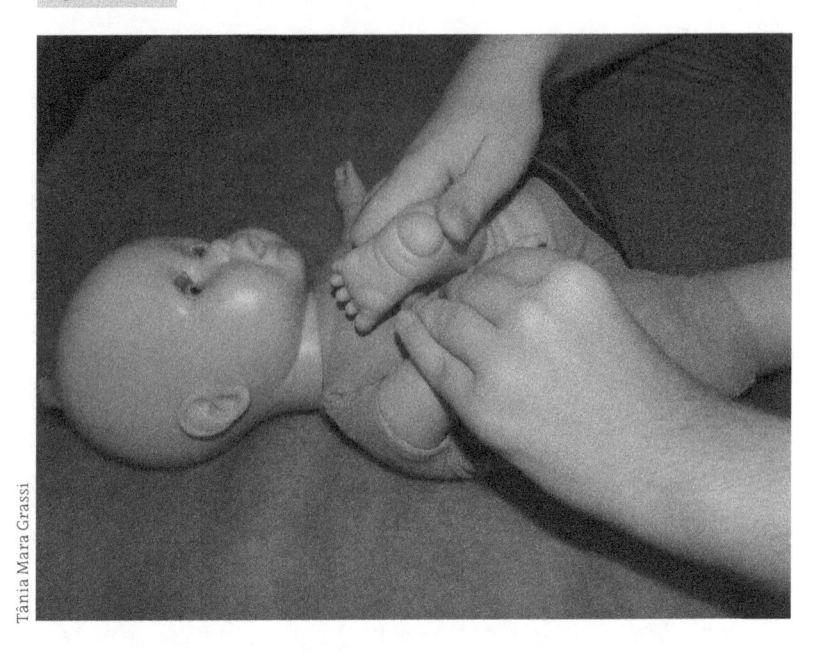

Depois, estica-se o braço e a perna em direções opostas. Os movimentos são realizados com os dois lados (Figura 5.123). Com crianças mais velhas, o movimento é realizado levando-se o joelho para cima para cruzar-se com o braço.

Figura 5.123 – Cruzando com o outro lado

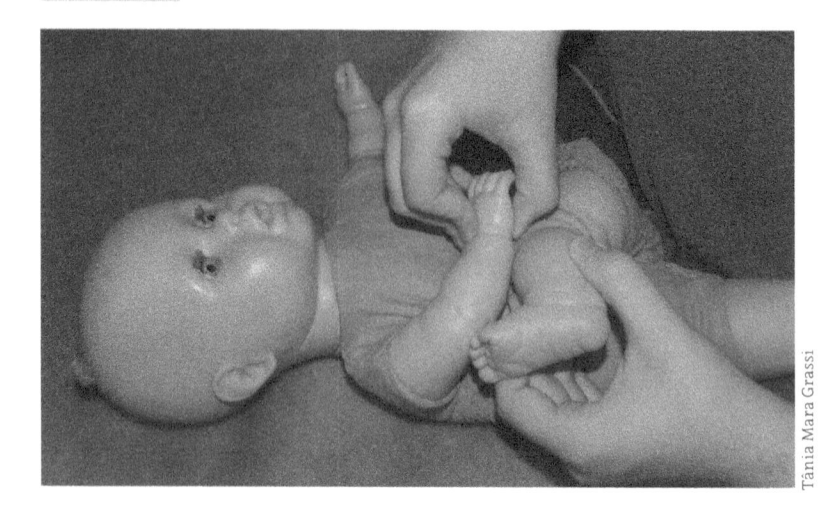

Exercício 3

Seguram-se os dois pés do bebê. Em seguida, cruzam-se as pernas, conduzindo-as até a barriga, três vezes, flexionando-as e esticando-as (Figuras 5.124, 5.125 e 5.126).

Figura 5.124 – Segurando os pés

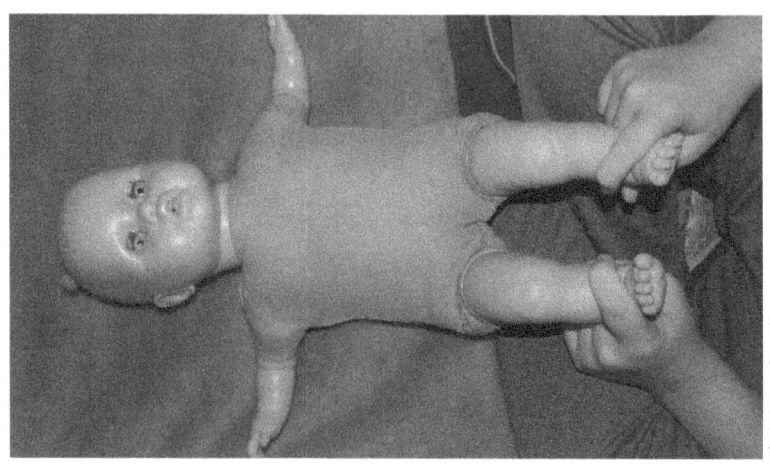

Figura 5.125 – Cruzando as pernas

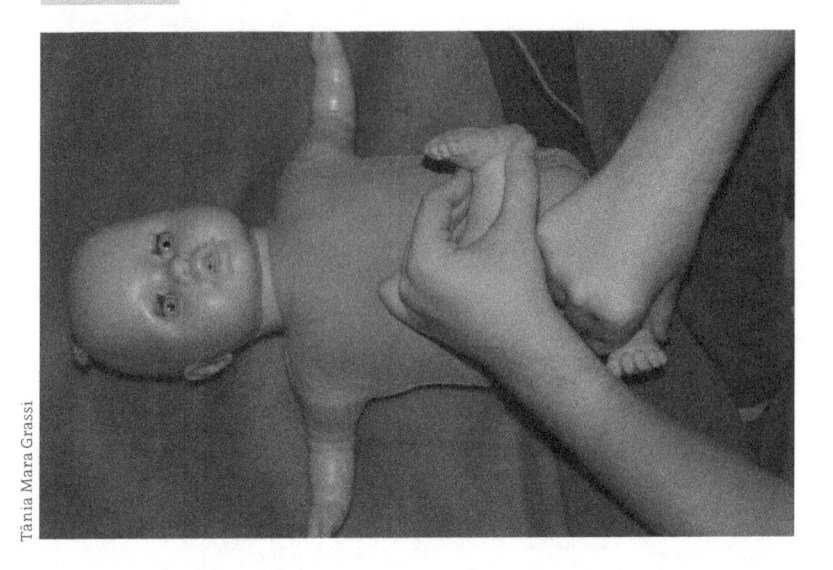

Figura 5.126 – Finalizando o movimento

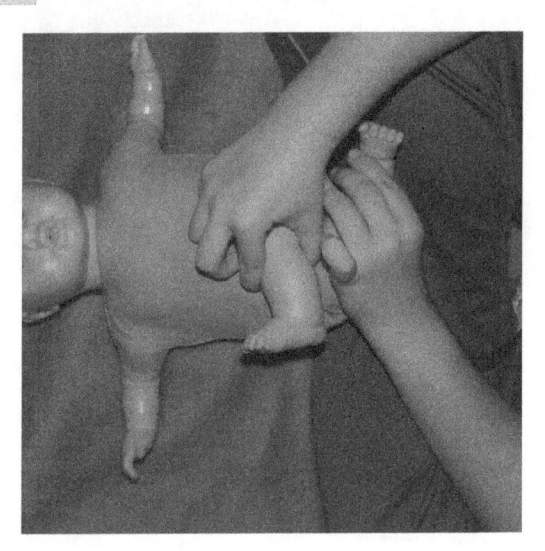

Exercício 4

Empurram-se, suavemente, os joelhos do bebê, juntos, para cima até o estômago. Em seguida, eles são esticados em linha reta. Quando há resistência por parte do bebê, as pernas são levemente sacudidas, para estimular o relaxamento. O movimento é realizado com as duas pernas juntas e, depois, separadas, por três vezes (Figuras 5.127 e 5.128).

Figura 5.127 – Dobrando os joelhos

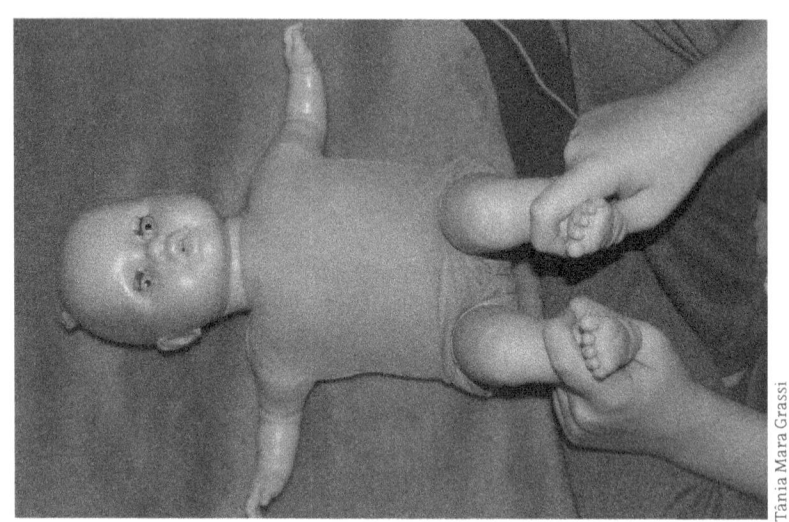

Figura 5.128 – Esticando as pernas

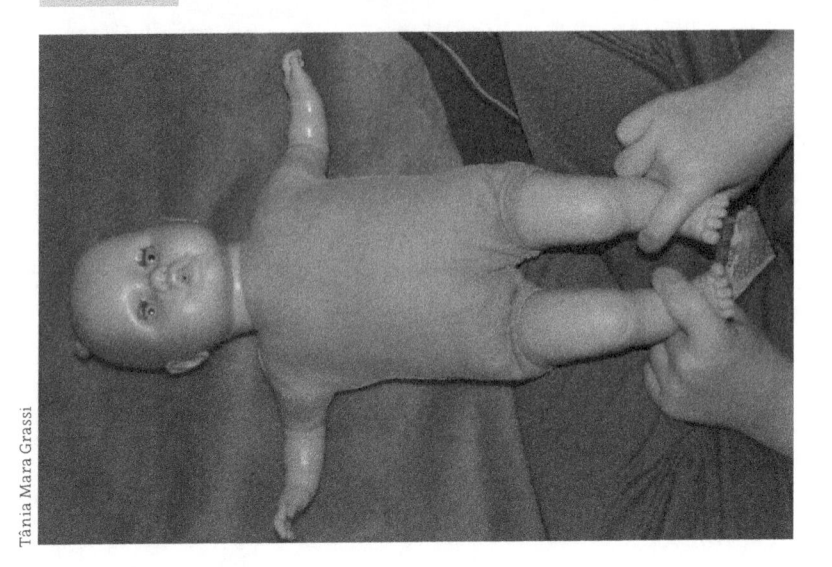

5.5 A massagem para bebês com necessidades especiais decorrentes de deficiências

Para bebês com deficiência física motora, como a paralisia cerebral, é necessário consultar o médico, o fisioterapeuta e o terapeuta ocupacional sobre possíveis restrições e sobre orientações básicas e específicas para cada caso.

Quando o objetivo é diminuir o tônus muscular, indica-se a massagem suave, com batidas leves, movimentos de embalar, além de sacudir os membros superiores e/ou inferiores, com gestos lentos, longos e toques suaves. Já para aumentar o tônus, realizam-se movimentos de escovação, pressão e vibração, com gestos e toques mais firmes, acompanhadas de canto e música mais agitada.

Os exercícios seguem a sequência apresentada, mas a massagem nos pés deve ser feita na parte externa ou lateral e não na planta, para evitar o reflexo de apoio plantar e a extensão dos músculos das pernas.

Na região abdominal, o exercício pode ser feito com os polegares que deslizam do centro para as extremidades, partindo dos lados do umbigo. Isso estimula, segundo McClure (1997), a respiração diafragmática.

No que diz respeito à dobra dos joelhos em direção ao abdômen, a pressão não deve exceder 5 segundos, pois há possibilidade de um tempo maior interferir negativamente na respiração.

A massagem na face melhora o tônus muscular, promove a tonificação da musculatura orofacial em bebês hipotônicos e gera relaxamento em bebês hipertônicos.

Podem ocorrer resistências nos exercícios em que há toque nos ombros. Quando isso acontece, aconselha-se fazer o movimento gradativamente, cruzando o peito, estendendo aos poucos o movimento, até chegar ao ombro.

No caso de bebês hipertônicos, um banho morno, antes da sessão de massagem, pode auxiliar o relaxamento, facilitando a execução dos movimentos. A massagem nas costas deve ser feita sempre de cima para baixo.

Para bebês com deficiência visual, a massagem possibilita a estimulação tátil, imprescindível para a sua organização sensorial, para a estruturação progressiva da consciência corporal e para a exploração tátil do espaço.

A sequência de exercícios é a mesma que se utiliza para outros bebês, mas uma atenção especial deve ser dada ao toque, à nomeação das partes do corpo, à conversação e aos materiais com texturas. Músicas, canções e outros sons devem ser introduzidos progressivamente nas sessões de massagem.

O início da sessão deve ser acompanhado de uma vocalização, e o estimulador deve segurar e massagear suavemente a parte pela qual vai começar.

Recomenda-se ao estimulador posicionar-se muito próximo do bebê, sempre tocando seu corpo com uma das mãos – principalmente quando ele é cego –, de modo que possa sentir essa proximidade, garantidora de segurança.

Com relação aos bebês surdos, a estimulação tátil é tão importante quanto a visual. Os exercícios seguem a mesma sequência daqueles realizados com qualquer outro bebê, mas deve-se prestar especial atenção à conversação face a face, com boa articulação dos fonemas. Há bebês com resíduo auditivo, bebês com implante coclear e bebês com aparelho auditivo; portanto, a fala do estimulador tem função especial. Músicas e cantigas, além de material sonoro, podem acompanhar as sessões.

O diálogo tônico se estabelece e pode ser acompanhado da linguagem oral e da expressão facial, que se aconselha enfatizar. As partes corporais devem ser nomeadas à medida que a massagem se desenvolve. Os sons produzidos pelo bebê devem ser imitados pelo estimulador, acrescenta McClure (1997).

À medida que o estimulador faz a massagem no bebê, pode observar suas reações, seu tônus, sua evolução psicomotora, suas resistências, sua linguagem corporal, adaptando os movimentos a suas características e necessidades.

Síntese

Neste capítulo, demonstramos como a massagem contribui para o processo de intervenção essencial ao contemplar as diferentes áreas do desenvolvimento, possibilitando a comunicação tônica e promovendo o vínculo entre o bebê e quem o estimula.

Trata-se de um recurso preventivo e terapêutico organizado pelo profissional para atender às necessidades do bebê, seguindo técnicas entre as quais destaca-se a Shantala, método indiano que serve de base para a maioria delas. Entre os benefícios que promove, estão o prazer, o relaxamento, a proximidade, o diálogo tônico, a segurança, o desenvolvimento de funções psicomotoras e psicológicas superiores, a melhora das funções corporais e do sono.

Apresentamos duas técnicas e os exercícios que as compõem, destacando sua sequência, que pode ser da cabeça para as extremidades ou das extremidades para a cabeça. Os exercícios são feitos em um lado e depois no outro e são repetidos seguindo as indicações.

Indicações culturais

Vídeos

CONHEÇA a Shantala, a massagem para os bebês! Disponível em: <https://www.youtube.com/watch?v=To43ojLH9uo>. Acesso em: 17 ago. 2019.

TUTORIAL: aprenda a Shantala, que traz inúmeros benefícios aos bebês. Disponível em: <https://www.youtube.com/watch?v=LqUuR2nCOdA>. Acesso em: 17 ago. 2019.

Nesses vídeos é possível conhecer a Shantala e alguns exercícios que compõem a técnica, compreendendo os benefícios para o desenvolvimento dos bebês.

Livros

GIANNOTTI, M. A. A. **O toque da borboleta**: massagem para bebês e crianças. São Paulo: Loyola, 2001.

O livro apresenta a técnica de massagem para bebês e crianças denominada "O toque da borboleta", técnica que trabalha com a energia vital do corpo. O nome é uma referência às asas da borboleta, pelos seus toques leves e suaves.

Atividades de autoavaliação

1. A Shantala é uma técnica de massagem para bebês que o médico francês Leboyer conheceu na Índia. Ele publicou um livro sobre a técnica, batizando-a com o nome da mulhercom quem ele conheceu a prática. Analise as afirmativas a seguir relativas à massagem para bebês, avaliando-as como verdadeiras (V) ou falsas (F).
   ( ) O profissional que pretende utilizar a massagem na estimulação essencial precisa compreender e dominar a técnica, conhecer as características e necessidades do bebê, criar vínculo, ter sensibilidade,

ser organizado e estabelecer parceria com a equipe multidisciplinar que participa do atendimento.

( ) É fundamental que o profissional seja criativo durante a execução da massagem, improvise, crie movimentos novos.

( ) A massagem deve ser feita com a criança vestida, principalmente em lugares de clima frio, pois ela precisa estar confortável. Em lugares de clima quente, pode estar parcialmente despida, sendo possível utilizar óleo mineral para lubrificar as mãos do estimulador.

( ) A massagem deve ser realizada sempre no período da manhã e logo após a alimentação, de modo que a criança não esteja com fome e nem sonolenta.

( ) A massagem promove relaxamento e estimula as sensações, melhorando as funções corporais do bebê.

Agora, assinale a alternativa que apresenta a sequência correta de preenchimento dos parênteses:

a) V, F, F, F, V.
b) F, V, V, V, F.
c) V, V, F, F, V.
d) F, F, V, V, V.
e) V, F, V, F, F.

2. A massagem é um recurso essencial nos programas de estimulação. Leia as afirmativas a seguir e assinale aquela que apresenta os benefícios de sua utilização:

   a) Promove a aceleração do desenvolvimento das funções psicomotoras e das funções cognitivas.

b) Estimula a maturação das funções neurológicas e das funções psicológicas superiores.
c) Promove o estabelecimento de vínculos, o relaxamento, o diálogo tônico e melhora as funções corporais básicas.
d) Permite a comunicação tônica, a maturação sensoperceptiva e o desenvolvimento da atenção.
e) Diminui a ansiedade, melhora o tônus muscular, aumentando os automatismos primários.

3. Considere as afirmativas a seguir a respeito da aplicação das técnicas de massagem e classifique-as como verdadeiras (V) ou falsas (F):
   ( ) A massagem deve ser realizada em ambiente tranquilo, livre de ruídos externos, e em silêncio, de modo a promover a audição apenas da respiração do bebê.
   ( ) Para a massagem é interessante utilizar um óleo vegetal, levemente aquecido, que auxilie o deslizamento das mãos sobre o corpo do bebê.
   ( ) O bebê deve ser posicionado no chão, sobre um colchão de espuma bem macio e impermeável.
   ( ) O ambiente deve ser arejado, bem iluminado; no verão, é preciso manter ligado um ventilador, e no inverno, um aquecedor.
   ( ) A sessão de massagem tem início sempre com um banho relaxante em água morna, o que facilita a realização dos exercícios.

   Agora, assinale a alternativa que apresenta a sequência correta de preenchimento dos parênteses:

a) V, V, V, F, F.
b) F, V, F, V, F.
c) V, V, V, V, F.
d) F, V, F, F, F.
e) F, F, V, F, V.

4. McClure afirma que a massagem deve seguir determinada sequência. Levando isso em consideração, assinale a alternativa que apresenta a justificativa para a sequência proposta pela autora:
   a) A massagem deve começar pelos pés do bebê, pois são as regiões do corpo que concentram menor quantidade de tônus muscular.
   b) Inicia-se a massagem pelo peito do bebê, região hipertônica em que a energia concentrada precisa ser diminuída e o relaxamento propiciado.
   c) Parte-se das pernas e pés do bebê, porque são as partes menos vulneráveis de seu corpo, isso permite estabelecer uma relação de confiança e maior aceitação da massagem.
   d) Começa-se a massagem pela cabeça, denominada pela autora como *chacra frontal*, cuidando para não tocar as fontanelas (moleiras), que ainda estão abertas.
   e) Os toques iniciam-se pela face: testa, bochechas, nariz, olhos e boca, parte menos invasiva do corpo do bebê e que desencadeia o reflexo de sucção, promovendo o relaxamento.

5. No atendimento a bebês com necessidades especiais, alguns cuidados precisam ser tomados. Leia as afirmativas, a

seguir, sobre a massagem para esses bebês e classifique-as como verdadeiras (V) ou falsas (F):

( ) Para os bebês surdos, é fundamental que o ambiente seja silencioso, que o mediador evite conversar com o bebê para não distraí-lo, o que facilita a percepção dos toques em seu corpo.

( ) A massagem deve ser acompanhada da nomeação das partes do corpo que são tocadas, o que auxilia na constituição do esquema corporal.

( ) No atendimento a bebês com deficiência física motora, é necessário, antes de iniciar a massagem, consultar um neurologista e um fisioterapeuta para receber as orientações e tomar ciência de possíveis restrições.

( ) Na massagem oferecida a bebês cegos, devem ser utilizados materiais com diferentes texturas a fim de promover diferentes sensações corporais. Além disso, deve ser feita a nomeação de cada parte tocada.

( ) A massagem no rosto do bebê hipotônico melhora o tônus muscular, principalmente na região orofacial, promovendo o relaxamento.

Agora, assinale a alternativa que apresenta a sequência correta de preenchimento dos parênteses:

a) V, F, V, F, V.
b) F, V, V, V, F.
c) F, V, F, V, F.
d) V, F, F, F, V.
e) V, V, F, F, V.

Atividades de aprendizagem

Questões para reflexão

1. Faça uma pesquisa sobre a Shantala, abarcando sua história, a técnica, seus objetivos e sua importância para o desenvolvimento infantil. Produza um texto sobre o assunto. Grave um tutorial sobre essa técnica. Compartilhe com amigos e familiares.

2. Faça uma pesquisa sobre outras técnicas de massagem para bebês em livros, artigos, *sites*, vídeos e revistas – científicas. Entreviste a mãe de um bebê na faixa etária de zero a 2 anos e um profissional da estimulação essencial tendo como tema norteador a utilização da massagem. Compare e relacione o conteúdo de sua pesquisa e os dados coletados nas entrevistas e, depois, produza um texto reflexivo sobre o assunto. Apresente-o a seus colegas.

Atividades aplicadas: prática

1. Escolha uma técnica de massagem e treine em uma boneca ou em um bebê, realize os exercícios e faça uma filmagem. Depois, assista e analise os resultados. Registre sua experiência e monte um álbum virtual com imagens e relato ou descrição dos exercícios.

2. Pesquise na internet ou em livros a técnica de massagem denominada "o toque da borboleta". Compare seus exercícios com os da Shantala e aponte semelhanças e diferenças, além dos benefícios de cada uma. Produza um *podcast* abordando o assunto.

Capítulo 6
A estimulação psicomotora

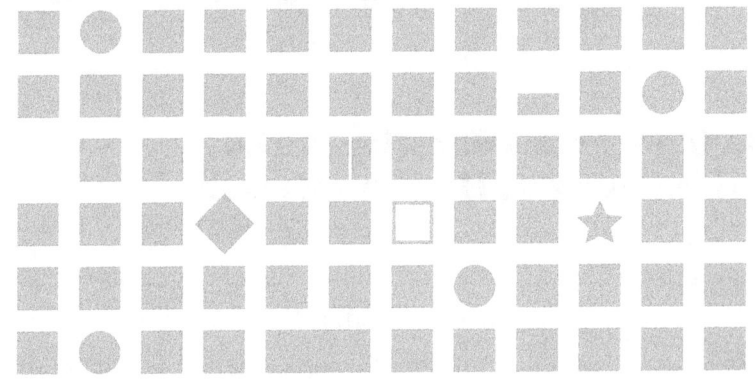

> *"Que a importância esteja em teu olhar, não naquilo que olhas."*
>
> André Gide

Apresentamos, neste capítulo, duas técnicas para estimulação psicomotora. A primeira é proposta por Herren e Herren (1989), organiza-se em dois tipos e subdivide-se em séries. A segunda, por sua vez, foi elaborada por Lévy (2007) e estrutura-se em quatro séries. Ambas são consideradas clássicas na estimulação essencial.

Esses exercícios estimulam o desenvolvimento neuropsicomotor do bebê e podem ser utilizados com bebês de alto risco, com atrasos no desenvolvimento, com deficiências, geralmente após o terceiro mês de vida, mas também com aqueles sem necessidades especiais (NE).

Sua utilização na estimulação essencial é de crucial importância, pois são práticas que trabalham diferentes áreas do desenvolvimento, facilitando esse processo.

A estimulação psicomotora representa a ação principal no processo de intervenção essencial, proporcionando à criança a vivência de atividades que contribuem para seu desenvolvimento integral.

6.1 O programa de estimulação psicomotora de Herren e Herren

O programa de estimulação psicomotora proposto por Herren e Herren (1989) é organizado em dois tipos. O primeiro, cujos exercícios requerem uma mobilização direta do corpo da criança pelo estimulador, denomina-se *estimulação assistida*. Esses exercícios são utilizados para estimular bebês na faixa etária de 4 a 5 meses (primeira série) e de 6 a 7 meses (segunda série). O segundo tipo, chamado *estimulação ativa*, requer uma participação maior do bebê. Isso se torna possível quando ele começa a controlar seus movimentos e os reflexos arcaicos diminuem de intensidade, dando lugar a ações voluntárias e fazendo-o depender menos da mobilização direta do estimulador. Os exercícios desse grupo são indicados para bebês de 8 a 15 meses, organizados em duas séries – de 8 a 9 meses e de 10 a 15 meses –, completando as quatro séries que compõem o programa.

Cabe destacar que as faixas de idade são referências, sendo preciso considerar as características e necessidades específicas de cada bebê. Naqueles com atrasos no desenvolvimento psicomotor elas, não raro, se estendem.

O primeiro passo, nessa proposta, é estabelecer com o bebê um vínculo por meio do contato corporal, da linguagem oral, do olhar e da escuta.

Antes de iniciar o programa de estimulação psicomotora, Herren e Herren (1989) recomendam uma observação do bebê, de seus movimentos espontâneos, de suas reações e de seus hábitos. Essa observação deve ser registrada de modo claro e objetivo, a fim de ser utilizada, posteriormente, como referência para análise da evolução promovida pelo processo. Os autores sugerem, ainda, que se faça um exame psicomotor detalhado, normalmente já realizado pelos responsáveis pela avaliação diagnóstica. Em caso de ausência, é importante que um profissional realize o exame psicomotor para orientar o estimulador.

Tomando por base essa avaliação, elabora-se o programa de estimulação psicomotora mais adequado às necessidades e características da criança, considerando o alto risco, as NE, as deficiências, os atrasos e possíveis restrições.

A seguir, detalhamos os exercícios que compõem essa proposta de estimulação.

6.1.1 Estimulação assistida

Inicia-se a estimulação psicomotora pela primeira série de exercícios, destinada a bebês na faixa etária de 4 a 5 meses; depois, passa-se à segunda série, a qual é aplicada em bebês de 6 a 7 meses.

Os exercícios podem ser feitos sobre uma mesa grande, coberta com um tecido macio e impermeável, ou sobre um tatame ou colchonete, também coberto com material impermeável ou lavável.

Na sala de estimulação, não pode faltar um espelho grande, fixado rente ao chão para possibilitar a visualização por parte do estimulador e do bebê.

Para os exercícios, o bebê deve estar sem roupas, o que facilita seus movimentos e possibilita uma gama maior de sensações táteis e cinestésicas[1]. Além disso, isso possibilita ao estimulador observar melhor os movimentos realizados e perceber possíveis problemas.

Os materiais propostos por Herren e Herren (1989) são simples, brinquedos como chocalhos, aros, mordedores, bichinhos

---

1 Relativo a cinestesia: sensação e percepção de movimento, peso, resistência, equilíbrio e posição, oriundos de estímulos do próprio organismo.

de borracha. Todos esses objetos devem ter cores vivas e contrastantes e formas fáceis para o bebê segurar. É aconselhável também que produzam sons, para chamar sua atenção. A sala deve contar, ainda, com um banco de madeira com um assento largo (cerca de 40 cm a 50 cm).

Algumas considerações dos propositores da técnica são importantes e norteiam a elaboração e a implementação de um programa de estimulação psicomotora:

- É fundamental consultar o médico e o fisioterapeuta para selecionar os exercícios mais adequados, pois algumas condições ou patologias requerem adaptações no programa e/ou cuidados especiais.
- As sessões de estimulação devem ser realizadas em ambiente tranquilo, em horário em que a criança não esteja sonolenta e nem com fome, mas nunca logo após a alimentação.
- As sessões devem ser interrompidas quando o bebê ou o estimulador estiverem doentes e em caso de choro ou recusa.
- Os movimentos devem ser firmes, mas delicados e em amplitudes completas, sendo o toque feito sempre sobre os ossos longos dos membros.
- A atenção do estimulador é fundamental. Ele precisa fazer as solicitações e aguardar as respostas do bebê; considerar os objetivos a serem atingidos; fazer adaptações, levando em conta o ritmo e as necessidades da criança.
- Os exercícios se configuram em jogos sensório-motores, nos quais se desenvolvem esquemas de ação com repetições.

- Os bebês hipertônicos necessitam de relaxamento. Já os bebês hipotônicos precisam de exercícios que provoquem resistência às ações do estimulador e evitem movimentos amplos.
- Quando o exercício exige esforço excessivo da criança, retorna-se ao movimento anterior executado mais facilmente.
- Os pais devem ser orientados a colocar o bebê em diferentes posições: no chão, sobre um tapete, de bruços, de costas, sentado, apoiado em almofadas, de modo que a criança possa observar o que a rodeia.
- O estímulo verbal e a autonomia da criança devem aumentar progressivamente.

1. **Exercícios da primeira série**

   Estabelecimento de vínculo

   Inicia-se a primeira série de exercícios conversando com o bebê, o que deve ser feito afetivamente, com atenção, num tom de voz agradável e com toques seguros. Depois, apresenta-se um aro, suspenso por um barbante na linha de visão do bebê, que deve estar deitado de costas, estimulando-o a olhar para o objeto (Figura 6.1).

Figura 6.1 – Contato inicial

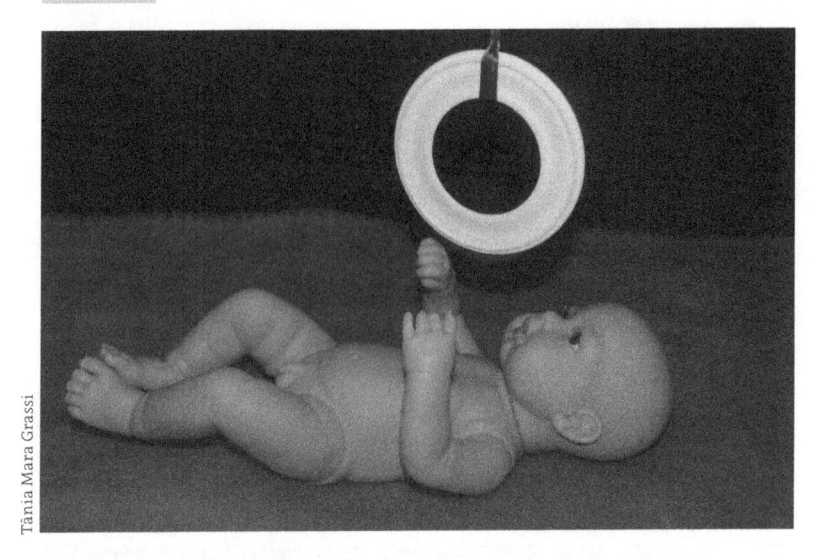

Aproxima-se, em seguida, o aro ou um chocalho da mão da criança, com o objetivo de desencadear a preensão. Quando a preensão direta não ocorre, apresenta-se o aro ou o chocalho contra a face dorsal dos dedos, com o intuito de provocar a abertura da mão. Depois, coloca-se o brinquedo na palma da mão do bebê para engatilhar o reflexo de preensão palmar. O exercício é realizado nas duas mãos.

Relaxamento

Herren e Herren (1989) propõem a realização de exercícios de relaxamento, com a criança deitada de costas, a fim de flexibilizar as cinturas escapular e pélvica, nas quais há hipertonicidade. Esses exercícios podem ser repetidos várias vezes, acompanhados de conversação. Quando há hipertonia, balanceios auxiliam no relaxamento.

A seguir, detalhamos os exercícios que compõem essa série.

a) Extensão dos braços em cruz

Apresentam-se os polegares ao bebê, de modo que ele os segure. Depois, abaixam-se os braços dele lateralmente em cruz, com as palmas das mãos para cima. Volta-se à vertical com as palmas, frente a frente. Cruzam-se os braços sobre o peito, fazendo uma leve pressão que provoca expiração (Figura 6.2).

Figura 6.2 – Extensão dos braços em cruz

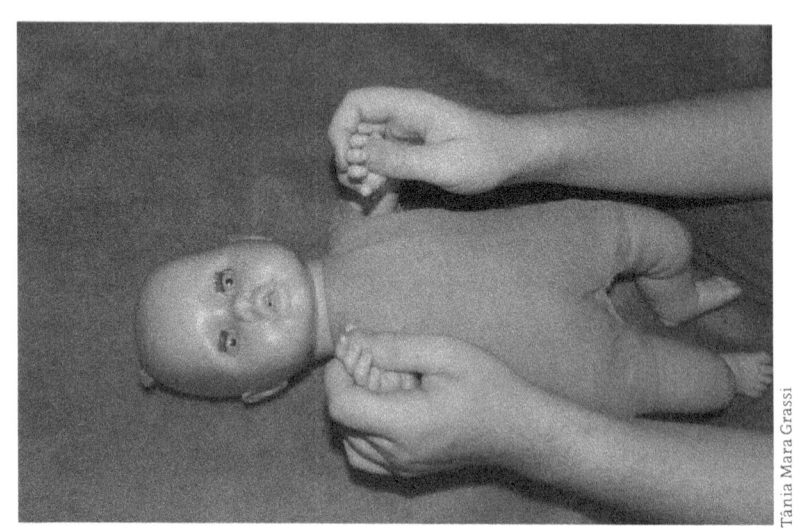

Tânia Mara Grassi

Tânia Mara Grassi

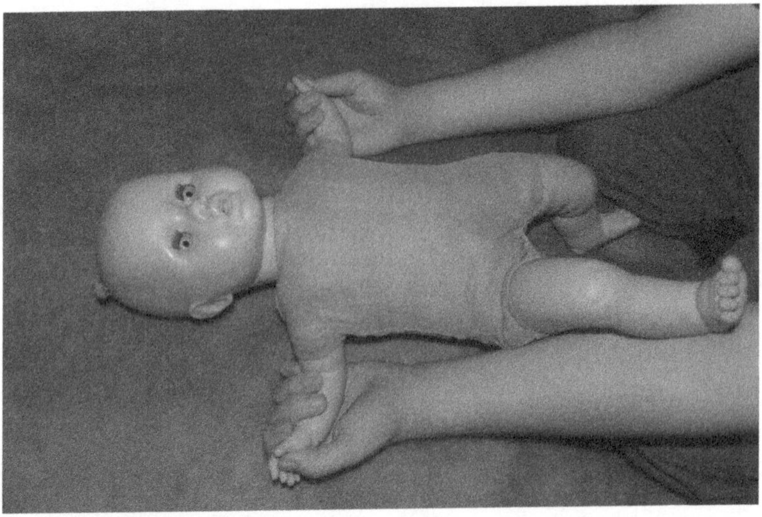

Tânia Mara Grassi

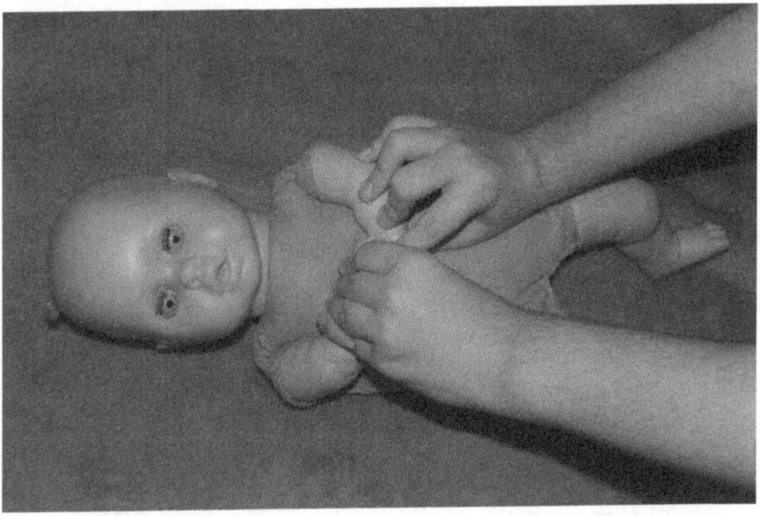

b) O sopro

Sopra-se o rosto do bebê, promovendo relaxamento. A ação também pode provocar risos, surpreender e chamar a atenção.

c) Flexão e extensão das pernas

Seguram-se as pernas do bebê acima do tornozelo, com polegares por cima. As pernas da criança devem ser fletidas em direção ao peito; depois, devem ser suavemente estendidas e, em seguida, flexionadas novamente (Figura 6.3).

Figura 6.3 – Flexão e extensão das pernas

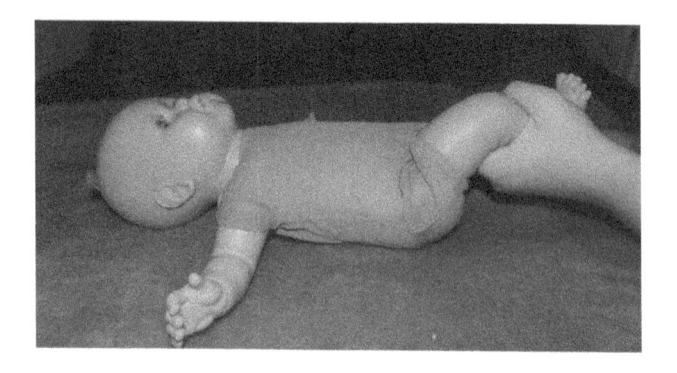

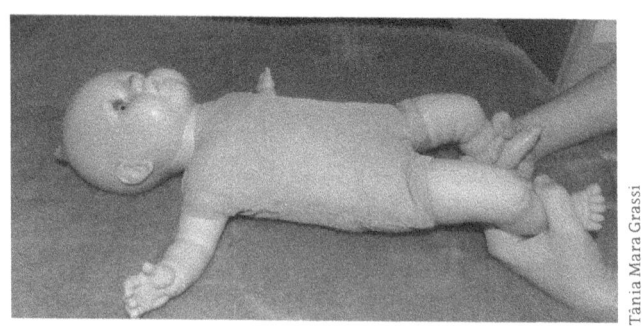

d) Pedalar

Seguram-se as pernas do bebê acima do tornozelo, com polegares por cima. Em seguida, dobra-se uma das pernas sobre o peito e estica-se a outra, como se ele estivesse pedalando (Figura 6.4).

Figura 6.4 – Pedalando

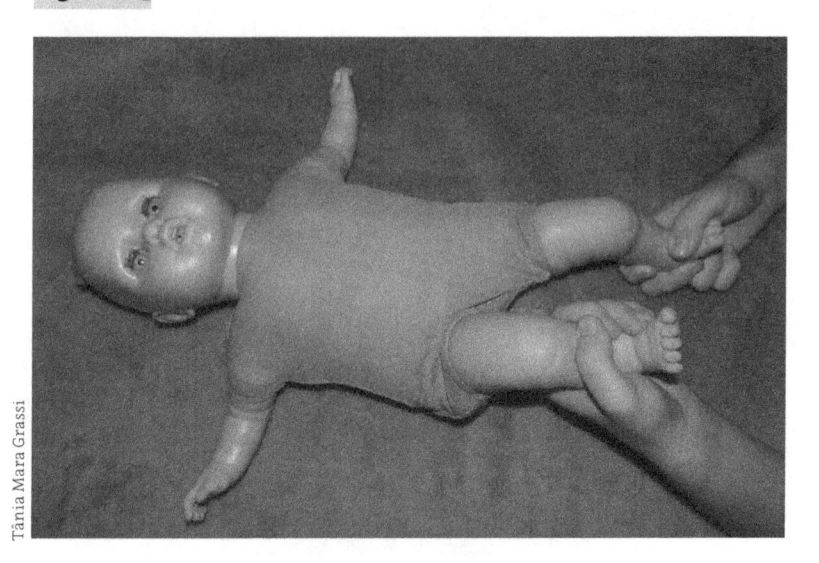

e) Movimentos dos pés

Esses exercícios objetivam fortalecer a musculatura dos pés e dos tornozelos, além de enriquecer as sensações corporais.

Posiciona-se o bebê lateralmente, com a cabeça voltada para o cotovelo esquerdo do estimulador. Segura-se a perna do bebê, meio dobrada, com a mão esquerda (Figura 6.5). Com a palma da mão direita, toca-se a planta do pé, flexionando-a e estendendo-a no eixo do tornozelo, sem forçar. Realiza-se um movimento circular de dentro para fora e de fora para dentro com o pé, liberando-o a cada três exercícios. Essa liberação tem por objetivo provocar o que Herren e Herren (1989) chamam de *reação circular*, que possibilita a iniciativa do bebê.

Figura 6.5 – Reação circular

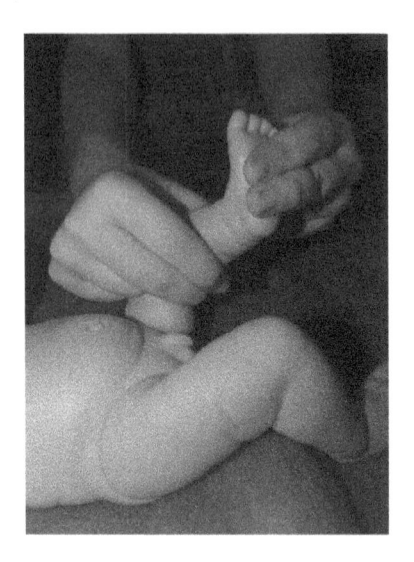

Tânia Mara Grassi

Eixo corporal

Realizam-se movimentos que requerem as reações de endireitamento da cabeça e do tronco, com deslocamentos no espaço; e, também, a coordenação visual, as reações labirínticas e as atividades posturais e cinéticas.

a) Abdominais com sustentação da cabeça

Envolvem-se com as mãos a cintura e os ombros do bebê, erguendo-o em seguida. Esse movimento suscita sua participação. Ele encurva-se e sustenta a cabeça (Figura 6.6).

Figura 6.6 – Sustentação da cabeça

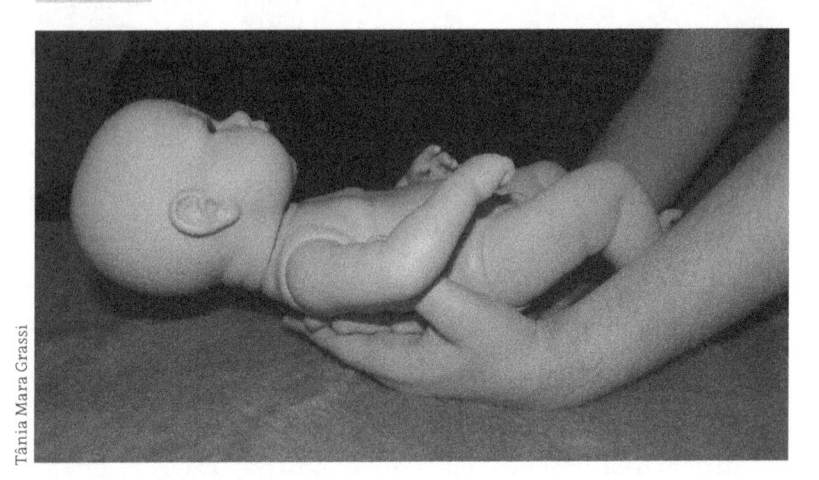

b) Rotação para o lado

Posiciona-se o bebê em decúbito dorsal, mostra-se a ele um brinquedo sonoro para provocar a perseguição ocular e a rotação lateral da cabeça (Figura 6.7).

Figura 6.7 – Rotação da cabeça

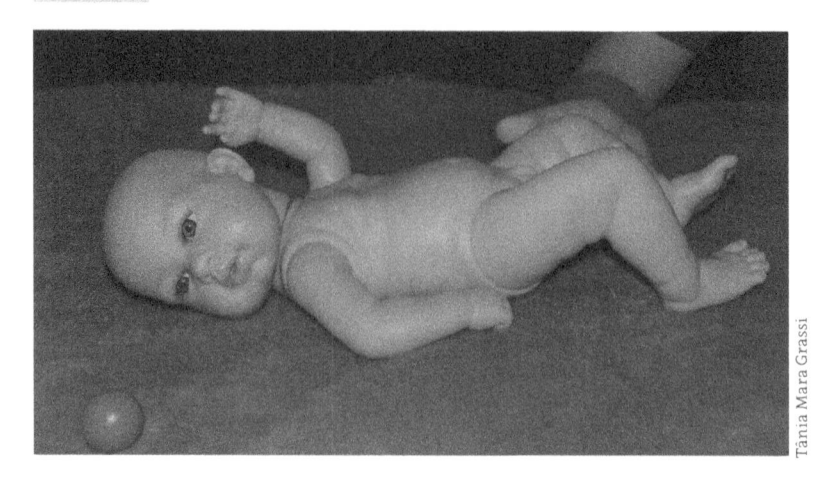

Tânia Mara Grassi

c) Rolamento

Segura-se a coxa do bebê e eleva-se sua perna esquerda, flexionando-a para a frente e passando-o sobre a direita. Isso desencadeia o rolamento (Figura 6.8). Com o brinquedo sonoro, provoca-se nova perseguição ocular no sentido inverso, voltando à posição inicial.

Figura 6.8 – Rolamento

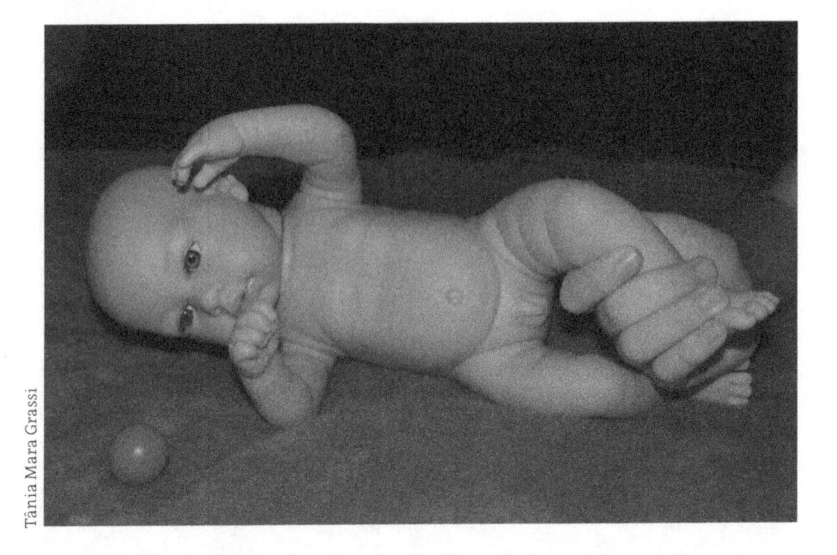

Progressivamente, a criança passa a fazer a rotação da cintura assim que o estimulador esboça o movimento. Deve-se repetir o exercício com o rolamento para os dois lados.

d) Elevação do tronco na vertical

Com o bebê em decúbito dorsal, apoiado sobre os cotovelos, seguram-se suas panturrilhas, com os polegares na parte interna. Elevam-se as pernas da criança, mantendo-as em paralelo, de modo que apenas a parte superior do tórax esteja apoiada sobre a base (mesa ou tatame) (Figura 6.9).

Figura 6.9 – Elevação do tronco

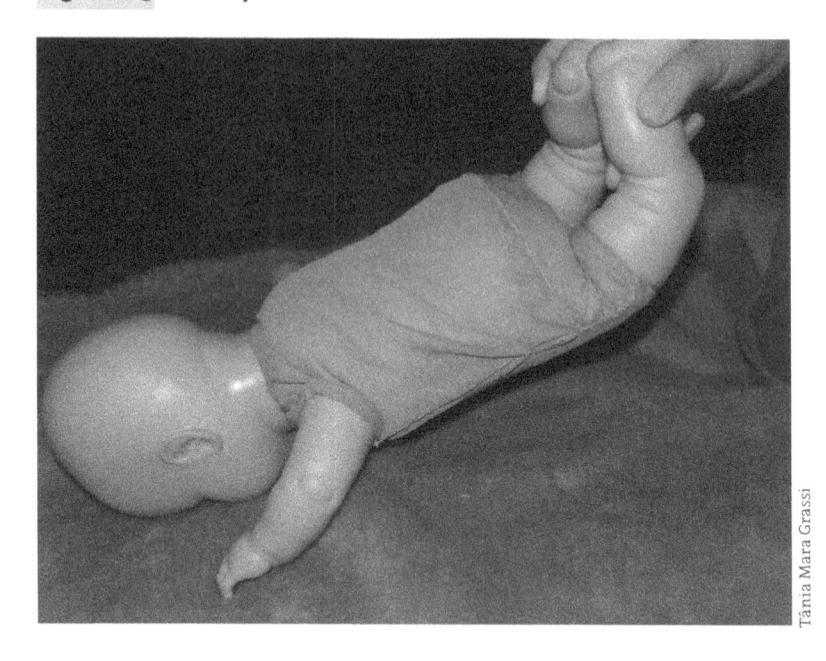

É preciso atentar para não encurvar excessivamente a coluna do bebê, mantendo as costas retas. Após o exercício, deve-se deixar a criança descansar, para, somente depois, repeti-lo.

Bebês hipotônicos podem demorar a elevar a cabeça. Caso haja a flexão dos quadris ou o nariz encoste na base, o estimulador pode provocar uma leve tração em sua direção, inibindo esses movimentos.

e) Dorsais em suspensão

Esse exercício é realizado com o bebê em posição ventral. Segura-se a criança sob o tórax e as coxas, suspendendo-o acima da base, até obter um endireitamento dorsal completo (Figura 6.10). Em seguida, abaixa-se o bebê em direção à base, provocando o apoio palmar, conhecido como reação de proteção (Figura 6.11).

Figura 6.10 – Endireitamento dorsal

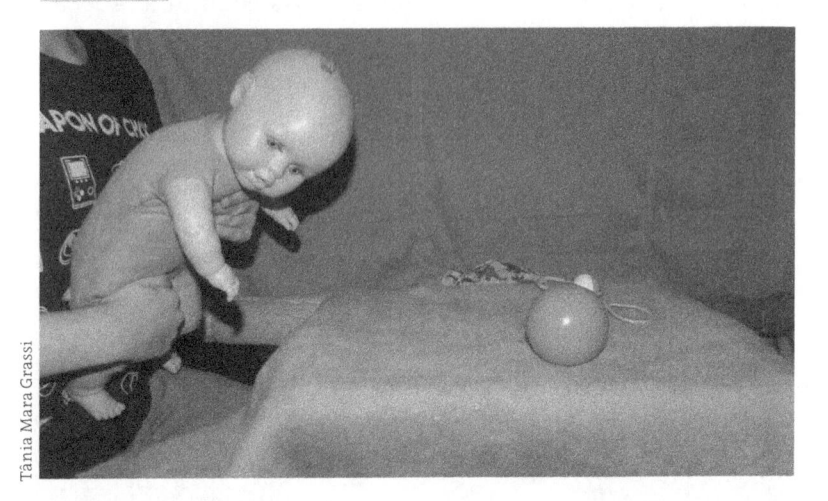

Figura 6.11 – Apoio palmar

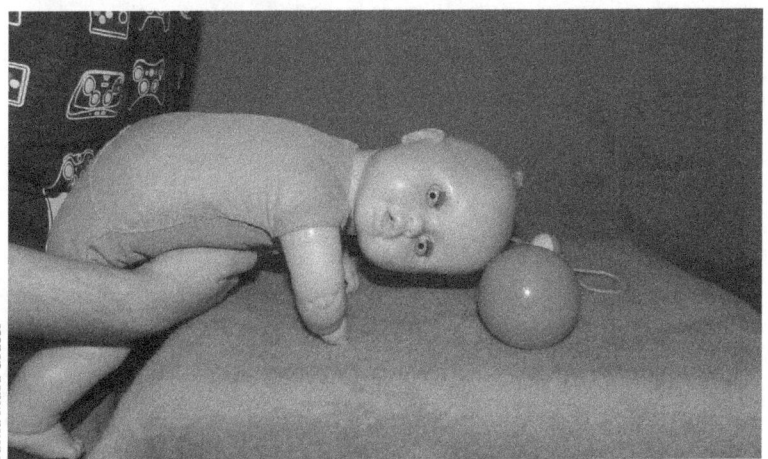

f) Endireitamento sentado

Posiciona-se o bebê de costas, oferecendo-lhe os dedos indicadores para que os segure. Então, estimula-se o bebê a levantar a cabeça e a se sentar. O exercício só é finalizado quando ele se esforça para sustentar a cabeça (Figura 6.12).

Figura 6.12 – Sustentando a cabeça

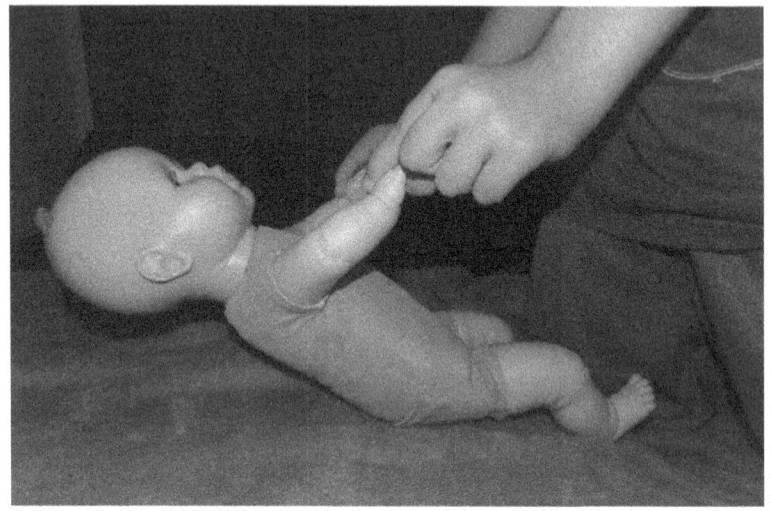

Progressivamente, o bebê alcança maior firmeza e pode dispender maior esforço.
Após deitar o bebê, executa-se novamente o movimento. A repetição e a estimulação verbal do profissional transformam o exercício em um jogo sensório-motor. Bebês hipotônicos podem ser auxiliados com o apoio de uma almofada colocada sob seus ombros. Isso promove a contração muscular do pescoço, facilitando a sustentação da cabeça (Figura 6.13).

Figura 6.13 – Usando um apoio

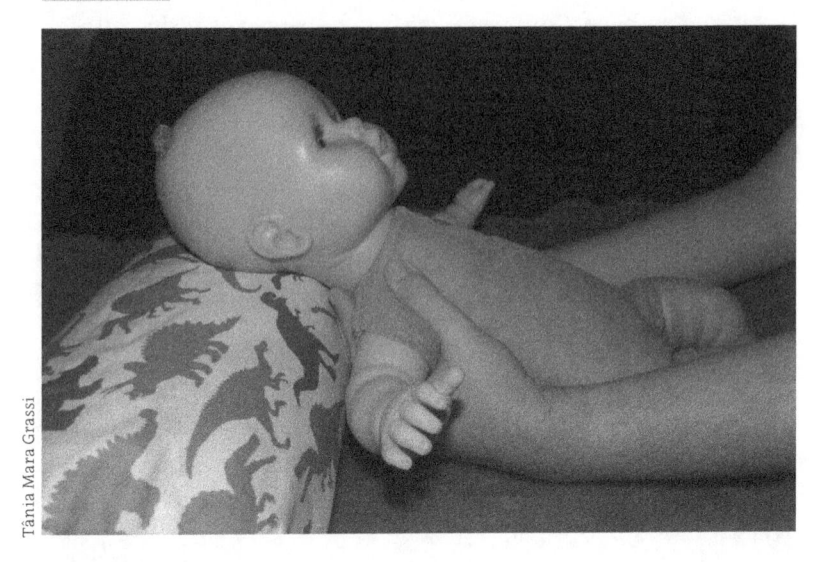

Exercícios da segunda série

Estabelecimento de vínculo

Iniciam-se os exercícios conversando-se com o bebê, sorrindo para ele, estimulando-o através de brincadeiras de esconde-esconde, de cobrir seu rosto, de cantarolar e de repetir seu nome.

Relaxamento

a) Extensão dos braços

Esse exercício possibilita a expansão do tórax e o relaxamento da escápula.
Posiciona-se o bebê em decúbito dorsal e se oferecem a ele os polegares para que os prenda na palma das mãos. Em seguida, elevam-se seus braços; depois, estes são

abaixados ao lado da cabeça e para trás, encostando as mãos na base. Completa-se trazendo os braços de volta, ao longo do corpo, como se no ar se traçasse um semicírculo (Figura 6.14)

Figura 6.14 – Extensão dos braços

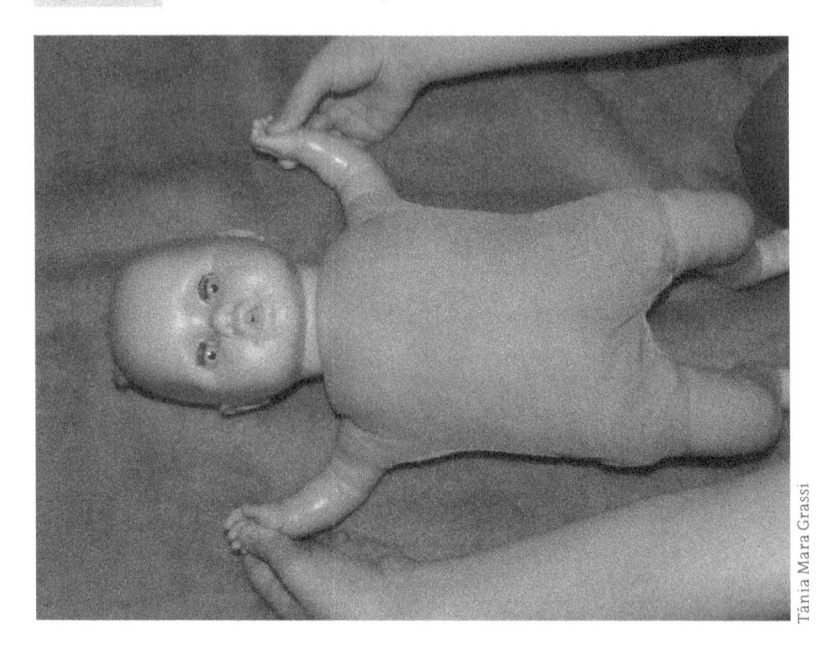

Realiza-se o movimento lentamente e progressivamente, com vistas a promover o relaxamento.

b) Movimento circular do braço

Esse movimento flexibiliza o ombro, atenuando a sincinesias[2] dos membros superiores.

Com o bebê em decúbito dorsal, segura-se sua mão direita, levando seu braço para cima e, depois, para baixo, até a base, em arco. Apoia-se o tronco com a outra mão (Figura 6.15). A cada três ou quatro movimentos, solta-se o braço. Repete-se o exercício do outro lado.

Figura 6.15 – Movimento circular

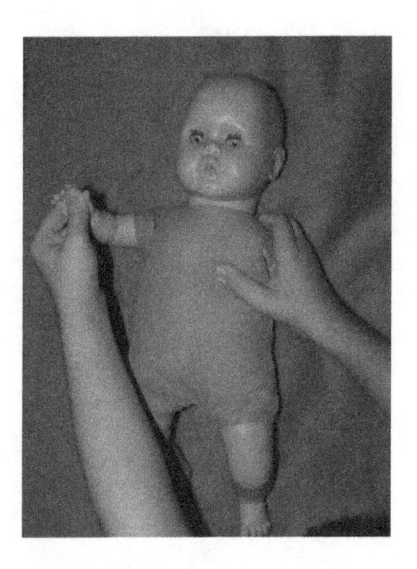

---

[2] Sincinesia: movimento involuntário que acontece em um membro do lado oposto ou numa parte do corpo não envolvida no movimento principal e, portanto, desnecessário.

c) Elevação vertical dos membros inferiores

Esse exercício estimula os músculos do abdômen e das pernas.
Coloca-se a mão esquerda sob as panturrilhas e a mão direita sobre os joelhos. Mantêm-se as pernas paralelas, elevando-as verticalmente e deixando as costas apoiadas na base. Estimula-se o bebê a tocar nos próprios pés, retornando, em seguida, para a posição inicial (Figura 6.16)

Figura 6.16 – Elevação das pernas

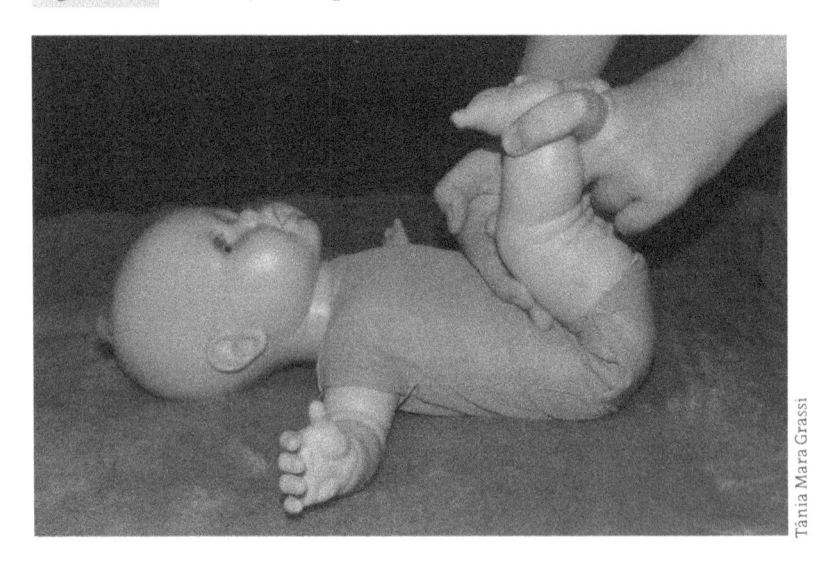

Progressivamente, deve-se resistir quando o bebê passa a abaixar as pernas, estimulando sua participação.

d) Movimentos dos pés

Posiciona-se o bebê de costas, lateralmente, com a cabeça voltada para o cotovelo esquerdo do estimulador. Segura-se a sua perna esquerda, semiflexionada. Provoca-se a flexão dorsal do pé, oferecendo resistência com o indicador colocado em sua planta; bem como a extensão plantar por fricção e inclinações laterais (Figura 6.17)

Figura 6.17 – Flexão do pé

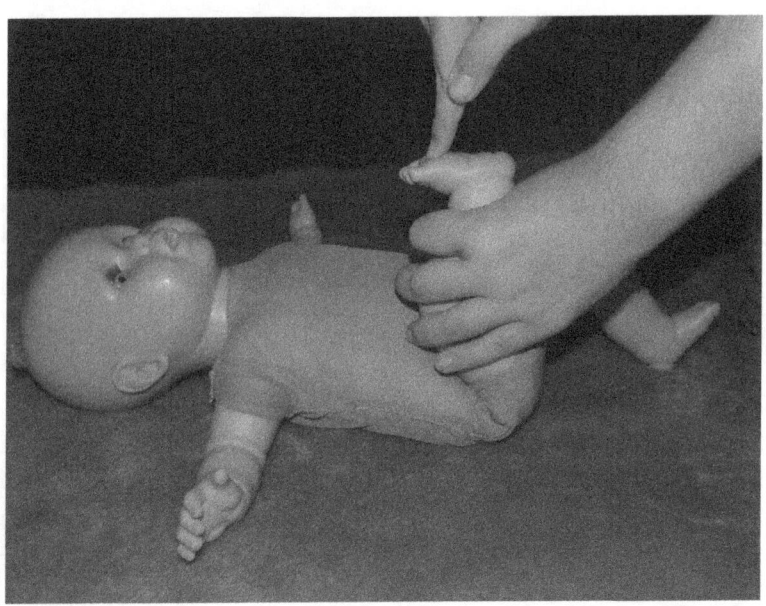

Eixo corporal

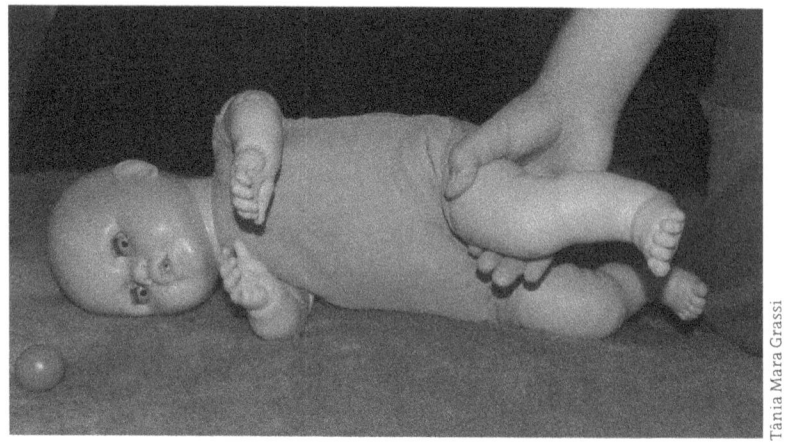

a) Rotação de costas para a posição de bruços

Esse exercício possibilita a retificação da cabeça e do tronco, a rotação do eixo corporal, estimulando os grandes grupos musculares.

Estimula-se o rolamento, como na primeira série, mas agora o movimento termina com o bebê de bruços.

Ele faz uso de sua coordenação visomotora, com acompanhamento ocular, projeção do ombro e do braço para tocar o objeto (Figuras 6.18 e 6.19).

Figura 6.18 – Rotação

Figura 6.19 – Rolamento para posição de bruços

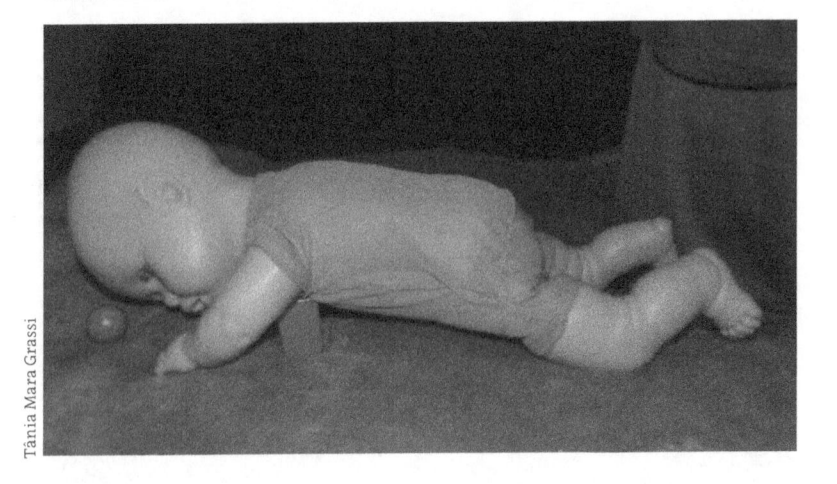

b) Estimulação do plano dorsal

Esse exercício é feito em duas posições: o arqueamento e o avião. Ambos estão descritos na sequência.

Arqueamento

Posiciona-se o bebê diante do espelho, de bruços, estimulando-o a olhar-se. Oferecem-se os indicadores para o bebê segurar, deixando seus braços semiflexionados, com as palmas das mãos para baixo. Em seguida, trazem-se as mãos para trás, até a linha dos ombros. Nesse momento, as omoplatas se aproximam e ocorre a retificação da cabeça e das costas (Figura 6.20). Retorna-se à posição inicial antes de repetir o exercício.

Figura 6.20 – Arqueamento

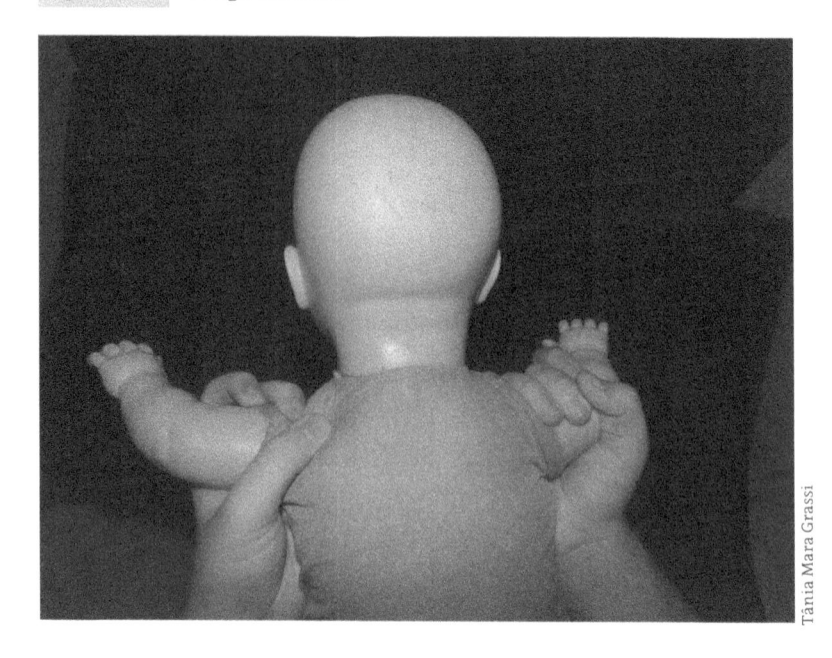

Tânia Mara Grassi

Avião

Movimento cujo objetivo é tonificar a musculatura dorsal.

Posiciona-se o bebê de costas, sustentando-o pelos quadris e pelo peito, diante de um espelho. Em seguida, estimula-se para que erga a cabeça e o tronco, buscando retificação (Figura 6.21).

Figura 6.21 – Retificação

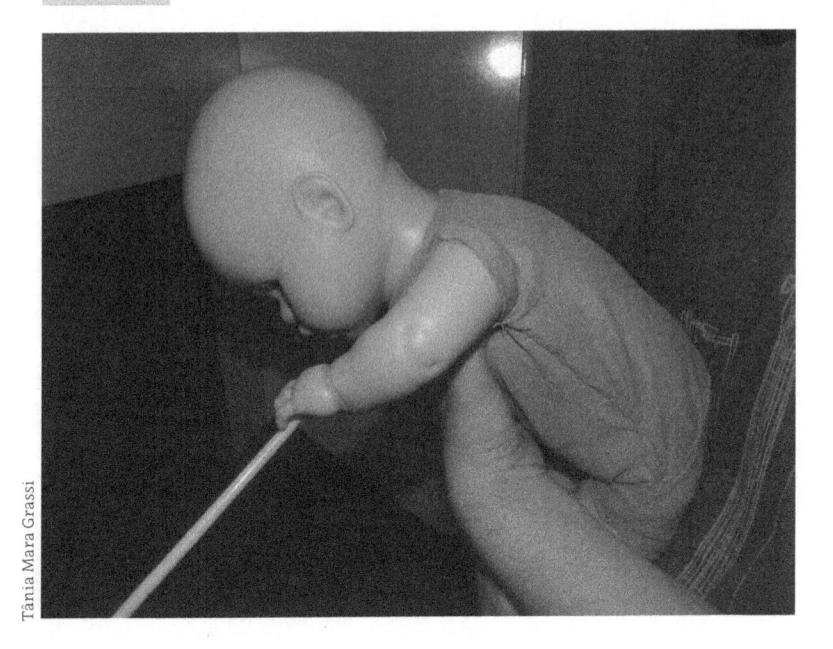

c) Posição sentada

Para a posição sentada, trabalham-se a mudança de posição e o equilíbrio, detalhados a seguir.

Mudança de posição

Deixa-se o bebê deitado de costas para, então, estender-lhe os polegares de modo que ele os segure e se sente, com auxílio mínimo e estimulação verbal (Figura 6.22). Cruzam-se os braços em cruz, em seguida, aproximam-se as mãos. Por fim, deita-se o bebê novamente.

Figura 6.22 – Sentando-se

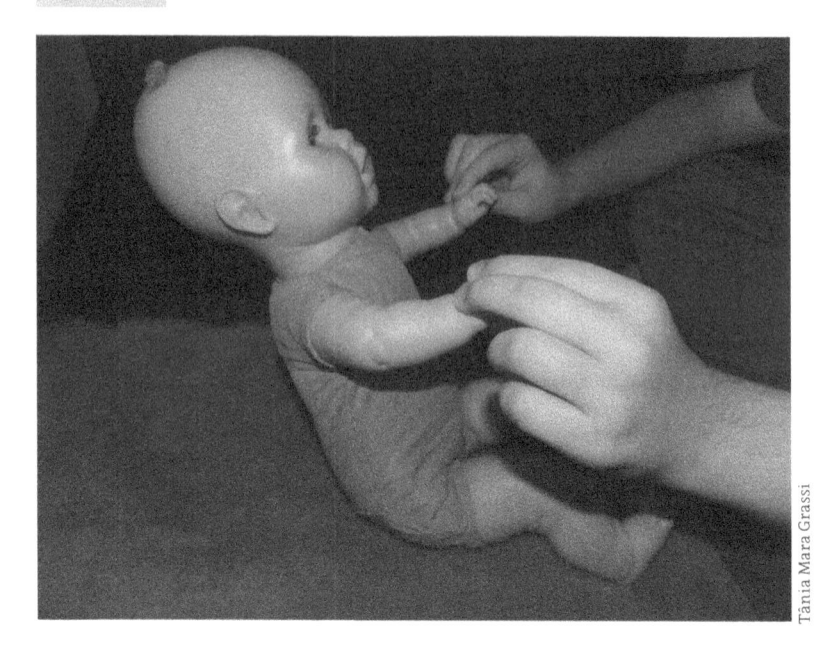

Tânia Mara Grassi

Equilíbrio

Senta-se a criança, dando-lhe sustentação, caso ainda não consiga permanecer sentado sem apoio. Mostra-se à criança um chocalho ou outro brinquedo na linha dos olhos, deslocando-o da direita para a esquerda, de modo que ele o acompanhe virando a cabeça. Em seguida, oferece-se a ela o brinquedo, em diferentes alturas e direções, estimulando-a a tocá-lo com a mão direita e, então, com a esquerda, levantando e virando o tronco (Figura 6.23).

Figura 6.23 – Equilíbrio na posição sentado

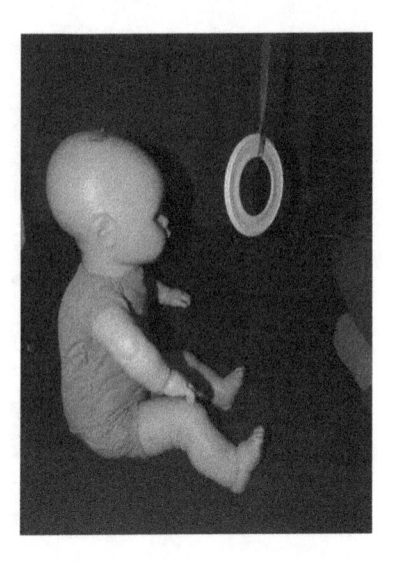

Quando o bebê não consegue permanecer sentado sem apoio, é possível colocá-lo de costas e segurá-lo pelas coxas, dando-lhe equilíbrio, o qual se desenvolve progressivamente.

d) Agachado para a posição em pé

Levanta-se o bebê apoiado pelas coxas, com as pernas flexionadas e de costas. Ele é posicionado de cócoras, com os joelhos paralelos e os pés planos sobre o tampo de uma mesa, na frente de um espelho (Figura 6.24).

Figura 6.24 – Passagem para a posição em pé

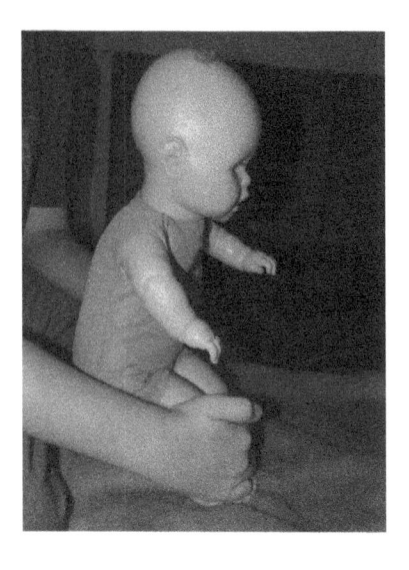

Tânia Mara Grassi

Em seguida, balança-se o bebê para frente, estimulando-o a ficar em pé. Caso ele não consiga, deve-se segurá-lo pelo peito, apoiando-o.

Após cada tentativa, ergue-se a criança, voltando à posição inicial.

Quando o bebê se coloca na ponta dos pés, em resposta à hipertonia dos extensores, proporciona-se seu relaxamento levantando o bebê e reposicionando seu pé sobre a mesa, apoiado nos calcanhares.

e) Sentado para a posição em pé

Esse exercício estimula o equilíbrio.

Senta-se o bebê em um banquinho com os pés apoiados no chão, segurando-o pelas axilas. Apresenta-se à criança um brinquedo de modo que, para pegá-lo, ela precise projetar seu corpo para frente, colocando-se em pé (Figura 6.25).

Figura 6.25 – Passando da posição sentado para de pé

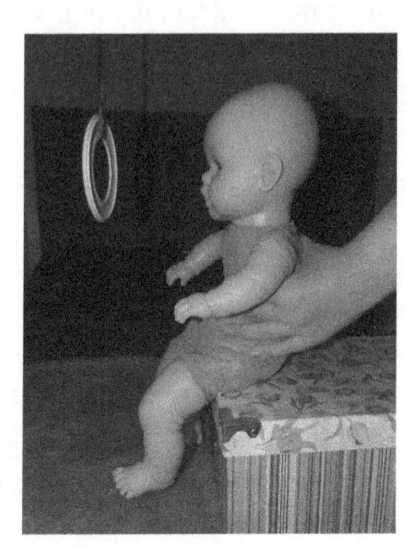

f) Coordenação visomotora

Posiciona-se o bebê sentado sobre os joelhos do estimulador ou deitado de bruços no chão, apresentando-lhe brinquedos sonoros, retalhos de tecidos de diferentes texturas, cubos e peças de encaixe grandes, bolas etc., um de cada vez, estimulando-o a segurá-los até que alcance a preensão em pinça.

6.1.2 Estimulação ativa

Herren e Herren (1989) chamaram essa estimulação de *ativa*, pois a criança, gradativamente, responde às solicitações do estimulador de modo mais independente. Ela age sem precisar de sua constante manipulação direta.

Os exercícios destinam-se a crianças na faixa etária de 8 a 15 meses, organizados em duas séries. Uma para bebês de 8 e 9 meses (terceira série) e outra para bebês de 10 a 15 meses (quarta série).

Antes de iniciar a nova série, é importante observar o bebê, sua evolução motora, sua postura, suas formas de deslocamento, seu tipo de preensão, sua coordenação ampla e fina, sua coordenação visomotora, sua linguagem, sua afetividade, sua sociabilidade, suas atividades exploratórias, suas reações de proteção e equilíbrio, seu tônus muscular, a qualidade de seus movimentos – flexibilidade, harmonia, amplitude, ritmo, mobilização de grupos musculares, por exemplo –, além de seu peso e sua estatura.

Nessa fase, as diferenças individuais se acentuam e o programa de estimulação passa a se organizar considerando-se o perfil de desenvolvimento do bebê. Para um hipoativo e calmo, o processo deve iniciar com exercícios mais finos e, gradativamente, passar para os globais. Já para um hiperativo, desajeitado e impulsivo, exercícios de relaxamento são indicados inicialmente, mas também para todas as vezes em que a agitação estiver presente, por exemplo.

Os programas de estimulação psicomotora são individualizados. Embora os exercícios sejam os mesmos, sua frequência e sua sequência são diferentes, bem como sua adaptação e os modos de interação com o estimulador.

Os materiais sugeridos pelos propositores da técnica para utilização nessas séries de exercícios são: um colchonete ou tatame grande, coberto com material impermeável; uma bola de Bobath, bola suíça ou de praia resistente, de 40 cm, uma de 60 cm e uma de 100 cm; um banquinho de madeira baixo com tampo de cerca de 50 cm e altura de aproximadamente 20 cm. Também indicam brinquedos e objetos variados colocados em uma caixa de tamanho pequeno (caixa de sapato, por exemplo) com tampa; potes plásticos com tampas de encaixe e de rosquear; brinquedos sonoros; brinquedos pedagógicos e industrializados (cubos, peças de encaixe grandes, bonecos de pano e de borracha), entre outros.

Os exercícios são realizados sobre um tapete ou tatame, com a criança parcialmente despida, na frente de um espelho.

1. **Exercícios da terceira série:**

    Essa série de exercícios, indicada para bebês de 8 a 9 meses, objetiva estimulá-lo a executar movimentos que mobilizam reações de proteção, retificação e equilíbrio. A intervenção do estimulador é gradativamente menor, visto que o bebê se torna mais ativo. Já a estimulação verbal se intensifica e passa a ser o motor do processo de desenvolvimento.

Estabelecimento de vínculo

a) Manipulação

Apresenta-se ao bebê, sentado no chão, uma caixa de papelão sobre um banquinho, com objetos diversos, estimulando-o a explorá-los (Figura 6.26). Cada objeto será retirado da caixa e ele será estimulado a manipulá-los. Solicita-se ao bebê algum objeto, que coloque dentro de um pote, que solte etc.

Figura 6.26 – Manipulação de objetos

b) Imitação

Estimula-se o bebê a imitar gestos, como palmas, tchau, beijo; a fazer mímicas, como mostrar a língua, estalar a língua, estalar os dedos, soprar, piscar; a imitar sons, repetindo sílabas, palavras, vocalizações etc.

Esses exercícios são realizados com o estimulador e o bebê de frente um para o outro, de modo que este possa observar a face daquele.

c) Conhecimento do corpo

Esses exercícios possibilitam a exploração do corpo e a conscientização corporal. O jogo consiste na ação de esconder e mostrar as partes componentes do corpo do bebê. Inicialmente apresentam-se as partes principais, como olhos, nariz, orelhas, mãos, boca, pés, cabelos, cabeça, dedos; aos poucos, trabalham-se outras partes como barriga, pernas, braços, queixo e tornozelo.

O jogo é acompanhado por músicas, canções infantis e de roda, palmas, nomeação das partes do corpo, toques nas partes do corpo com tecidos e objetos com texturas variadas.

Os autores propõem, ainda, uma atividade complementar na qual se solicita ao bebê, sentado no colo do estimulador (em seus joelhos), que toque com o pé um objeto posicionado em diferentes direções e posições, exercitando as extremidades inferiores.

Movimentos coordenados

Realizam-se exercícios cujo objetivo é desenvolver a coordenação motora ampla, o equilíbrio, as reações de proteção e de retificação, as rotações, o apoio e os deslocamentos no espaço, as quais podem estimular a ação de andar.

a) Mudança de posição – de deitado para sentado e de sentado para virado de bruços

Posiciona-se o bebê deitado de costas, estimulando, na sequência a sentar-se, segurando-o por uma das mãos, chamando sua atenção com um brinquedo. Nesse momento, ele se apoia no chão com a outra mão, de modo a se erguer e se sentar (Figura 6.27).

Figura 6.27 – De deitado para sentado

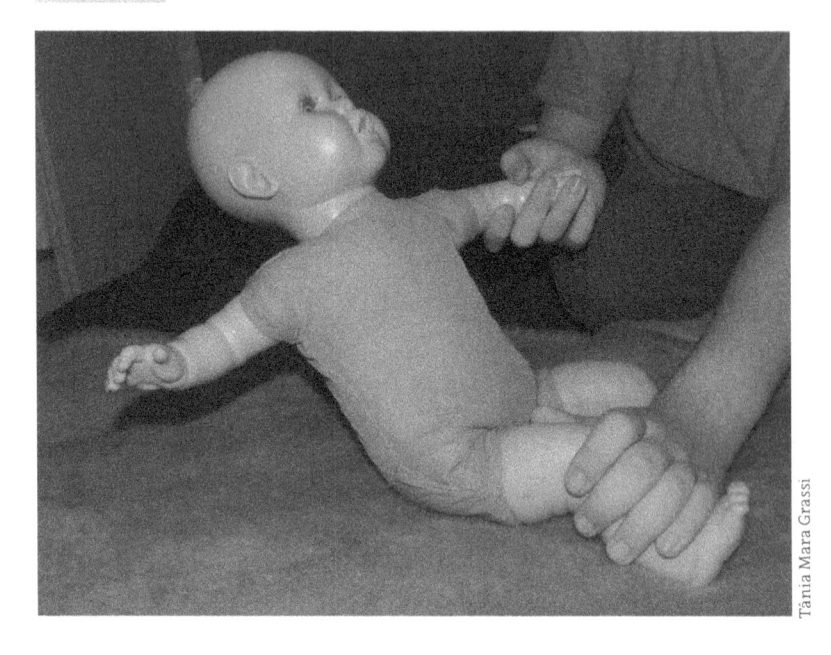

Em seguida, solta-se sua mão, mostrando o brinquedo, causando desequilíbrio e levando-o a virar-se de bruços (Figura 6.28).

Figura 6.28 – Virando de bruços

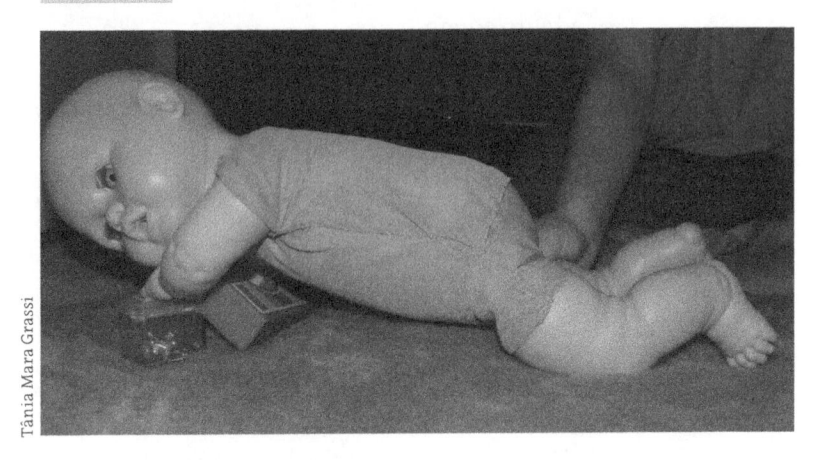

Depois, apresenta-se o brinquedo, quando já está de bruços, estimulando-o a pegá-lo (Figura 6.29).

Figura 6.29 – Pegando objetos na posição de bruços

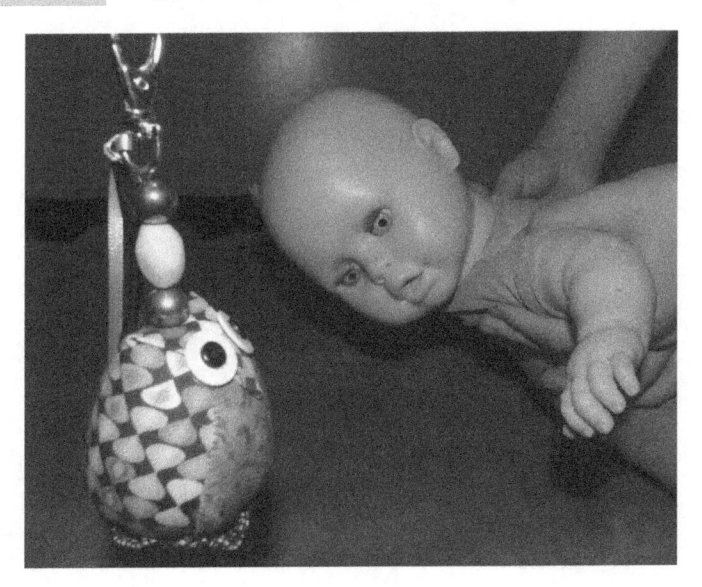

Por fim, volta-se à posição sentada, fazendo o movimento com o outro lado do corpo.

b) Rastejamento

Tal exercício amplia o espaço de exploração e de ação para o bebê, permitindo seu deslocamento antes da conquista da marcha bípede. Exige e estimula o apoio dos joelhos, das mãos e dos braços; a rotação do tronco e o deslocamento de membros superiores e inferiores em padrão cruzado.

Coloca-se o bebê sobre o tatame, de bruços, incentivando-o a pegar um brinquedo deixado próximo a ele, mas fora de seu alcance. Isso exige que se desloque rastejando para alcançá-lo. Para auxiliá-lo, dobra-se uma de suas pernas sobre o corpo de modo que ele se estique para frente, apoiando-se nos joelhos e cotovelos (Figura 6.30).

Figura 6.30 – Rastejamento

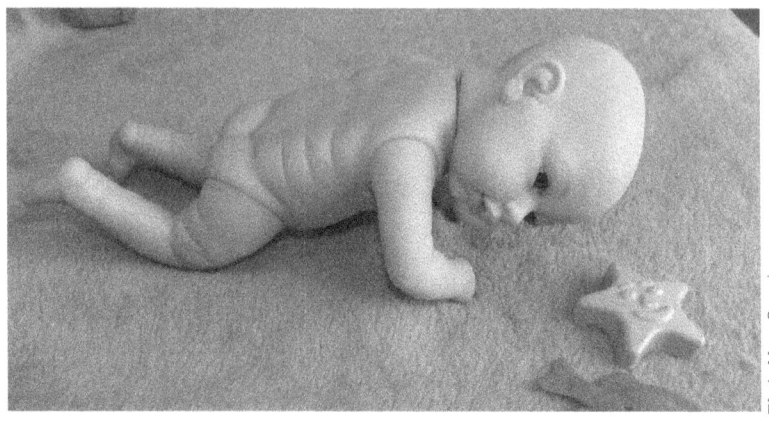

Tânia Mara Grassi

O movimento é realizado com cada uma das pernas e repetido de quatro a cinco vezes.

É importante observar que o bebê rasteja apenas quando consegue se apoiar nos cotovelos e nas mãos.

c) Mudança de posição – de quatro para de joelhos

Objetiva-se, nesse exercício, estimular o equilíbrio e a coordenação dos movimentos dos quadris.

Coloca-se o bebê de frente para o espelho, na posição de quatro, apoiando seus pés entre os joelhos (do estimulador), para evitar que se sente entre as pernas (Figura 6.31).

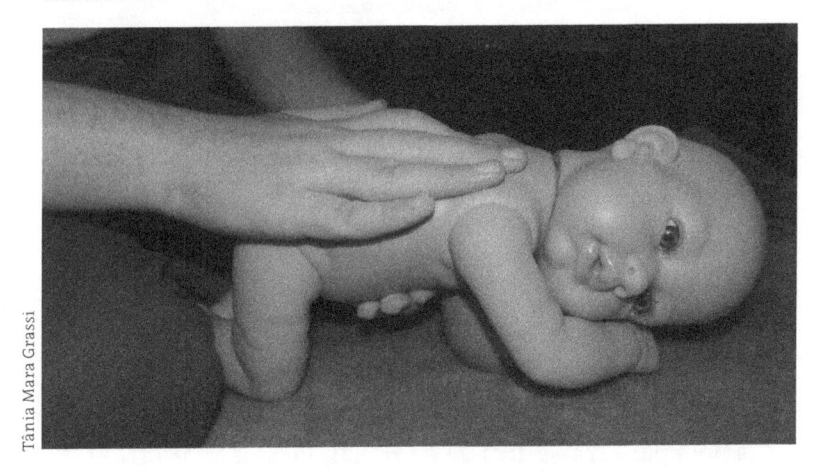

Figura 6.31 – Posição de quatro

Mostra-se a ele um brinquedo, estimulando-o a pegá-lo, apoiando-se nos joelhos e esticando os braços (Figura 6.32).

Figura 6.32 – De joelhos

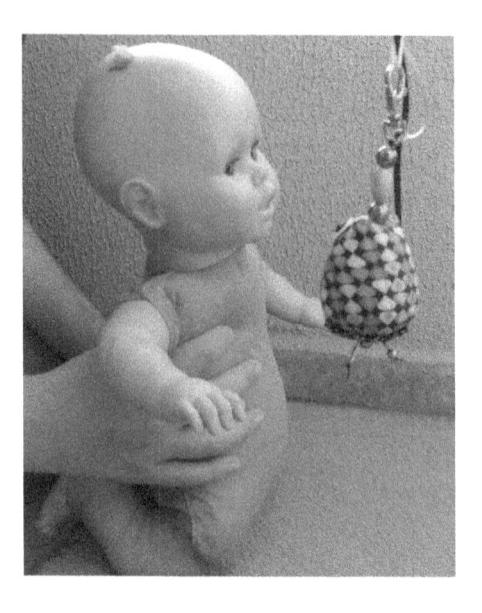

Em seguida, coloca-se o brinquedo no chão, para que ele volte a se posicionar apoiado nas mãos e nos joelhos.

d) Mudança de posição sobre bola – de deitado para sentado

Estimulam-se, através desse movimento, os músculos abdominais e o equilíbrio.

Coloca-se o bebê de costas sobre uma bola de cerca de 60 cm, segurando-o pela cintura (Figura 6.33). Empurra-se a bola para trás, a fim de o relaxar. Puxa-se para frente, de modo a estimulá-lo a levantar a cabeça (Figura 6.34). Inclinando-a mais um pouco, ele senta-se impelido a levantar (Figura 6.35)

Figura 6.33 – Deitado sobre a bola

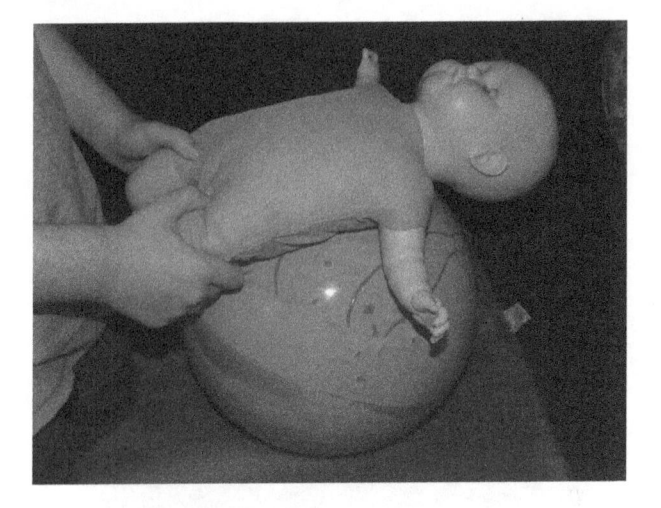

Figura 6.34 – Levantando a cabeça

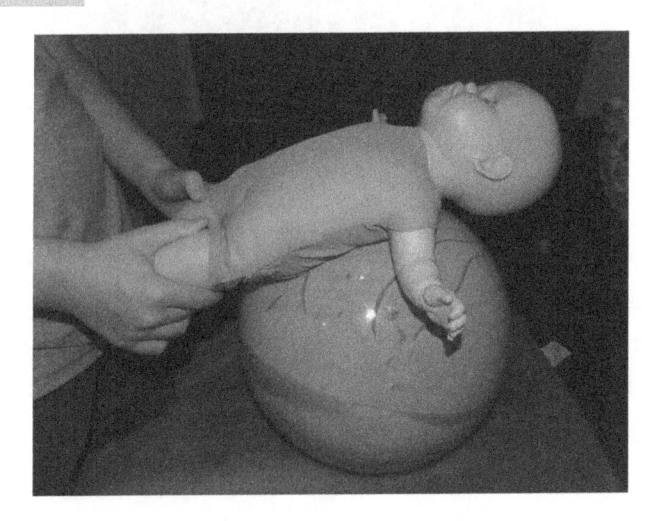

Figura 6.35 – Sentando

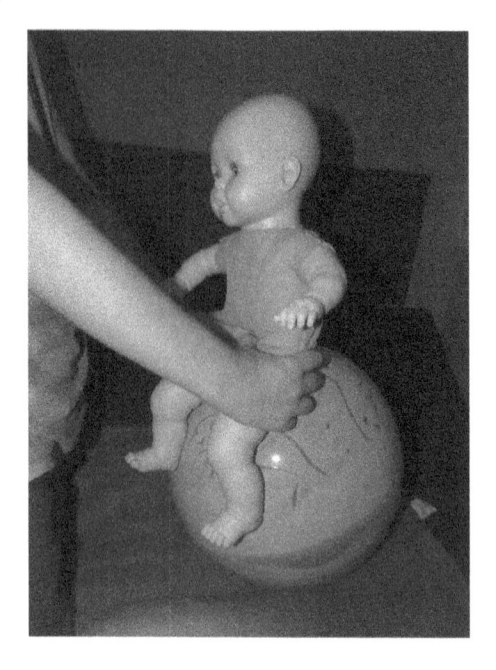

Empurra-se, novamente, a bola para trás, para que o bebê se deite e relaxe.

e) Equilíbrio com bola – ficar em pé com apoio

Coloca-se o bebê, seguro pelos quadris, de modo que suas mãos fiquem livres, deitado de bruços sobre uma bola de 60 cm (Figura 6.36). Em seguida, projeta-se a criança sobre a bola, para a frente e, depois, puxa-se seu corpo para trás. Assim, seus pés tocam o chão, apoiando e retificando o corpo (Figura 6.37).

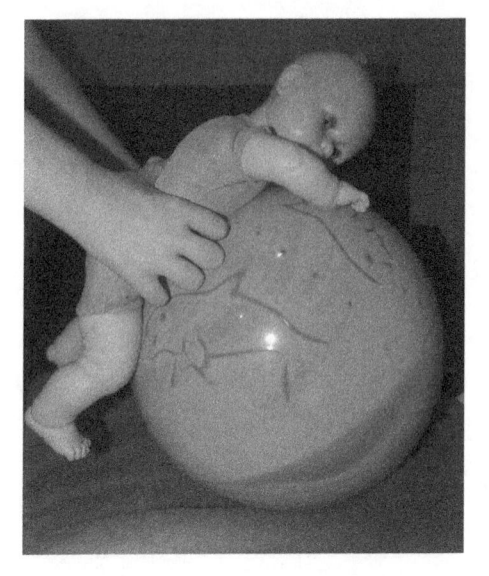

Figura 6.36 – Deitado de bruços sobre a bola

Figura 6.37 – Retorno para a posição em pé

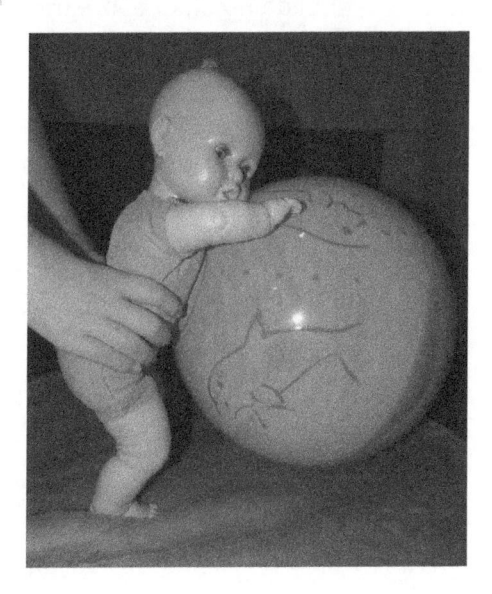

f) Balanceio com bola

Posiciona-se o bebê deitado de bruços sobre uma bola de 60 cm, balançando-o, em seguida. Desloca-se a bola para frente e para trás, para os lados direito e esquerdo. Desse modo, ele vivencia os deslocamentos e é estimulado a buscar apoio, movimentando os pés e dando passos.

2. **Exercícios da quarta série**

A última série de exercícios propostos no programa de estimulação essencial de Herren e Herren (1989, p. 70) é indicada para bebês de 10 a 15 meses. Assim, completa-se o ciclo de estímulos propiciados com o objetivo de desenvolver a coordenação motora ampla e fina, o equilíbrio estático e dinâmico, a modulação tônica, bem como a retificação, elementos necessários para a marcha independente.

A estimulação é realizada no chão, sobre um tapete, tatame ou colchonete em frente a um espelho. Recomenda-se que o bebê esteja parcialmente despido e descalço.

As sessões individuais cedem lugar ao trabalho com pequenos grupos (de dois a quatro bebês) mediados por, pelo menos, dois profissionais, o que enriquece as relações, amplia as interações e a comunicação.

Estabelecimento de vínculo

a) Comunicação

Conversa-se com o bebê, dirigindo-se a ele pelo seu nome e estimulando-o a aproximar-se sozinho, se ele for independente para locomoção.
Realiza-se com ele um jogo em que sua roupa é retirada, mas não totalmente, estimulando-o a concluir a ação, brincando de esconder partes do corpo, nomeando essas partes, bem como as peças do vestuário.
Apresentam-se para o bebê ordens simples, direcionando suas ações, como "Pegue a bola", "Traga a boneca", "Dê tchau", "Mostre a língua", "Sopre".
Brinca-se de esconde-esconde, de jogar uma bola, de montar torres com cubos, de colocar e retirar objetos de caixas, entre outros.
Deve-se, imprescindivelmente, estreitar o vínculo entre o bebê e o estimulador, possibilitando a interação e a comunicação.

b) Jogo com bola

Coloca-se o bebê sentado no chão com as pernas afastadas. Rola-se uma bola de aproximadamente 40 cm até ele, estimulando-o a devolvê-la (Figura 6.38).

Figura 6.38 – Jogando bola

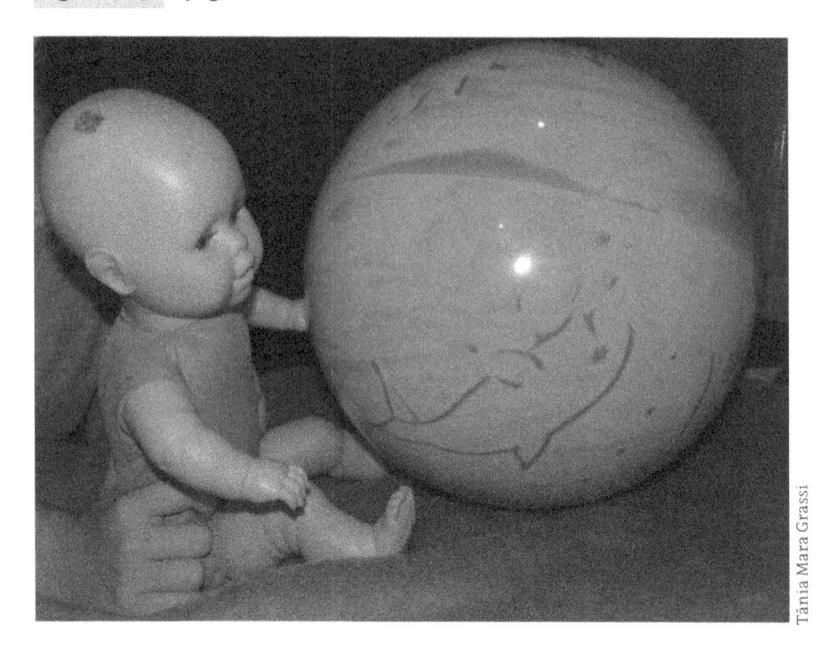

Esse exercício pode ser realizado em grupo, rolando-se a bola ora para um bebê, ora para os outros, estimulando-os a jogá-la de volta.

Coordenação motora ampla

a) Avião

Esse exercício visa estimular a contração muscular do tronco, a modulação tônica e a reação de proteção, esse exercício é realizado.

Posiciona-se o bebê de bruços, sobre uma bola de 40 cm, segurando-o na altura das coxas. Rola-se a bola para trás e, depois, para frente, objetivando que a criança levante o tronco, estenda os braços e apoie-se com as mãos (Figura

6.39 e 6.40). Retorna-se para a posição em pé, na frente da bola, e repete-se o exercício.

Figura 6.39 – De bruços sobre a bola

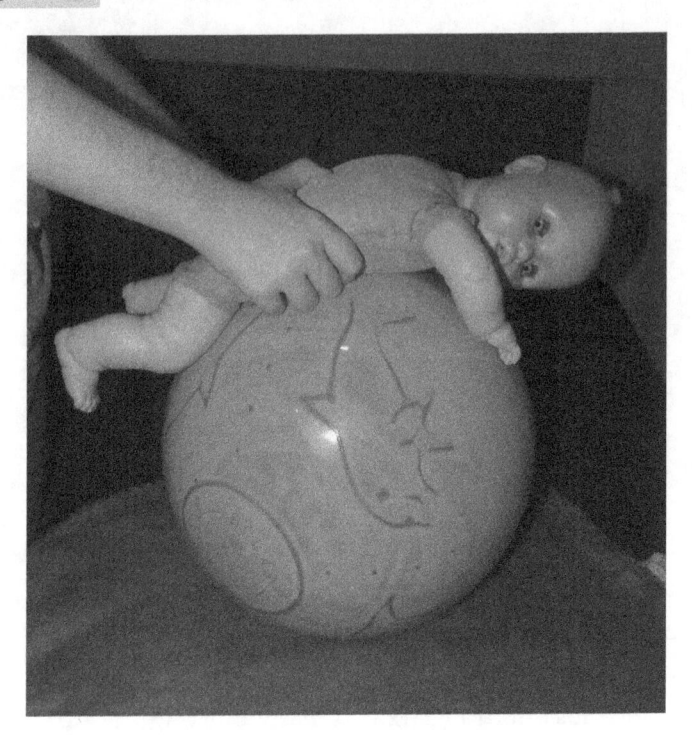

Figura 6.40 – Brincando de avião

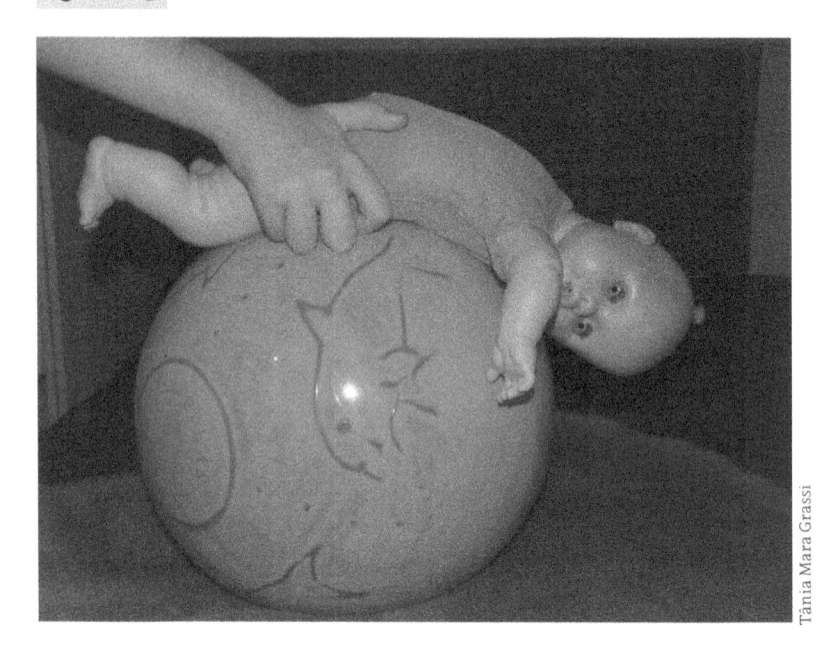

Deita-se o bebê de bruços sobre o colo (do estimulador, que fica sentado em um banco ou cadeira baixa). Segura-se a criança pela coxa, estimulando-a a pegar objetos diversos dispostos no chão, à sua frente, e colocá-los em uma caixa ou recipiente (Figura 6.41).

Figura 6.41 – Pegando objetos

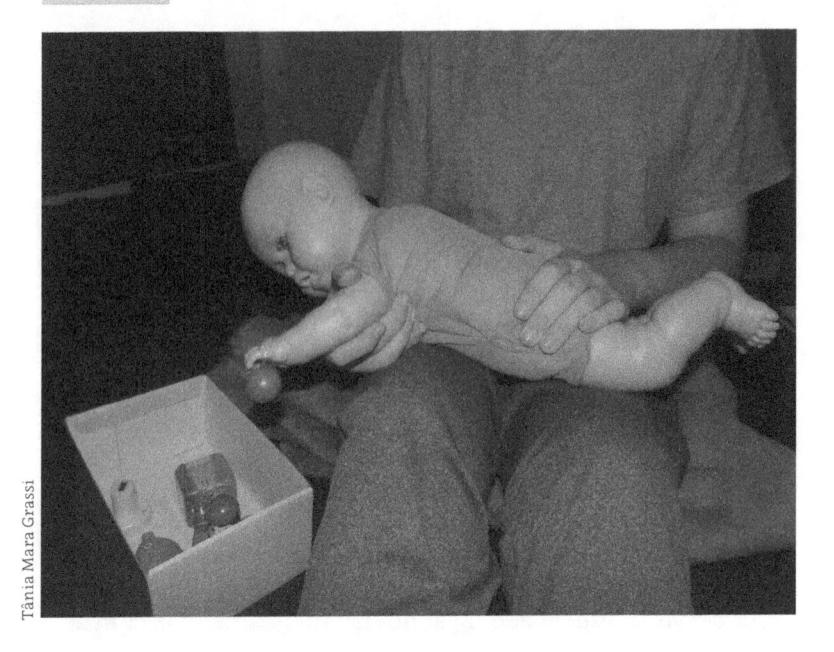

b) Carrinho de mão

Nesse movimento, trabalha-se a musculatura das costas, do peito, do abdômen e dos braços.

Segura-se o bebê no colo, pelas coxas, em posição ventral, inclinando-o de frente em direção ao chão de modo que ele se apoie sobre os braços e levante a cabeça.

Em seguida, levanta-se um pouco mais as pernas (Figura 6.42).

Figura 6.42 – Brincando de carrinho de mão

É possível que o bebê faça movimentos de andar com as mãos, mas não deve ser forçado a isso.

c) Malabarismo

Trabalha-se, nesse exercício, a musculatura do abdômen e a coordenação visomotora.
Deita-se o bebê de costas com as pernas levantadas em paralelo, coloca-se uma bola de 40 cm sobre seus pés, solicitando que bata nela com eles. O bebê faz uma pedalagem com a bola (Figura 6.43).

Figura 6.43 – Pedalagem

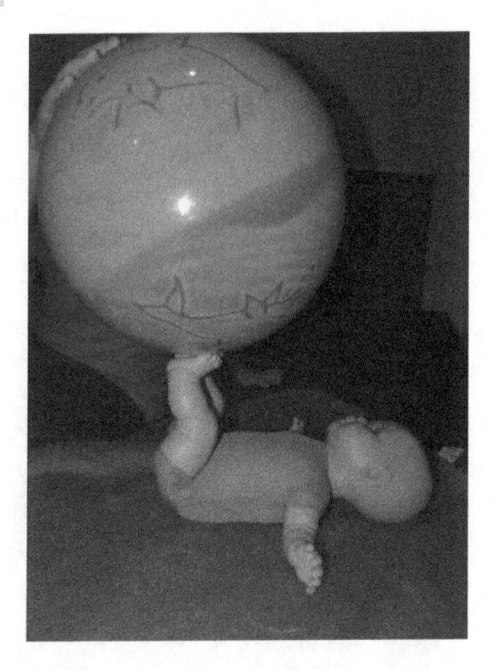

d) Equilíbrio na posição sentado

Senta-se o bebê sobre uma bola de 60 cm, em frente ao estimulador, que o segura pelos quadris e, depois, pelas coxas, observando a manutenção do equilíbrio. Realizam-se deslocamentos, oscilações e balanceios com a bola, provocando reações posturais de equilíbrio do tronco e dos membros superiores e inferiores (Figura 6.44).

Figura 6.44 – Experimentando reações de equilíbrio

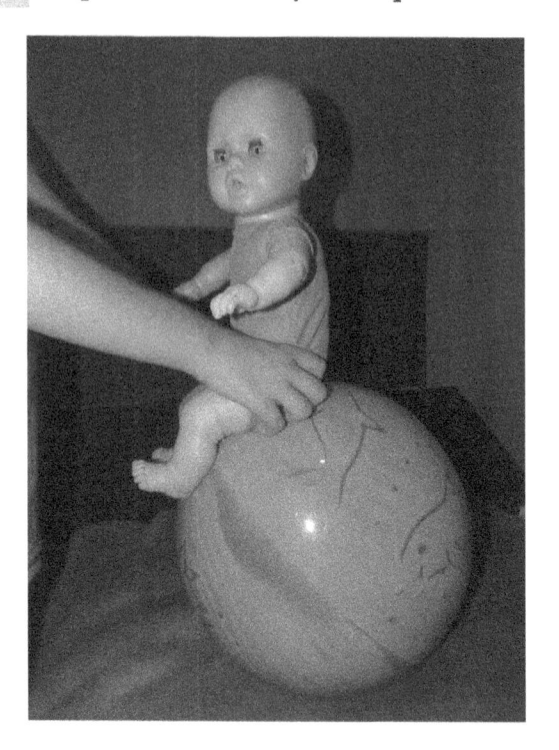

Posiciona-se o bebê sentado no colo do estimulador, de frente para ele, com as pernas abertas e seguro pelos joelhos (Figura 6.45). Realiza-se o jogo de cavalgada em ritmo lento e médio. Esse movimento depende das características do bebê, que deve estar com as mãos livres para conseguir o equilíbrio.

Figura 6.45 – Cavalgando

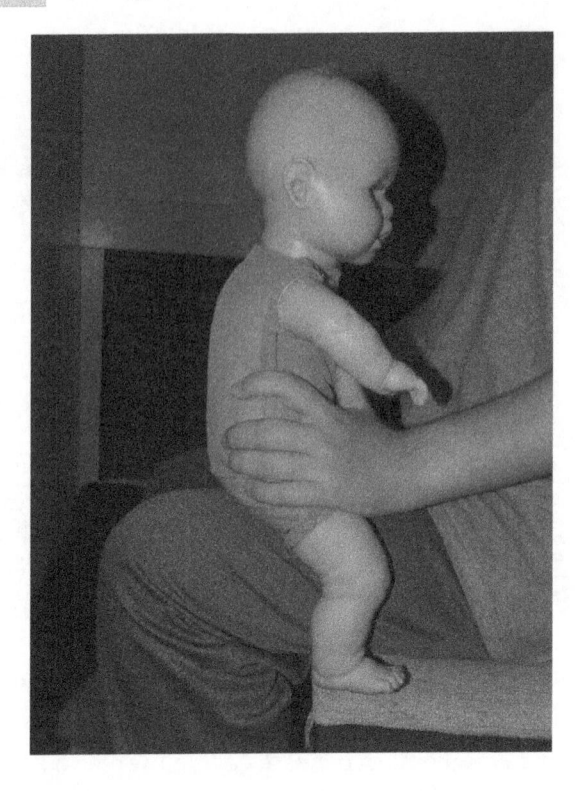

Posiciona-se o bebê sentado sobre um tapete pequeno que será arrastado, lentamente, a fim de provocar reações de manutenção do equilíbrio e da postura, configurando um jogo (Figura 6.46).

Figura 6.46 – Jogo do tapete

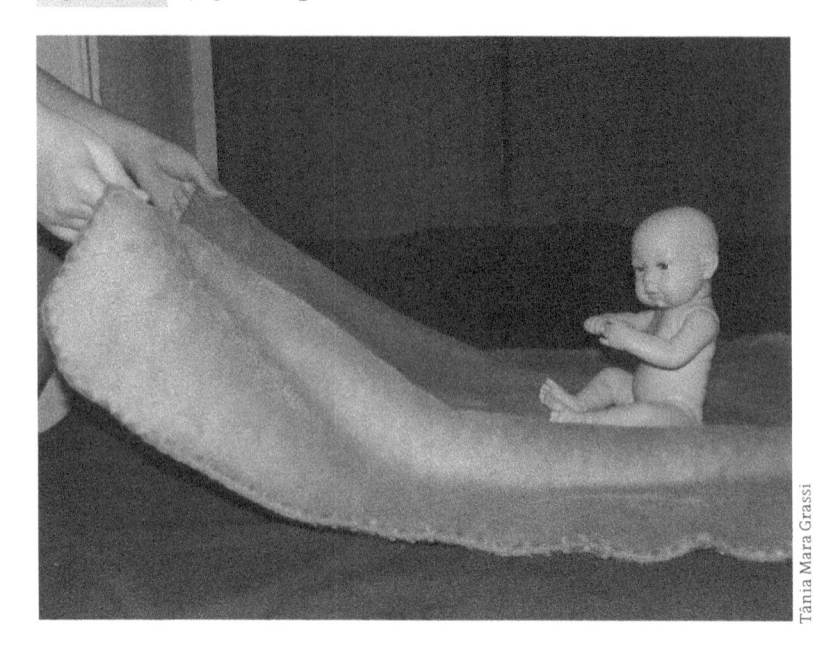

Tânia Mara Grassi

Senta-se o bebê no chão e apresenta-se a ele uma bola de 40 cm, posicionando-a acima da cabeça e incentivando-o a bater nela. O objetivo, nesse caso, é manter o equilíbrio e a postura, além de aprimorar a coordenação visomotora (Figura 6.47).

Figura 6.47 – Batendo na bola

e) Circuitos

Esses exercícios estimulam a coordenação motora ampla e fina, o equilíbrio e a organização espacial, alongam os músculos e flexibilizam o tônus e as articulações. Trabalha-se uma atividade de cada vez. Progressivamente, montam-se circuitos integrando as atividades em um percurso, o que pode ser feito individualmente ou em grupos de dois a quatro bebês. Os movimentos são variados, por exemplo: engatinhar atrás de uma bola, rastejar por baixo de uma mesa ou de uma cadeira baixa, subir em almofadas ou banco baixo, percorrer um túnel de tecido (centopeia), retirar objetos de um cesto, colocar objetos em uma caixa, rolar etc. (Figura 6.48).

Figura 6.48 – Circuito

f) Marcha

A postura e o equilíbrio são os focos desse exercício que estimula a coordenação motora ampla e a marcha independente.
Segura-se o bebê pelos quadris, deixando suas mãos livres para se ajustarem aos movimentos corporais. Provocam-se deslocamentos laterais de um dos pés, por meio de balanceios, estimulando-o a dar passos. Projeta-se a perna da criança através de uma rotação

externa do quadril e a movimentação do tronco, apoiado sobre a outra perna, para a frente (Figura 6.49).

Figura 6.49 – Iniciando a marcha

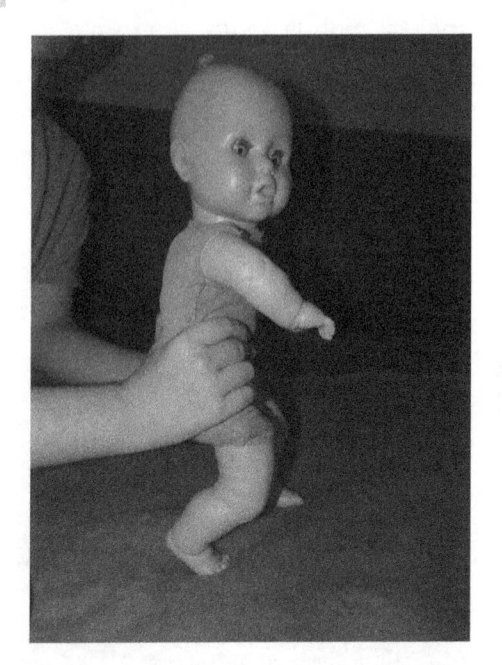

Ergue-se o bebê de frente, estimulando-o a andar de costas e sobre os pés do mediador. Em seguida, ele caminha segurado pelas mãos e, depois, apoiado em um carrinho ou em um móvel.

Corpo e comunicação

a) Sopro

Esse exercício promove a consciência respiratória a fim de que o bebê perceba os deslocamentos produzidos pelo ar, através do sopro, bem como as partes do corpo envolvidas nessa ação.

Com o bebê sentado no chão, sopra-se em suas mãos, em seu rosto, em seus cabelos, em objetos suspensos a sua frente, como um móbile ou um "mensageiro do vento", e em fios ou fitas coloridas presas a um bambolê (Figura 6.50).

Figura 6.50 – Soprando

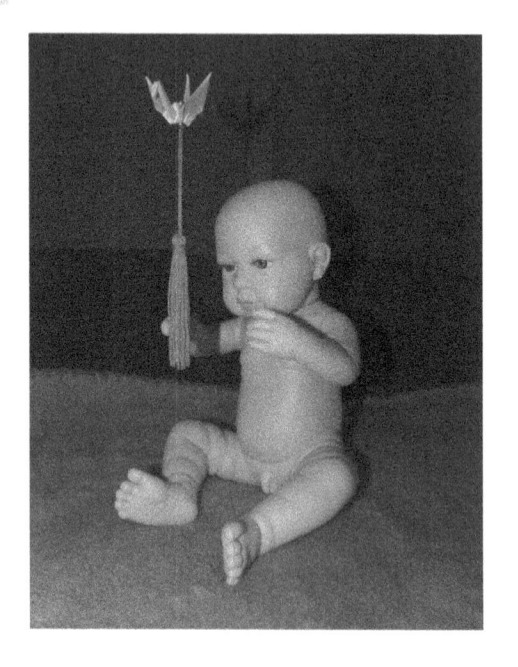

Tânia Mara Grassi

Realiza-se um jogo em que o bebê sopra para movimentar os objetos suspensos, diversas vezes, enquanto demonstrar interesse e se divertir.

b) Argolas

Perceber as partes componentes do corpo e estimular a coordenação motora ampla e fina são os objetivos desse exercício.

Disponibilizam-se, ao bebê, argolas plásticas de cores e tamanhos variados para que possa explorá-las. Incentiva-se a criança a colocá-las e retirá-las de seus braços, pernas, corpo, cabeça, mãos, conversando com ela e nomeando essas partes. Além disso, pode-se encorajá-la a colocar as argolas no corpo do mediador ou de outros bebês, quando o exercício for realizado em grupo; a olhar através das argolas; a jogá-las e girá-las (Figuras 6.51 e 6.52).

Figura 6.51 – Brincando com argolas

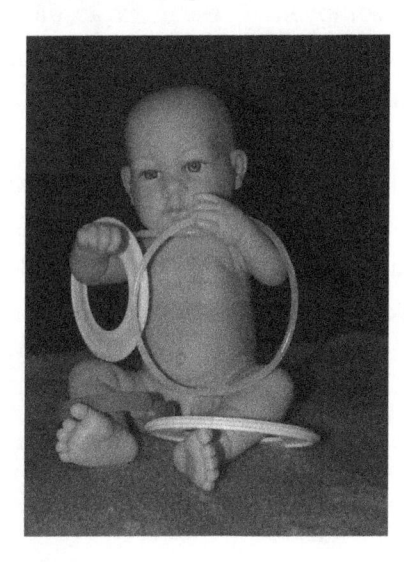

Figura 6.52 – Interagindo com o estimulador

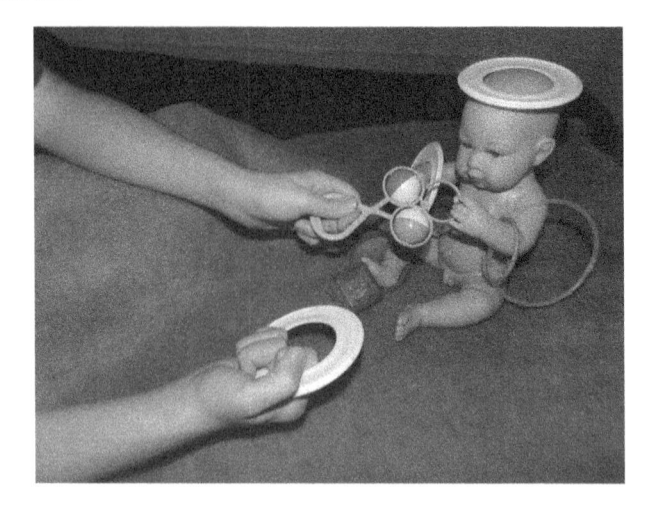

Tânia Mara Grassi

c) Jogos com movimento e canto

Esses jogos promovem a descontração, dão prazer, estimulam a imitação e as sensações, desenvolvem a consciência e o esquema corporal.

Individualmente ou em pequenos grupos, com os participantes sentados no chão, em frente a um espelho, promovem-se atividades diversificadas de canto, acompanhado de movimentação corporal: palmas; estalos de dedos; agitação das mãos; colocar e tirar acessórios, peças de roupas e fantasias, como chapéus, máscaras, bonés, tiaras, casacos, meias etc.; estimular a imitação de caretas, movimentos corporais, produção de sons.

Jogos de esconde-esconde

Com a conquista da noção de permanência do objeto, os jogos de esconde-esconde se tornam atividades interessantes e estimulantes para o bebê.
Incentiva-se, inicialmente, a criança a procurar objetos que estão escondidos embaixo de um tapete, de uma toalha ou de uma almofada, deixando uma parte visível. Progressivamente, os objetos são totalmente escondidos. Então, estimula-se ao bebê a esconder os objetos e, depois, a esconder-se e a trocar de esconderijo (Figuras 6.53 e 6.54).

Figura 6.53 – Procurando objetos escondidos

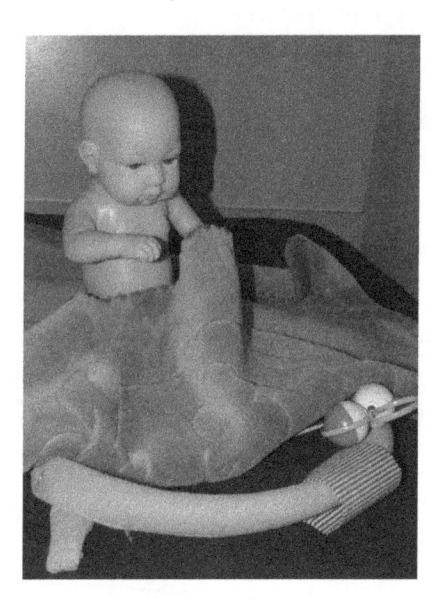

Figura 6.54 – Brincando de esconder-se

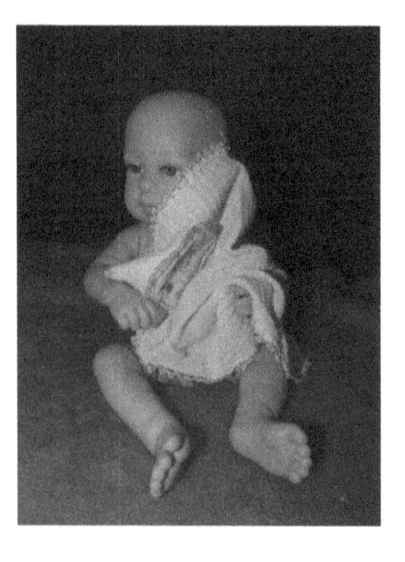

Tânia Mara Grassi

Coordenação motora fina

Oferecem-se ao bebê objetos diversos que possibilitem encaixes, empilhamentos, rolamentos, balanceamento, preenchimento, esvaziamento, deslocamento. Também disponibilizam-se recipientes para colocá-los e retirá-los, enroscá-los e desenroscá-los. Exemplos de materiais a serem utilizados nessa atividade são cubos ou pranchas com botões, zíperes, cadarços, colchetes, torneiras, fechaduras, trincos, maçanetas, interruptores etc.
Esse exercício trabalha a coordenação visomotora e a coordenação motora fina (Figuras 6.55, 6.56 e 6.57).

Figura 6.55 – Empilhando

Figura 6.56 – Pranchas com atividades

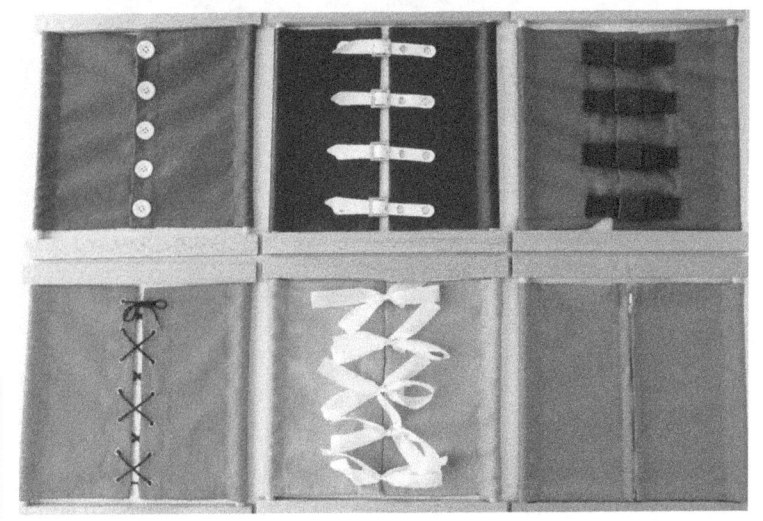

Tânia Mara Grassi

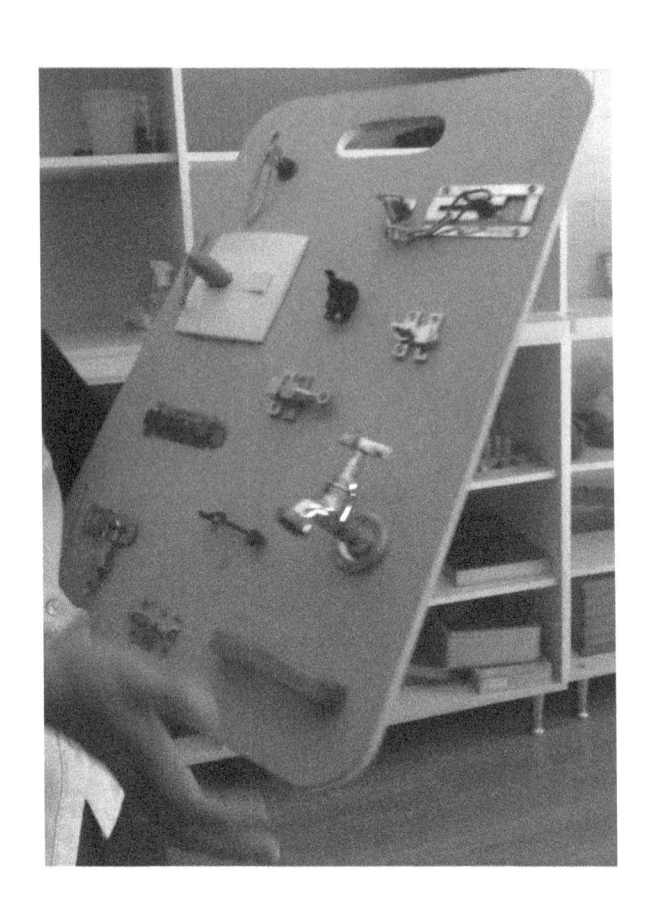

Figura 6.57 – Abrindo e fechando objetos

Recomenda-se, também, aproveitar objetos de vida diária e brinquedos diversos que possibilitem a imitação de ações do cotidiano: escovar os dentes, pentear os cabelos, varrer, cozinhar, dirigir, cuidar de um bebê etc. É importante, ainda, conversar com a criança, nomeando os objetos e as ações.

6.2 O programa de estimulação essencial de Lévy

Partindo do pressuposto de que não basta alimentar e amar o bebê, Lévy (2007) destaca que a falta de estimulação afeta marcadamente o processo de desenvolvimento humano, resultando em atrasos nas funções psicomotoras e psicológicas superiores. Para a autora, as atividades psicomotoras propiciam o amadurecimento do sistema nervoso central (SNC) e o desenvolvimento de suas funções, sendo imprescindíveis para a aprendizagem. Nesta obra e em nosso trabalho prático também adotamos essa visão.

O programa de estimulação por ela proposto está organizado em quatro fases. A primeira, que se estende até os 3 meses, tem como objetivo a descontração, posto que a rigidez muscular está presente e os reflexos arcaicos são bem marcados. Já a segunda, destinada a infantes de 3 a 6 meses, visa preparar o bebê para sentar-se. A terceira, aplicada dos 6 aos 12 meses, por sua vez, é preparatória para o bebê levantar-se e andar, sendo marcada pelo desenvolvimento da coordenação motora ampla, pelo alcance do controle do tronco que lhe permite sentar-se, rastejar, engatinhar, levantar e andar. Por fim, a quarta fase, que contempla crianças de 12 meses em diante, é marcada por jogos sensório-motores, pela coordenação de movimentos que possibilitam ficar em pé e andar sem apoio, para que o infante atinja maior independência.

Cabe aqui ressaltar que não é suficiente apenas executar os exercícios com rigor técnico. O estimulador precisa ter sensibilidade e conhecimento sobre o bebê, para assim ser capaz de escolher e adaptar as atividades e movimentos às especificidades e à evolução psicomotora de cada bebê atendido, estabelecendo vínculo afetivo, conversando, cantando e mediando.

> **Relato pessoal**
>
> Há muitos anos aplico os exercícios que compõem o programa da autora no atendimento de estimulação essencial, fazendo adaptações de acordo com as características e necessidades das crianças em atendimento.
>
> Tive o primeiro contato com este material no início de minha carreira como professora de educação infantil, utilizando-o na prática desenvolvida no berçário. Algum tempo depois, cursando Psicologia, estagiando na pediatria de um hospital, foi possível utilizar os exercícios na estimulação dos bebês hospitalizados, momento marcante em minha formação.

Para a implementação desse programa de estimulação, Lévy (2007) sugere que a sala em que os exercícios são aplicados seja ampla, bem iluminada, arejada e que ofereça conforto ao bebê, com o uso de alguns materiais básicos. A seguir, listamos esses materiais:

- duas almofadas cônicas, uma de 5 cm e outra de 8 cm de altura, revestidas por material impermeável (Figura 6.58);

Figura 6.58 – Almofadas cônicas

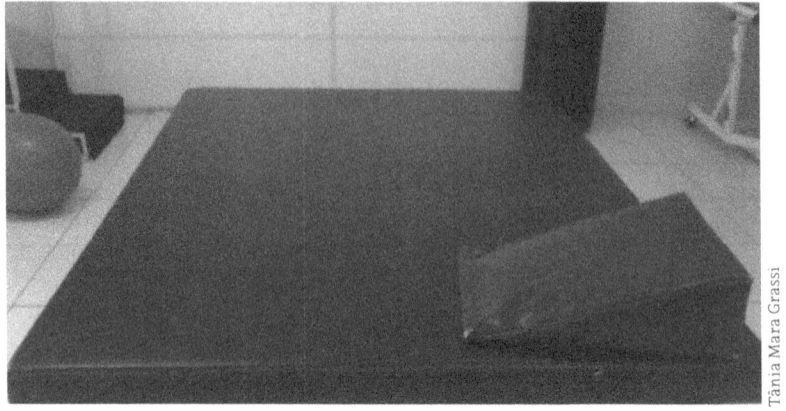

- duas almofadas cilíndricas, uma com 18 cm de diâmetro por 60 cm de comprimento e uma com 25 cm de diâmetro por 1 m de comprimento, revestidas com material impermeável; ou, então, rolos de Bobath (Figura 6.59);

Figura 6.59 – Almofadas cilíndricas

- uma boneca de pano com cerca de 1 m de altura (Figura 6.60);

Figura 6.60 – Boneca de pano

- uma bola grande e leve, de plástico ou outro material leve, como uma bola de praia, ou a bola de Bobath, levemente esvaziada (meio murcha), de 80 cm de diâmetro (Figura 6.61);

Figura 6.61 – Bolas

- dois bastões confeccionados com cabos de vassoura e decorados com fitas coloridas, pequenas sinetas ou guizos;
- um carrinho com alça de direção na mesma altura dos ombros da criança;
- um banco pequeno de 13 cm a 15 cm de altura e com assento de 30 cm a 35 cm de largura;
- um arco ou um bambolê;
- uma escova de dentes oval com cerdas bem finas;
- um espelho grande fixado na parede rente ao chão;
- uma mesa de 1 m por 1,50 m revestida com espuma de 3 cm de espessura e forrada com material impermeável;
- brinquedos e objetos diversos.

6.2.1 Primeira fase de exercícios

A primeira etapa da estimulação psicomotora, nessa proposta, objetiva promover a descontração e o relaxamento muscular, uma vez que o bebê apresenta rigidez muscular e reflexos arcaicos bem marcados.

Esses exercícios foram organizados por Lévy considerando o ritmo inicial da vida dos bebês, determinado pela alternância entre sono e vigília, fome e saciedade, eliminação e higiene. É possível observar características individuais dos bebês relativas ao ritmo biológico, à hipertonia e à hipotonia, à maior ou à menor atividade e vivacidade. No entanto, todos precisam de atenção, cuidados, alimentação, movimento, estimulação, afeto e contato corporal.

A rigidez muscular pode ser observada pela hipertonia das extremidades, na qual os membros superiores e inferiores estão fletidos e as mãos fechadas. Por esse motivo, inicia-se o programa pela descontração.

Na sequência, detalhamos os exercícios que auxiliam na descontração da musculatura do bebê nessa fase.

1. **Descontração**

    O objetivo desse exercício é promover a distensão muscular, o relaxamento e o contato corporal com a bola. Despe-se o bebê, conversando com ele. Em seguida, posiciona-se a criança sobre a bola, deitada de costas. Executam-se batidas leves e regulares na bola ou no corpo do bebê. Isso gera movimentos que possibilitam o relaxamento corporal (Figura 6.62).

Figura 6.62 – Relaxamento sobre a bola

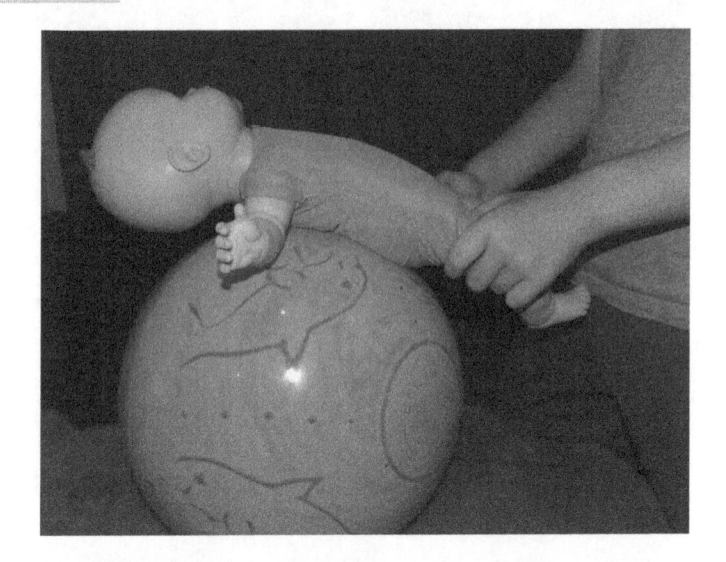

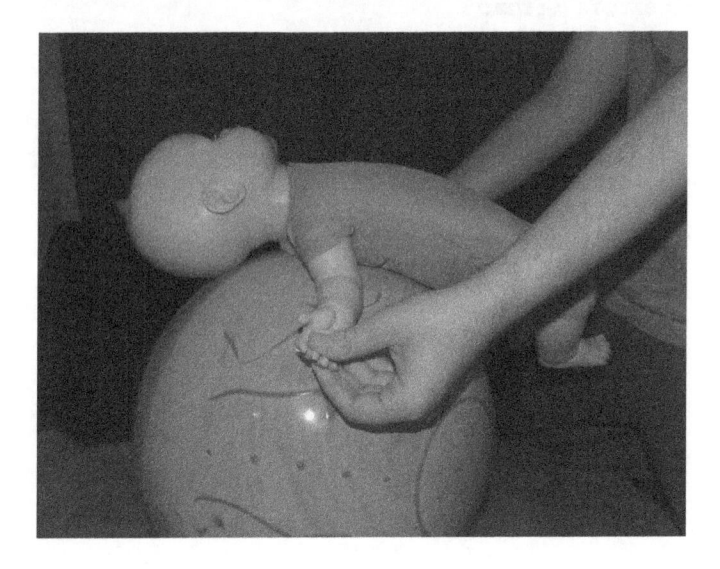

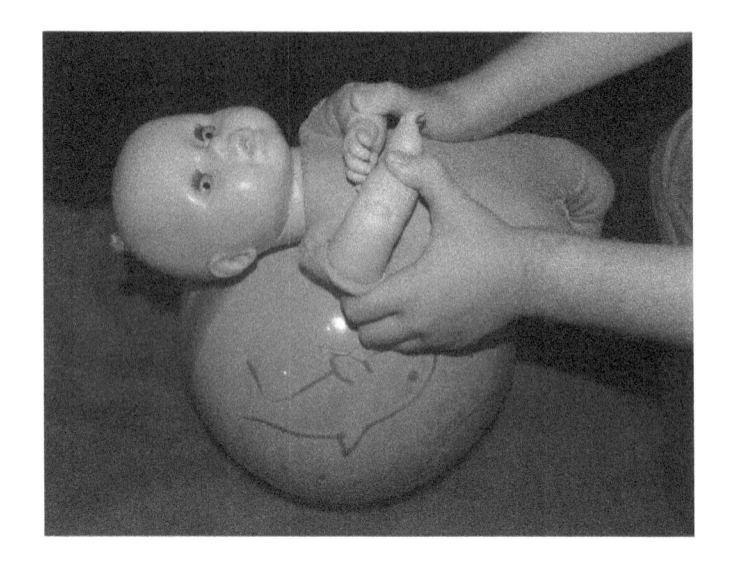

2. **Abertura da mão**

Esse movimento visa estimular a abertura da mão por meio da descontração do ombro.
Posiciona-se o bebê deitado de costas no chão ou sobre a mesa, dando-se leves palmadas. Parte-se do ombro, passando pelo braço, terminando na mão, quando ele a abrir. Repete-se o exercício no outro braço.
É fundamental segurar no centro dos ossos longos e nunca nas articulações.
Estimula-se o bebê a tocar e acariciar o próprio rosto com as mãos (Figura 6.63).

Figura 6.63 – Abertura da mão

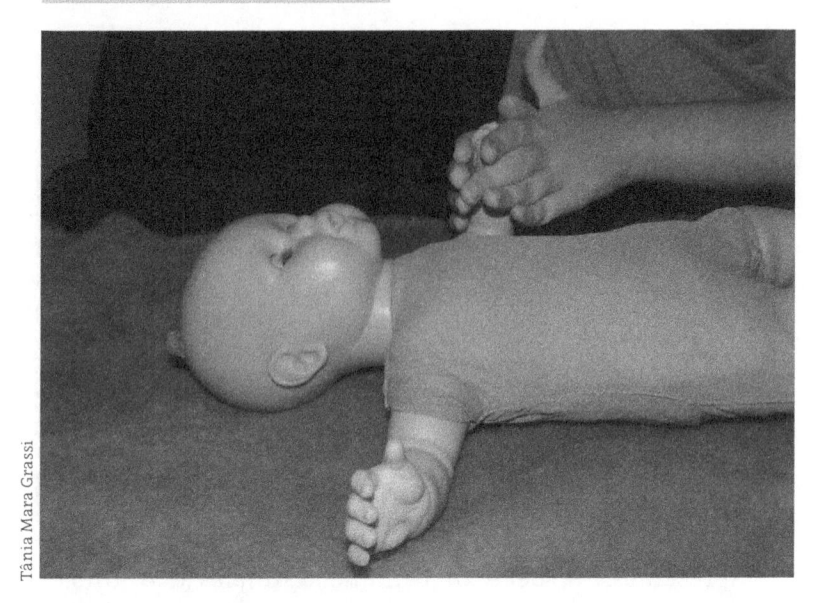

Tânia Mara Grassi

3. **Cruzamento dos braços**

    Esse exercício promove o relaxamento e a consciência corporal.

    Deita-se o bebê de costas, no chão. Seguram-se seus antebraços, cruzando os braços sobre o peito e conduzindo as mãos até os ombros, com suavidade (Figura 6.64). Durante o exercício, conversa-se com o bebê e toca-se seu rosto, seus ombros, suas mãos, o que auxilia no relaxamento.

Figura 6.64 – Cruzando os braços

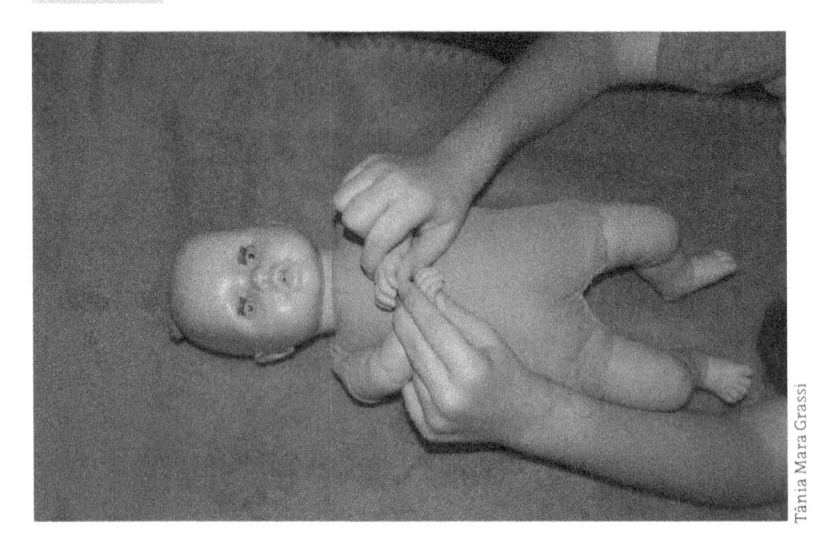

Tânia Mara Grassi

Apresenta-se ao bebê um brinquedo simples (chocalho, argola, bichinho de borracha), estimulando-o a tocá-lo ou manipulá-lo.

4. **Descontração dos braços**

   Esse movimento busca estimular a extensão dos braços. Deita-se o bebê de costas sobre a bola ou sobre a mesa, segurando-o pelos antebraços ou dando-lhe os polegares para que segure. Estende-se seus braços para frente e, em seguida, para os lados, até tocar a base (Figuras 6.65 e 6.66).

Figura 6.65 – Tendo os braços segurados

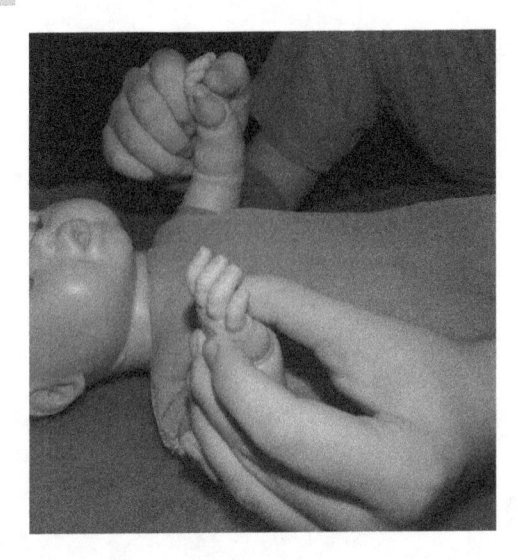

Figura 6.66 – Extensão lateral dos braços

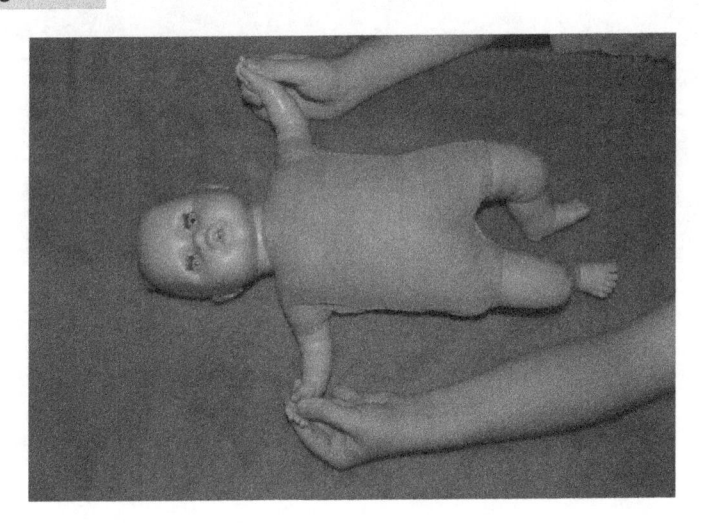

5. **Descontração das pernas**

   O objetivo desse exercício é estimular a extensão das pernas, alongando seus músculos.
   Posiciona-se o bebê deitado de costas no chão ou sobre uma mesa. Seguram-se suas pernas abaixo dos joelhos (na panturrilha), balançando-as suavemente, levando-as dobradas em direção ao peito (Figuras 6.67 e 6.68).

   Figura 6.67 – Balanceio das pernas

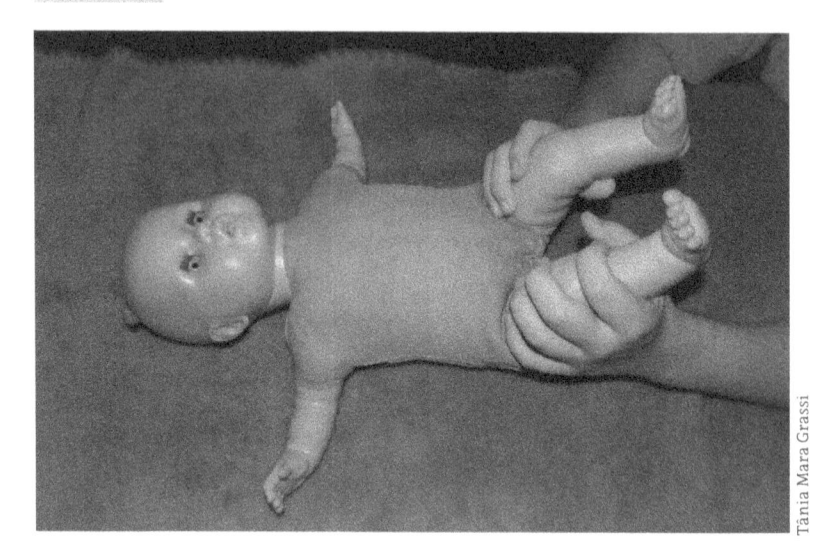

Figura 6.68 – Dobrando as pernas em direção ao peito

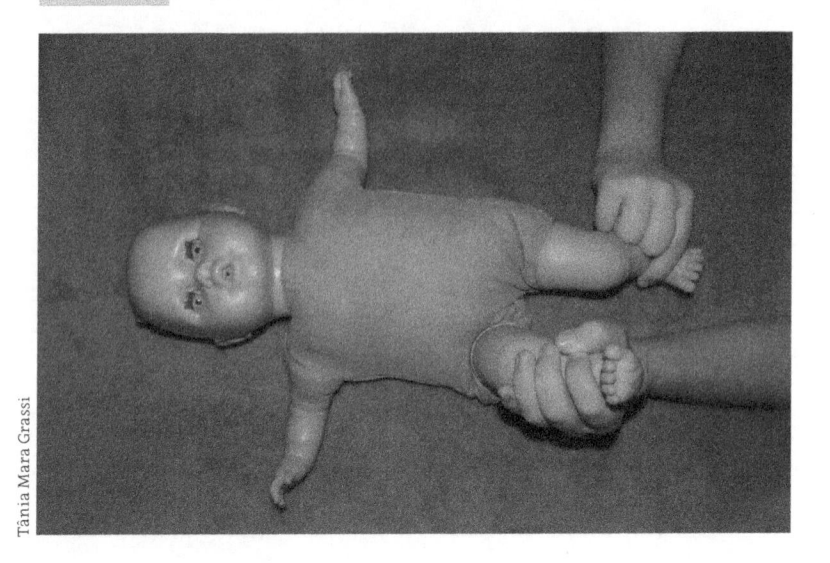

6. **Extensão das pernas**

Os movimentos realizados nesse exercício pretendem flexibilizar e alongar os músculos das pernas.
Na mesma posição do exercício anterior, com uma das mãos, seguram-se as pernas do bebê próximas uma da outra, na altura das panturrilhas. A outra mão do estimulador se posiciona sobre os joelhos. Estendem-se as pernas, suavemente, sem forçá-las.
Depois, coloca-se uma das mãos na planta dos pés do bebê e a outra, sobre os joelhos, estendendo as pernas lentamente, de baixo para cima, sem tocar a base, e tendo o bebê as costas apoiadas na mesa (Figuras 6.69 e 6.70).

Figura 6.69 – Extensão das pernas com apoio nos joelhos

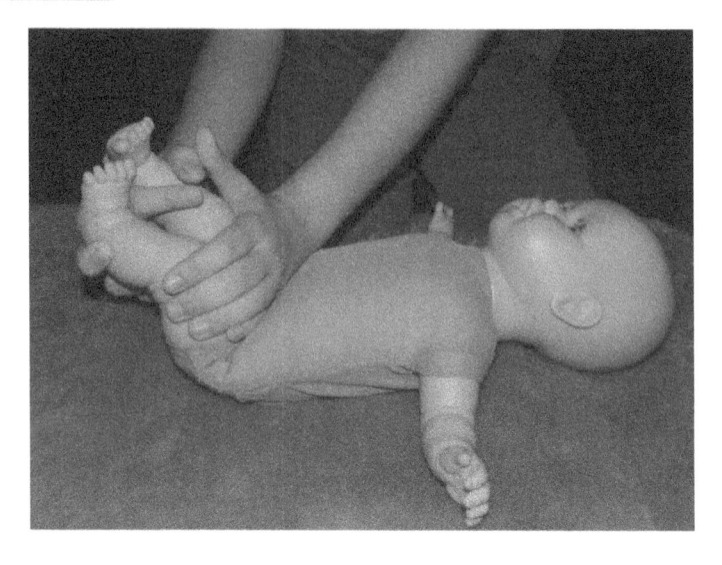

Figura 6.70 – Extensão das pernas com apoio na planta dos pés

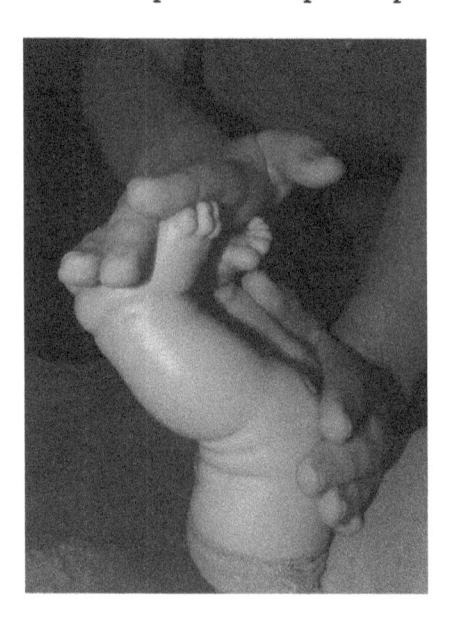

7. **Adução das pernas**

    A prática desses movimentos permite flexibilizar, alongar e relaxar os músculos da coxa.

    Com o bebê ainda deitado de costas sobre a mesa, seguram-se suas pernas por baixo dos joelhos, balançando-as lentamente. Alongam-se e afastam-se, progressivamente, as duas, sem forçar (Figuras 6.71 e 6.72).

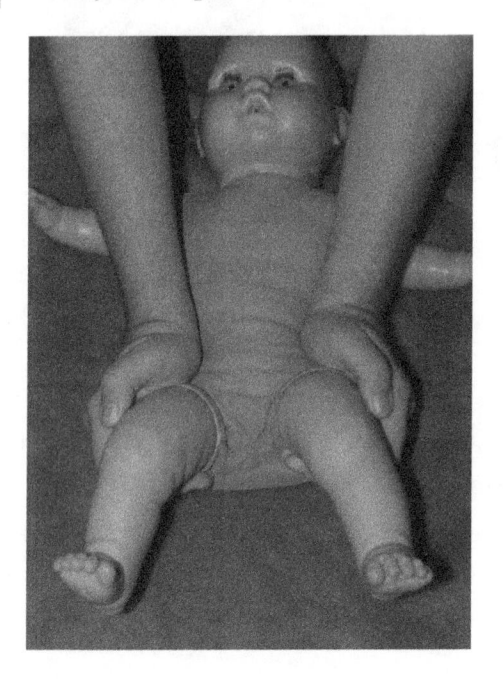

    Figura 6.71 – Balançando as pernas

Figura 6.72 – Afastando as pernas

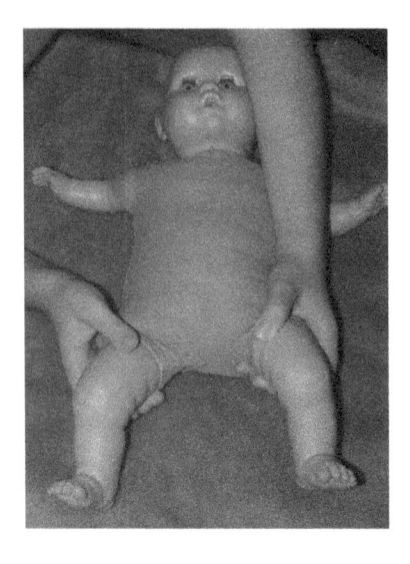

8. **Jogo do rolo**

   Esse jogo fortalece os músculos do tronco e libera os braços.
   Deita-se o bebê de bruços, com os braços colocados por cima do rolo pequeno. Segurando-o pelos quadris, empurra-se o bebê lentamente para frente e para trás, chamando sua atenção com um brinquedo colocado diante de si (Figura 6.73).

Figura 6.73 – Sobre o rolo

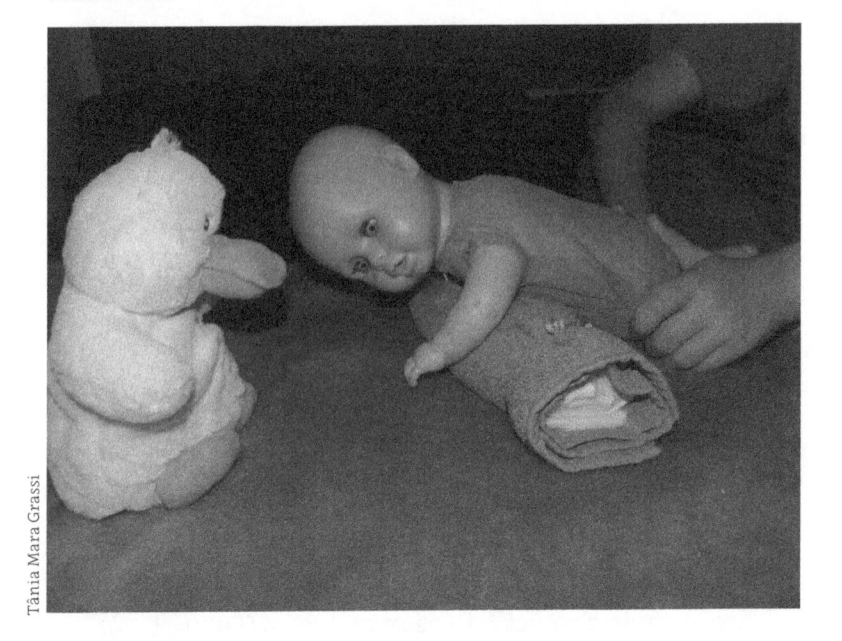

9. **Movimentos dos pés**

Esses exercícios possibilitam a percepção dos pés, tonificando seus músculos.

Deixa-se o bebê deitado de costas e, com uma escova de cerdas macias, toca-se a face externa da perna por toda a sua extensão. Em seguida, passa-se a escova por trás do tornozelo para promover a retificação e a rotação do pé para fora (Figura 6.74).

Figura 6.74 – Retificação e rotação do pé para fora

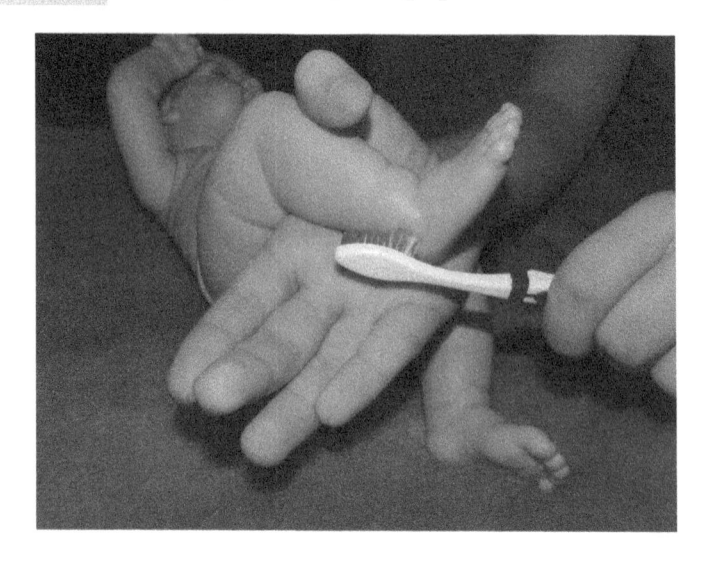

Depois, toca-se, com a escova, a face interna da perna, provocando a rotação do pé para dentro (Figura 6.75).

Figura 6.75 – Retificação e rotação do pé para dentro

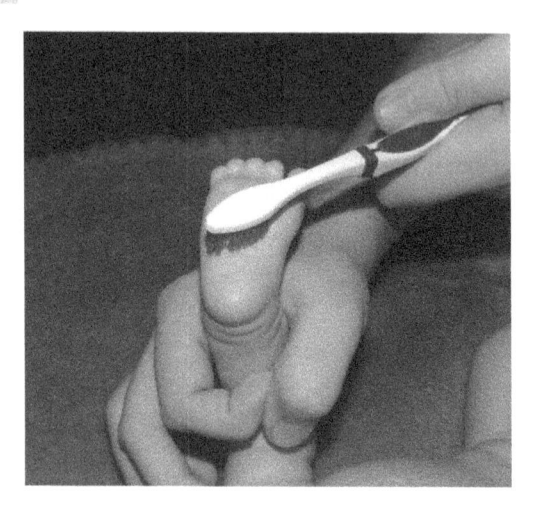

Acaricia-se, então, a planta do pé do bebê, que o abaixa, contraindo os dedos (Figura 6.76).

Figura 6.76 – Contração dos dedos do pé

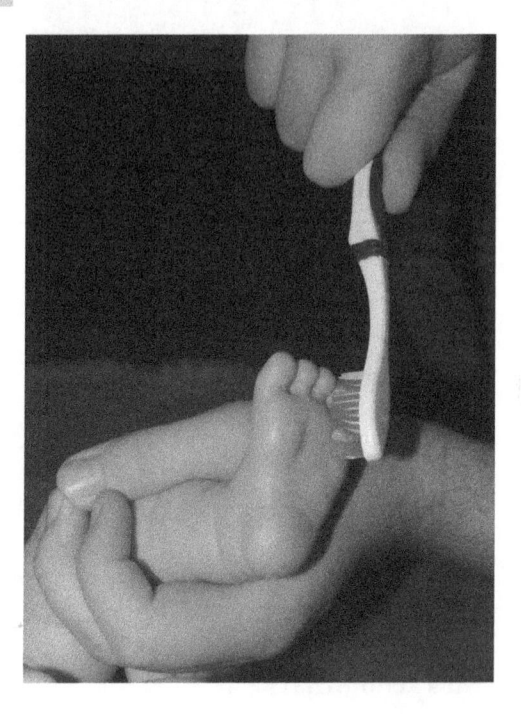

Finaliza-se passando a escova no peito do pé da criança, que tende a levantá-lo e distender os dedos (Figura 6.77).

Figura 6.77 – Distensão dos dedos do pé

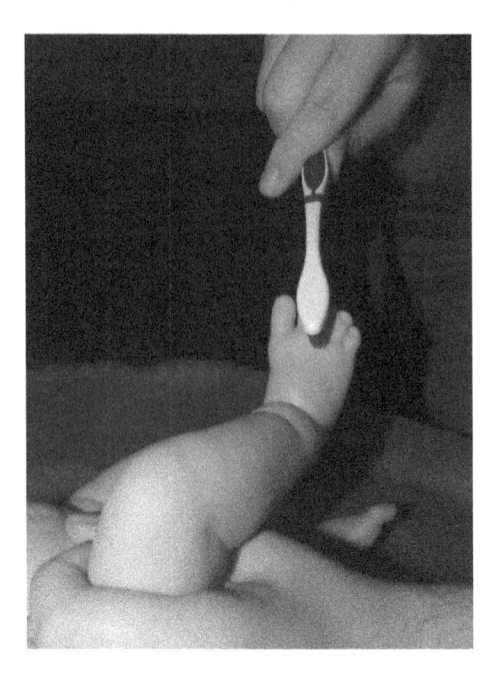

Tânia Mara Grassi

O exercício é realizado nos dois pés, sendo repetido por três vezes.

10. **Movimentos abdominais**

    Esses movimentos tonificam a musculatura abdominal. Posiciona-se o bebê de costas no chão ou na mesa. Realizam-se toques com a ponta do dedo ao longo do abdômen, a fim de provocar contrações abdominais. Pausa-se a cada toque (Figuras 6.78 e 6.79).

Figura 6.78 – Toques no abdômen

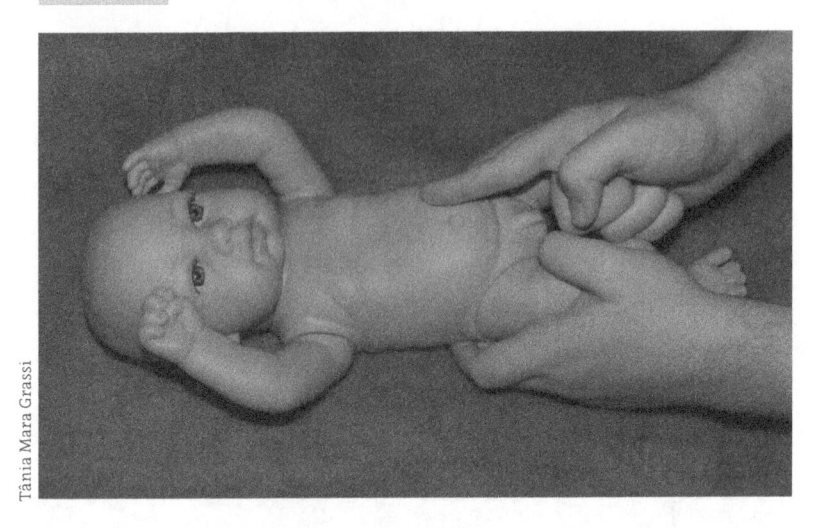

Figura 6.79 – Contração do abdômen

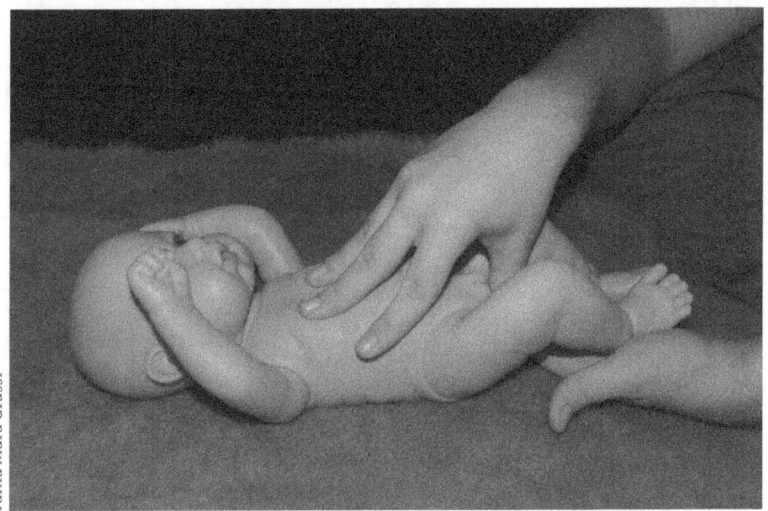

427

11. **Movimentos respiratórios**

A realização desses movimentos visa ampliar a capacidade respiratória e estimular o diafragma. Deita-se o bebê de costas sobre a mesa ou sobre o chão, com as pernas dobradas. Provoca-se, então, com os seus joelhos, uma leve pressão no abdômen para estimular a contração dessa musculatura. Aguarda-se a respiração para diminuir a pressão. Repete-se o movimento três vezes (Figura 6.80).

Figura 6.80 – Pressionando levemente o abdômen com os joelhos

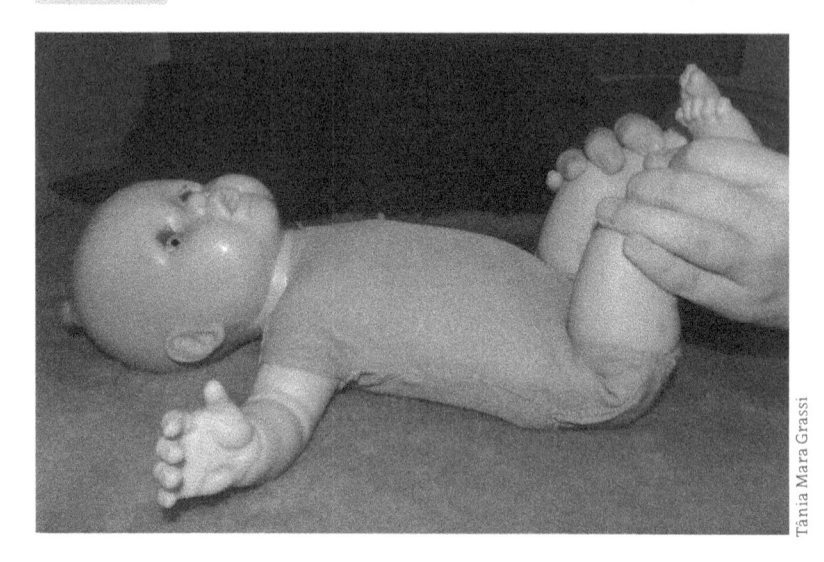

12. **Movimentos dorsais**

Esses exercícios oferecem o benefício de tonificar a musculatura dorsal, ou seja, os músculos da nuca e das costas.

Deixa-se o bebê de bruços no chão sobre uma almofada cônica pequena, evitando a curvatura lombar. Ele apoia-se nas mãos e nos antebraços, momento em que se deve tocar em suas costas para provocar o levantamento da cabeça e do peito (Figura 6.81).

Figura 6.81 – Levantando a cabeça e as costas

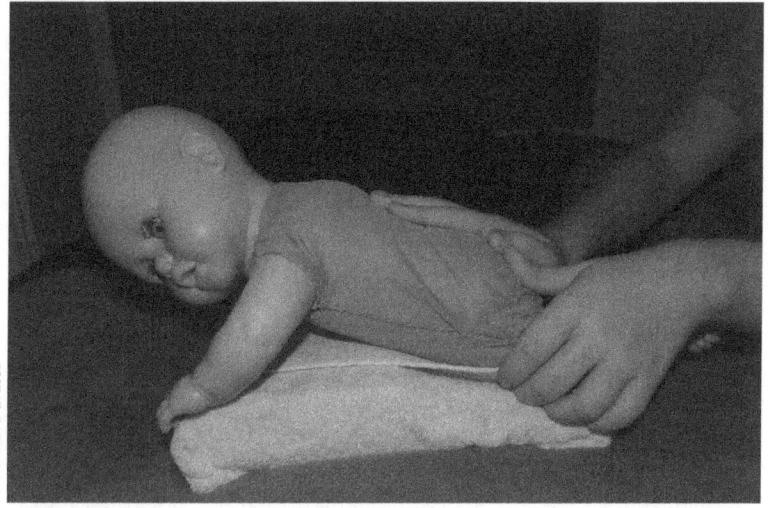

Posiciona-se o bebê em frente a um espelho, segurando-o de bruços, uma das mãos sob os joelhos e a outra sob o peito, dando-lhe sustentação. Estimula-se o bebê a se erguer – cabeça, peito e braços (Figura 6.82).

Figura 6.82 – Erguendo a cabeça, o peito e os braços

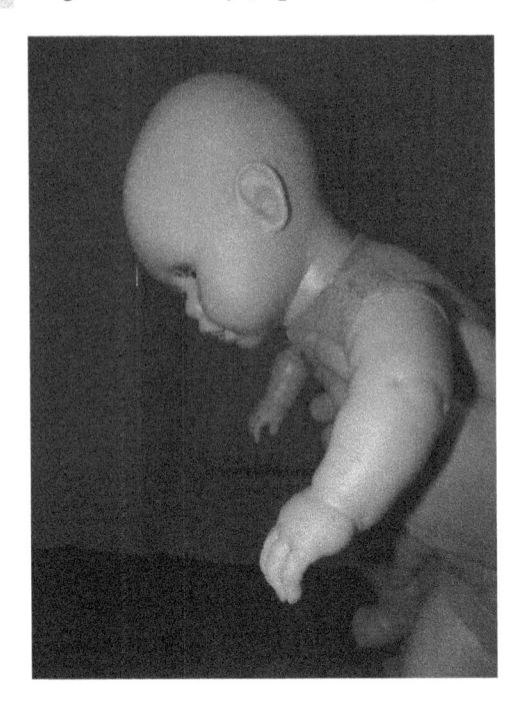

Tânia Mara Grassi

13. **Virar/revirar**

Esse exercício objetiva fortalecer a musculatura do tronco, estimulando o movimento de rotação. Posiciona-se o bebê deitado de costas, no chão, sobre um tatame. Coloca-se a mão direita em arco sob o joelho esquerdo do bebê, que deve estar dobrado. Mantém-se a perna direita do bebê esticada, segurando-a com a mão. Em seguida, levanta-se o quadril e a nádega esquerda dele, fazendo uma rotação para o lado direito, estendendo seu braço direito para cima. Continua-se a rotação até que ele esteja de bruços, apoiado nos braços. Abaixa-se o ombro do bebê e dobra-se seu braço direito por baixo do peito, provocando rotação do tronco e do quadril, de modo que ele vire, retornando à posição de costas. Caso seja necessário, apoia-se a cabeça do bebê (Figuras 6.83, 6.84, 6.85, 6.86, 6.87 e 6.88).

Figura 6.83 – Mão em arco

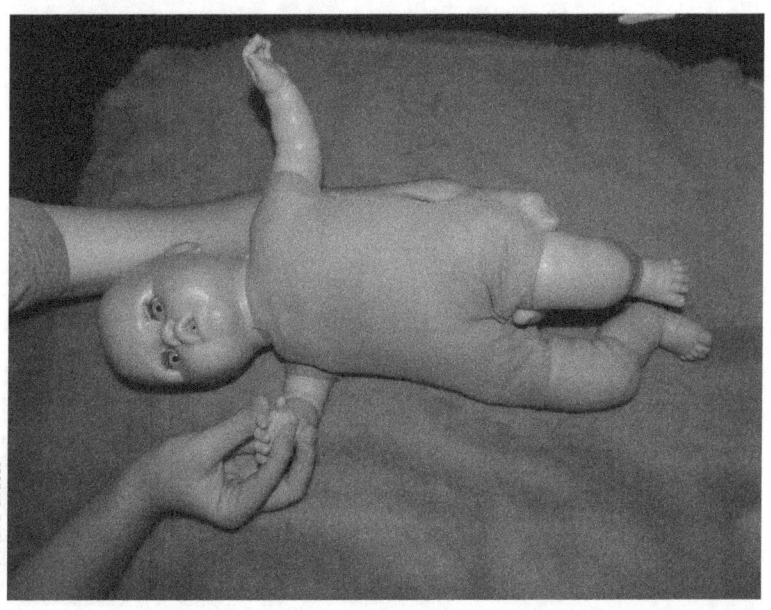

Figura 6.84 – Levantando o quadril e a nádega

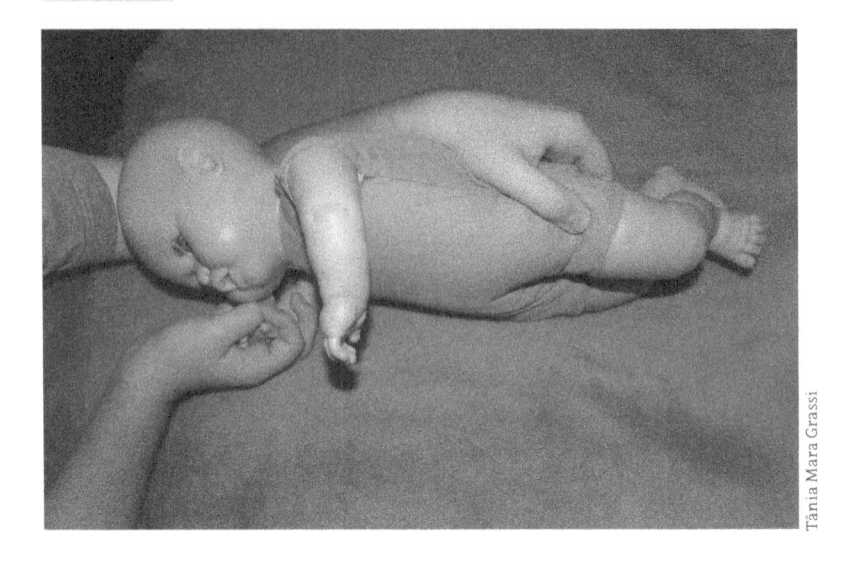

Figura 6.85 – Virando de bruços

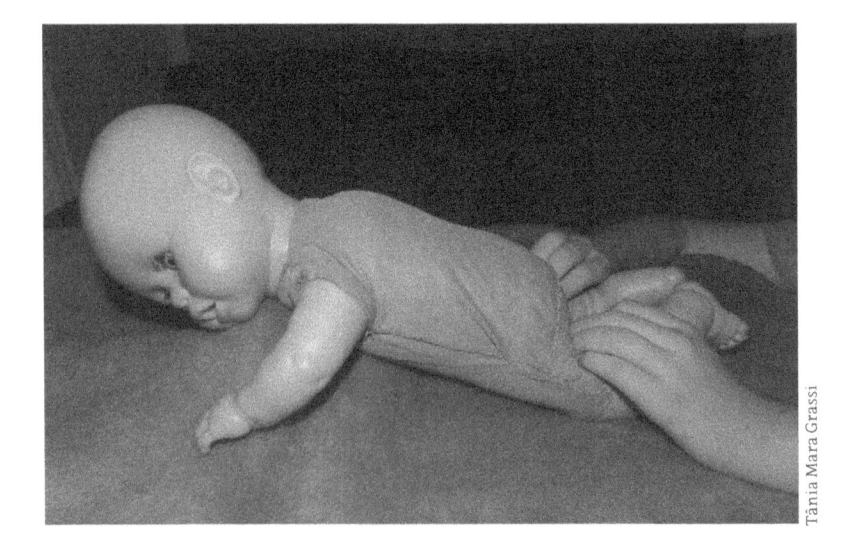

Figura 6.86 – Abaixando o ombro

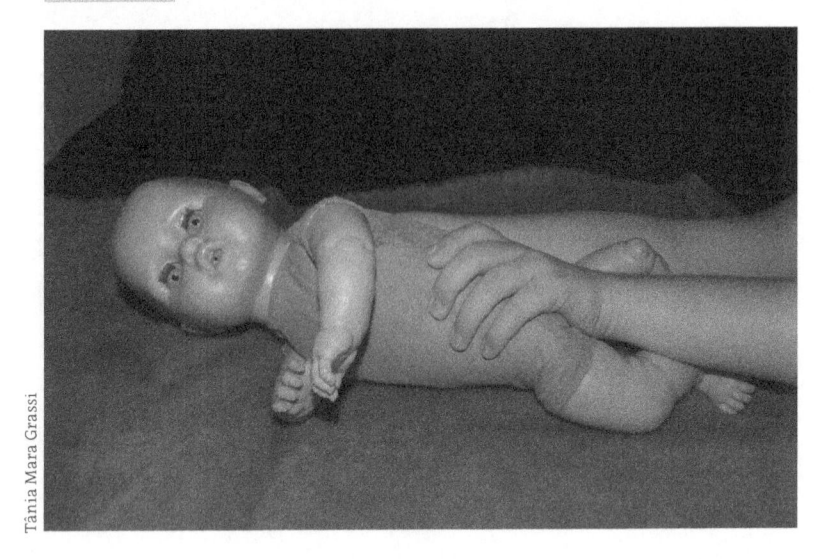

Figura 6.87 – Dobrando o braço

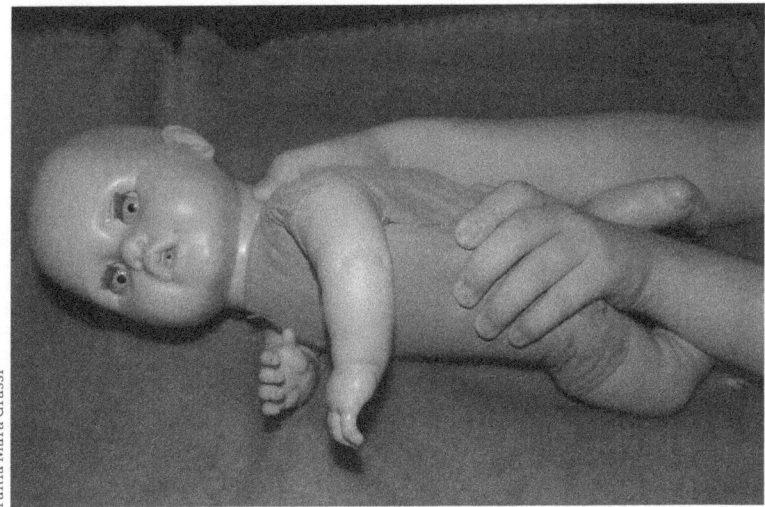

Figura 6.88 – Voltando para a posição de costas

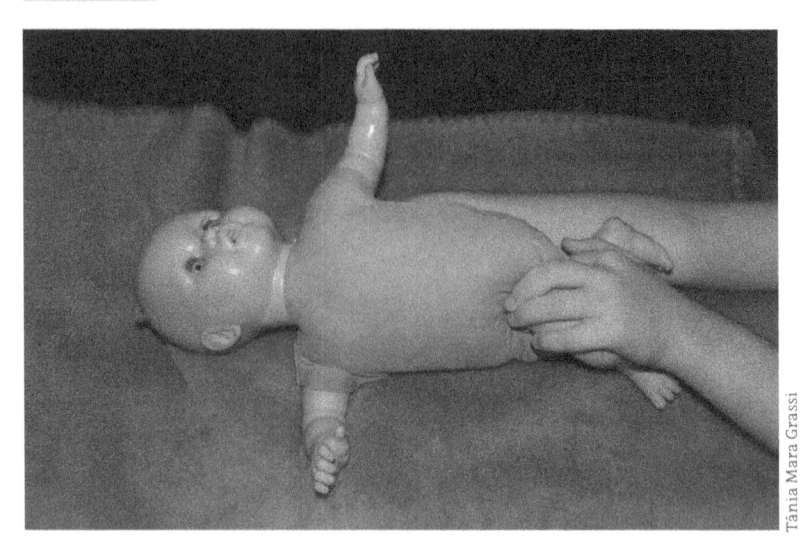

Os dois exercícios são feitos do lado direito e, depois, do esquerdo, ao menos três vezes.

6.2.2 Segunda fase de exercícios

Nessa fase, a rigidez muscular diminui tornando as movimentações do bebê mais ativas. Também há aumento do tônus na região da nuca e do tronco, permitindo a sustentação de ambos. Isso lhe permite observar os objetos ao seu redor virando a cabeça em sua direção, olhar a face da mãe e de outras pessoas, tocar os objetos e seu próprio corpo.

Os exercícios ainda promovem a descontração e o relaxamento muscular, além do fortalecimento dos músculos abdominais e dorsais; o benefício gerado, nesse caso, é preparar o bebê para sentar-se.

A seguir, descrevemos detalhadamente como é aplicada essa série de exercícios tão importante para o desenvolvimento do bebê.

1. **Movimentos dorsais**

   Nesse primeiro exercício da série, a intenção é fortalecer a musculatura da nuca, das costas, das nádegas e do abdômen.

   Apoiado sobre a bola

   Segura-se o bebê de encontro ao corpo, de costas, uma das mãos apoia os joelhos e a outra, o peito. Inclina-se o peito dele em direção à bola, para que a criança possa se apoiar com as mãos, esforçando-se para erguer-se (Figura 6.89).

Figura 6.89 – Apoiando-se com as mãos

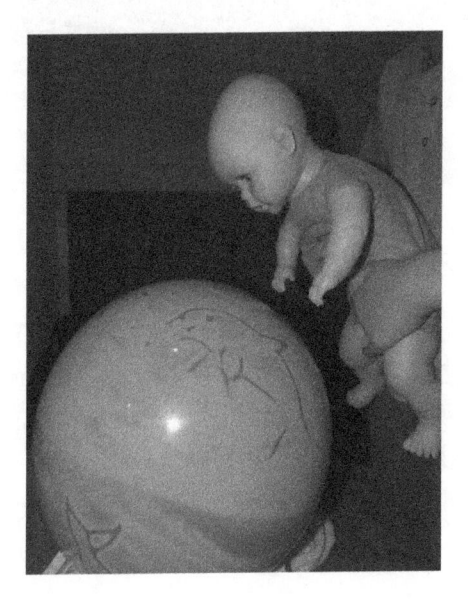

Apoia-se o bebê na bola, segurando-o pelas coxas e pelo tórax. Desloca-se a bola com o intuito de levar o bebê a soltar-se do apoio, com uma mão e, depois, com a outra (Figura 6.90).

Figura 6.90 – Soltando uma das mãos

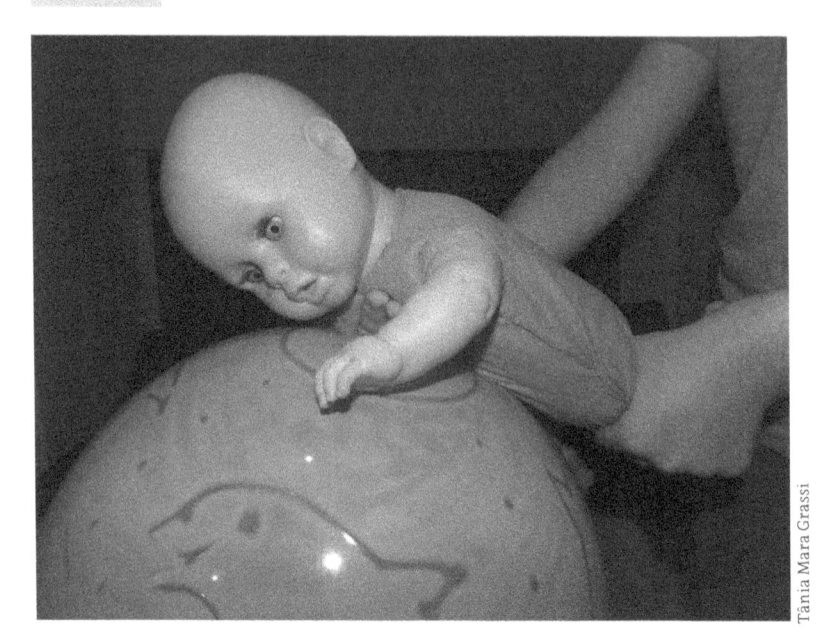

Tânia Mara Grassi

Sobre a bola

Deixa-se o bebê de bruços sobre a bola, seguro pelas nádegas. Desloca-se a bola lentamente, ao mesmo tempo em que se apresenta a ele um brinquedo. Assim, ele faz o acompanhamento ocular, levantando a cabeça, o pescoço e as costas, apoiando-se nas mãos (Figura 6.91).

Figura 6.91 – Acompanhamento ocular

Sobre a mesa ou o estimulador

Posiciona-se o bebê de bruços sobre o estimulador, segurando-o pelas mãos ou pulsos, incentivando-o a levantar a cabeça e as costas (Figura 6.92).

Figura 6.92 – Olhando para o estimulador

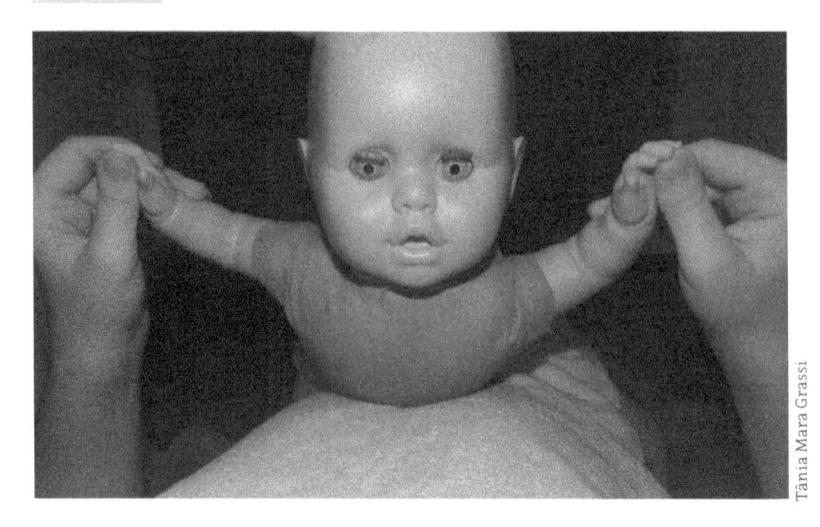

Movimentos dorso-lombares

Coloca-se o bebê de bruços, com a cabeça e os ombros para fora do tampo da mesa. Progressivamente, desloca-se o bebê sobre o tampo, até que o tórax fique para fora da mesa. Sustenta-se a criança, segurando-a pelas nádegas com uma das mãos, e apoiam-se seus antebraços com a outra, de modo que ele levante a cabeça e as costas. Aos poucos, retira-se o apoio dos antebraços (Figura 6.93).

Figura 6.93 – Levantando a cabeça e as costas

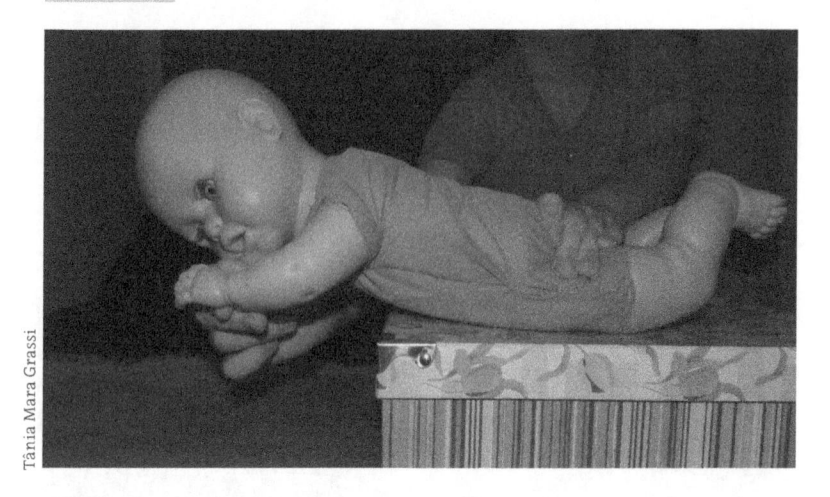

Posiciona-se, novamente, o bebê de bruços, mas agora com as pernas para fora do tampo da mesa. Tocam-se suas nádegas e suas costas para promover a extensão das pernas (Figura 6.94).

Figura 6.94 – Extensão das pernas

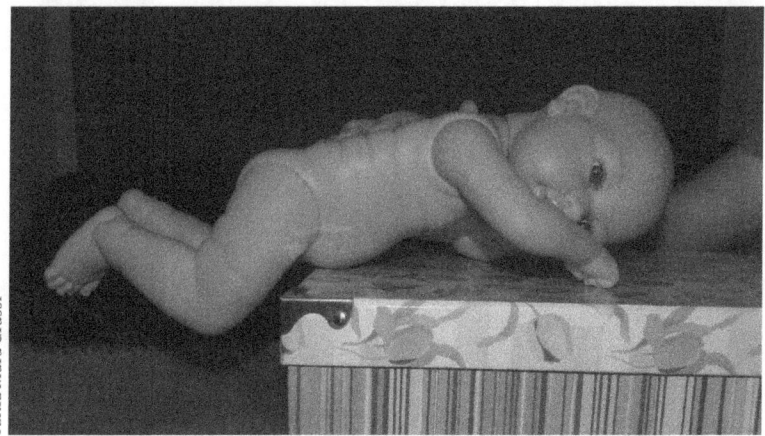

Preparação para engatinhar

Segura-se o bebê com uma mão nos joelhos e a outra no peito, suspenso, de modo que retifique as costas e a nuca e, progressivamente, se apoie, com as mãos, no tampo da mesa (Figura 6.95).

Figura 6.95 – Apoio sobre a mesa

Sobre o rolo

Posiciona-se o bebê de joelhos diante do rolo. Em seguida, fica-se de bruços sobre ele, dispondo um brinquedo na sua frente e segurando-o pelos joelhos, depois pelas nádegas e pelos tornozelos, movimentando o rolo para que o alcance.

Esse exercício adquire o caráter de jogo e deve ser realizado devagar, permitindo ao bebê o alcance do equilíbrio (Figuras 6.96, 6.97, 6.98 e 6.99).

Figura 6.96 – Diante do rolo

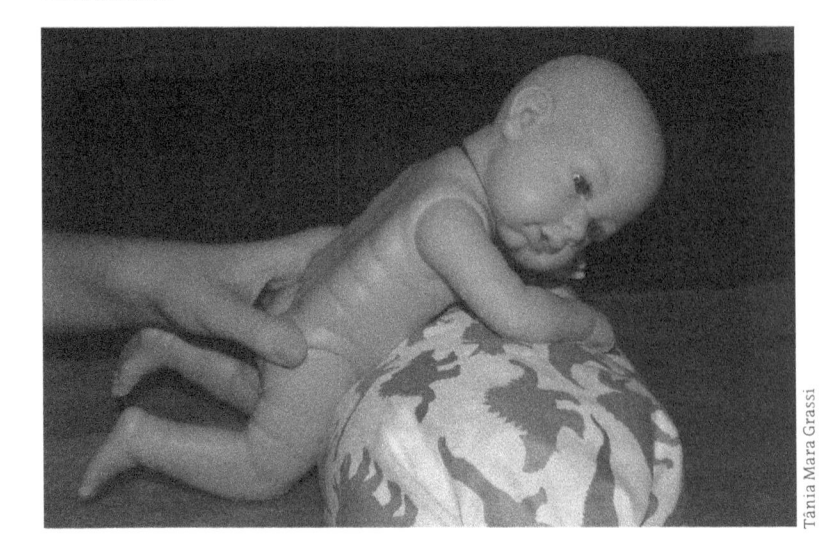

Figura 6.97 – Sendo segurado pelos joelhos

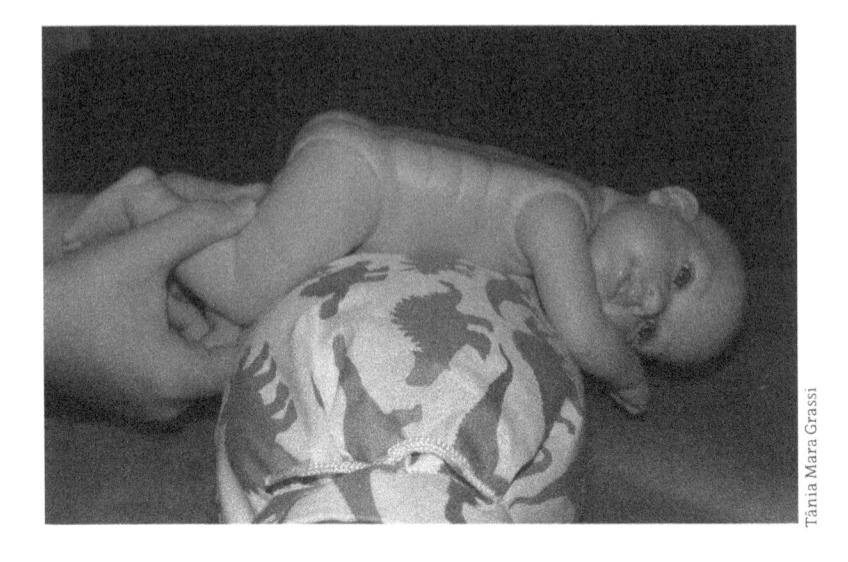

Figura 6.98 – Sendo segurado pelas nádegas

Figura 6.99 – Sendo segurado pelos tornozelos

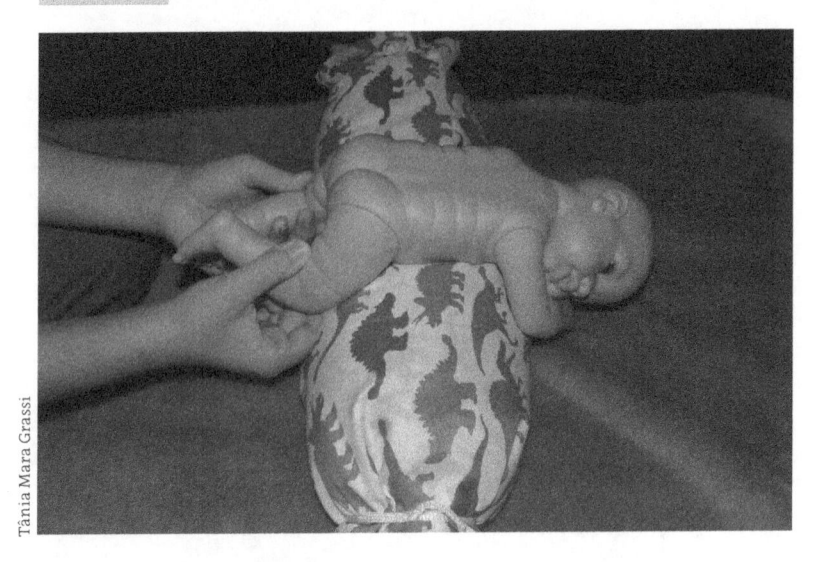

2. **Movimentos abdominais**

Os exercícios dessa série visam fortalecer a musculatura da nuca, do abdômen e das coxas.

Sobre a bola

Deita-se o bebê de costas sobre uma bola, mantendo suas pernas esticadas e seguras pelas coxas. Em seguida, dobram-se as pernas, deslocando a bola de trás para frente, com o intuito de que ele sustente a cabeça (Figuras 6.100 e 6.101).

Figura 6.100 – Sobre a bola com as pernas esticadas

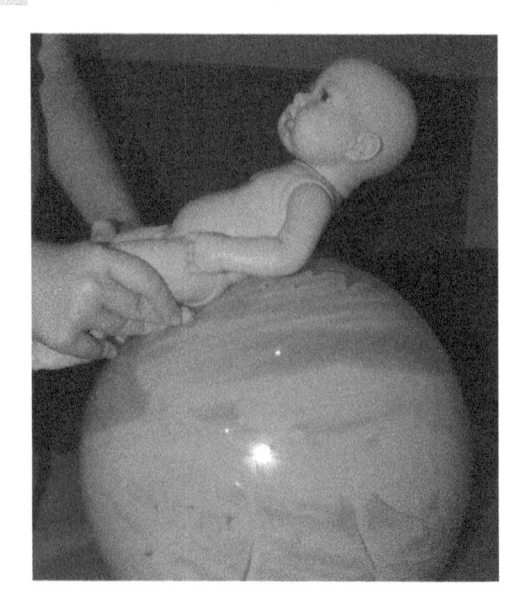

Figura 6.101 – Sobre a bola com as pernas dobradas

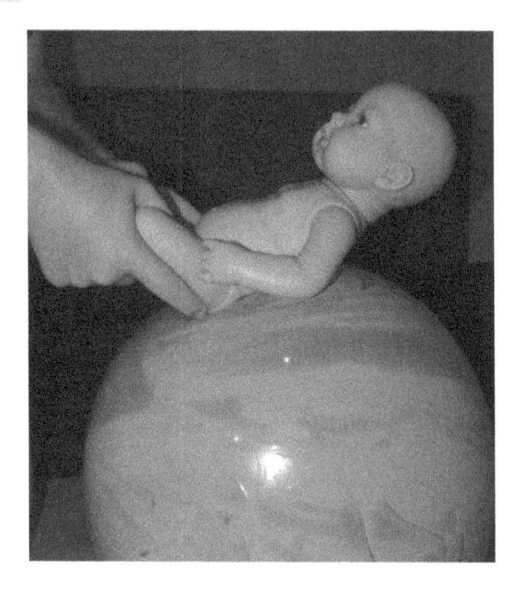

444

No chão

Posiciona-se o bebê deitado de costas no tatame, segurando suas pernas, dando-lhe os polegares para segurar. Puxa-se levemente o bebê com a intenção de que ele levante a cabeça e o tórax. Gradativamente, o bebê tende a levantar sozinho a cabeça, mas ainda seguro pelas pernas (Figuras 6.102, 6.103 e 6.104).

Figura 6.102 – Segurando os polegares

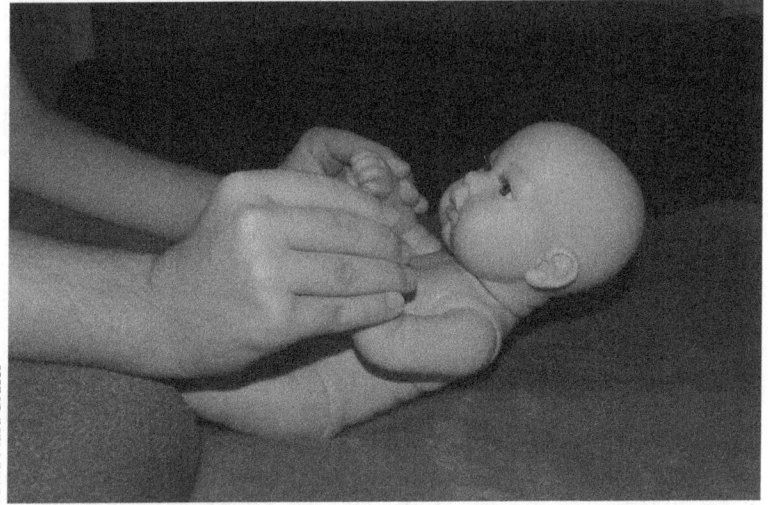

Figura 6.103 – Levantando a cabeça com apoio do estimulador

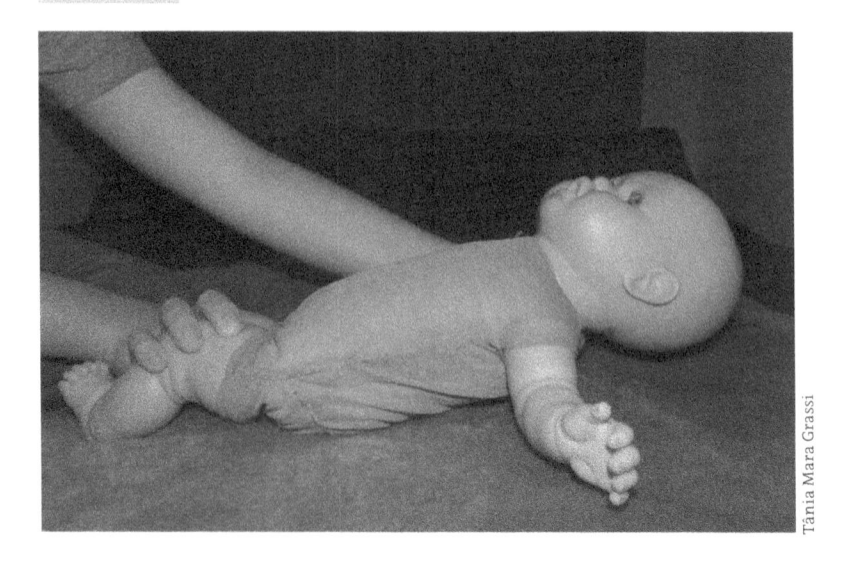

Figura 6.104 – Levantando a cabeça quando segurado pelas pernas

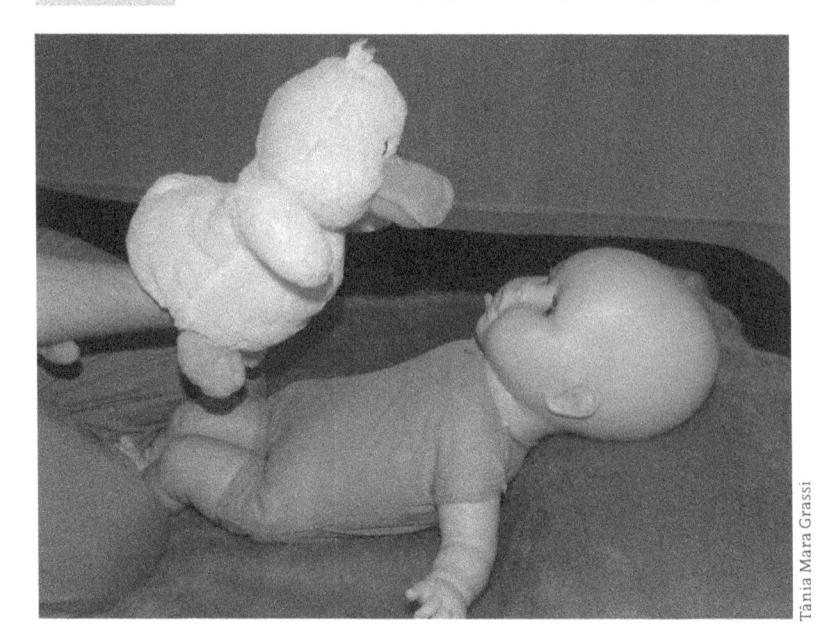

Pedalar

Deixa-se o bebê deitado de costas, esticam-se seus braços para os lados, segurando-os nessa posição. Coloca-se um móbile suspenso na direção de seu abdômen de modo que os pés possam tocá-lo, ação que é estimulada (Figura 6.105).

Figura 6.105 – Tocando o móbile com os pés

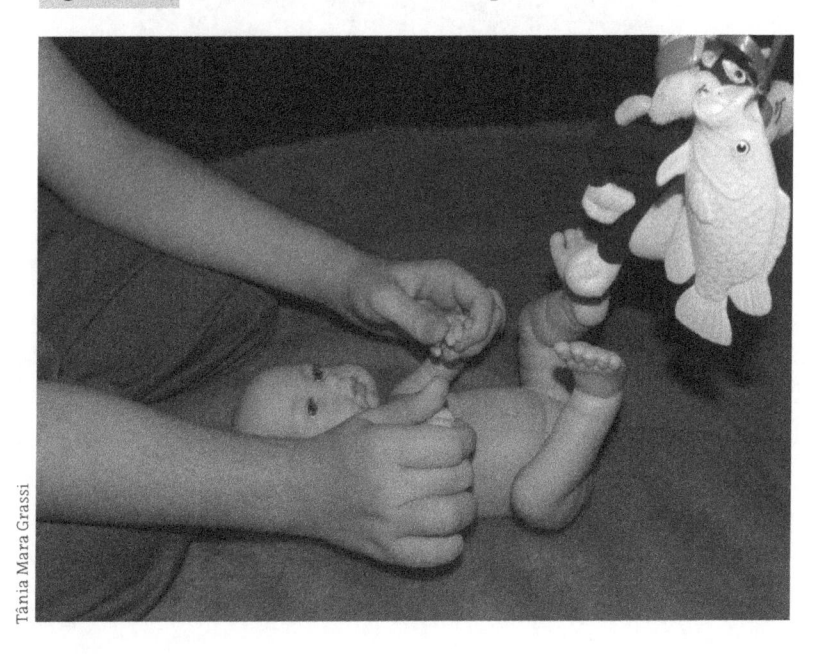

Deitado/sentado na bola

Coloca-se o bebê deitado de costas sobre a bola, segurando-o na altura das coxas, deslocando lentamente a bola para frente e para trás, assim como de um lado para o outro, levando-o a sentar-se por breve espaço de tempo (Figuras 6.106 e 6.107).

Figura 6.106 – Sendo segurado pelas coxas

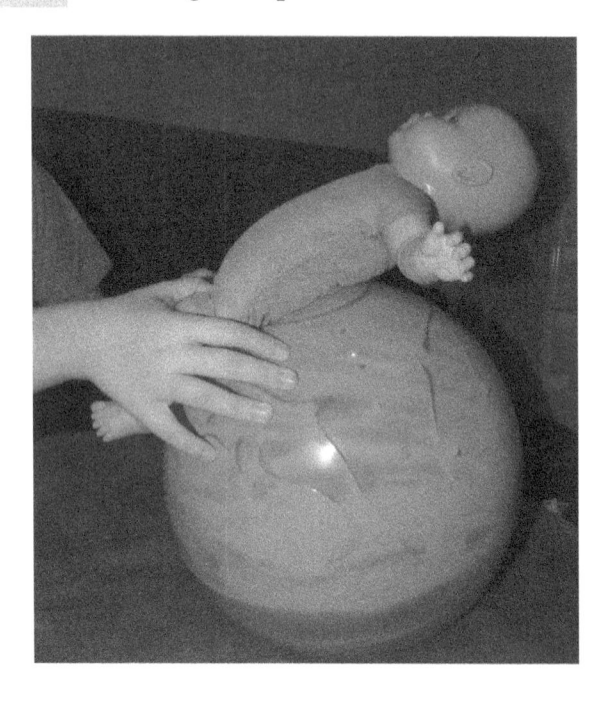

Tânia Mara Grassi

Figura 6.107 – Sobre a bola em deslocamento

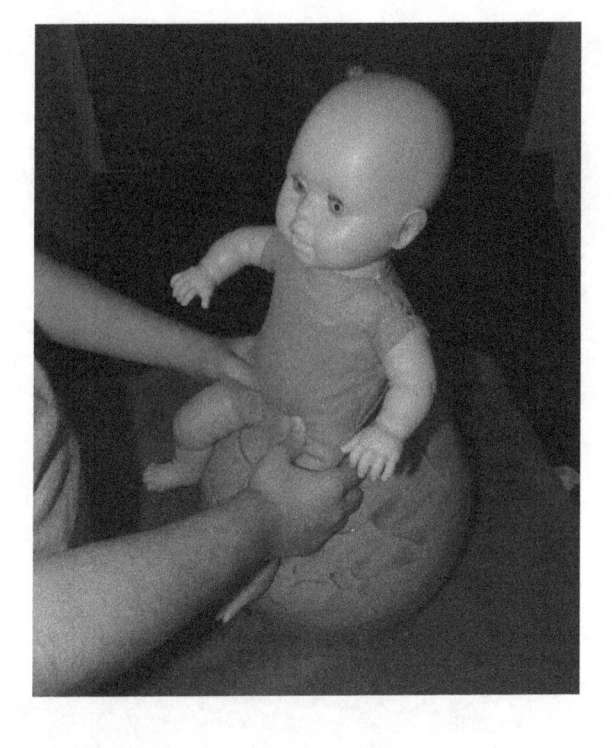

Deitado/sentado no chão

Inicia-se o exercício com o bebê deitado de costas com as pernas esticadas. Segura-se a criança pela cabeça e pelo ombro direito, elevando-o e fazendo uma rotação do tórax para a esquerda, incentivando-a a se apoiar no ombro, no cotovelo, na mão, até sentar-se. Pode ser utilizado um brinquedo para manter sua atenção. Repete-se o exercício com o outro lado (Figuras 6.108, 6.109, 6.110, 6.111).

Figura 6.108 – Deitado no chão

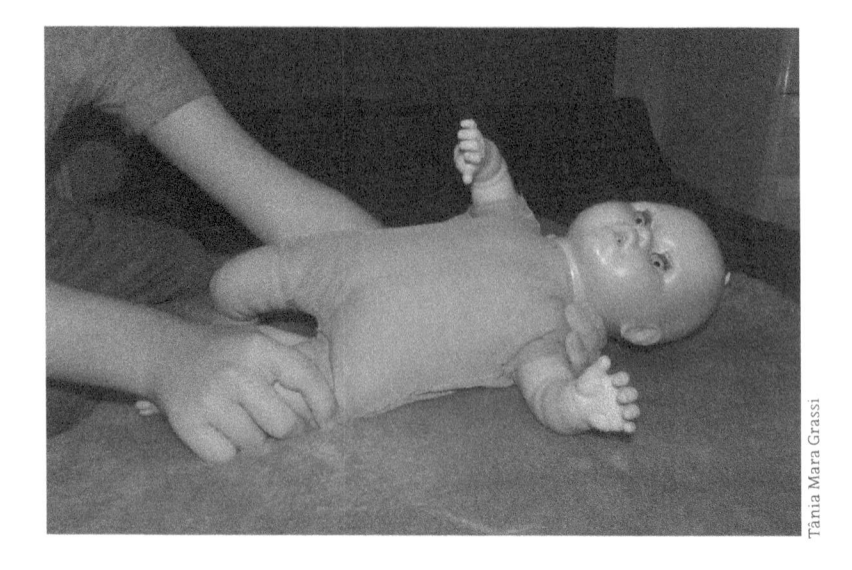

Figura 6.109 – Sendo segurado pela cabeça e pelo ombro

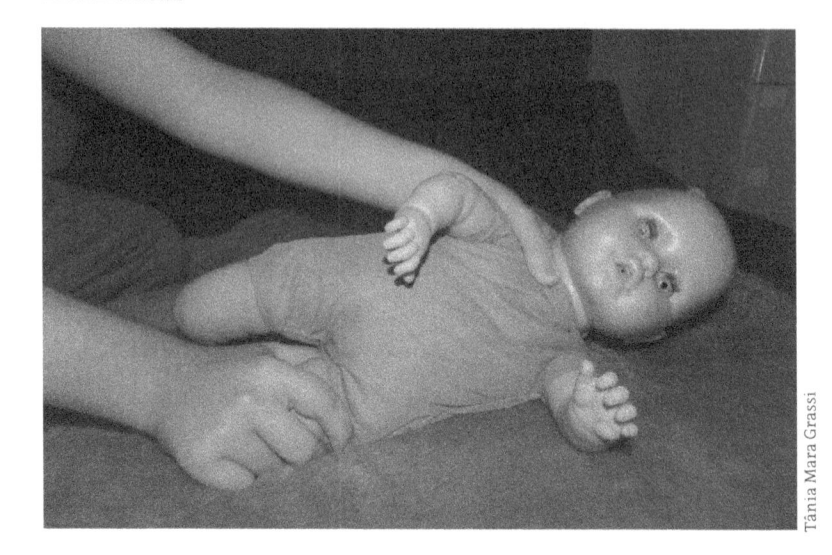

Figura 6.110 – Elevação e meia rotação do tórax

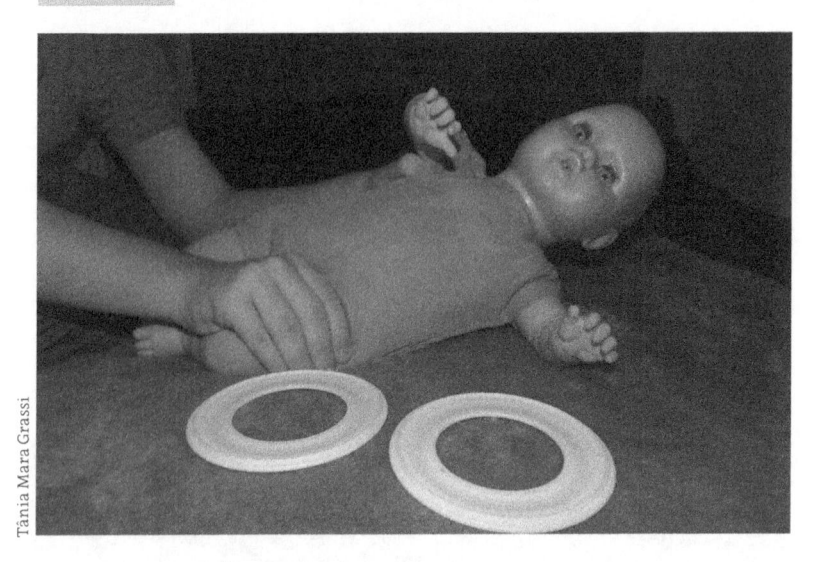

Figura 6.111 – Apoio para sentar-se

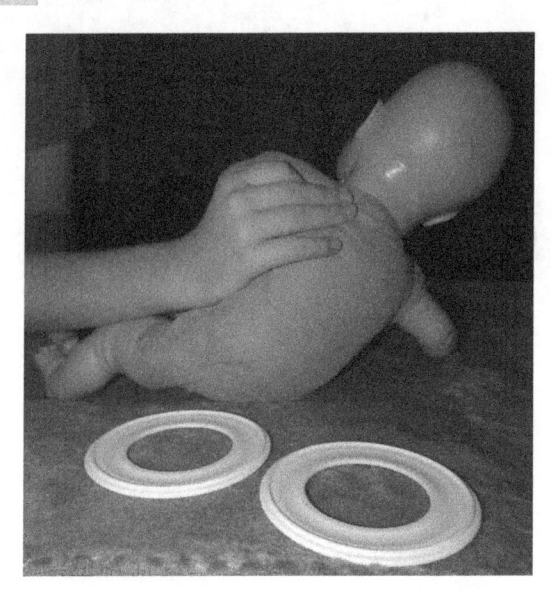

Virar/revirar sobre a bola

Deixa-se o bebê deitado de costas sobre a bola. Segura-se a criança pelas pernas, flexionando seu quadril direito, movendo lentamente a bola da esquerda para a direita de maneira que ela fique de bruços.

Repete-se o movimento, mas movendo a bola da direita para a esquerda a fim de que o bebê se vire e fique de costas (Figuras 6.112, 6.113, 6.114 e 6.115).

Figura 6.112 – De costas sobre a bola

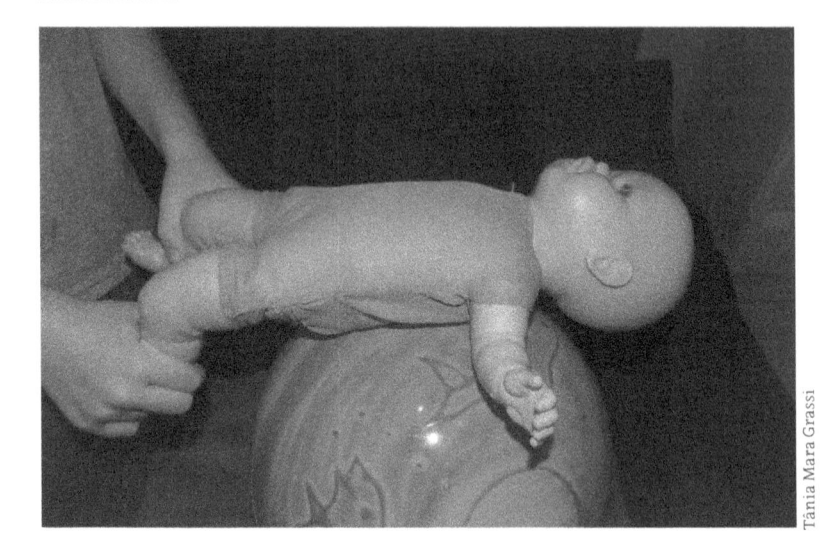

Figura 6.113 – Flexionando o quadril sobre a bola

Figura 6.114 – Movendo a bola

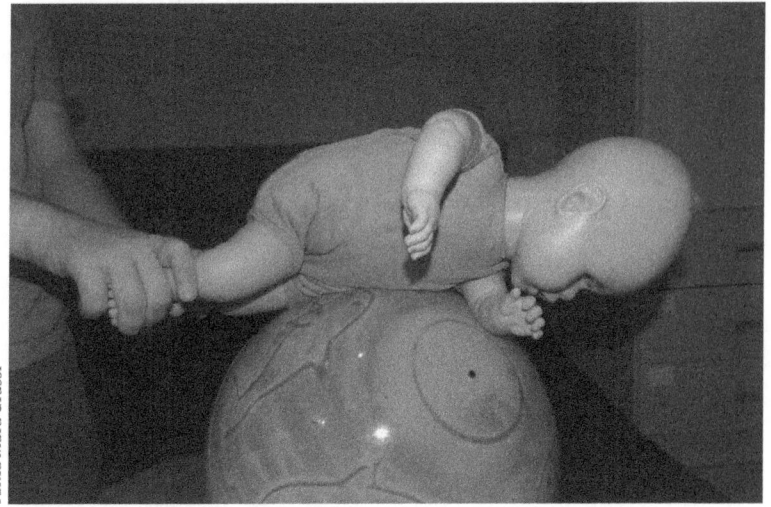

Figura 6.115 – Virando de bruços

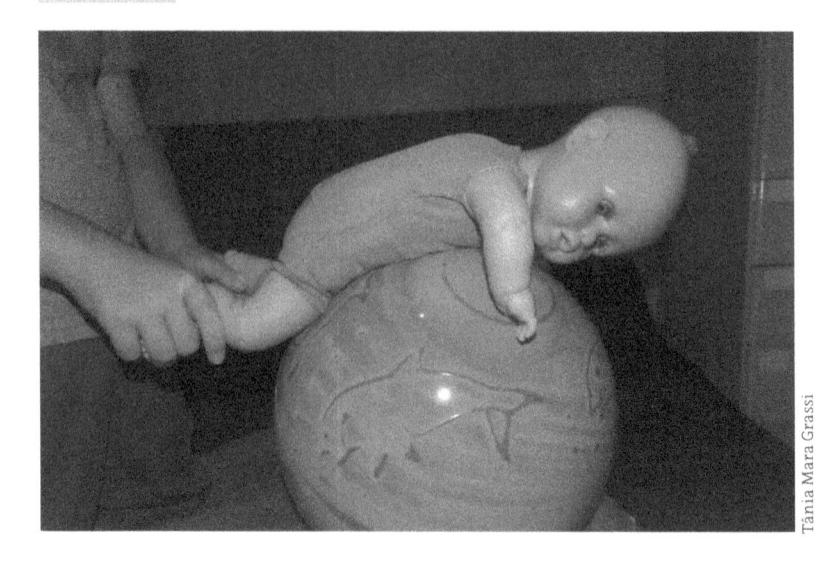

Vira/vira

Posiciona-se o bebê deitado de costas no chão, flexionando-se seu quadril direito. Chama-se sua atenção com um brinquedo, rolando-o em sua direção, na intenção de que a criança fique de bruços. Permite-se que ela explore o brinquedo e, em seguida, ela é incentivada a rolar sobre seu corpo para ficar novamente de costas (Figura 6.116, 6.115, 6.118 e 6.119).

Figura 6.116 – Flexionando o quadril

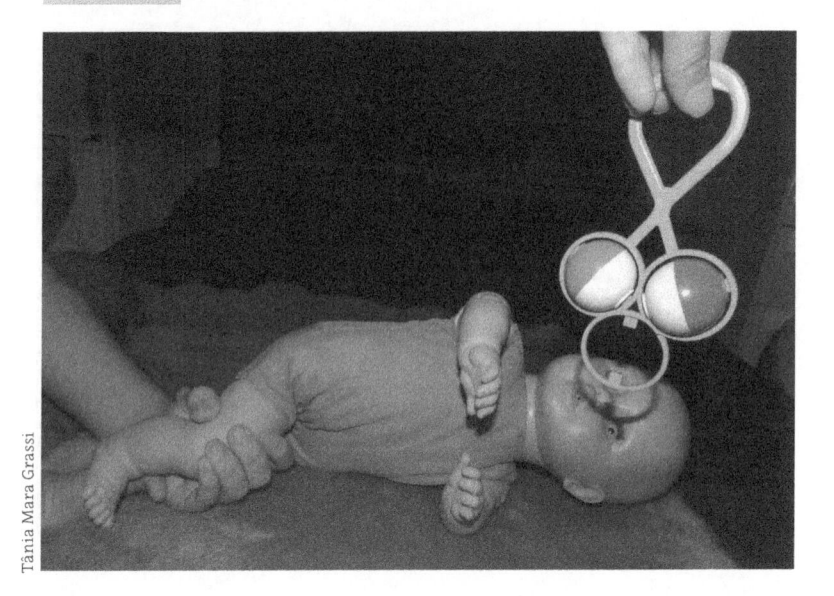

Figura 6.117 – Observando o brinquedo

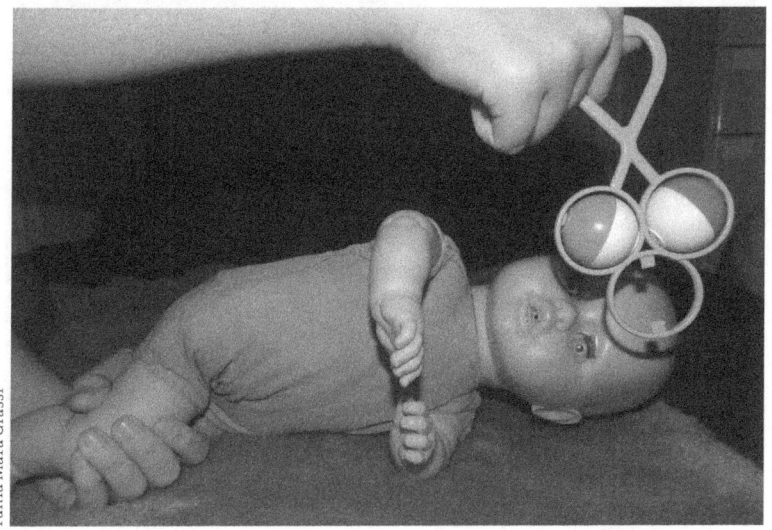

Figura 6.118 – Virando de bruços

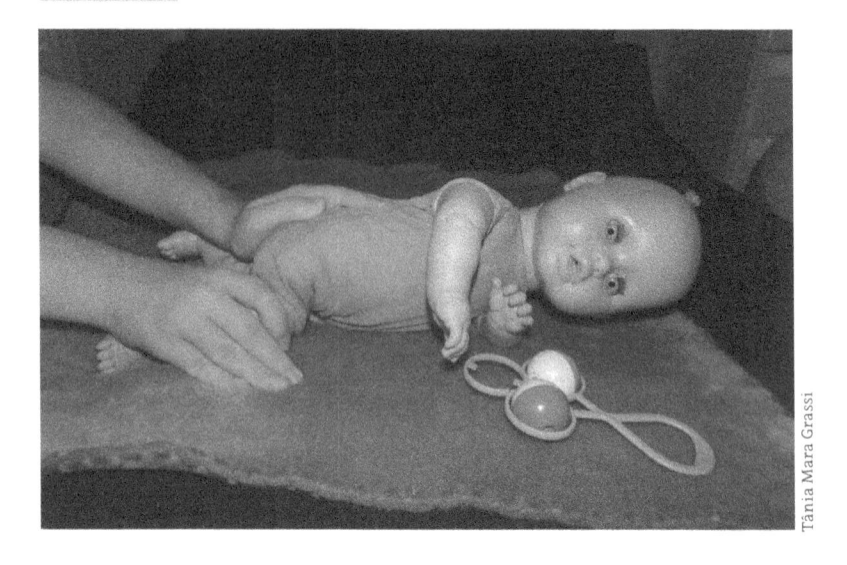

Figura 6.119 – Voltando para a posição de costas

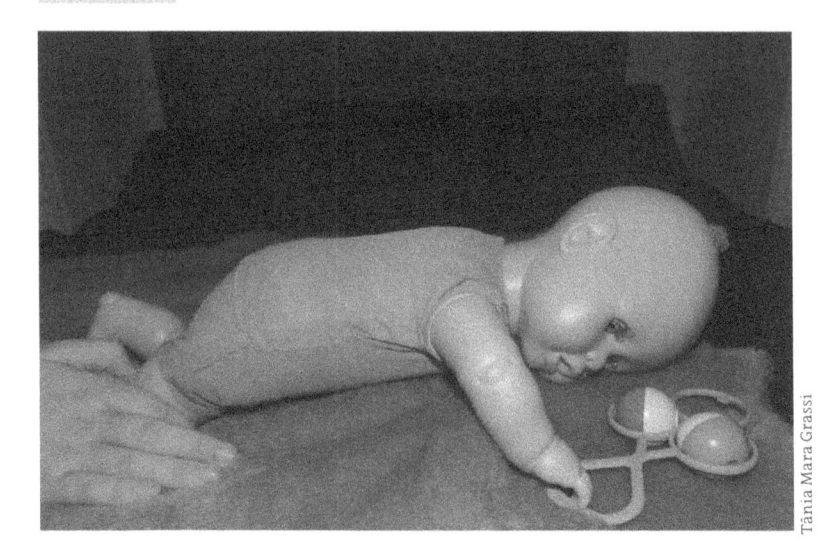

6.2.3 Terceira fase de exercícios

Na terceira fase, a preensão já se desenvolveu bastante, com a diminuição do reflexo de preensão palmar. A criança já consegue permanecer sentada e as mãos ficam livres para a exploração dos objetos e de seu próprio corpo. Ela apresenta-se mais ativa, interagindo com as pessoas que a cercam, explorando o espaço circundante. Pode manifestar angústia e sofrimento na ausência da figura materna, momento em que deve receber apoio para se sentir segura.

O bebê está se encaminhando para, progressivamente, alcançar maior independência graças à conquista do rastejar, do engatinhar e do andar. A seguir, explicamos como são os exercícios que favorecem essas aprendizagens.

1. **Movimentos dorsais**

    Os exercícios relativos aos movimentos dosais pretendem fortalecer a musculatura da nuca, das costas, dos quadris, do peito e dos braços, preparando o bebê para o sentar sem apoio, para o rastejar, para o engatinhar e para o levantar com e sem apoio.

    Diante do espelho

    Segura-se o bebê de costas de encontro ao corpo do estimulador, com uma mão sobre os joelhos e com a outra sobre o peito. Reduz-se, progressivamente o apoio sobre o peito, descendo a mão. Chama-se sua atenção para um móbile, suspenso a sua frente, para fazê-lo levantar o tronco (Figuras 6.120 e 6.121).

Figura 6.120 – Ficando de frente ao espelho

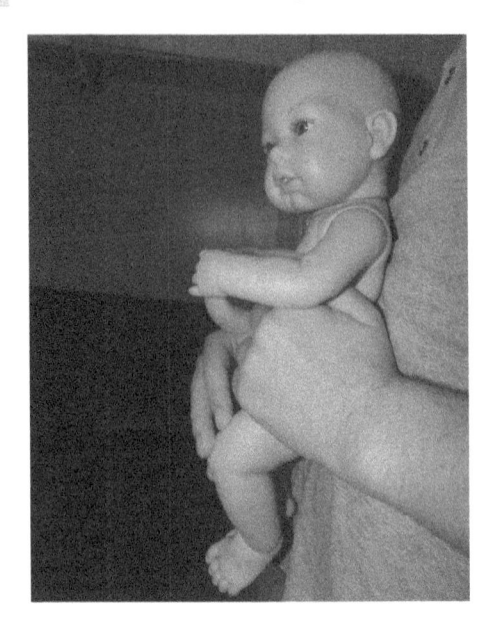

Figura 6.121 – Levantando o tronco

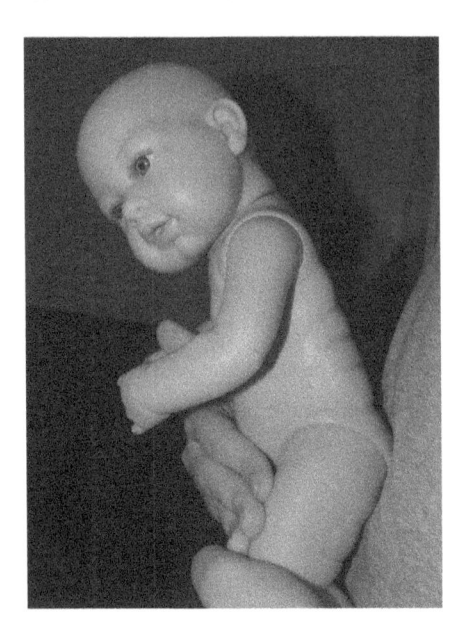

Jogo da cobra

Segura-se o bebê da mesma forma que no exercício anterior, mas com as mãos apenas sobre seus joelhos e suas coxas. Apresenta-se a ele uma cobra de pano colorida ou fitas coloridas suspensas a sua frente para chamar sua atenção de modo que ele levante o tronco, os braços e procure segurá-la. Afasta-se e aproxima-se o bebê, desenvolvendo um jogo que, ao mesmo tempo que exercita a musculatura, diverte e dá prazer (Figuras 6.122 e 6.123).

Figura 6.122 – Segurando a cobra de pano

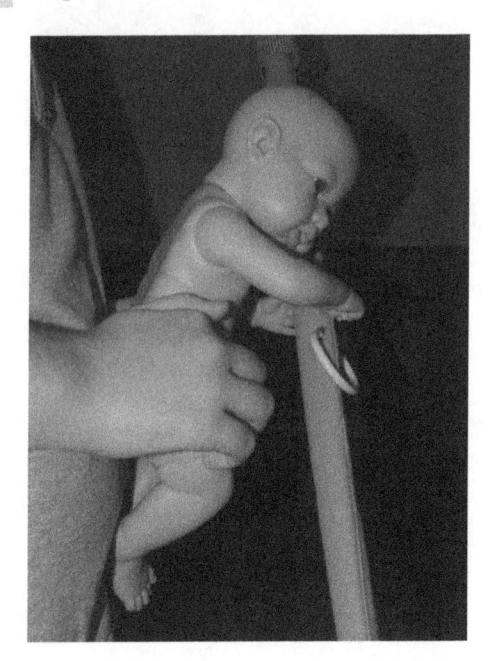

Figura 6.123 – Jogo de afastar e aproximar

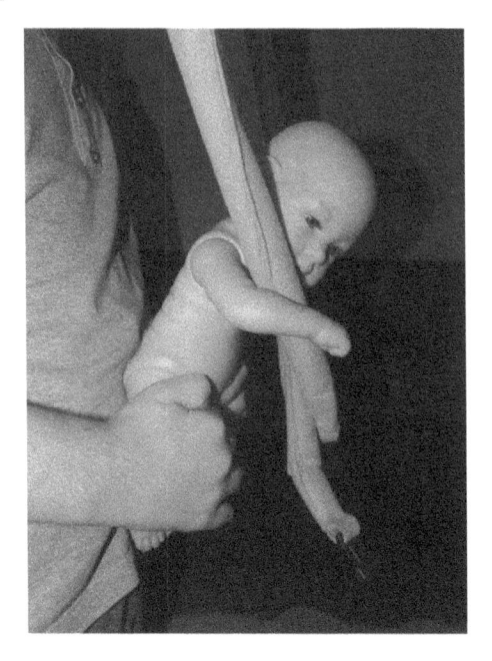

Tânia Mara Grassi

Jogo do carrinho de mão sobre a mesa

Coloca-se o bebê de frente para o tampo da mesa com as mãos apoiadas sobre ele, sustentando-o pelas coxas. Progressivamente, muda-se o apoio para os joelhos e depois, tornozelos, considerando as possibilidades psicomotoras dele, estimulando-o a deslocar-se apoiado nas mãos (Figuras 6.124 e 6.125).

Figura 6.124 – Apoiando-se nas mãos

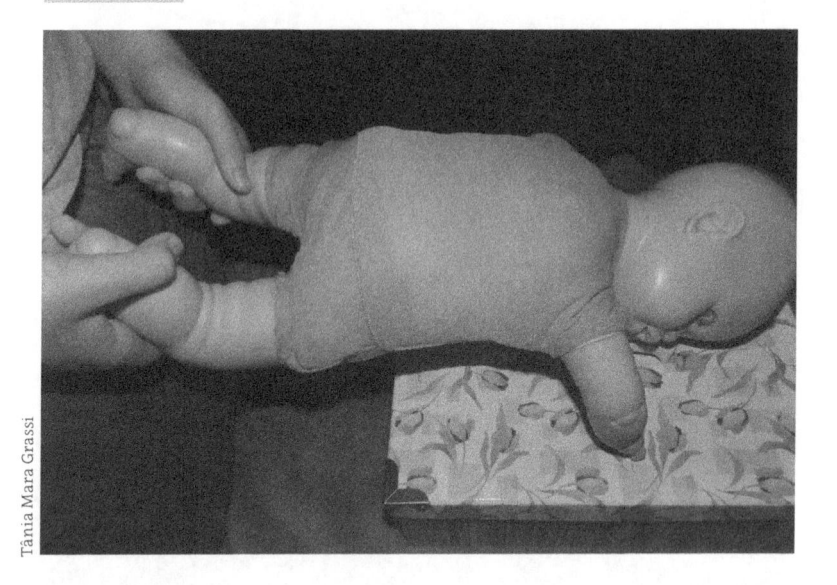

Figura 6.125 – Deslocando-se com apoio das mãos

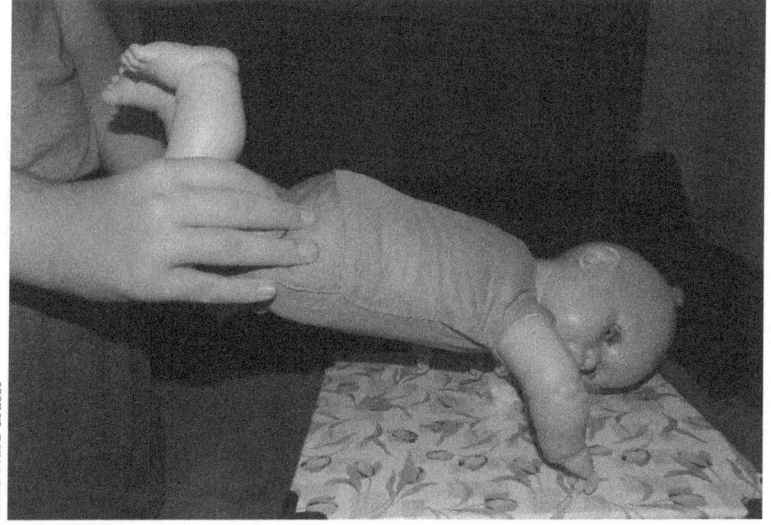

Oscilações sobre o rolo

Posiciona-se o bebê de bruços sobre o rolo, no sentido do comprimento, segurando-o pelas pernas, suavemente. Move-se o rolo para a direita e, depois, para a esquerda, lentamente, de maneira a provocar uma contração dorsal assimétrica e o alcance do equilíbrio. É interessante colocar um brinquedo de cada lado do rolo para chamar a atenção do bebê (Figuras 6.126).

Figura 6.126 – Equilibrando-se sobre o rolo

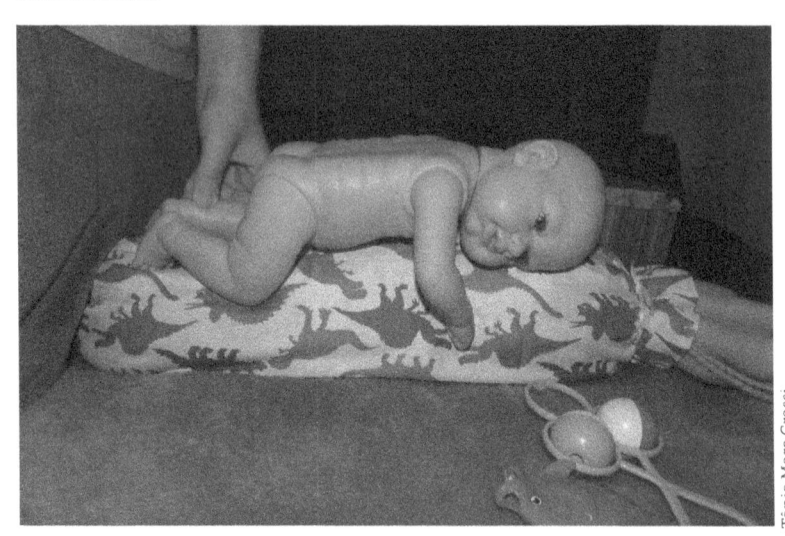

Jogo sobre o rolo

Deixa-se o bebê em frente ao rolo, mostrando-lhe um brinquedo colorido ou sonoro. Assim, ele é estimulado a pegá-lo, movendo-se sobre o rolo. Progressivamente, afasta-se mais o brinquedo. Isso o faz se ajoelhar, levantar-se, apoiar-se sobre o rolo, subir sobre ele e transpô-lo (Figuras 6.127 e 6.128).

Figura 6.127 – Apoiando-se sobre o rolo

Figura 6.128 – Transpondo o rolo

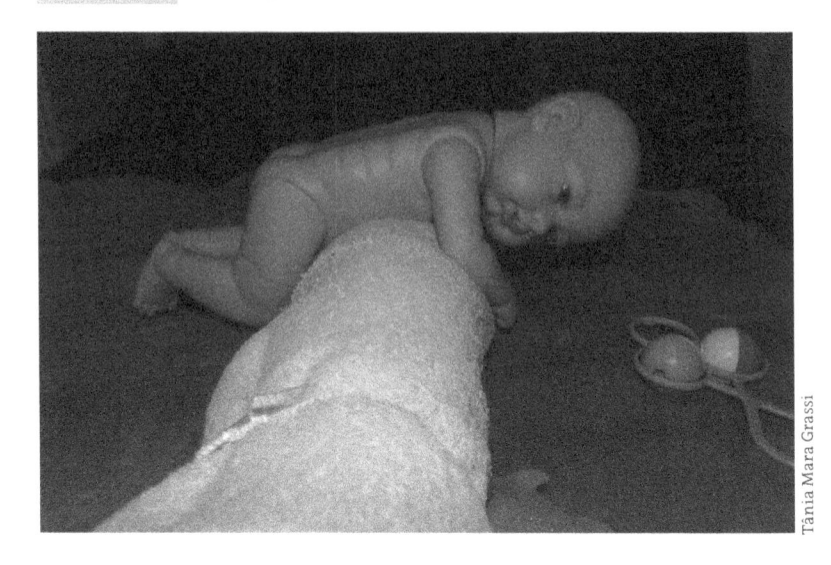

2. **Movimentos abdominais**

Os exercícios que ativam os movimentos abdominais visam fortalecer os músculos abdominais e das coxas.

Jogo da queda

Coloca-se o bebê sentado sobre um colchonete, levantando suas pernas progressiva e lentamente. Isso provoca a resistência ao desequilíbrio e a busca de apoio lateral com a mão, até que ele se deite de costas. Conversa-se com ele durante o processo, transformando o exercício em um jogo (Figuras 6.129 e 6.130).

Figura 6.129 – Levantando as pernas

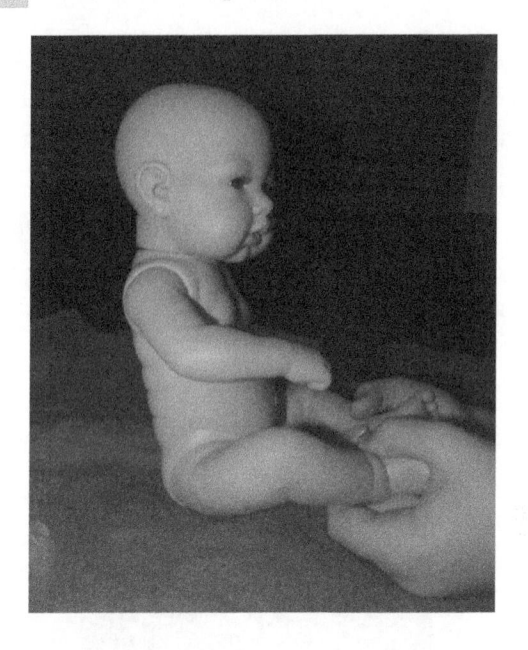

Figura 6.130 – Buscando apoio lateral com a mão

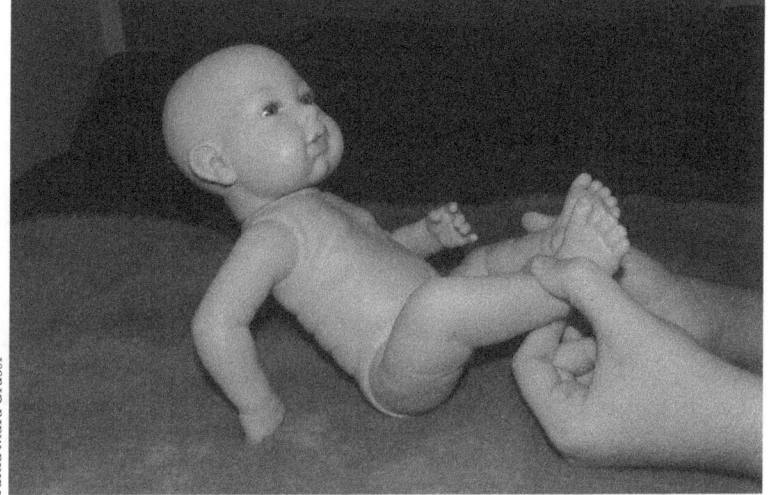

Jogo no rolo senta/levanta

Senta-se o bebê de frente para o estimulador, no centro do rolo, sustentando-o pelas coxas e pelos joelhos. Desloca-se o rolo para trás e, depois, para frente, momento em que os pés servem de apoio para ele se posicionar de pé (Figuras 6.131, 6.132, 6.133 e 6.134).

Figura 6.131 – Apoiado sobre o rolo

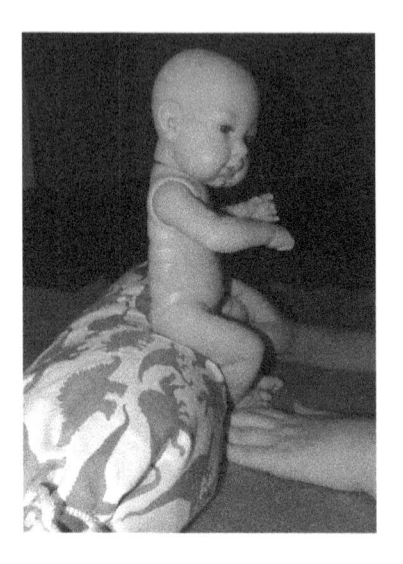

Figura 6.132 – Sentando sobre o rolo com deslocamento para trás

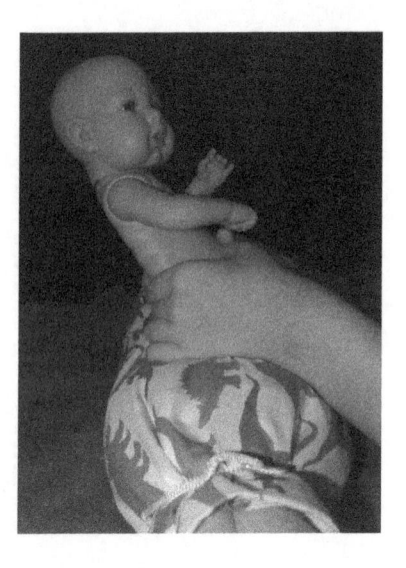

Figura 6.133 – Sentado sobre o rolo deslocando o rolo para frente

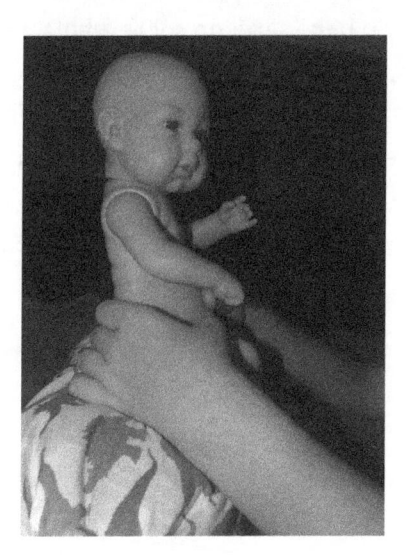

Figura 6.134 – Ficando em pé apoiado sobre o rolo

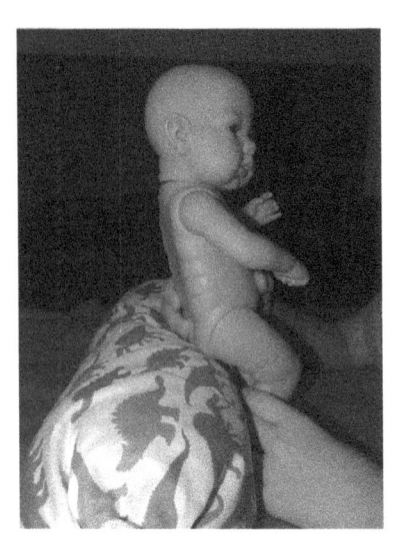

Jogo da busca pelo equilíbrio na bola

Posiciona-se o bebê sentado sobre a bola, segurando-o pelas coxas, de frente para o mediador. Inclina-se a bola da direita para a esquerda e vice-versa, de trás para frente e vice-versa, de modo que ele procure o equilíbrio para permanecer sentado. Repete-se o movimento com o estimulador atrás do bebê (Figuras 6.135, 6.136, 6.137, 6.138 e 6.139).

Figura 6.135 – Inclinação da bola para os lados

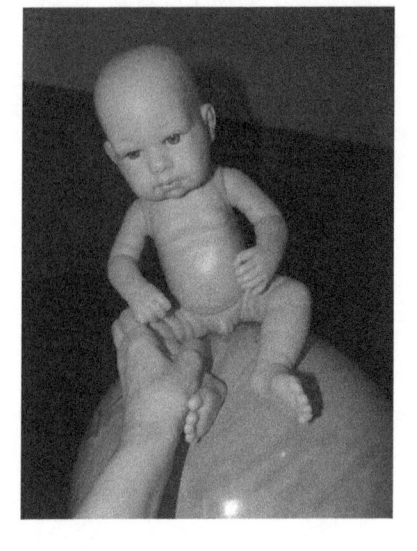

Figura 6.136 – Inclinação da bola para frente

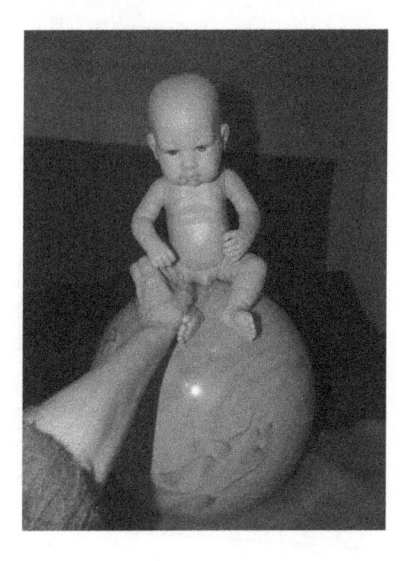

Figura 6.137 – Inclinação da bola para trás

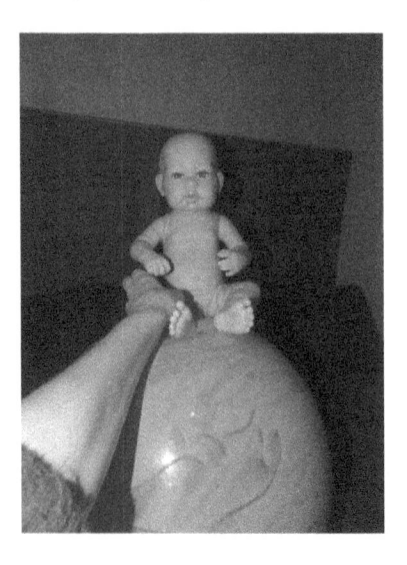

Figura 6.138 – Inclinação da bola para frente com estimulador atrás da criança

Figura 6.139 – Inclinação da bola para trás

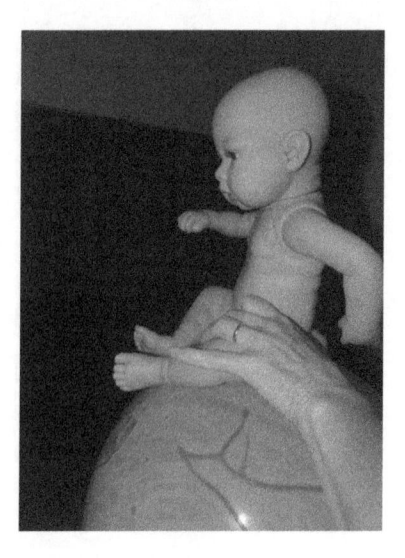

Jogo do sentar sobre a bola

Deita-se o bebê sobre a bola, sustentando-o pelas coxas. Movimenta-se a bola para trás, inclinando-a para a direita. Desse modo, ele é impelido a sentar-se, buscando equilíbrio. Provoca-se o apoio no ombro, no cotovelo e na mão. Movimenta-se a bola para frente e para trás, de um lado ao outro, lentamente, fazendo um jogo em que o bebê tenta se equilibrar. Repete-se o exercício inclinando a bola para a esquerda (Figuras 6.140, 6.141 e 6.142).

Figura 6.140 – Sentando-se sobre a bola

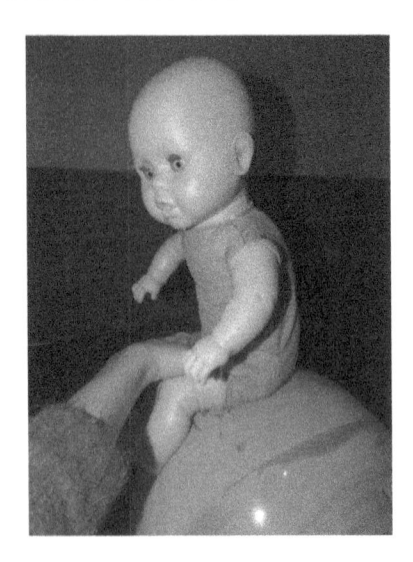

Figura 6.141 – Buscando equilíbrio

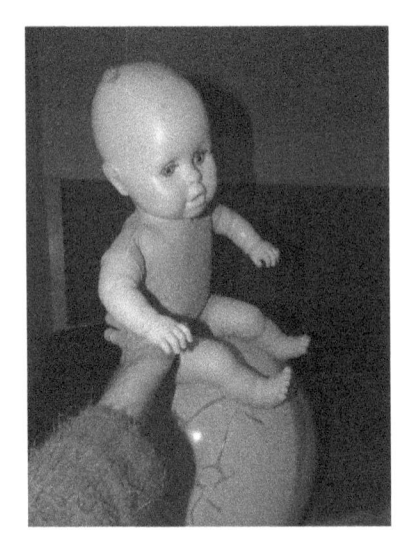

Figura 6.142 – Movimentando a bola em diferentes direções

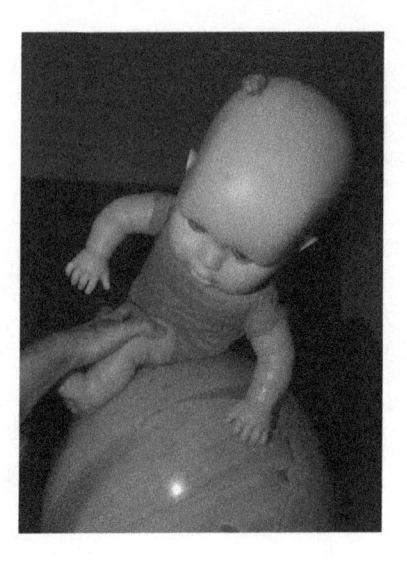

Jogo do deitar e sentar

Posiciona-se o bebê deitado de costas no chão e seguro pelas coxas. Em seguida, levanta-se seu ombro direito, inclinando-o para a esquerda, de modo que se apoie no ombro, cotovelo e mão esquerdos até sentar-se. Ele é estimulado a deitar-se novamente, apoiando-se, inicialmente, na mão, no cotovelo e, depois, no ombro esquerdo. Repete-se o exercício para a direita. É interessante chamar a atenção do bebê com um brinquedo colorido e/ou sonoro (Figuras 6.143, 6.144 e 6.145).

Figura 6.143 – Levantando o ombro direito

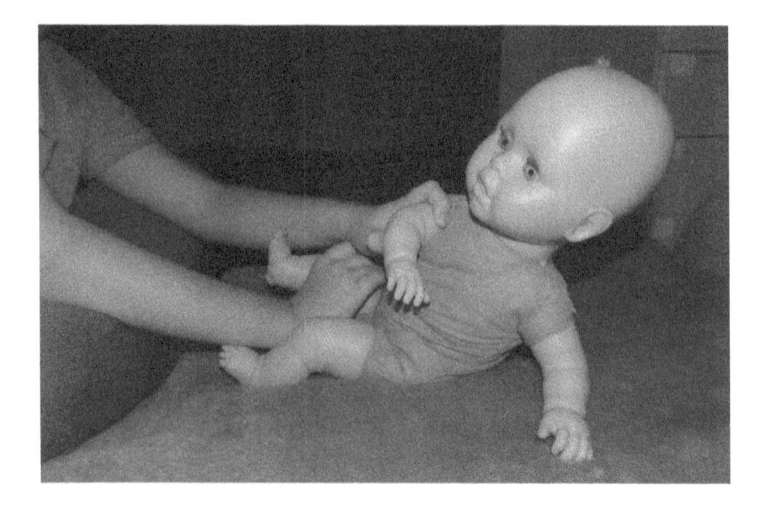

Figura 6.144 – Apoiando-se sobre ombro, cotovelo e mão

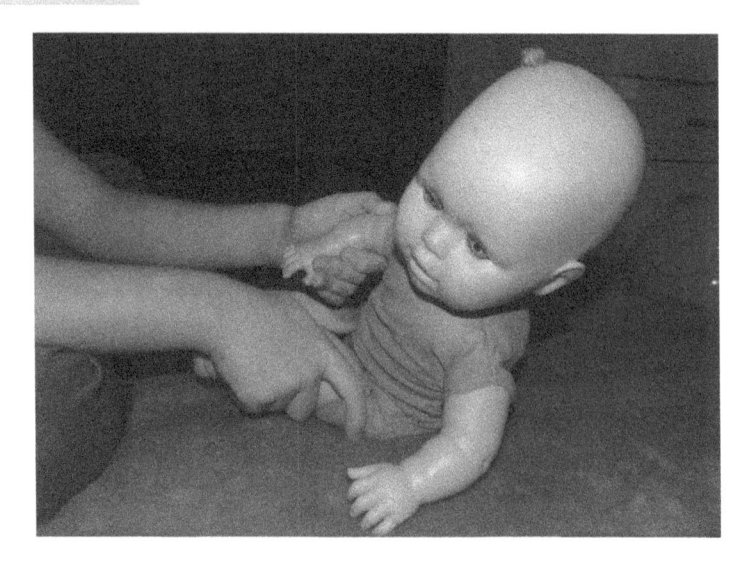

Figura 6.145 – Sentado

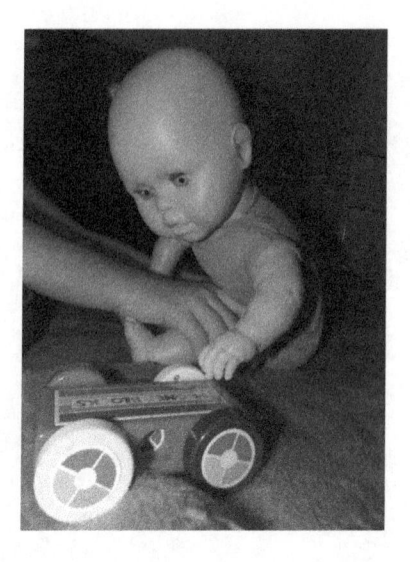

Jogo do banquinho

Senta-se o bebê no banquinho com os pés apoiados no chão. O estimulador, sentado atrás dele, segura-o por uma das coxas, evitando apoiá-lo no tronco. Deixa-se, então, que ele se equilibre, retificando as costas. Nesse momento, o mediador apresenta-lhe um brinquedo, ora de um lado, ora de outro, fazendo-o virar-se para os lados, apoiando-se com os pés, fazendo a rotação da cintura e estendendo o braço em direção ao objeto (Figuras 6.146 e 6.147).

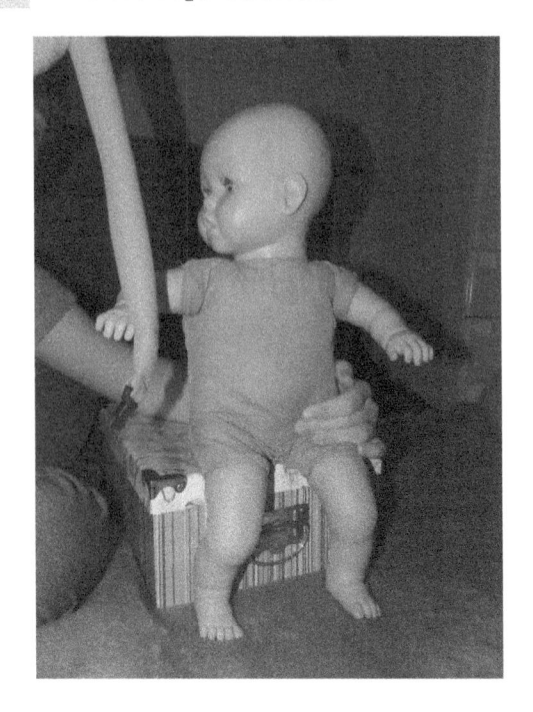

Figura 6.146 – Virando-se para a direita

Figura 6.147 – Virando-se para a esquerda

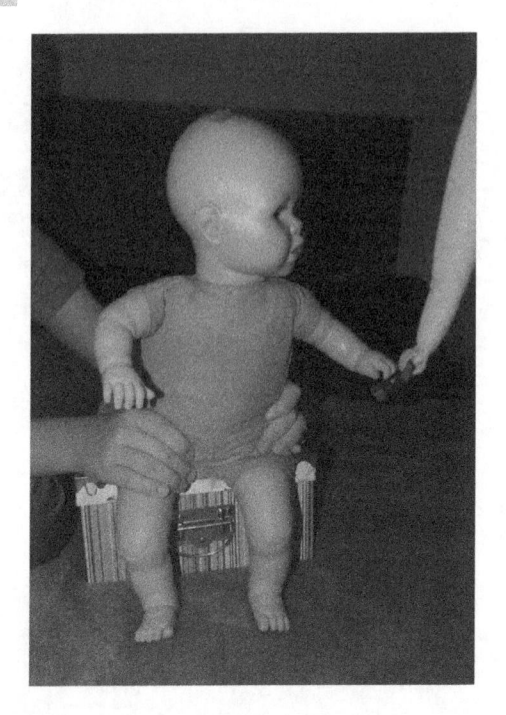

Rastejando

Estimula-se o bebê, de bruços sobre o colchonete ou tatame, a deslocar-se rastejando, com o peito ou de quatro, para pegar um brinquedo sonoro e/ou colorido, atraente, colocado a uma distância de cerca de 50 cm. Incentiva-se verbalmente o bebê para que faça o movimento (Figura 6.148, 6.149 e 6.150).

Figura 6.148 – Observando o brinquedo

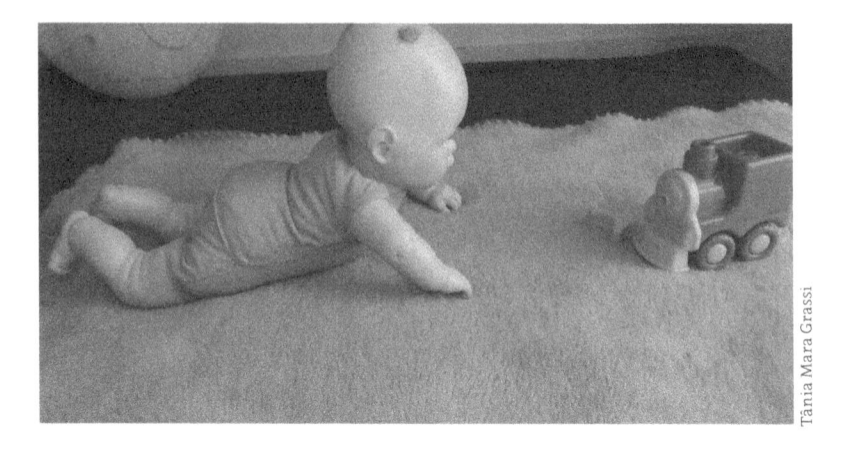

Figura 6.149 – Rastejando em direção ao brinquedo

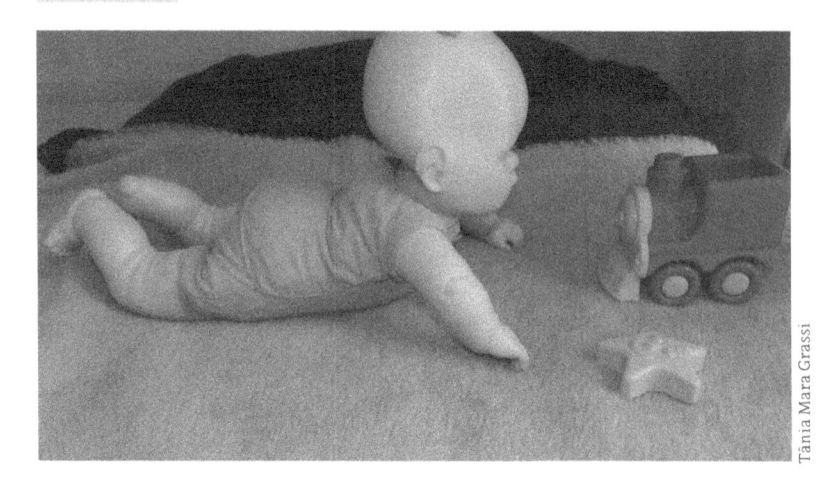

Figura 6.150 – Chegando ao brinquedo

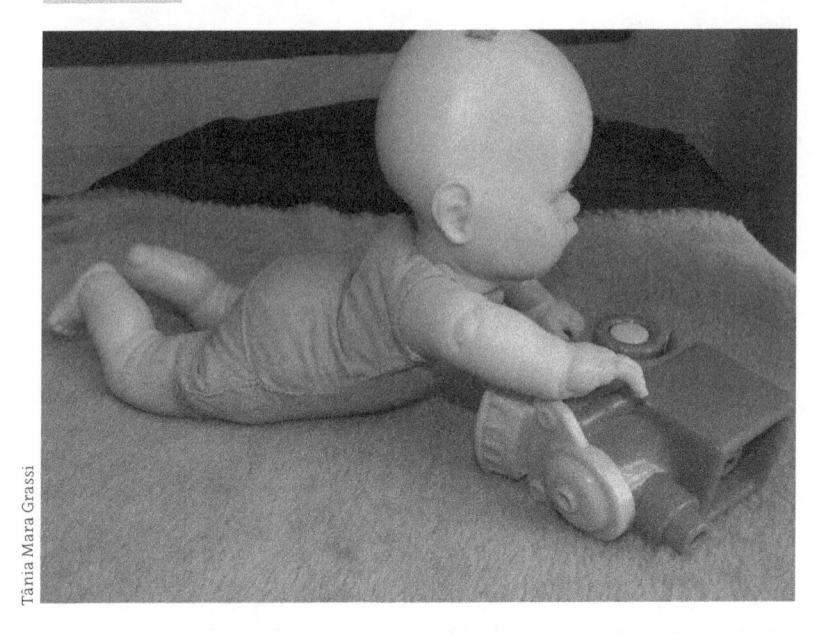

3. **Jogos com o rolo**

   Cavalgando sobre o rolo

   O estimulador e o bebê montam sobre o rolo. Dois brinquedos são posicionados, um de cada lado.
   O mediador, atrás do bebê, segurando-o pelas coxas ou pela bacia, movimenta o rolo para o lado direito de modo que ele se apoie com o pé direito. Faz-se uma pausa para que toque o brinquedo colocado desse lado. Depois, movimenta-se para o outro lado, para que ele se apoie no pé esquerdo e possa tocar o outro brinquedo (Figuras 6.151 e 6.152).

Figura 6.151 – Movimentando o rolo para a direita

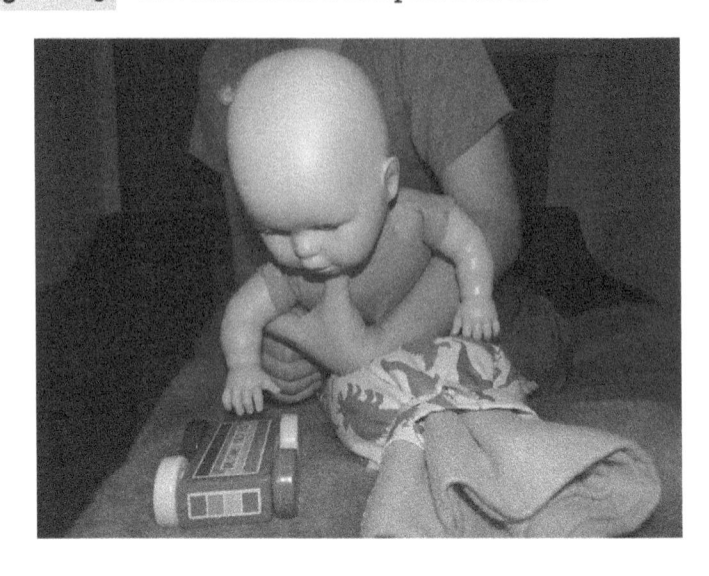

Figura 6.152 – Movimentando o rolo para a esquerda

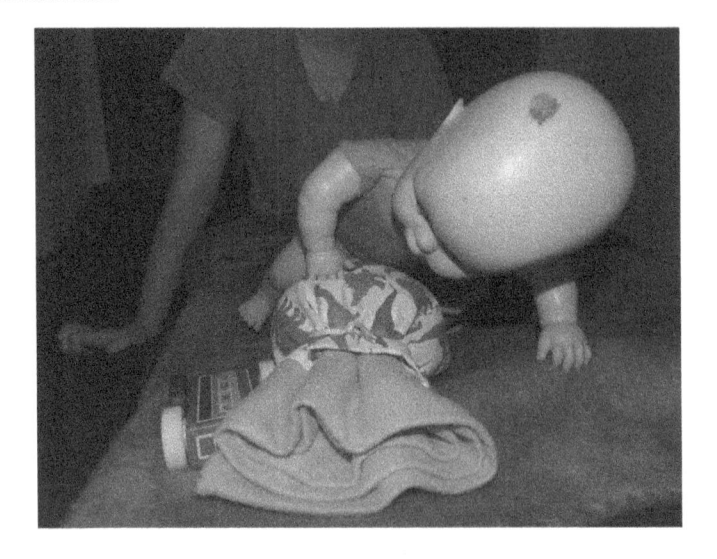

De quatro sobre o rolo

Posiciona-se o bebê de quatro com o abdômen sobre o rolo. Seguram-se suas pernas na altura das panturrilhas, movimentando-as para trás, para que se apoie nos joelhos, e, depois, para frente, para que se apoie nas mãos. Repete-se esse movimento de vaivém várias vezes, em forma de brincadeira (Figuras 6.153 e 6.154).

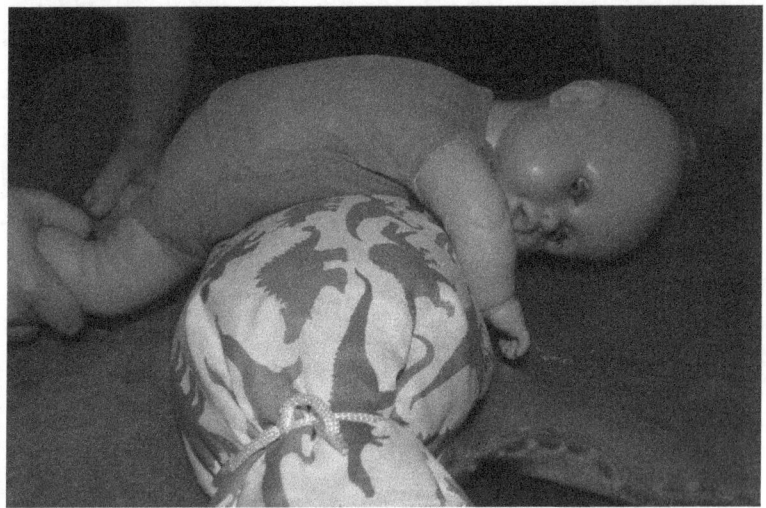

Figura 6.153 – Movimentando as pernas para frente sobre o rolo

Figura 6.154 – Movimentando as pernas para trás sobre o rolo

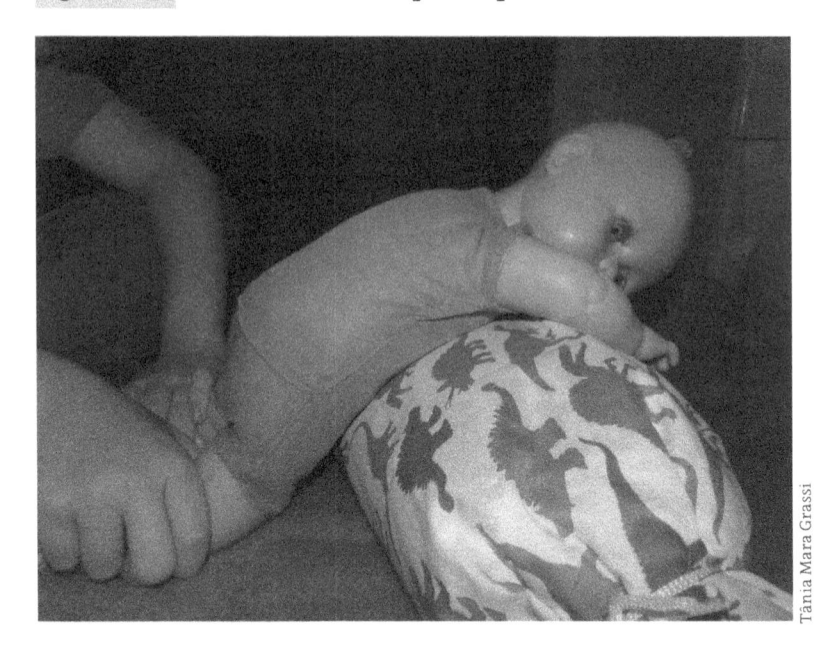

Passando de quatro apoios a ereto

Apoia-se o bebê sobre o rolo, de quatro, esticando seus braços e pernas. Movimenta-se o rolo de modo que ele o acompanhe, ficando de pé com apoio, progressivamente (Figuras 6.155 e 6.156).

Figura 6.155 – Apoiado sobre o rolo

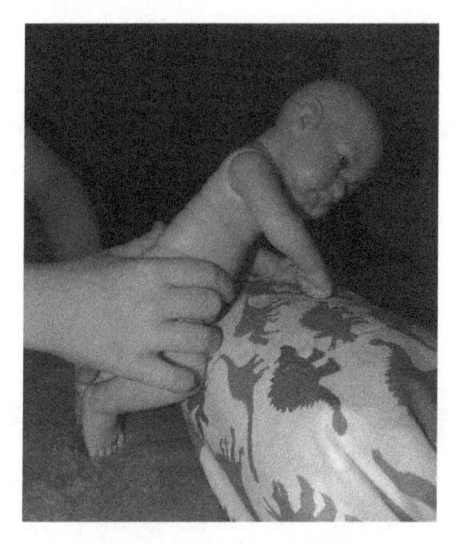

Figura 6.156 – Ficando de pé apoiado no rolo

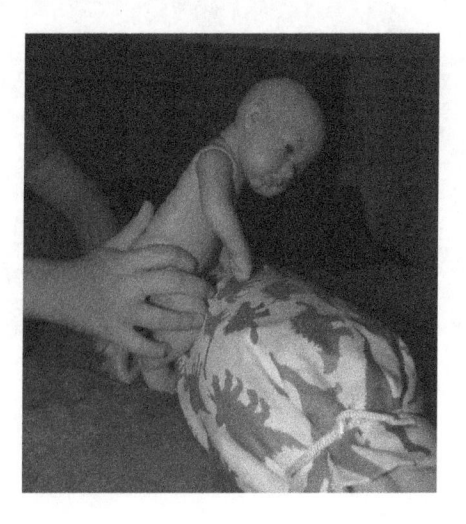

Sentado/de pé

Posiciona-se o bebê sentado sobre o rolo, de frente para o estimulador. Segura-se a criança pelas coxas, movimentando o rolo para trás e para frente lentamente, provocando desequilíbrios que exigem movimentações do corpo do bebê para se equilibrar sentado e se posicionar de pé (Figuras 6.157 e 6.158).

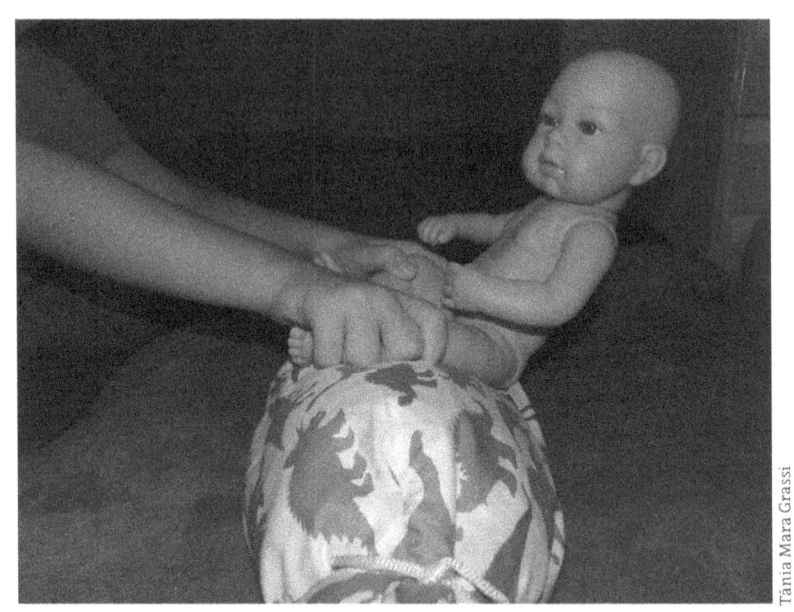

Figura 6.157 – Movendo o rolo para trás

Figura 6.158 – Movendo o rolo para frente

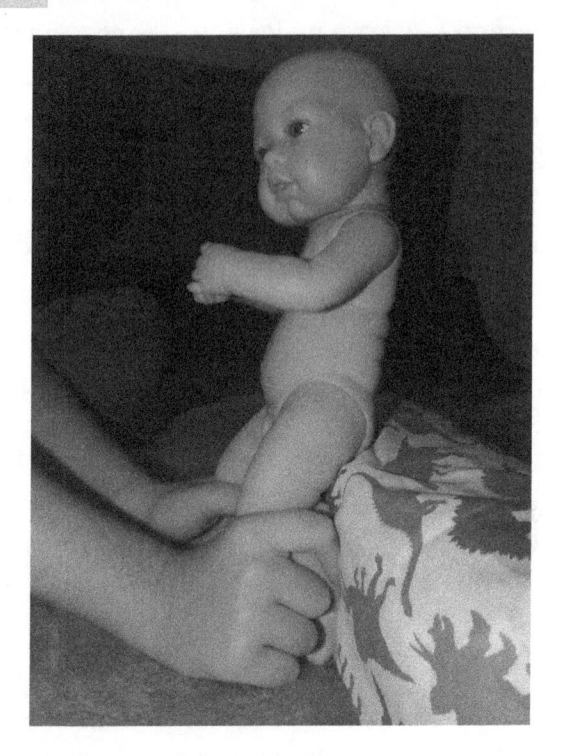

Tânia Mara Grassi

6.2.4 Quarta fase de exercícios

Nesse momento, a criança encontra-se mais ativa e mais curiosa, procurando explorar o que está a sua volta com maior independência e autonomia. A coordenação de seus movimentos corporais permite que se desloque pelo espaço e explore os objetos os tocando e os levando à boca. Aumentam os riscos de acidentes. Por essa razão, o acompanhamento do adulto é fundamental para sua segurança e para sua estimulação.

Há um enriquecimento das atividades e os jogos de exercício são vivenciados com maior entusiasmo e prazer. A conquista da marcha amplia cada vez mais suas possibilidades de exploração, assim como as atividades e as brincadeiras.

Na sequência, apresentamos os exercícios que compõem a quarta série do programa e que possibilitam ao estimulador o privilégio de acompanhar a evolução psicomotora da criança e o alcance da sua independência na locomoção.

1. **Deslocamentos e mudanças de posição**

    Essa série de exercícios objetiva possibilitar o deslocamento da criança pelo espaço, explorando-o e coordenando movimentos amplos e finos, segurando os objetos, rastejando, engatinhando, ficando em pé e andando com maior independência.

    Mudando de sentado para quatro apoios

    Deixa-se o bebê sentado no chão, com as pernas afastadas e os brinquedos próximos a ele. O estimulador senta-se atrás do bebê; encosta seu pé direito na coxa esquerda; dobra, em seguida, a perna esquerda por cima da direita; segura seus tornozelos com a mão esquerda e passa a mão direita por baixo do braço esquerdo, segurando-o. Então, gira-se o tronco do bebê para a direita, colocando-o na posição de quatro. Repete-se o movimento com o outro lado (Figuras 6.159, 5.160, 6.161 e 6.162).

Figura 6.159 – Sentado no chão

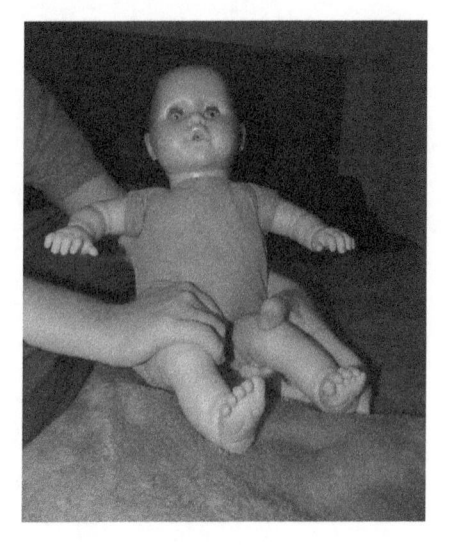

Figura 6.160 – Dobrando a perna esquerda

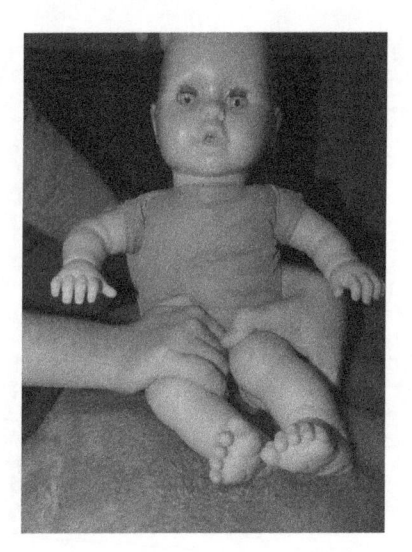

Figura 6.161 – Segurando por baixo do braço esquerdo

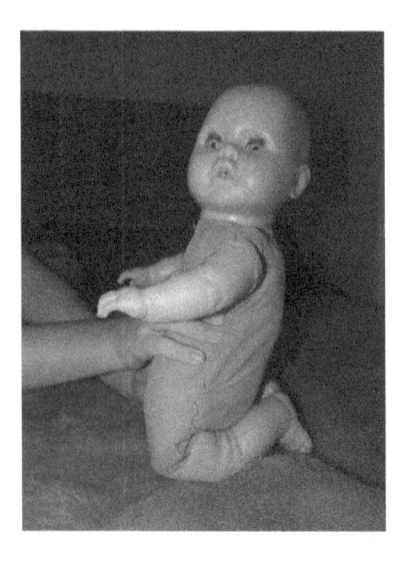

Figura 6.162 – Girando o tronco para a direita

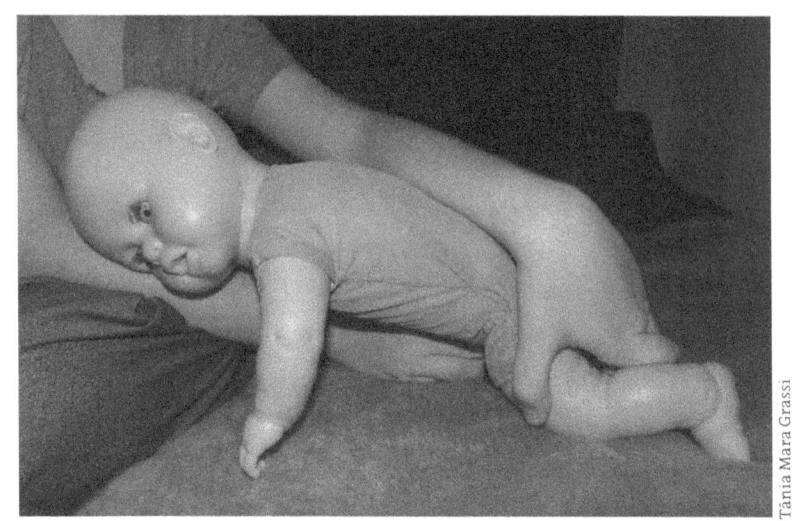

Alternando de quatro apoios para posição coelinho

Posiciona-se o bebê de quatro no chão, encostando suas nádegas nos calcanhares, mantendo seu peito levantado. Apresenta-se à criança um brinquedo na altura do ombro, ora de um lado, ora de outro, de modo que se vire girando o tronco (Figuras 6.163 e 6.164).

Figura 6.163 – Observando o brinquedo

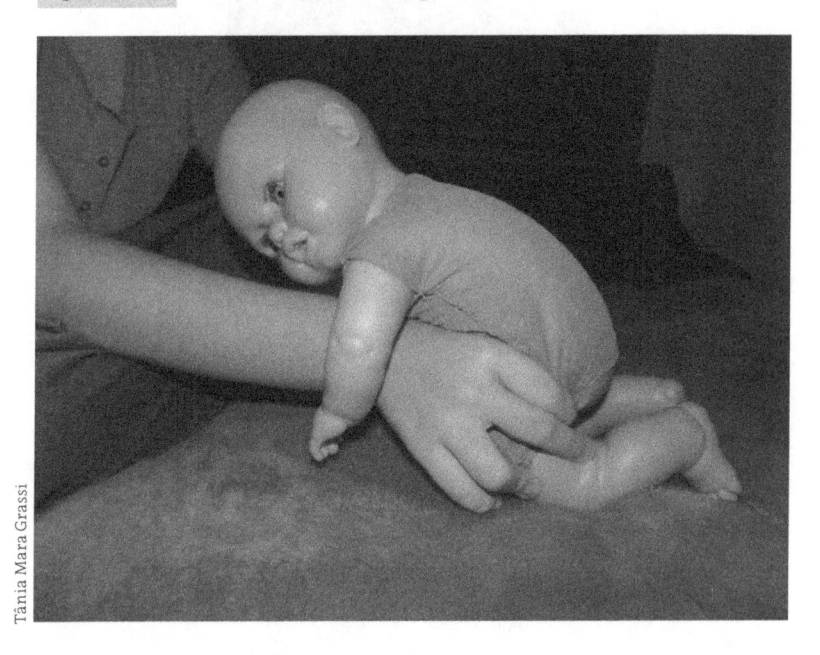

Figura 6.164 – Girando o tronco para os lados

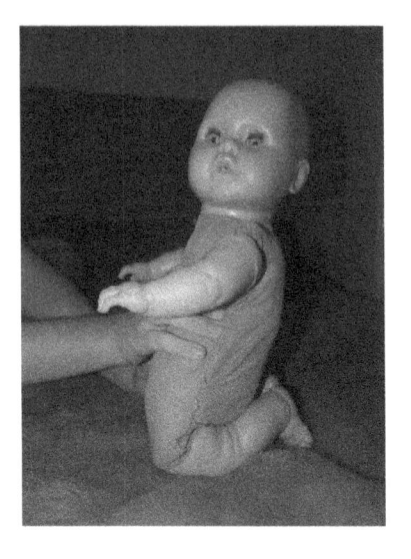

Tânia Mara Grassi

Jogo do coelhinho – agachado/de pé

Senta-se o bebê sobre os calcanhares com o peito erguido, como um coelho. Desloca-se uma de suas pernas para a frente com o pé encostado no chão, segurando-o por baixo dos braços. A outra perna é deslocada para frente, deixando os pés encostados no chão, de modo que ele fique agachado. Movimenta-se o bebê para frente e para trás, estimulando-o a ficar de pé.

Quando o bebê consegue se colocar de pé, realiza-se a segunda parte desse exercício. A partir da posição agachado, o bebê, segurado na altura dos joelhos, é balançado para frente, deixando o peso do corpo sobre a parte da frente dos pés. Segura-se o bebê com uma mão sobre os joelhos e a outra sobre o tórax, apoiando-o na posição em pé (Figuras 6.165, 6.166 e 6.167).

Figura 6.165 – Com uma das pernas para frente

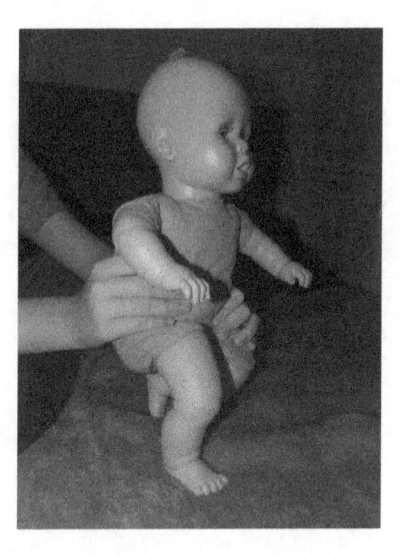

Figura 6.166 – Agachado com as pernas em paralelo

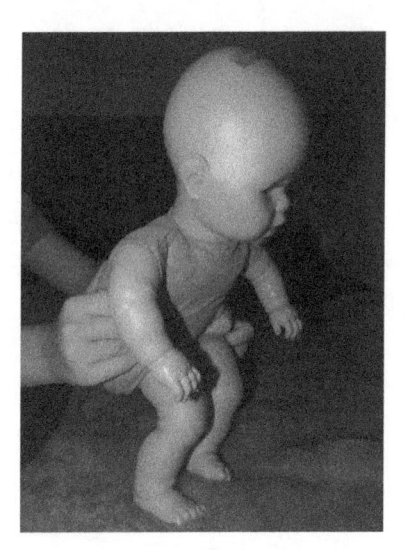

Figura 6.167 – Movimentos de trás para frente até que se coloque em pé

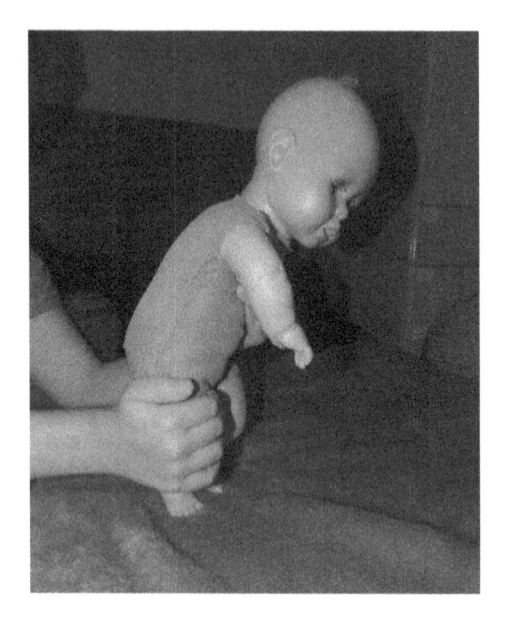

Jogos com carrinho – de quatro/de pé

Disponibiliza-se um carrinho com suporte ou alça da altura do bebê, estimulando-o a engatinhar para alcançá-lo. Também se incentiva a criança a levantar-se, apoiando-se nele, para, em seguida, deslocar-se pelo espaço (Figura 6.168).

Figura 6.168 – Engatinhando até o carrinho

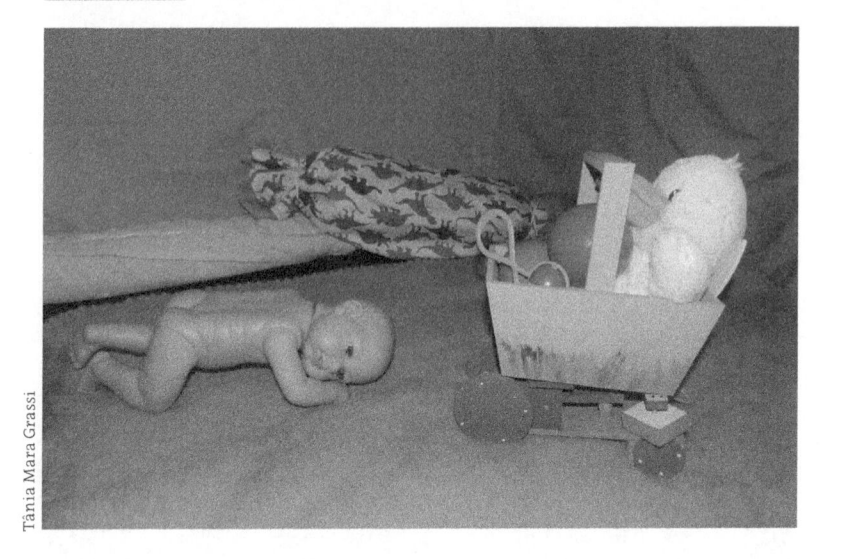

a) Sentado/de pé

Deixa-se o bebê sentado sobre um banquinho, segurando-o pelo peito ou pelos quadris. Estimula-se a criança a levantar-se apoiada no suporte do carrinho, deslocando-se em seguida.

O mesmo exercício pode ser feito com apoio das mãos do estimulador, posicionado à frente do bebê (Figura 6.169).

Figura 6.169 – Levantando-se com apoio do carrinho

Em pé

b) Primeiro passo

Assim que o bebê alcança a posição em pé, deve-se deixá-lo vivenciar intensamente a experiência. Pode-se segurá-lo pelos quadris, estimulando a rotação do tronco para os dois lados, um de cada vez, com os pés encostados no chão e o corpo levemente projetado para frente. Progressivamente, ele se prepara para dar o primeiro passo e andar (Figura 6.170).

Figura 6.170 – Mantendo-se em pé e ensaiando o primeiro passo

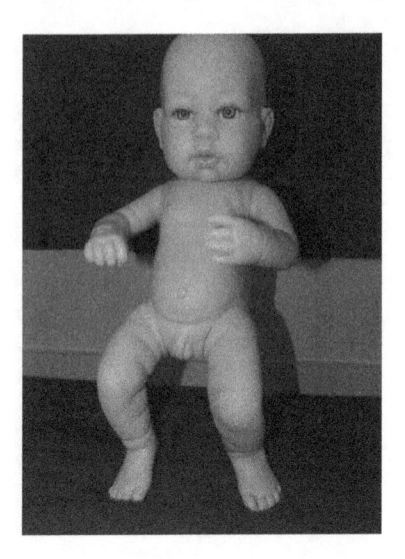

c) Com bastões

O estimulador se coloca atrás do bebê segurando os bastões com suas mãos sobre as mãos dele. Em seguida, esses são movimentados para frente e para trás, mas permanecendo no lugar.

Aos poucos se descolam as mãos para cima. Depois, repete-se a ação anterior. E, finalmente, inclinam-se os bastões para frente e o bebê dá um passo.

Depois se deslocam os dois bastões, um de cada vez, para frente e para trás. O mediador troca de lugar, posicionando-se diante do bebê, aumentando o grau de dificuldade do exercício (Figuras 6.171, 6.172, 6.173 e 6.174).

Figura 6.171 – Em pé apoiado nos bastões

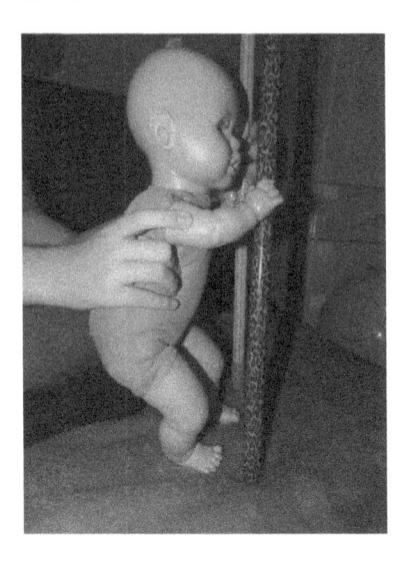

Figura 6.172 – Movimentando os bastões para frente e para trás

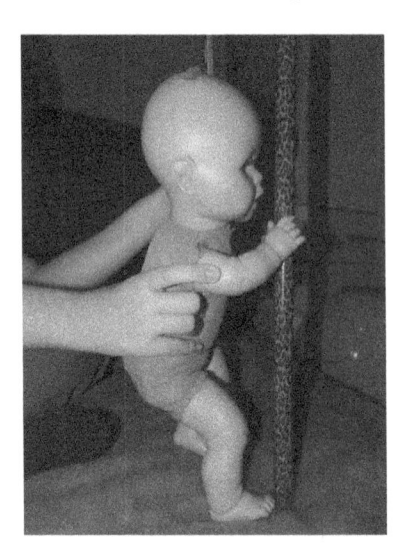

Figura 6.173 – Dando os primeiros passos apoiado no bastão

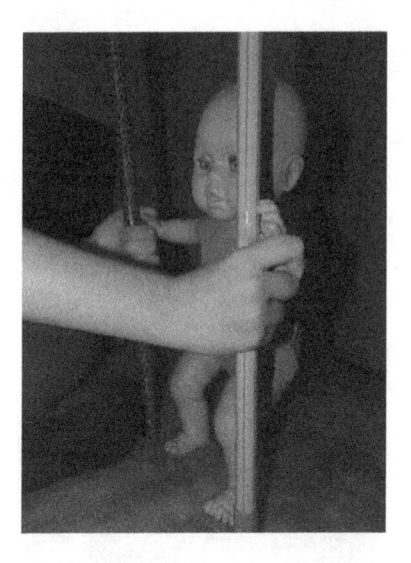

Figura 6.174 – Apoiado no bastão com o mediador na frente

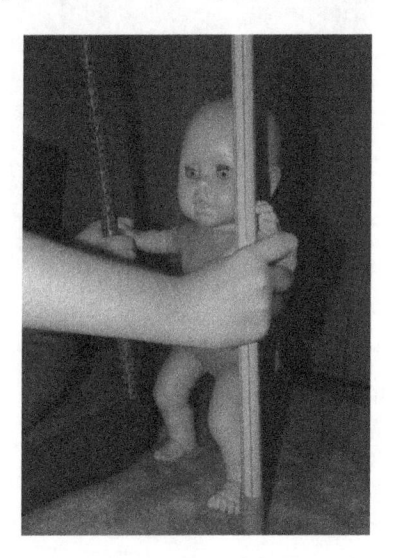

d) Com o arco

O estimulador posiciona-se de frente para o bebê, ambos segurando um arco ou um bambolê com as duas mãos. Desloca-se para a frente, para trás, para os lados, rodando levemente o arco, agachando-se, levantando-se, possibilitando que o bebê dê alguns passos. Progressivamente, desloca-se com o bebê andando e o acompanhando (Figura 6.175).

Figura 6.175 – Andando com o bambolê

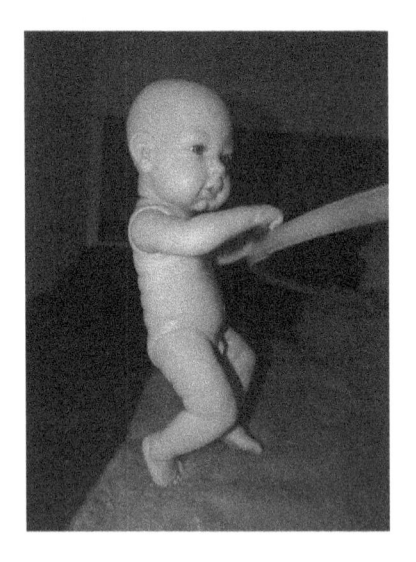

Tânia Mara Grassi

Também é interessante realizar esse exercício acompanhado por canto ou música.

e) O andar com independência

Introduzem-se jogos verbais, cantigas de roda e brincadeiras em grupos pequenos, possibilitando ao bebê experimentar livremente o movimento e as possibilidades motrizes de seu corpo, bem como a escolher os brinquedos e o que quer fazer com eles, até que ele se solta e anda livre e sem apoio.

Síntese

Neste capítulo, apresentamos dois programas de estimulação psicomotora e detalhamos os exercícios que compõem as séries de cada um. Destacamos que a escolha de um programa e a aplicação técnica dos exercícios é importante, mas o vínculo entre o profissional e a criança, sua sensibilidade para perceber as necessidades do bebê e fazer as adaptações necessárias, bem como a criatividade e a disponibilidade afetiva são condições sem as quais o trabalho de estimulação não se efetiva.

O programa de Herren e Herren divide-se em duas etapas, denominadas *estimulação assistida* e *estimulação ativa*. Cada uma delas estrutura-se em duas séries de exercícios, subdivididos pela idade de referência, respectivamente: primeira série, de 4 a 5 meses, e segunda série, de 6 a 7 meses; primeira série, de 8 a 9 meses, e segunda série, de 10 a 15 meses. O objetivo é propiciar à criança experiências que estimulem o relaxamento, a ação, o movimento, o equilíbrio tônico e o desenvolvimento das funções psicomotoras. Os exercícios são organizados respeitando as características da criança e as conquistas progressivas em seu processo de desenvolvimento.

Já o programa de Lévy organiza-se em quatro séries de exercícios subdivididos de acordo com a faixa etária. A primeira série desenvolve-se com bebês de zero a 3 meses; a segunda, de 3 a 6 meses; a terceira, de 6 a 12 meses; e a quarta, de 9 a 15 meses.

Essas são idades de referência, pois alguns bebês podem permanecer mais tempo em uma série, ou ter um desenvolvimento mais lento, precisando de mais estímulos ou de adaptações. O propósito é prevenir atrasos, propiciando ricas experiências que estimulem o desenvolvimento neuropsicomotor.

Explicitamos que é fundamental conhecer as técnicas e treinar os exercícios para dominá-los, sem nunca ignorar que a práxis exige uma atitude afetiva em que um vínculo especial seja estabelecido entre o profissional e a criança. Sendo tamanha a responsabilidade do estimulador no processo de desenvolvimento da criança, a estimulação requer urgência, disponibilidade, organização, planejamento, sensibilidade e afetividade.

Indicações culturais

Livros

NAVARRO, A. de A. **Estimulação precoce**: inteligência emocional e cognitiva. São Paulo: Vergara, 2018.

> Obra que reúne sugestões de atividades que podem ser utilizadas na estimulação essencial. Essas atividades estão organizadas no livro segundo as faixas etárias e as áreas do desenvolvimento.

MOVIMENTO DOWN. **Guia de estimulação para crianças com síndrome de Down**. Rio de Janeiro: Mais/Observatório de favelas do Rio de Janeiro, 2015. Disponível em: <http://www.movimentodown.org.br/wp-content/uploads/2015/10/Guia-de-estimulação-PARA-DOWNLOAD.pdf>. Acesso em: 1º jul. 2020.

> Excelente material disponível para *download* no site Movimento Down que apresenta várias orientações e muitos exercícios para a estimulação de crianças com síndrome de Down.

Vídeos

MOVIMENTO DOWN. Crescer com Síndrome de Down: exercícios. Disponível em: <www.movimentodown.org.br/crescer-com-sindrome-de-down-tutoriais/>. Aceso em: 1º jul. 2020.

> Tutoriais sobre estimulação precoce em bebês com síndrome de Down que apresentam uma série de exercícios para estimulação aproveitando as atividades de rotina.

Atividades de autoavaliação

1. O programa de estimulação psicomotora proposto por Herren e Herren (1989) é considerado clássico, com excelentes resultados tanto para os bebês em geral, quanto para aqueles de alto risco, com atrasos no desenvolvimento e/ou com deficiências. Analise as afirmativas a seguir considerando essa temática:

I) O programa de estimulação psicomotora organiza-se em estimulação assistida e estimulação ativa.
II) O programa é realizado após a avaliação psicomotora, que deve acontecer durante a avaliação diagnóstica; se não for feita, deve ser solicitada. Além disso, depende da observação da criança por parte do estimulador, que registra seus movimentos espontâneos, suas reações e seus hábitos.
III) As sessões de estimulação psicomotora devem ser feitas logo após a alimentação, pois a criança não deve estar com fome nem sonolenta.
IV) Para os bebês hipotônicos, os exercícios precisam promover o relaxamento; para os bebês hipertônicos, os exercícios devem provocar resistência às ações do estimulador, com movimentos amplos.
V) Os exercícios propostos devem seguir rigorosamente a idade indicada em cada série, fator determinante do alcance dos objetivos do programa.

Estão corretas as afirmativas:

a) I, II, III, IV e V.
b) I, II, III e V.
c) I e II.
d) I, II e IV.
e) III, IV e V.

2. Assinale a alternativa correta com relação ao programa de estimulação psicomotora proposto por Lévy (2007):
   a) O programa de estimulação psicomotora está organizado em quatro séries de exercícios em que se consideram a evolução psicomotora da criança, sendo subdivididos por faixa etária: de 3 a 6 meses, de 6 a 9 meses, de 9 a 12 meses e de 12 a 15 meses.
   b) Destina-se, exclusivamente a bebês com deficiências que apresentam atrasos e patologias que limitam os movimentos e a coordenação motora ampla e a coordenação motora fina.
   c) Foi desenvolvido com base em pesquisas realizadas por Lévy na Índia com bebês prematuros e em situação de risco por desnutrição que superaram suas dificuldades depois de terem participado do processo de estimulação psicomotora.
   d) Tem como objetivo a prevenção de atrasos no desenvolvimento infantil promovendo experiências ricas que estimulam as funções neuropsicomotoras de bebês desde o nascimento.
   e) Os exercícios de cada série devem ser aplicados por um período de três meses, sendo cada sequência repetida três vezes por dia, tempo necessário para a estimulação das funções psicomotoras.

3. Assinale a alternativa que define *estimulação assistida*:
   a) Estimulação realizada pelo mediador com a participação do bebê que responde ativamente às mobilizações provocadas pelos exercícios.
   b) Conjunto de exercícios que requerem a mobilização ativa do corpo do bebê por parte do estimulador.
   c) Conjunto de atividades que mobilizam segmentos corporais os quais apresentam limitações significativas.
   d) Estimulação de funções psicomotoras esperadas para determinada faixa etária, mas que ainda não se desenvolveram em decorrência das lesões neurológicas.
   e) Programa de estimulação em que o mediador recebe orientações de um fisioterapeuta especializado para a realização dos exercícios.

4. Lévy (2007) sugere a utilização de vários materiais em seu programa de estimulação psicomotora. Leia as afirmativas a seguir a esse respeito e classifique-as como verdadeiras (V) ou falsas (F):
   ( ) A autora recomenda a utilização de brinquedos eletrônicos, que produzam sons e se desloquem pelo espaço de modo a estimular os deslocamentos do bebê, principalmente na quarta série de exercícios.
   ( ) As bolas de Bobath são utilizadas nas quatro séries de exercícios propostas no programa de estimulação psicomotora proposto por Lévy.
   ( ) Os rolos de Bobath ou almofadas cilíndricas são utilizadas em todas as séries de exercícios do programa desenvolvido pela autora.

( ) Embora não seja utilizado diretamente em todos os exercícios e em todas as séries, o espelho é um material indispensável no programa de estimulação psicomotora proposto por Lévy.

( ) As almofadas cônicas, as almofadas cilíndricas e as bonecas de pano são materiais básicos, constantes na lista apresentada pela autora.

Agora, assinale a alternativa que apresenta a sequência correta de preenchimento dos parênteses:

a) V, V, F, V, V.
b) F, V, F, V, F.
c) V, F, V, F, V.
d) F, F, V, V, F.
e) F, F, F, V, V.

5. Herren e Herren (1989) indicam alguns materiais para utilização em seu programa de estimulação psicomotora. Leia as alternativas a seguir e assinale a que apresenta uma lista correta desses materiais:

a) Tatame, tapete, bola e rolo de Bobath, cadeira de balanço, brinquedos de encaixe, bonecas de diferentes tamanhos, almofadas coloridas e espelho.
b) Bola e rolo de Bobath, bancos pequenos, almofadas cônicas, brinquedos simples, brinquedos eletrônicos, fantasias e máscaras.
c) Colchonete, bola de praia, banquinho de madeira, brinquedos de encaixe, objetos variados como potes com tampas, bichos de borracha, cubos e um espelho grande.

d) Brinquedos eletrônicos, brinquedos pedagógicos, almofadas, quebra-cabeça, jogos de regras, banco pequeno, bambolês e bonecas de pano.

e) Tapete de borracha, tatame, carrinho de pedal, triciclo, bonecos de borracha, brinquedos sonoros, cadeira reclinável e caixas com tampas.

Questões para reflexão

1. Faça uma pesquisa sobre exercícios para estimulação psicomotora em livros, na internet, em artigos, em teses ou em dissertações. Compare com os exercícios propostos pelos autores estudados neste capítulo. Elabore um texto apresentando semelhanças e diferenças.

2. Entreviste um profissional que trabalhe com estimulação essencial, um fisioterapeuta ou um psicomotricista. Pergunte sobre a importância da estimulação psicomotora, suas especificidades e possíveis restrições. Produza uma *live* apresentando as ideias expostas pelo profissional entrevistado.

Atividades aplicadas: prática

1. Escolha uma das séries de exercícios de um dos programas estudados neste capítulo. Treine os exercícios em uma boneca. Registre em fotos. Elabore um álbum, físico ou virtual, associando as imagens e as descrições dos exercícios. Componha um texto sobre as dificuldades encontradas e compartilhe com seus colegas em um fórum de discussão.

2. Visite uma sala de berçário de uma escola de educação infantil, um CEI ou um CMEI, de seu município, observe os materiais que compõem o ambiente, os bebês e as atividades que são desenvolvidas. Registre os dados coletados e faça uma análise a respeito da estimulação psicomotora: se ela acontece, como ocorre, que materiais são utilizados, como os adultos se relacionam com os bebês. Produza um texto e grave um *podcast* com suas observações.

Capítulo 7
Práticas em estimulação essencial

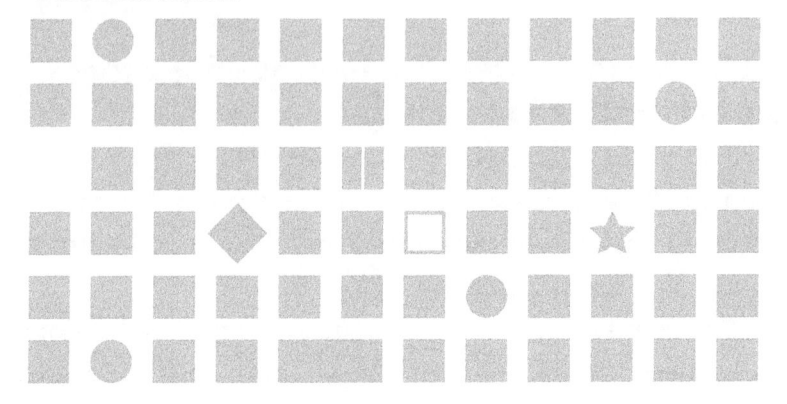

"Não há nada mais sério do que criança brincando!"

Claparèd

As práticas de estimulação essencial são organizadas considerando-se as necessidades das crianças e as áreas a serem trabalhadas. No Capítulo 5, discorremos sobre a massagem como uma atividade importante nos programas, que pode ser aplicada a todos os bebês. No Capítulo 6, exploramos a estimulação psicomotora, atividade central nos programas e responsável por propiciar experiências fundamentais para o desenvolvimento integral dos bebês.

Neste capítulo, analisaremos os recursos materiais que podem ser utilizados nas atividades de estimulação e abordaremos a estimulação sensorial, relacionando os dois temas à caracterização dos bebês atendidos nos programas de estimulação.

Objetivamos oferecer conhecimentos que embasem a escolha dos materiais mais adequados e as atividades que promovam vivências sensoperceptivas ricas aos bebês em desenvolvimento.

7.1 Recursos materiais, brinquedos e jogos na estimulação essencial

Para a prática da estimulação essencial, o material é o mais variado e rico possível. Uma infinidade de objetos, brinquedos e jogos pode ser utilizada.

Sugerem-se alguns materiais que são imprescindíveis na estimulação. Entre eles destacam-se: rolo e bola de Bobath;

bolas de diferentes tamanhos e materiais; colchonetes; tatames; rolos; bastões; sucata; materiais de vida diária (escovas de cabelos e de dentes, copos, pratos, colheres etc.); brinquedos pedagógicos; brinquedos industrializados; chocalhos; brinquedos musicais; papel; massa de modelar; móbiles; bonecas de pano; retalhos de tecido; caixas de papelão; material de higiene; utensílios domésticos e os bichinhos de pelúcia. Todos esses materiais devem ser laváveis, antialérgicos e antitóxicos, para não oferecer riscos a criança.

Grassi (2012) menciona que na escolha dos brinquedos é preciso considerar: faixa etária, possibilidades motrizes, objetivos a alcançar, além de nível de desenvolvimento e de segurança.

Sobre a segurança, deve-se considerar que, para bebês e crianças de até 3 anos, os cuidados devem ser redobrados, evitando-se, por exemplo: brinquedos pequenos e com peças que se soltem facilmente; brinquedos com pontas ou arestas; brinquedos com barbantes ou cordões; e brinquedos de procedência duvidosa, sem o selo do Instituto Nacional de Metrologia, Normalização e Qualidade Industrial (Inmetro), que garante sua qualidade e segurança, além de fazer a indicação de faixa etária.

As possibilidades motrizes precisam ser consideradas, o que significa relacionar idade, desenvolvimento atual e limitações impostas pela necessidade especial (NE) e/ou pela deficiência que possam dificultar a manipulação ou a utilização do material.

A escolha do brinquedo deve ser feita de acordo com os objetivos definidos durante a elaboração do planejamento, relacionando todos os outros critérios.

O espaço físico deve ser adequado e adaptado às necessidades das crianças, com mobiliário, material pedagógico e equipamentos apropriados ao trabalho a ser desenvolvido. O ideal é uma sala ampla, arejada, iluminada, com a pintura em cores claras, com piso neutro e lavável, com possibilidade de escurecimento, espelho grande colocado rente ao chão, sem excessos na decoração ou objetos e mobiliários desnecessários.

7.1.2 O brinquedo na estimulação essencial

Os brinquedos são recursos valiosos, pois contribuem para o desenvolvimento da criança, haja vista que: atraem a atenção; suscitam e aperfeiçoam as funções psicomotoras e as psicológicas superiores; estimulam a linguagem, a imaginação e a criatividade; possibilitam a observação do real e a atuação sobre ele; suscitam esquemas de ação; estimulam as sensações e as percepções; e possibilitam a expressão de pensamentos e sentimentos, facilitando a socialização.

Na estimulação essencial, há um modo particular de utilização dos brinquedos, pois é necessário que o adulto estimule a criança a interagir com eles, explorando-os para conhecê-los. O estimulador adapta o esforço que os brinquedos exigem às possibilidades psicomotoras e cognitivas da criança, devendo, também, participar ativamente. Sem essa participação, o trabalho não se efetiva e o desenvolvimento não se processa. Isso depende do estabelecimento de um vínculo afetivo e da interação entre ambos, numa relação mediada.

O adulto, seja ele um profissional (professor estimulador, psicólogo, pedagogo, fonoaudiólogo, fisioterapeuta, pedagogo, terapeuta ocupacional etc.), seja um familiar (mãe, pai, avô/

avó, tio/tia, irmão/irmã etc.), deve conhecer profundamente a criança, suas capacidades, suas dificuldades e/ou sua deficiência/NE. Ainda, tem de considerar as adaptações necessárias e as compensações com os quais poderá contar. A escolha dos suportes para a ação de brincar é de fundamental importância para estimular o desenvolvimento e possibilitar a superação das dificuldades da criança.

A esse respeito, Aufauvre (1987) assinala que selecionar adequadamente um brinquedo é condição essencial para o trabalho de estimulação, podendo transformar a criança em "artesão" de seu próprio progresso.

No caso da criança com NE/deficiências – que demanda, como as demais, a experimentação, a construção de si como pessoa e o estabelecimento de relações com os outros –, a escolha dos brinquedos precisa pautar-se por suas especificidades e suas limitações. Nesse sentido, devem-se oferecer brinquedos que ela possa manipular e compreender conforme se desenvolve e que ampliem sua percepção do real, assim como sua ação sobre a realidade, talvez limitada pela deficiência. Desse modo, criam-se zonas de desenvolvimento proximal, nas quais o estimulador pode atuar.

Toda deficiência representa uma barreira, em confronto ativo, entre a criança e os objetos que ela deve manipular, as pessoas com quem convive e interage, o mundo a descobrir e a imagem que vai construir de si mesma (Aufauvre, 1987). A dimensão dessa barreira varia muito, dependendo das NE, de sua gravidade e da fase de desenvolvimento em que a criança se encontra.

A seleção dos brinquedos deve ser feita conforme seus valores, que, segundo Aufauvre (1987) classificam-se em valor funcional, valor experimental, valor de estruturação e valor de relação.

O **valor funcional** refere-se à importância de o brinquedo ser de tamanho adequado e o mais simples possível. Detalhes e acessórios desnecessários que o tornem difícil de manipular ou utilizar devem ser evitados. Além disso, o brinquedo deve demandar uma ação específica e não várias que possam obstaculizar a brincadeira. Outrossim, é fundamental que corresponda às possibilidades psicomotoras, afetivas e cognitivas da criança.

O **valor experimental** diz respeito ao potencial do brinquedo de possibilitar experiências novas, descobertas e vivências variadas. Essas vivências devem ser compatíveis com o nível de pensamento e compreensão da criança, ou seja, não deve subestimar suas capacidades nem exigir mais do que ela é capaz de fazer com a mediação do profissional.

O **valor de estruturação** é definido pela autora como aquele que faz do brinquedo um elemento que contribui para a constituição da identidade e da personalidade da criança. Deve, portanto, possibilitar avanços – e não regressão ou estagnação –, tomada de consciência de si mesma e vivência integral de seus afetos e emoções.

O **valor de relação** faz do brinquedo um suporte para as interações, situando a criança em seu meio relacional, que é social, econômico, cultural e histórico. Auxilia na compreensão das relações entre ela e os outros, entre seu mundo infantil e o mundo dos adultos; na percepção e na vivência dos diferentes papéis e relações cotidianas; bem como na expressão de pensamentos e sentimentos.

Você deve estar se perguntando como escolher o brinquedo mais adequado, considerando a criança, suas características e suas necessidades. A seguir, apresentamos alguns pontos que devem ser levados em consideração nessa escolha, com base nas NE das crianças com as quais se desenvolve a estimulação essencial.

7.2 Brinquedos e jogos para os bebês nos períodos sensório-motor e pré-operatório

O bebê recém-nascido (RN) não diferencia seu corpo do meio que o circunda, de modo que os objetos e as pessoas são sentidos como prolongamentos de seu corpo. Progressivamente, por meio das relações com as figuras parentais e das experiências sensoriais com os objetos e com o próprio corpo, a criança constitui-se como sujeito desejante e passa a diferenciar-se, construindo sua identidade, sua personalidade e tomando consciência de seu corpo, seus limites e suas possibilidades.

Os brinquedos têm um papel fundamental nesse processo, sendo elementos de estimulação sensório-motora que enriquecem as interações da criança com as pessoas com quem convive. Eles possibilitam uma variedade de experiências sensoriais e a vivência das atividades propostas pelos adultos.

Tais atividades representam um momento particularmente rico de encontro entre os desejos das figuras parentais, dos adultos responsáveis e da criança. Esses desejos influenciam nas escolhas feitas tanto para a aquisição dos brinquedos, quanto para sua utilização em atividades lúdicas ou terapêuticas.

Quando a criança é de alto risco, tem uma deficiência, ou apresenta uma NE ou um atraso em seu desenvolvimento, a estimulação essencial no período sensório-motor se torna imprescindível para que se desenvolva integralmente. Os brinquedos auxiliam nessa estimulação e são recursos importantes para a ampliação das possibilidades sensoriais e motoras da criança. Crianças com essas condições de saúde normalmente apresentam limitações impostas pela deficiência ou NE, mas também têm potencialidades que precisam ser estimuladas para que se desenvolvam.

Os brinquedos utilizados para a estimulação essencial nessa fase do desenvolvimento são, inicialmente, simples e grandes, de modo que possam ser colocados nas mãos da criança, depois, apanhados e manipulados por ela.

Nessa etapa, os brinquedos mobilizam os sentidos e estimulam a preensão manual, ampliando as sensações, as experiências sensoriais e motoras e a percepção progressiva dos limites de seu corpo, dos objetos e do meio.

Há uma variedade de brinquedos e materiais que oferecem infinitas possibilidades de utilização. Por essa razão, entendemos ser importante apresentar nesta obra uma lista desses brinquedos, buscando auxiliar o estimulador na sua escolha

Chocalhos

Os chocalhos devem ser leves, com cabo longo e não muito fino, de plástico e resistentes. Além disso, recomenda-se que possibilitem a preensão com facilidade.

Sua utilização pode iniciar nos primeiros meses, estimulando a atenção, a sensação visual, auditiva, tátil e cinestésica, a mobilidade dos braços e a preensão do bebê. Este pode ser colocado em diferentes posições enquanto brinca: deitado de costas, de bruços, sentado.

Móbiles, brinquedos suspensos e cordões de contas

Os móbiles podem ser pendurados sobre o berço ou presos transversalmente nas grades laterais, ou, ainda, suspensos na sala de estimulação. Servem como recursos para estimulação visual, tátil e auditiva, agradando a criança.

Podem ser utilizados até os 12 meses. Depois desse período, os brinquedos que requerem as ações de puxar e empurrar exercem a mesma função.

Inicialmente sua utilização acontece com o bebê deitado de costas, depois, de bruços e, finalmente, sentado, chamando sua atenção pelo movimento e pelo som. Estimulam a mobilidade do braço, dos ombros, dos cotovelos, dos pulsos e das mãos.

Há os móbiles industrializados, dos mais simples aos mais sofisticados, e os artesanais, confeccionados pelo próprio estimulador de acordo com as necessidades e possibilidades das crianças. A escolha deve ser feita com base nos valores do brinquedo e os critérios de segurança, ambos descritos na seção anterior.

Podem ser utilizados, também, cordões suspensos com fitas coloridas, contas grandes e outros objetos, além de brinquedos de borracha ou pano, com a mesma função dos móbiles.

Bichinhos de borracha

Os bichinhos de borracha podem ser utilizados a partir dos 4 meses e, normalmente, interessam o bebê até os 12 meses. É fundamental que sejam coloridos, fáceis de manipular, de material atóxico e lavável.

Possibilitam uma variedade de atividades, sendo um rico material para exploração visual, auditiva, tátil, cinestésica e psicomotora.

Inicialmente, são apresentados ao bebê quando este está deitado de costas, depois de bruços ou sentado, exigindo a mobilidade de braços, ombros, cotovelos, pulsos, mãos e dedos.

Bolas

As bolas são brinquedos extremamente atrativos para as crianças. A partir dos 4 meses, utilizam-se bolas com tamanho de 10 a 20 cm de diâmetro e, progressivamente, introduzem-se bolas maiores. São de variados tamanhos, texturas, cores e formas; podem ser transparentes, com objetos dentro, sonoras e de diferentes materiais, como plástico, borracha, pano, pelúcia, couro, papel etc.

Para os bebês pequenos, são utilizadas quando estão de bruços, de costas ou sentados. Com bebês maiores, a brincadeira é viável em todas as posições: deitado, sentado, de bruços, de quatro, de pé. Para aqueles na faixa etária de 12 a 18 meses, usam-se bolas de 50 cm de diâmetro; e os bebês podem utilizá-las em diferentes posições corporais.

As bolas estimulam os sentidos, a exploração, a preensão, a mobilidade dos braços e, depois, das pernas, a coordenação visomotora e motora ampla, o equilíbrio e o ritmo. Aperfeiçoam os movimentos e flexibilizam as articulações graças às ações de jogar, apanhar, empurrar, pegar, arremessar e chutar.

Jogos com bola na água auxiliam no relaxamento dos membros superiores, principalmente em bebês com hipertonia. Bolas menores (15 a 25 cm) são utilizadas para estimular a preensão, inclusive em crianças com paralisia cerebral.

Contudo, para crianças com esse diagnóstico as mais indicadas são as bolas de 10 cm e as de pingue-pongue, visto que as segurar demanda menos força.

As atividades com bolas menores trabalham as coordenações visomotora e motora ampla de membros superiores, pela preensão direcional simétrica e assimétrica, unilateral e bilateral; da flexibilização do ombro, dos braços, dos pulsos e das mãos; dos movimentos de flexão, extensão, afastamento e aproximação. Trabalham, também, a coordenação motora ampla de membros inferiores, por meio da preensão direcional, da flexibilização do quadril, dos tornozelos e dos pés; a coordenação dos movimentos do tronco, cabeça e membros superiores e inferiores; o equilíbrio estático e dinâmico; a preensão e o lançamento manual; o deslocamento corporal rastejando, engatinhando, andando e correndo. Além disso, melhora a atenção e a concentração; estimula a orientação espacial e temporal, bem como o esquema corporal.

Os jogos com bolas são estimulantes e indicados para a maioria das crianças, mas são desaconselháveis para aquelas que apresentam atetose e espasticidade, requerendo a orientação de um fisioterapeuta.

João teimoso ou João bobo e brinquedos semelhantes

Sendo leves e cheios de ar, inclinam-se para frente, para trás e para os lados, quando empurrados. Sua utilização, a partir dos 6 meses, diverte a criança, estimula os sentidos e as funções psicomotoras. O bebê pode utilizá-lo deitado de bruços, sentado, de quatro, de pé, tocando-o, apertando-o, empurrando-o e chutando-o

Bonecas, bonecos e bichos de pano e de pelúcia

Bonecas, bonecos, bichos de pano e de pelúcia apresentados ao bebê devem ser macios, maleáveis, laváveis e sem peças que possam ser engolidas. A partir de 6 meses, as crianças conseguem segurar e manipular esses objetos demonstrando interesse e prazer, revestindo-os de afetividade.

As bonecas e os bonecos, em especial, possibilitam a identificação, a imitação e os primeiros jogos simbólicos.

O estimulador pode disponibilizar para a criança bonecas e bonecos de pano, dos mais simples, básicos e rústicos, até os mais sofisticados. Esses podem ter cores, texturas, formas, tamanho e detalhes variados, mas sempre levando em conta a segurança da criança.

Quanto aos bichos de pano ou de pelúcia, considerar a segurança é a primeira medida, depois, as possibilidades motrizes e as características diversificadas: tamanho, forma, textura, material, cor etc.

Progressivamente, são utilizados bonecas e bonecos de borracha, de plástico, articulados, de tamanhos variados, que podem ser vestidos e despidos, com detalhes, escolhidos considerando-se a faixa etária, as possibilidades de manipulação e o nível de desenvolvimento. O mesmo critério vale para a escolha dos bichos de pano, de pelúcia, de plástico ou de borracha.

A criança pode brincar com eles estando deitada de costas ou de bruços, sentada com e sem apoio, agachada, de quatro, de pé. Independentemente da posição corporal, as brincadeiras com esses objetos estimulam as capacidades de preensão (com uma ou com ambas as mãos), a coordenação e os sentidos.

Brinquedos de empurrar e puxar

Aufauvre (1987, p. 153-154) destaca que os brinquedos de empurrar e puxar são recursos que aprimoram a coordenação motora ampla, podendo ser utilizados a partir de 15 meses, como os caminhões, os carrinhos e os animais de brinquedo.

Para sua utilização é preciso que a criança possa permanecer sentada, de quatro, de joelhos ou de pé e tenha a possibilidade motora de se deslocar, de segurar, de puxar e de empurrar. Caso ela não seja capaz de deslocar-se, o estimulador pode escolher um brinquedo menor, que possa ser manipulado próximo ao corpo da criança.

Esses brinquedos auxiliam a passagem da posição de rastejamento para a posição de quatro, desta para a posição de joelhos e, depois, para a posição de pé. Também flexibilizam os quadris, os joelhos, os tornozelos, os pés, os braços e as mãos. Ainda, estimulam a conquista da autonomia e possibilitam a ampliação do espaço e a exploração.

Devem ser grandes, estáveis e resistentes; os cordões devem ser de tamanho e material que não possam ser enrolados no pescoço ou prender a criança; os cabos têm de ser largos, longos e grandes. Além disso, esses brinquedos podem produzir sons.

Brinquedos portadores

Os brinquedos portadores são aqueles nos quais a criança pode entrar, sentar-se e deslocar-se, pois têm rodas giratórias, um volante ou guidão e uma alça para empurrar. Seu uso é indicado a partir dos 15 ou 18 meses.

Exige para sua utilização a mobilização dos músculos do tronco, a flexão do quadril, a flexão e a extensão do joelho e do tornozelo, preparando para a marcha autônoma e para a locomoção independente.

Sua aquisição deve considerar: o tamanho do brinquedo, que deve permitir que a criança que o estiver usando coloque os pés no chão; o tamanho do assento, que deve ser baixo de modo que a criança possa se sentar sozinha; o material, de madeira ou plástico resistente; a presença de rodas, guidões, volantes e pedais funcionais; e o conforto oferecido.

Há os carrinhos de pedalar, os triciclos, as motocas, entre outros. Constituem-se em recursos interessantes na condição de preparadores para a marcha, assim como de estimulantes da coordenação motora ampla, da alternância dos membros inferiores e do controle dos membros superiores.

Aufauvre (1987) indica, para crianças com dificuldades motoras nos membros inferiores, a utilização de carrinhos ou motos elétricas, mas desde que elas tenham boa coordenação dos membros superiores e compreendam sua dinâmica de funcionamento (volante e direção).

Tanto os analógicos quanto os elétricos estimulam a locomoção independente, as coordenações visomotora e motora ampla, o equilíbrio, a orientação espacial e temporal, a força e a dissociação dos membros inferiores e superiores.

Brinquedos de balançar

Podem ser cadeiras de balanço, balanços convencionais e redes, a depender da faixa etária da criança e de suas possibilidades psicomotoras.

As cadeiras de balanço próprias para bebês estimulam o controle postural e de tronco. Encontram-se no mercado cadeiras em que a criança pode balançar-se sentada, mas também deitada, sendo essa indicada para as menores.

Sua escolha deve considerar a segurança do bebê, pois não deve, em hipótese nenhuma, virar para trás ou para os lados. Além disso, só deve ser utilizada com acompanhamento do estimulador ou do adulto cuidador.

É importante que seja baixa o suficiente para que a criança possa subir sozinha para sentar-se, sem oferecer riscos de se virar e a derrubar. O encosto deve ser amplo e envolvente, dando-lhe o suporte adequado.

Esses brinquedos oferecem a vantagem de estimular o controle do tronco, a postura e o equilíbrio.

Carriolas e carrinhos de mão

As carriolas são carrinhos de quatro rodas, com alça de suporte para empurrar. A criança pode subir nelas ou empurrá-las tendo algum peso dentro delas para que não tombem.

Os carrinhos de mão têm apenas duas rodas ou uma. Para movê-los, é necessário levantá-los, segurando no suporte e empurrando. Podem ser de plástico ou de madeira, exigindo, respectivamente, pouca e muita força.

Sua utilização requer que a criança se posicione de joelhos ou de pé e tenha forças para empurrar. As carriolas são indicadas para crianças a partir de 2 anos, e os carrinhos de mão, para crianças a partir de 3 anos.

Esses brinquedos estimulam as coordenações visomotora e motora ampla, o equilíbrio, a locomoção, a preensão direcional bilateral, fortalecendo os membros superiores; bem como mobilizam o quadril, os joelhos e os tornozelos, preparando para a marcha e estimulando o deslocamento autônomo, a exploração e os jogos simbólicos e de imitação.

Brinquedos de bater

Os brinquedos de bater são indicados para bebês a partir de 18 meses, podendo ser utilizados deitado de costas, de bruços, de lado ou sentado.

São compostos por peças soltas que precisam ser marteladas em uma base, prancha ou banco de madeira ou plástico, com martelo leve.

Exigem a força e a mobilização dos ombros, dos cotovelos, dos braços, dos pulsos e das mãos, além de preensão direcional, coordenação visomotora, ritmo, organização espacial e temporal.

Brinquedos de encaixe

Os brinquedos de encaixe possibilitam experimentações, construções e comparações fornecendo a base das noções de forma, tamanho, posição, peso, volume, massa, cor, espessura e largura.

Aufauvre (1987, p. 175) sugere "a utilização dos encaixes de pinos a partir de 1 ano, e dos quebra-cabeças, a partir de 2 anos."

Há encaixes de formas simples e complexas, cilindros, pinos, botões, peças do tipo *Lego* grandes e, progressivamente, menores, cubos, potes, copos, roscas etc. Esses podem ser utilizados com a criança deitada de bruços, de costas ou sentada.

Requerem e estimulam: as coordenações visomotora e motora fina; a preensão em pinça e direcional; a identificação das figuras, das formas, do tamanho; a classificação; a seriação; e a orientação espacial.

Brinquedos e jogos de construção por empilhamento

Os brinquedos de construção, recomendados para crianças a partir dos 12 meses, geralmente são compostos por cubos de pano, madeira ou plástico que podem ser empilhados formando torres, derrubados, transportados de um lado a outro, colocados em caixas ou potes, enfileirados. Construções mais complexas tendem a ser feitas por volta dos 3 anos.

Sua utilização aperfeiçoa a coordenação visomotora e a motora fina por meio de movimentos como pegar, enfileirar, empilhar, colocar, retirar, derrubar e recolocar. Desenvolvem a orientação espacial, a percepção de tamanho; além disso, estimulam a atenção, a imaginação e a criatividade. Podem ser utilizados com a criança deitada de costas, apoiada em uma almofada cônica com as peças sobre uma mesa baixa, deitada de bruços ou sentada.

Sua manipulação exige pouca força se as peças forem leves; e, progressivamente, mais força para aquelas mais pesadas. Peças de cerca de 5 cm requerem movimentos de amplitude reduzida, preensão palmar com uma das mãos, mas também podem ser manipuladas com os punhos unidos por crianças com transtornos motores leves. Com peças de cerca de 8 cm e leves, faz-se necessária uma maior amplitude de movimentos, mas ainda pequena, e pouca força, a manipulação pode ser feita com as duas mãos juntas por crianças com transtornos motores moderados. Já peças grandes exigem que a criança ande, utilize as duas mãos; dependendo do peso, requerem mais força e maior amplitude de movimento.

Há outros brinquedos que podem ser utilizados na estimulação, entre eles destacam-se:

- brinquedos e jogos de construção por encaixes, por rosqueamento, por cilindros, por porcas, por parafusos (a partir de 18 meses) e por engrenagens (a partir de 24 meses);
- caixa surpresa (a partir de 6 meses);
- piões (a partir de 24 meses);
- cata-vento (a partir de 12 meses);
- fantoches de dedos, mãos e face (a partir de 6 meses);
- brinquedos de corda ou pilha (a partir de 6 meses, dependendo da complexidade dos mecanismos);
- brinquedos e jogos de arremesso: argolas, dardos, boliche (a partir de 24 meses);
- brinquedos de sopro: flautas, bolhas de sabão, instrumentos musicais (a partir de 18 meses);
- centopeia ou túnel (a partir de 9 meses);
- casas de bonecas (a partir de 24 meses);
- utensílios domésticos (a partir de 12 meses);
- brinquedos que representam objetos do cotidiano e aparelhos eletrônicos (de 12 a 24 meses);
- barracas e cabanas (a partir de 24 meses);
- carros de boneca, de bebê e de compras (a partir de 12 meses);
- trenzinhos e circuitos de madeira (18 meses), de plástico ou elétricos (24 meses);
- automóveis e caminhões de madeira ou plástico (12 meses), de plástico ou metal, mecânicos e de fricção (24 meses), e de controle remoto (36 meses);
- fantasias e acessórios (a partir de 12 meses);
- pirâmides e *dondolo* (a partir de 18 meses);

- livros de banho (a partir de 6 meses);
- jogos de praia: baldinho, peneira, potes e pás (a partir de 12 meses);
- elos coloridos de encaixe (a partir de 12 meses);
- livros e painéis de texturas, formas, encaixes (a partir de 9 meses).

Agora que já elencamos os principais materiais utilizados na estimulação essencial abordaremos a estimulação sensorial de modo a relacionar os dois temas!

7.3 Estimulação sensoperceptiva

É pelos sentidos que o bebê percebe seu corpo, os outros e o ambiente que o cerca. A estimulação sensorial possibilita que ele utilize os sentidos da visão, da audição, do tato, do olfato, do paladar, da cinestesia – sensações proprioceptivas[1] e interoceptivas[2] –, para estabelecer contato com os outros, com os objetos, com o conhecimento, com o meio, propiciando aprendizagem e desenvolvimento.

Sensação é a recepção ou entrada dos estímulos pelos canais sensoriais e; *percepção* é a interpretação dos estímulos ou a organização das sensações pelo sistema nervoso central (SNC), envolvendo as funções psicológicas superiores e a consequente

---

[1] Sensações proprioceptivas (posturais): fornecem informações sobre as ações musculares, sobre o movimento e como os músculos devem se movimentar.
[2] Sensações interoceptivas (vestibulares): fornecem informações sobre equilíbrio, postura, vigília, atenção e regulação emocional.

emissão de respostas, movimentos, ações, expressão de pensamentos e sentimentos. Em suma, sensação e percepção são mecanismos indissociáveis.

Na estimulação essencial, as sensações e as percepções são trabalhadas mediante atividades selecionadas com base nas características, nas potencialidades e nas necessidades da criança, considerando-se, também, sua faixa etária e possíveis restrições decorrentes do alto risco e/ou da deficiência.

Em princípio, toda e qualquer atividade que estimule os sentidos pode ser desenvolvida, cabendo ao profissional selecioná-las segundo os objetivos e as adaptações identificados em casos específicos.

A organização da estimulação sensorial pressupõe englobar a visão, a audição, o tato, o olfato, o paladar e a cinestesia, que devem ser estimulados tanto diretamente, por meio de atividades específicas, quanto indiretamente, nos demais exercícios propostos. Por se configurarem em canais de entrada e saída de estímulos, os sentidos encontram-se imbricados de tal modo que são fundamentais e determinantes para o desenvolvimento em todas as áreas: psicomotora, cognitiva, linguística, social e afetiva.

7.4 Sensação, percepção auditiva e linguagem

A linguagem é adquirida em fases. A primeira fase é denominada *período pré-linguístico* e se estende do nascimento até, aproximadamente, os 10 meses. Nessa fase, as respostas da criança são reflexas e há o treino das funções neurovegetativas:

sucção, mastigação, deglutição e respiração. A segunda fase, por sua vez, é chamada *linguística* e vai dos 10 meses até os 6 anos, sendo marcada pela associação entre significado (conceito) e significante (som, palavra, desenho), constituindo uma faculdade simbólica. Já a terceira fase inicia-se aos 6 anos, quando a fala se encontra bem desenvolvida, assemelhando-se à do adulto.

A fala se desenvolve em um processo que demanda a estimulação. No entanto, em bebês de alto risco e/ou com deficiências sensoriais, ela pode não acontecer. Esse tipo de situação requer a organização de um programa específico de estimulação essencial que possibilite o máximo de desenvolvimento.

Com base em Bee e Boyd (2017) e Navarro (2018), apresentamos as características do processo de desenvolvimento na área da linguagem, comunicação e audição.

No primeiro mês de vida, o RN apresenta os reflexos de sucção, deglutição, mordida, vômito e quatro pontos – lábio superior, lábio inferior e as comissuras laterais dos lábios (lado direito e lado esquerdo) –, sendo o choro sua forma básica de expressão, em que o corpo participa ativamente. Sua respiração é irregular e ele é facialmente inexpressivo.

Entre o primeiro e o segundo mês de vida, começam as vocalizações simples de vogais e os gritos de satisfação. No segundo mês, aparecem as vocalizações nasais e as reações facialmente expressivas aos estímulos recebidos do meio. Entre o terceiro e o quarto mês, inicia-se o balbucio, o qual consiste na emissão de sons que exercitam a garganta e os lábios. A partir do quarto mês, o bebê já presta atenção na voz humana, principalmente da figura materna, observando o que acontece à sua volta; além disso, os reflexos enfraquecem-se, com exceção do reflexo de mordida.

Por volta dos 5 meses de vida, o bebê balbucia prolongadamente, explorando os objetos com a boca.

A partir dos 6 meses, a criança vocaliza com entonação, imitando sons. Além disso, expressa facilmente seus sentimentos, principalmente alegria e tristeza. Nesse momento, inicia-se, também, o movimento de mastigação, possibilitando a introdução de alimentos um pouco mais sólidos.

Por volta do sétimo mês, o bebê emite sons de vogais e consoantes polissílabas. No oitavo mês, compreende as primeiras palavras e frases, vocaliza sílabas separadas "pa", "ma", por exemplo, estranha pessoas desconhecidas e conversa com seus brinquedos; a partir dos 9 meses, reage ao próprio nome e à palavra "não" – som, entonação, expressão e gesto –, e passa a fazer imitações mais precisas dos sons.

Aos 10 meses, a criança responde ao ouvir seu nome; fala "mama" e "papa" – mamãe e papai –, consciente do significado; brinca com os sons, fazendo repetições; demonstra gostar de ouvir a fala dos outros. Por volta dos 11 meses, entende perguntas simples, como "Onde está a mamãe?", olhando para procurá-la e localizando-a; e emite sons com maior facilidade. A partir dos 12 meses, compreende a fala mais do que produz; seu vocabulário contém duas ou três palavras com valor comunicativo, além de "mama" e "papa"; infere ordens simples desde que acompanhadas de gestos expressivos, como "Bata palmas".

Aos 13 meses, o bebê é capaz de apanhar brinquedos e/ou objetos conhecidos, quando solicitado na fala ou por gestos. No 14º mês, fala "palavras frase" – por exemplo, "água" quando quer indicar que está com sede; imita o ritmo e o tom da fala dos adultos; e conhece objetos e pessoas pelo nome, identificando-os.

A partir do 15º mês, sua linguagem apresenta os chamados *jargões*, que são gírias infantis; pronuncia entre quatro e cinco palavras; e é capaz de apontar para objetos conhecidos quando alguém lhe mostra figuras correspondentes.

A criança, por volta do 18º mês, usa o "não", e uma palavra pode, para ela, exprimir diferentes significados. Começa, ainda, a se comunicar por gestos acompanhados de palavras. Seu vocabulário é composto de cerca de dez palavras. Costuma dizer "papá" quando está com fome, e "não" quando satisfeita. Faz uso de duas palavras juntas como "Mamãe tchau".

No 20º mês, o vocabulário é composto de pelo menos 20 itens lexicais, sendo capaz de combinar de duas a três palavras.

Ao atingir os 24 meses, a criança emprega verbos no infinitivo; usa preposições como "em cima" e "embaixo"; forma frases interrogativas e negativas; autodesigna-se pelo nome; conversa sozinha; possui um vocabulário com 50 a 250 palavras; e já diferencia "meu" e "seu". Aos 30 meses, seu repertório aumenta para cerca de 700 palavras e ela passa a fazer uso do plural. No 31º mês, emprega os pronomes "eu" e "mim". Aos 32 meses, há um crescimento verbal significativo, marcado pela descoberta de que cada coisa tem seu nome. Nesse sentido, aos 35 meses, identifica partes básicas do corpo associando-as a seus nomes, como boca, nariz e olhos.

Entre 3 e 4 anos, o vocabulário infantil contém cerca de mil palavras. Elas já conseguem formar sentenças compostas, utilizando as conjunções "se", "como", "quando", frases interrogativas, tendo início a "fase dos porquês". A criança também começa a diferenciar masculino e feminino. Além disso, ela vale-se do monólogo em jogos simbólicos.

Dos 4 aos 5 anos, a linguagem organiza-se de modo correto, com elementos essenciais. O vocabulário se enriquece e chega a 1.500 palavras, possibilitando, por exemplo, a identificação e a nomeação de cores. Entre 5 e 6 anos, o vocabulário é composto por 2.200 palavras, com a criança articulando as consoantes de forma clara, utilizando adequadamente o "antes", o "depois", o "cedo" e o "tarde" e conhecendo os antônimos comuns. Inicia-se o processo de alfabetização.

O desenvolvimento da linguagem depende da integridade do sistema neurológico – SNC e sistema nervoso periférico (SNP) –, da motricidade global e dos órgãos fonoarticulatórios, dos aspectos sensoriais – audição e visão –, da capacidade cognitiva – funções psicológicas superiores –, dos aspectos afetivos, das interações e da estimulação do meio social e cultural.

Os bebês de alto risco e os com deficiências precisam ser estimulados de modo organizado para que o desenvolvimento da linguagem se processe integralmente. Na estimulação essencial, além das atividades realizadas nas sessões, é fundamental orientar os familiares, principalmente os pais, para estimularem a criança em casa e acreditarem em seu potencial de comunicação, que pode ser gestual, corporal (olhar e expressão facial) e/ou verbal oral (fala).

É preciso conversar com a criança, sem nunca utilizar a fala infantilizada ou simplificada. Isso porque quanto mais estímulos de linguagem receber, melhor será o seu desenvolvimento linguístico.

Durante as sessões de estimulação, o profissional deve conversar com a criança e orientar os pais a fazê-lo, enquanto realiza as atividades de rotina: no banho, na alimentação, na troca de fraldas e nas brincadeiras.

No caso de bebês surdos filhos de pais também surdos, a relação entre eles acontece por intermédio da linguagem de sinais – em nosso país, a Linguagem Brasileira de Sinais (Libras) –, desde muito cedo e naturalmente. Na estimulação essencial, portanto, o uso da Libras também ganha relevo.

7.4.1 Atividades para estimulação da linguagem

Nos programas de estimulação essencial, é necessário planejar as atividades relativas ao desenvolvimento da linguagem. Cabe ao profissional, com base na observação da criança, nos resultados da avaliação diagnóstica e nas orientações dos profissionais especializados, em especial do fonoaudiólogo, organizar o programa a ser aplicado.

A seguir, detalhamos algumas atividades utilizadas nesse processo e que contribuem para o desenvolvimento da linguagem.

Treino auditivo

O treino auditivo deve contemplar atividades que trabalhem:

- a sensação auditiva, de modo a se desenvolver a consciência sonora, com a percepção da presença e da ausência do som, por meio de sons intensos, rompendo o silêncio, para que a criança perceba que existem;
- a discriminação do som por seu elemento produtor, com batidas de porta, batidas de tambor, ruídos de eletrodomésticos,

sons de rádio, toque do telefone, tique-taque do relógio, a fim de que se associe a ação, o objeto e o som produzido;
- a localização da fonte sonora em diferentes direções, com pista visual e, depois, sem pista visual;
- a observação dos sons que vêm de fora da sala, associando-os a quem os produz;
- a discriminação de diferentes sons, usando elementos que se opõem, como tambor e sino ou palmas e apito, de modo que a criança perceba as diferenças de intensidade, tempo, frequência, ritmo, entre outros; progressivamente, utilizam-se sons instrumentais, ambientais e verbais;
- a ocupação de um ambiente sonoro variado: música, fala, canto, ruídos diversos, produção de sons, brinquedos sonoros e barulhos engraçados.

Linguagem

As atividades de linguagem envolvem:

- conversar com a criança, cantar para ela, produzir sons vocálicos, vocalizações, jogos de linguagem, como parlendas, trava-línguas etc.;
- nomear para a criança cores, formas, tamanhos, texturas e categorias semânticas nas quais os objetos e seres se enquadram: brinquedos, alimentos, meios de transporte, sobremesas, roupas, acessórios etc.;
- utilizar fichas com figuras e objetos diversos, nomeando-os e associando nome, características, funções e significados;
- falar sempre de frente para a criança, especialmente com as surdas, na sua altura e gesticulando pouco durante a conversa;

- falar sempre no padrão correto, sem nunca corrigir a criança;
- conversar com a criança apresentando os sinais da Libras, um de cada vez, de modo que ela possa associar o sinal e seu significado, sinal e imagem, sinal e objeto;
- articular bem os fonemas, falar de frente para a criança e apoiar os sinais com a expressão facial.

Órgãos fonoarticulatórios

As atividades dos órgãos fonoarticulatórios consistem em:

- colocar mel ou outro doce nos lábios da criança para que ela retire com a língua, higienizando seus dentes após a atividade;
- colocar mel ou outro doce no fundo e na borda de uma xícara de cafezinho para que a criança retire com a língua, higienizando os dentes após a atividade;
- afilar e alargar a língua com auxílio de anel, sob orientação de um fonoaudiólogo;
- realizar exercícios de sopro, com potes de plástico cobertos com tule e com bolinhas de isopor em seu interior, bolinhas de isopor, figuras cortadas em tiras unidas pela parte de cima, canudos, apitos, vela, pena, cata-vento, etc.

Para crianças que apresentam sialorreia (baba), recomenda-se:

- ajudá-la a manter a boca fechada durante as sessões por alguns instantes, para que ela perceba a diferença de sensações com a boca aberta e com a boca fechada;

- lembrar as crianças maiores, quando estão babando, da necessidade de deglutir a saliva, a fim de tornar isso um hábito;
- lembrá-las de manter a boca fechada, mas certificar-se de que elas não tenham nenhuma obstrução nasal que impossibilite a respiração adequada;
- massagear suas gengivas com o dedo, usando uma dedeira, partindo da região central até a parte posterior, sob orientação de um fonoaudiólogo;
- massagear as bochechas e os lábios delas com movimentos rotativos;
- massagear os lábios de modo a levar o lábio superior para baixo e o inferior para cima;
- passar uma toalha felpuda, um pincel, uma escova de dente macia, um algodão, uma colher, uma lixa, uma esponja, em suas bochechas, seguindo a direção das orelhas para o queixo, nomeando o material, suas características e a sensação provocada;
- utilizar os mesmos materiais passando-os no queixo e embaixo dele, assim como ao redor da boca, verbalizando, de modo semelhante ao exercício anterior;
- proporcionar o contato com instrumentos musicais variados.

7.5 Sensação e percepção visual

O RN tem a capacidade visual limitada, posto que essa se desenvolve progressivamente até os 4 anos, e as correções ópticas têm maior efetividade quando são implementadas nesse período.

Para chamar a atenção do bebê os objetos, devem estar em um campo periférico que lhe possibilite seguir o movimento com o olhar. Inicialmente, ele pode seguir movimentos na linha média e, paulatinamente, aprende a seguir os que a ultrapassam, bem como aqueles na horizontal e na vertical.

À medida que a fóvea se desenvolve, amadurece a habilidade de fixação ocular. Assim, o bebê observa a face do adulto e estabelece contato ocular. Progressivamente, a atenção visual desenvolve-se e ele começa a buscar, de modo ativo, algo para olhar, movimenta os olhos, inspeciona os estímulos e olha a face.

Na sequência, detalhamos o desenvolvimento da percepção visual de acordo com a faixa etária, conforme exposto por Bee e Boyd (2017) e Navarro (2018).

De zero a 2 meses, o bebê consegue fixar o olhar a, aproximadamente, 19 cm. A visão central melhora, graças à maturação da fóvea, e a coordenação binocular completa-se. Ele realiza o rastreamento com movimentos horizontais, verticais e circulares, mas com velocidade baixa; olha e reconhece a figura materna quando fala com ela, podendo sorrir em resposta; faz a fixação transitória da face que chega a seu campo visual; observa as pessoas por curto espaço de tempo; mantém contato ocular.

Entre 2 e 5 meses, há o desenvolvimento da visão central. A criança passa a fazer acomodação na distância de 13 cm a 60 cm e fixa objetos a 90 cm, por conta da fixação completamente desenvolvida em virtude da maturação da fóvea; a convergência ocorre constantemente

Quanto à mobilidade ocular: o bebê olha com a cabeça na linha média; segue objetos em movimento quando sentado com apoio; procura objetos pequenos com movimentos oculares de busca suaves, em 180 graus, com os olhos voltados para baixo e movimentos coordenados entre eles e a cabeça; mantém a fixação ocular em um objeto colocado no centro; observa e segue uma pessoa em movimento; transfere o olhar de um objeto a outro; faz o seguimento ocular sem movimentar a cabeça; responde com um sorriso ao sorriso de outrem; sorri diante de sua imagem refletida no espelho e movimenta-se na frente dele; discrimina visualmente pessoas estranhas; observa os olhos e a boca durante a interação; explora visualmente o rosto do outro; volta-se na direção do som da voz humana; e, em resposta a seu nome, volta-se e vocaliza.

Com relação à atenção visual: olha objetos pequenos a 20 cm de distância; fixa a face de outrem por mais tempo; observa uma pessoa em movimento, além de suas próprias mãos; antecipa a ação de comer, ao ver a mamadeira ou a comida; antecipa a trajetória de um objeto que se move lentamente, bem como a aparição de algo que foi escondido; localiza visualmente fontes sonoras; segue com os olhos uma bola rolando; estica-se e movimenta-se para pegar alguma coisa que chama sua atenção; interessa-se por objetos que produzem efeitos visuais, assim como por formas, configurações, variedade e profundidade; encontra objetos parcialmente escondidos;

demonstra memória visual, reconhecendo elementos familiares; responde às expressões faciais; inicia a coordenação entre olhos e mãos; segura objetos com as duas mãos; brinca com elas na linha média e estende-as na direção de algo ou alguém.

Dos 5 aos 7 meses, a convergência visual é consistente e os reflexos binoculares estão coordenados. O bebê acompanha o trajeto de algo que se move rápido; responde a expressões faciais; joga objetos e segue o deslocamento com a visão; olha as pessoas e os animais quando os chama; grita e sorri em frente do espelho; gira a cabeça em direção a um som, abaixo do nível do olho; inspeciona objetos pequenos e se interessa por detalhes; observa coisas que caem; aumenta a atenção visual; percebe contraste, tamanho, cor, profundidade, contorno, diferenças; começa a discriminar diferentes formas; explora os objetos pegando, apalpando, levando à boca, olhando, passando de uma mão à outra, jogando-os e repetindo as ações em sequência; imita gestos; coordena melhor os movimentos de olhos e mãos; abre a boca quando alguém se aproxima com a comida; vai em busca de algo que lhe interessa, quando fora de seu alcance; relaciona som e fonte; relaciona corpo e espaço; relaciona mãos, pés e cabeça; relaciona as partes dos objetos; relaciona os objetos e as partes do corpo: mãos e partes do objeto; relaciona os outros e a si mesmo no espaço.

Entre 7 e 9 meses, desenvolve-se a busca visual suave. A criança já faz seguimento ocular sem mover a cabeça; compreende linguagem gestual; brinca de imitação; reage ao estranho; responde ao se ver no espelho; procura visualmente fontes sonoras; demonstra interesse pelos efeitos de suas ações; busca informações explorando o que está a sua volta; observa as consequências de suas ações; tem interesse especial por coisas pequenas; reconhece e identifica objetos comuns pelo nome; gira a cabeça e o ombro para localizar fontes sonoras; descobre objetos parcialmente escondidos; observa figuras por mais tempo; levanta a cabeça para olhar; localiza fonte sonora a 1 m atrás de suas costas.

Dos 9 aos 12 meses, o bebê imita as expressões faciais; aparenta vergonha diante de pessoas estranhas; olha no espelho e já se reconhece; discrimina visualmente formas geométricas; encaixa cilindros; reconhece os objetos em diferentes posições; reconhece pessoas nas fotografias; pega algo e recoloca-o no lugar de origem quando solicitado; imita diversos gestos; compreende causa e efeito, tem noção de adição, de "em cima" e "embaixo"; engatinha e/ou anda guiando-se pela visão.

No período de 12 a 15 meses, ele reconhece diversas pessoas e não apenas os familiares; identifica semelhanças e diferenças; apresenta orientação vertical quando monta ou desmonta; reconhece-se nas fotografias; lembra o lugar de algo quando trocado; nomeia objetos; constrói torres com cubos; encaixa peças cilíndricas de diferentes espessuras em um tabuleiro.

De 15 a 18 meses, imita atividades do cotidiano; observa com atenção as pessoas que não conhece; se reconhece diante do espelho; observa objetos distantes em espaços externos; acompanha o deslocamento de algo; compara duas coisas por semelhança; compreende conceitos espaciais, como fora, dentro, embaixo, em cima; relaciona objetos em três dimensões; imita o que vê; salta sobre objetos coordenando visão e movimento; imita traços verticais; constrói torres com quatro cubos, empilhando; e localiza objetos em seus lugares fixos.

Na fase de 18 a 21 meses, a acomodação visual está totalmente desenvolvida. O bebê controla suas habilidades ópticas;

recorda-se de imagens visuais; constrói torres com cinco ou seis cubos; realiza pinturas em figuras grandes, respeitando os limites; usa objetos para atingir objetivos, por exemplo, um banco ou vassoura para alcançar algo, um objeto longo para acender a luz, abrir a porta; mostra-se curioso a respeito do funcionamento das coisas; classifica objetos; tem consciência das partes do corpo; imita traços circulares e verticais.

Entre 21 e 24 meses, amplia-se a relação espacial e o esquema corporal. A criança faz uso intencional dos objetos; procura algo perdido; encaixa quadrados, círculos e triângulos em tabuleiros; faz traços lineares e circulares com um lápis.

Dos 24 aos 30 meses, o bebê identifica os detalhes do corpo, as partes dos objetos e as cores; classifica objetos por tamanho; monta quebra-cabeças de figuras simples; compara formas geométricas básicas; reconhece o perigo e pode evitar situações comuns que oferecem riscos, como as que envolvem escadas, vidros, animais, facas e fogo; constrói torres com oito cubos e encaixa objetos por gradação de tamanhos.

De 30 a 36 meses, monta quebra-cabeças de quatro peças; compara números de objetos e os identifica pela largura, comparando-os; sobe em obstáculos; constrói torres com nove cubos; e copia círculos.

Entre 36 e 48 meses, a criança nomeia cores primárias; classifica quatro cores, três formas e dois tamanhos; classifica por forma (círculo, quadrado e triângulo), separando em conjuntos; tem boa coordenação visomotora; copia figuras geométricas; desenha círculos; constrói torres com dez cubos; e pinta figuras mais complexas, respeitando seus limites.

7.5.1 Estimulação visual

Na estimulação visual, trabalham-se, inicialmente: a atenção visual; a fixação ocular em diferentes posições e distâncias; a procura visual em planos diversos; a exploração visual; o seguimento ocular; e a acomodação.

Durante a estimulação, de acordo com as necessidades da criança, outras funções podem ser trabalhadas, sendo fundamental a orientação de um oftalmologista e de um reeducador visual, principalmente quando a criança apresenta deficiências ou patologias visuais, deficiência física motora com alterações visuais ou múltipla deficiência.

Os programas de estimulação essencial são individualizados e, portanto, selecionam-se as atividades e definem-se os objetivos considerando-se as especificidades e as necessidades de cada criança.

Para realizar as atividades ou exercícios de estimulação visual, é necessária uma sala escura; lanternas com películas coloridas e objetos como brinquedos, objetos do cotidiano, figuras, fotos, entre outros. Cabe ao profissional selecionar materiais que possam chamar a atenção da criança e despertar nela o interesse, até mesmo, produzindo-os ou adaptando-os, criativamente.

A seguir, arrolamos algumas atividades desse tipo de estimulação.

Fixação ocular com lanterna e sem lanterna

Materiais

Lanterna, móbile, chocalho ou argola.

Objetivos

- mobilizar a fixação ocular;
- promover o seguimento ocular;
- estimular a observação de objetos colocados na linha média de visão.

Atividades

- Posicionar a criança de modo que consiga controlar a cabeça, num local tranquilo e livre de ruídos externos.
- Quando a criança faz fixação ocular, realizar o exercício com a lanterna, movendo a luz horizontalmente para um lado e para outro, um de cada vez, lentamente e a curta distância, descrevendo-os, mas sem focar sobre seus olhos.
- Reforçar verbalmente as respostas de seguimento ocular, mesmo que pequenas.
- Repetir o exercício várias vezes, aumentando-se a distância, progressivamente, e modificando-se as direções.
- Promove-se a observação de um móbile colocado na linha média de visão.

Percepção do objeto

Materiais

Objetos diversos como chocalho, argolas, brinquedos de borracha, etc.

Objetivos

- perceber o movimento dos objetos;

- responder aos estímulos apresentados com orientação, fixação, seguimento e alcance;
- estimular a percepção de semelhança e diferença;
- estimular o reconhecimento visual e a identificação visual de objetos;
- ampliar a percepção do todo e das partes dos objetos.

Atividades

- Apresentar, para a criança, um objeto de cada vez, estimulando-a a explorá-lo por intermédio da visão, da audição, do tato, do olfato e do paladar, falando sobre o objeto, destacando suas qualidades e características.
- Deslocar, movimentar, afastar e aproximar o objeto dos olhos da criança para que ela o observe e acompanhe, reconheça e identifique.
- Para crianças maiores, utilizar uma caixa surpresa com diferentes objetos. Solicitar que ela coloque a mão dentro da caixa e toque um objeto, depois, que o retire dali, o observe, o identifique, o nomeie e o descreva de acordo com suas potencialidades e faixa etária. Outra possibilidade é pedir que adivinhe o que é.

Atenção visual

Materiais

Vídeos de desenhos com sons agradáveis.

Objetivos

- provocar respostas de fixação ocular;
- estimular respostas de fixação ocular da reflexão da luz no objeto;
- incentivar a atenção visual para as propriedades do objeto: cor, forma, tamanho, configuração, quantidade, semelhança, diferença, textura e espessura;
- estimular a atenção visual.

Atividade

- Posicionar a criança sentada em frente a uma tela acessível a seu campo visual, estimulando-a a observar o desenho ou as imagens. Caso ela não assista ou observe, abaixar o som até que preste a atenção na imagem.

Capacidade visual

Materiais

Contas coloridas e recipientes; outros objetos como utensílios domésticos, brinquedos de borracha, massa de modelar, tinta guache, giz-de-cera, papel sulfite, livros, revistas, etc.

Objetivos

- propiciar o uso de estratégias dedutivas para interpretar imagens com pouca clareza: cor, forma, posição;
- permitir a exploração integral do objeto;
- estimular a mobilidade da cabeça e/ou dos olhos de modo a compensar a perda do campo visual.

Atividades

- Espalhar as contas (ou fichas ou pastilhas) coloridas sobre uma mesa, indicando para a criança que ela deve colocar as contas no recipiente.
- Acompanhar a atividade, estimulando a criança. Progressivamente, incluir critérios para a seleção das contas: cor, tamanho, forma, por exemplo.
- Possibilitar o manuseio de massa de modelar, tinta guache, diferentes riscantes e suportes, livros e revistas.
- Realizar atividades de completar figuras em papel ou em tabuleiros.
- Oportunizar o manuseio de brinquedos coloridos e com contrastes.

7.6 Sensação e percepção olfativa, gustativa, tátil e cinestésica

A sensopercepção olfativa, gustativa, tátil e cinestésica completam a estimulação sensorial. Envolve o contato da criança com odores, sabores, texturas, consistências, movimentos e equilíbrio. Optou-se por não os separar, pois sua inter-relação e interdependência demandam que sejam trabalhados, na estimulação essencial, de modo integrado.

Para as crianças que apresentam deficiências sensoriais nas áreas visual e auditiva, esses sentidos são fundamentais para sua organização espacial e temporal, para o desenvolvimento da coordenação motora ampla, do equilíbrio, do esquema corporal e da lateralidade.

Atividades

- Propiciar o contato da criança com tecidos e materiais de diferentes texturas, temperaturas, volumes, espessuras e consistências: liso, áspero, rugoso, quente, frio, líquido, pastoso, por exemplo.
- Possibilitar o contato pele a pele, o diálogo tônico, em diversas atividades e ações desenvolvidas na estimulação.
- Colocar o bebê em diferentes posições, em espaços variados e em alturas diferentes.
- Dar a ela alimentos com temperaturas, consistência, textura e sabores variados considerando a idade da criança.
- Oferecer a face para que a criança a explore com as mãos, percebendo os contornos, texturas e os orifícios.
- Estimular a criança a tocar suas mãos, seu rosto e seus pés, percebendo os limites de seu próprio corpo.
- Incentivar a criança a segurar a mamadeira, uma colher, um copo com canudos e explorá-los, bem como a tentar comer sozinha.
- Apresentar substâncias e objetos com odores diferentes, não muito próximo de suas narinas, nomeando-os e observando suas reações.

- Possibilitar experiências olfativas diversas, em espaços diferentes: cozinha, parte externa, quarto, banheiro, restaurante, cafeteria etc.
- Ouvir canções, cantar com ela e movimentá-la ao ritmo dessas músicas.
- Entregar a ela objetos com orifícios, encaixes, bordas, saliências e contornos.
- Oferecer brinquedos com funções variadas, diferentes texturas, tamanhos, formas e pesos.
- Incentivar a criança a segurar os alimentos com as mãos, levando-os à boca, tocando-os, sentindo suas texturas, seu peso e sua consistência.
- Brincar de encher e esvaziar recipientes com líquidos, areia, massa de modelar, fichas etc.
- Brincar de jogar, atirar, derrubar, arremessar.
- Explorar objetos ocos: potes, latas, panelas, caixas.
- Oferecer alimentos que "sujem" ou deixem "melecados" o rosto, os lábios, as mãos, para que ela possa sentir sua consistência, textura, sabor e efeitos.
- Estimular a criança a despir-se e a vestir-se, a colocar acessórios e a retirá-los.
- Oferecer alimentos semissólidos e sólidos para que ela perceba as diferenças e estimule sua musculatura orofacial e sua mastigação.
- Promover o contato com livros sensoriais, brinquedos e aventais de sensações.
- Relacionar utensílios, objetos, materiais de higiene, peças de vestuário e suas funções.

- Disponibilizar brinquedos, placas, tabuleiros, jogos de encaixe de peças e figuras de tamanhos, espessuras, larguras e alturas diferentes.
- Realizar brincadeiras, danças e cantigas de roda de modo que a criança se movimente no espaço em diferentes direções.
- Oferecer caixas de papelão de diferentes tamanhos nas quais ela possa entrar e esconder-se, além de empilhar, colocar umas dentro das outras.
- Trabalhar o encaixe de formas geométricas.
- Estimular a movimentação da língua, a vibração dos lábios, o estalar dos lábios e da língua, produzindo sons e movimentos.
- Possibilitar o manuseio de peças de encaixe de tamanho, gradativamente, menor.
- Promover o manuseio de recipientes para abrir e fechar: rosqueando, desroscando, empurrando, puxando, encaixando e desencaixando.
- Propiciar o manuseio em painéis de objetos: trincos, travas, torneiras, interruptores etc.
- Observar painéis de luz, com cores e intensidades diferentes.
- Produzir sombras, estimulando a criança a observá-las e, mais tarde, a fazê-las também.
- Nomear alimentos, descrever suas características e permitir sua exploração tátil, olfativa e gustativa.
- Disponibilizar bonecos que possam ser vestidos e despidos.
- Oferecer material para rasgar, amassar, dobrar e recortar.
- Realizar brincadeiras com areia, água, terra, grama, argila, grãos, bolas de gel, bolas de algodão, massa de modelar, farinha e água, óleo, gelatina, bola de sabão etc.

- Promover brincadeiras e jogos que envolvam movimentos de puxar, carregar, empurrar, amassar, arremessar e que demandem força.
- Propiciar brincadeiras que envolvem o movimento de pressão: abraçar, apertar, jogar, rolar, rastejar, deitar, mergulhar etc.
- Explorar brinquedos e atividades que envolvam movimentos de rodar, balançar, correr, pular, subir, escalar, andar, engatinhar, rolar, saltar, equilibrar-se etc.
- Ler e contar histórias, mostrando gravuras e ordenando-as em sequência.
- Estimular a percepção temporal: dia/noite, manhã/tarde, antes/depois, rápido/lento etc.
- Trabalhar a percepção espacial: frente/trás, alto/baixo, grande/pequeno, dentro/fora, largo/estreito, direita/esquerda etc.
- Explorar o esquema corporal: partes do corpo, seus detalhes, sua nomeação, sua localização, sua identificação etc.
- Montar quebra-cabeças de diferentes tamanhos.
- Realizar jogos em que é necessário descobrir e nomear objetos, texturas, formas etc.
- Estimular a criança a realizar atividades de higiene, progressivamente, com mais autonomia.

Há uma variedade de atividades que podem ser utilizadas na estimulação essencial, não se esgotando com as sugestões apresentadas aqui. Essas atividades estimulam de modo efetivo as áreas do desenvolvimento: física, psicomotora, cognitiva, social, afetiva, pessoal, linguística e comunicacional. Cabe ao profissional, organizá-las no planejamento, por áreas, definindo os objetivos. É pertinente destacar que uma atividade, um exercício, uma brincadeira, um brinquedo, um jogo, embora classificados em determinada área, não lhe são exclusivos, visto que colocam em movimento várias funções ao mesmo tempo.

Síntese

Neste capítulo, abordamos as práticas de estimulação essencial, destacando a importância da organização de um planejamento de atividades que considerem a criança, suas especificidades e necessidades.

Apresentamos os materiais, os brinquedos e os jogos que podem ser utilizados nesse trabalho. Destacamos que na escolha é imprescindível que se considere os critérios de segurança, a faixa etária, o nível de desenvolvimento, os objetivos a atingir e as possibilidades motrizes, de modo que se apresentem como estimuladores das funções neuropsicomotoras e das funções psicológicas superiores, não estando além ou aquém das possibilidades da criança.

Versamos, ainda, sobre a estimulação sensoperceptiva, assinalando a importante relação entre sensação e percepção, e caracterizando o desenvolvimento infantil nas áreas da visão, da audição e da linguagem.

Encerramos o capítulo fazendo sugestões de atividades para a estimulação sensoperceptiva englobando visão, audição, tato, olfato, paladar e cinestesia. Nesse sentido, destacamos as atividades que trabalham determinadas funções diretamente e outras indiretamente. Esse ponto é determinado pela definição dos objetivos durante a elaboração do planejamento das ações e dos programas de intervenção.

Indicações culturais

Livros

CUNHA, N. H. da S. **Brinquedo, desafio e descoberta**: subsídios para utilização e confecção de brinquedos. Rio de Janeiro: FAE, 1998.

> Obra em que se apresentam os brinquedos, seus objetivos e as possibilidades de sua utilização, classificados segundo os estágios do desenvolvimento definidos por Piaget. Esse estudo pode auxiliar o profissional na escolha dos materiais para a estimulação essencial.

CUNHA, N. H. da S. **Brinquedos, desafios e descobertas**. Petrópolis: Vozes, 2005.

> Trabalho sobre os brinquedos, suas vantagens e aplicações no trabalho com crianças.

Filmes

A COR do paraíso. Direção: Majid Majidi. Irã: Varahonar Company, 2000. 148 min.

> Longa que conta a história de um menino cego com uma percepção sensorial aguçada e sua relação com seu pai. Essa interessante obra promove uma profunda reflexão sobre a deficiência, os sentidos, as necessidades especiais e a relação familiar.

Atividades de auto avaliação

1. Leia as afirmativas sobre os critérios para a escolha de brinquedos e materiais para a estimulação essencial e classifique-as como verdadeiras (V) ou falsas (F):
   ( ) Diversos materiais podem ser utilizados como suportes para as brincadeiras na estimulação essencial, desde que não ofereçam riscos à criança.
   ( ) Na estimulação essencial são utilizados apenas brinquedos pedagógicos e brinquedos industrializados. Por questões de segurança não devem ser utilizados brinquedos artesanais.
   ( ) A escolha dos materiais é feita considerando-se os objetivos que se pretende atingir, as necessidades e as características das crianças.
   ( ) Os brinquedos e demais materiais devem ser atóxicos, antialérgicos e fáceis de higienizar.

( ) Os brinquedos devem ser desafiantes e exigir da criança mais do que ela é capaz de fazer no momento, pois somente assim seu desenvolvimento será estimulado.

Agora, assinale a alternativa que apresenta a sequência correta de preenchimento dos parênteses:

a) V, F, V, F, F.
b) F, F, V, V, V.
c) V, F, V, V, F.
d) F, V, F, F, V.
e) F, V, V, F, V.

2. Assinale a alternativa que apresenta os critérios listados por Aufauvre (1987) para a escolha dos brinquedos para a estimulação essencial de crianças com necessidades especiais:
   a) Funcionalidade, experimentação, estruturação e relação.
   b) Segurança, faixa etária, possibilidades motrizes, objetivos a alcançar e nível de desenvolvimento.
   c) Tamanho, peso, qualidade, cores e formas.
   d) Idade, sexo e nível socioeconômico.
   e) Organização, manipulação, interação e constituição.

3. A estimulação sensorial é fundamental no trabalho de estimulação essencial. Relacione o sentido à atividade proposta correspondente a ele.
   1) Audição
   2) Tato
   3) Cinestesia

4) Visão
5) Paladar
( ) Responder aos estímulos de orientação, fixação, seguimento e alcance.
( ) Discriminar intensidade, tempo, frequência e ritmo.
( ) Perceber movimento, posição, peso, postura, resistência e equilíbrio.
( ) Identificar textura, consistência, temperatura, volume e espessura.
( ) Perceber textura, consistência, sabor, odor e temperatura.

Agora, assinale a alternativa que apresenta a sequência correta de preenchimento dos parênteses:

a) 5, 3, 4, 2, 1.
b) 4, 1, 3, 2, 5.
c) 1, 3, 5, 4, 2.
d) 4, 5, 2, 1, 3.
e) 3, 2, 1, 5, 4.

4. Com relação aos brinquedos utilizados na estimulação essencial, analise as afirmativas a seguir.
   I) Os brinquedos usados na estimulação essencial de bebês devem ser simples e de tamanho grande o suficiente para serem colocados em suas mãos, apanhados ou manipulados por ele.
   II) Os chocalhos utilizados para a estimulação essencial devem ser resistentes, pesados e com cabos curtos e finos para facilitar a preensão palmar e a manipulação.

III) Os bichos de borracha interessam aos bebês durante o primeiro ano de vida, principalmente se forem coloridos e fáceis de manusear. Eles estimulam os sentidos e a motricidade.

IV) As bonecas e bonecos utilizados para as atividades com os bebês devem ser de pano, borracha ou plástico, com cores, formas, tamanhos e texturas variadas.

V) Os brinquedos de encaixe, de formas simples e com pinos são apresentados aos bebês a partir dos 12 meses, possibilitando experimentar, construir e comparar.

Agora, assinale a alternativa correta:

a) Todas as afirmativas são verdadeiras.
b) Apenas a afirmativa V é falsa.
c) Apenas a afirmativa III é falsa.
d) Apenas a afirmativa II é falsa.
e) As afirmativas I, II e III são verdadeiras.

5. O treino auditivo contribui para o desenvolvimento da linguagem. Leia as afirmativas a esse respeito expostas a seguir e classifique-as como verdadeiras (V) ou falsas (F):
    ( ) No treino auditivo, trabalha-se com a discriminação dos sons e a associação ao objeto que o produziu.
    ( ) O treino auditivo contempla atividades que desenvolvem a consciência sonora por meio da percepção da presença ou ausência de sons.
    ( ) Durante o treino auditivo são disponibilizados instrumentos musicais às crianças para que possam manuseá-los e aprender a tocá-los.

( ) Uma atividade fundamental para o treino auditivo é o exercício relacionado à emissão ou à imissão do ar: soprar para apagar vela, cheirar a flor, soprar penas, inspirar, expirar, soprar bolas de isopor em potinhos plásticos cobertos com tule.
( ) A criança precisa experimentar ambientes em que os sons sejam variados: fala, música, silêncio, ruídos, barulhos, cantigas, entre outros.

a) V, V, F, F, V.
b) F, F, V, V, F.
c) V, F, F, F, V.
d) V, V, F, V, F.
e) F, V, F, V, F.

Atividades de aprendizagem

Questões para reflexão

1. Entreviste um profissional da área de educação infantil ou de estimulação essencial sobre a importância do brincar para o desenvolvimento. Organize um roteiro para a entrevista. Faça uma reflexão sobre as informações obtidas e elabore um *podcast* sobre o assunto.

2. Pesquise sobre critérios para a seleção de brinquedos para bebês. Utilize livros, artigos, dissertações, teses e compare os conhecimentos obtidos. Em seguida, sintetize em um texto esses critérios.

Atividades aplicadas: práticas

1. Pesquise sobre brinquedos para estimulação de bebês. Organize um álbum (físico ou virtual), colocando uma foto de cada brinquedo, sua indicação de faixa etária, seus objetivos e sua descrição do material. Compartilhe com seus colegas.

2. Pesquise sobre a segurança de brinquedos. Em seguida, elabore uma lista dos riscos e dos cuidados com relação aos brinquedos para bebês de zero a 12 meses, de 12 a 24 meses e de 24 a 36 meses. Faça uma *live* sobre o tema e compartilhe com seus colegas.

Capítulo 8
O atendimento de estimulação essencial para crianças com deficiências

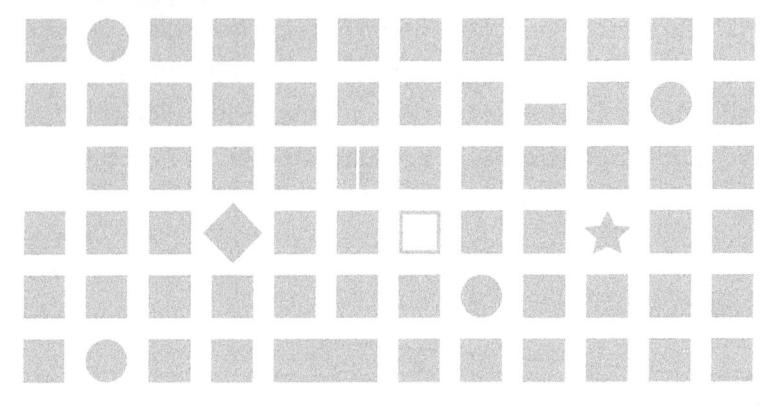

> *"Um bom mestre tem sempre esta preocupação:*
> *ensinar o aluno a desvencilhar-se sozinho."*
>
> André Gide

Abordaremos, neste capítulo, algumas características das crianças com deficiências que recebem os atendimentos de estimulação essencial, complementando com sugestões e orientação para cada especificidade.

Cabe destacar que, na estimulação, precisam ser contempladas as funções psicomotoras ou condutas psicomotoras: a coordenação motora ampla, a coordenação motora fina, a coordenação visomotora, o equilíbrio, a respiração, o esquema corporal, a lateralidade, a orientação espacial, a orientação temporal e as capacidades perceptuais (visão, tato, audição, olfato, gustação e cinestesia); bem como as funções psicológicas superiores – atenção, concentração, memória, pensamento, cognição, linguagem, raciocínio lógico, análise e síntese, imaginação, criatividade e afetividade. O trabalho com essas funções deve ser organizado e planejado por áreas: física e psicomotora; cognitiva; linguística e comunicacional; social e afetiva; e sensorial e perceptiva.

Cada programa de estimulação essencial requer planejamento individualizado, considerando as características, potencialidades e necessidades de cada criança, além das orientações da equipe multidisciplinar e da participação da família.

8.1 A criança com deficiência física motora

A deficiência física motora pode se manifestar mediante atrasos no desenvolvimento neuropsicomotor, acompanhados de dificuldades motoras variadas.

O trabalho de estimulação essencial se organiza com o propósito de compensar o défice relativo às experiências sensório-motoras, explorando as potencialidades existentes.

Quanto às limitações, Aufauvre (1987) afirma ser preciso considerar se são decorrentes de uma paralisia cerebral, de uma hemiplegia, de uma amputação congênita ou traumática, de uma miopatia ou de uma lesão medular.

No caso de membros superiores unilateral ou bilateralmente paralisados, amputados, malformados, descoordenados, hipotônicos ou hipertônicos, há restrições das ações voluntárias sobre os objetos, limitando experiências e podendo resultar em défice cognitivo. No que diz respeito aos membros inferiores, quando há limitações, estas dificultam ou impossibilitam as experiências sensório-motoras e comprometem o desenvolvimento da marcha e do esquema corporal.

As alterações do tônus postural e os atrasos na sustentação da cabeça podem limitar a exploração visual, pois restringem a percepção do espaço. Movimentos como levantar a cabeça, olhar para os lados, permanecer sentado, levantar-se, permanecer de pé, rastejar, engatinhar ou andar possibilitam a exploração do espaço, o conhecimento dos objetos e do próprio corpo. Nesse sentido, a impossibilidade ou as dificuldades desses movimentos podem resultar em limitações no desenvolvimento.

As crianças cuja mobilização de membros inferiores é melhor do que a de membros superiores ou cujos membros superiores foram amputados precisam ser posicionadas, na estimulação essencial, de modo que possam utilizar os membros inferiores nas explorações voluntárias, geralmente efetuadas pelas mãos. Os pés descalços possibilitam, nesse caso, a exploração sensorial dos objetos, do meio e do próprio corpo. Além disso, no caso de experiências que não podem ser compensadas pelos pés, para aquelas vítimas de amputações, devem ser utilizados brinquedos e objetos que possam ser manipulados pelos cotos, exigindo movimentos de pouca amplitude.

> **Importante!**
>
> O estimulador deve propiciar experiências, adaptando materiais e atividades que possibilitem o alcance da autonomia, evitando a dependência. Suportes especiais para brinquedos e materiais, presilhas com Velcro, mesas inclinadas, cadeiras com almofadas especiais e presilhas corporais que possibilitem a liberação dos pés, argolas ou alças para segurar os objetos com as mãos, com os pés ou com os cotos.

Esses materiais devem devem ser utilizados para promover experiências que compensem as limitações impostas pela deficiência, apresentando diferentes características, entre as quais se destacam a forma, o tamanho e a posição. Sua escolha tem de considerar, inicialmente, que os objetos e brinquedos precisam ser fáceis de alcançar, pegar e manipular.

No caso de crianças com paralisia cerebral, o trabalho requer a mobilização dos segmentos comprometidos. Isso pode ser feito com a disponibilização de objetos e brinquedos leves, fáceis de alcançar e que estimulem o desenvolvimento desses segmentos, posto que requerem a mobilização possível.

Os brinquedos e os jogos destinados para bebês podem ser utilizados com as crianças com paralisia cerebral de mais idade cuja posição de permanência seja deitada de costas. Isso porque essa posição limita os movimentos dos membros superiores, importantes quando tem início a manipulação dos objetos. É interessante disponibilizar uma mesa adaptada, com leve inclinação e contorno elevado, com imãs, orifícios, presilhas ou Velcro para fixar o material e dar-lhe sustentação. Quando pelo menos um dos membros puder ser mobilizado, suportes e compartimentos podem ser colocados na cama, acondicionando os materiais.

Na posição de bruços, os movimentos dos membros superiores ficam limitados, então sugere-se a colocação de uma almofada (pode ser um rolo ou almofada cônica) sob o tronco, a fim de liberar os movimentos das mãos. Um tabuleiro de jogo, sobre o qual o brinquedo será disposto, pode ser adaptado para utilização em cima da cama ou do chão. É interessante que tenha orifícios, Velcro ou presilhas que sustentem o material.

Quando a criança consegue ficar na posição sentada ou em pé, mas sem condições de locomoção, o alcance de suas ações e a possibilidade de exploração do espaço mais amplo são limitados. O estimulador deve escolher objetos de tamanho médio, os quais ficarão dispostos perto dela, mas não sobre a mesa, para não atrapalhar sua utilização. Essa mesa precisa ser adaptada com um recorte circular onde o corpo da criança possa se encaixar, liberando os movimentos dos braços e das mãos.

Em crianças que se locomovem com autonomia, a limitação imposta pela deficiência é menor, embora algumas precisem das mãos para impulsão com auxílio de muletas, andadores, cadeiras de rodas etc., dificultando o uso das mãos. Nessas situações, os brinquedos e os jogos têm de permitir a utilização sobre uma mesa adaptada, com suportes de fixação, por exemplo.

A preensão do bebê é global e os movimentos de segurar, soltar e colocar exigem trabalho. Assim sendo, na estimulação essencial, tais movimentos são exercitados, ressalta Aufauvre (1987). A princípio, isso acontece graças à mobilização passiva, e, depois, pela participação ativa por meio de jogos corporais, acompanhados de música e cantigas ritmadas que relaxam a musculatura, diminuindo o tônus muscular. Entretanto, deve-se sempre levar em consideração as potencialidades da criança. Nesse sentido, algumas considerações são importantes de acordo com Aufauvre (1987):

- Quando a preensão é feita com a mão fechada, o estimulador deve selecionar brinquedos de tamanho adequado para que possam ser empurrados com uma mão ou segurados entre as duas, além de brinquedos com alças ou suportes de tamanho suficientemente grande para que a criança possa segurá-los.
- Quando a preensão é feita com a mão aberta, é possível utilizar objetos um pouco menores, mas são necessárias também adaptações com suportes ou alças.

- Já a preensão com a mão inteira requer objetos maiores e adaptações de peças, também maiores, com argolas e alças.
- A preensão unilateral exige adaptações, sendo que a criança pode utilizar na manipulação o outro braço e a outra mão fechada ou aberta, de modo que possa apoiar os brinquedos grandes ou os empurrar sobre um tabuleiro com o braço e a mão funcionais.

Para crianças que apresentam tremores ou movimentos descoordenados, os brinquedos devem ser mais pesados e volumosos, fixados sobre a mesa com ímã, presilhas ou Velcro, essa deve ter orifícios e suportes nos quais as peças possam ser colocadas sem que se desloquem.

Para crianças hipotônicas ou com força insuficiente para manipular objetos pesados, escolhem-se os leves que ofereçam pouca resistência, pois exigem gestos de amplitude reduzida e ritmo lento.

No caso de redução na amplitude dos movimentos, indica-se adaptar uma mesa à mobilidade da criança e usar objetos de tamanho médio (Pfeifer; Peres, 2014).

Para crianças tetraplégicas, as adaptações devem ser feitas por fisioterapeutas e terapeutas ocupacionais.

O interesse da criança pelo material ou pela atividade pode levá-la a encontrar uma maneira de realizar a proposta a seu modo e sozinha. Contudo, o profissional deve estar atento e antecipar as adaptações, após consultar a equipe multidisciplinar, que pode auxiliá-lo, evitando movimentos inadequados e que possam comprometer o desenvolvimento e a postura da criança.

As atividades aquáticas promovem o relaxamento e facilitam as mobilizações, podendo ser utilizadas na estimulação essencial de crianças com deficiência física, em especial, porém são excelentes para qualquer uma, independentemente das necessidades especiais (NE).

Há restrições quanto ao uso de lanternas e luzes intermitentes que podem desencadear convulsões em crianças com paralisia cerebral ou com outras patologias neurológicas. É fundamental consultar o neurologista, a fim de verificar se há riscos. Nos casos em que houver, é necessário optar por outros materiais, como brinquedos coloridos e brinquedos sonoros.

8.2 A criança com deficiência intelectual

A criança com deficiência intelectual pode apresentar atrasos no desenvolvimento neuropsicomotor e um défice cognitivo. Quando ainda bebê, o objetivo da estimulação essencial é justamente prevenir esses atrasos, minimizando os efeitos da deficiência.

Quando o diagnóstico é de uma síndrome, como a de Down a estimulação começa bem cedo. Já em casos em que não houve a detecção do alto risco, a estimulação pode acontecer mais tarde, sem que se minimizem os efeitos da deficiência, infelizmente.

O bebê com síndrome de Down é hipoativo, hipotônico, apático, e necessita de estimulação adicional. Os exercícios psicomotores devem priorizar o reforço tônico postural, mediante contração muscular. Em razão da atenção lábil, as atividades e os exercícios propostos devem ser curtos e repetidos várias vezes, de modo intercalado. Fixação e seguimento ocular, coordenações motora ampla e visomotora, equilíbrio, respiração, preensão, vocalização e esquema corporal são prioritariamente trabalhados (Aufauvre, 1987).

É comum as crianças com deficiência intelectual apresentarem inabilidade gestual. Para desenvolver essa habilidade na estimulação essencial, são necessários objetos grandes que facilitem a manipulação e os esquemas de ação. Conseguir realizar as atividades é estimulante para o bebê.

A estimulação sensorial é fundamental para a criança com deficiência intelectual, uma vez que necessita de informações, principalmente táteis, mais diretas e por mais tempo.

Quanto aos brinquedos, os sonoros, coloridos e com texturas diferentes chamam sua atenção. Ao escolhê-los, o estimulador precisa observar sua durabilidade. Os desmontáveis, por sua vez, mobilizam impulsos agressivos e de destruição, comuns a todos os bebês e oferecem, ao mesmo tempo, a possibilidade de reconstruir e refazer. Eles devem ser grandes, sem peças pequenas, laváveis, antialérgicos e antitóxicos, como para qualquer criança. Os menores devem ser evitados por mais tempo, por causa dos atrasos cognitivos mais acentuados em algumas crianças, determinando imaturidade.

Para Holle (1990), é preciso que os brinquedos se adéquem às possibilidades cognitivas e emocionais da criança com deficiência intelectual. O profissional não deve superestimar suas capacidades, mas também não deve subestimá-las. O objeto somente cumpre sua função de estimulador quando a criança pode utilizá-lo e aprender com ele; portanto, não basta ser bonito e interessante, precisa ser de manipulação simples.

Inicia-se o trabalho com brinquedos simples – no que se refere a forma, linha e volume –, que permitam a percepção e a interação. Progressivamente, escolhem-se outros mais complexos.

No que tange às funções requeridas, o estimulador deve escolher aqueles: cuja utilização permita, de fato, a coordenação, por parte da criança, de ações e consequências (causa e efeito/meio e fim); cujos mecanismos sejam mais simples e observáveis; cujas instruções sejam claras e objetivas e as repetições, possíveis; cujas exigências sejam progressivas; cujo vínculo com o real permita identificação, reconhecimento e estabelecimento de relações.

No trabalho com a criança com deficiência intelectual, o estimulador exerce uma intervenção bem ativa, a fim de auxiliá-la, repetindo, orientando, demonstrando, explicando, observando e mediando. As atividades devem ser graduadas, curtas e simples, prendendo sua atenção, mas com objetos diversificados, ampliando possibilidades. Estimula-se um aspecto, atributo ou função de cada vez; depois, pode-se juntar dois ou mais, para, então, classificá-los.

Para crianças hipoativas, o material precisa proporcionar experiências variadas e exigir maior ação. Já para as hiperativas, é necessário um material mais objetivo e direto.

A criança com deficiência intelectual é, geralmente, apática, tendo menor interesse pelo meio e pelo próprio corpo, o que dificulta o estabelecimento de relações entre os objetos e ela, e entre ela e o meio.

A estimulação consiste em oferecer uma maior variedade de experiências sensório-motoras, por meio de materiais variados e ações diretas com resultados facilmente perceptíveis, principalmente nas atividades rotineiras como as relacionadas a higiene, alimentação, trocas e banhos.

8.3 A criança com deficiência sensorial

A *priori*, a deficiência sensorial não afeta as possibilidades de ação da criança, mas obstaculiza ou impede a recepção dos estímulos que levam à ação, o que pode determinar seu isolamento.

A estimulação essencial tem por objetivo impedir esse isolamento, possibilitando à criança o acesso aos estímulos ao propiciar uma variedade de oportunidades.

Praticamente todos os materiais, brinquedos e jogos, bem como exercícios psicomotores indicados para qualquer criança podem ser utilizados na estimulação daquelas com deficiência visual e/ou auditiva, independentemente de seu grau.

8.3.1 Deficiência visual

No processo de estimulação essencial de crianças com deficiência visual, faz-se necessário considerar se a criança é cega ou se apresenta baixa visão, pois as adaptações e as demandas são diferentes.

Quando a acuidade visual é bem reduzida, é fundamental escolher materiais que sejam fáceis de perceber e de manusear. Os brinquedos e demais objetos devem ser grandes e com formas bem-definidas. Os livros, os desenhos, as figuras e as imagens devem ser: claros; com contornos nítidos e grossos ou com relevos e texturas; com cores contrastantes, bem evidentes, reais e não estereotipadas; com número pequeno de elementos para que se possam compreender. Ampliações podem ser necessárias, com o uso de lupas, por exemplo, assim como iluminação especial e exercícios específicos indicados pelo oftalmologista e pelo reeducador visual.

No caso de crianças cegas, as adaptações requerem que os elementos visuais sejam traduzidos em elementos sensoriais sonoros, táteis, cinestésicos, gustativos e olfativos.

O bebê cego, como qualquer outro, inicia a exploração dos objetos pela boca; contudo, esse hábito se estende até mais tarde para ele. Progressivamente, ele passa a explorar o meio com as mãos e com os dedos, utilizando concomitantemente a exploração bucal, que dá a ele informações táteis e gustativas.

As mensagens são recebidas por meio de outros canais sensoriais, sendo ele capaz de perceber sons, sabores, texturas, odores e movimentos. Com a ausência de indicações visuais, a atividade motora tende a ser diminuída, sendo necessário fazer a estimulação psicomotora, por meio de exercícios e de massagem.

A criança cega, por não enxergar os brinquedos, não sabe brincar. Por isso, alguém precisa ensiná-la, demonstrando como fazê-lo. Explorar o corpo, seu primeiro brinquedo, descobrindo limites e possibilidades de movimentação, permite a ela diferenciar-se do meio, dos outros e dos objetos.

A criança é estimulada a tocar, a apalpar e a manusear os objetos, as pessoas e seu corpo, conhecê-los. Pelo tato e pela audição, ela recebe uma variedade rica de estímulos que precisam ser traduzidos em palavras, nomeados, falados, para se configurarem em pontos de referência para a vida diária e para as atividades lúdicas. Os sons, a fala, o canto e o toque podem compor brincadeiras e jogos entre a criança cega e as pessoas a sua volta (familiares e profissionais).

Há uma infinidade de brinquedos e materiais para essa estimulação, sendo os brinquedos sonoros e os táteis os mais interessantes durante a fase inicial do desenvolvimento. Quanto aos táteis, deve-se observar a qualidade figurativa dos brinquedos, considerando que eles precisam representar de modo real o objeto, possibilitando o contato com suas características e atributos: tamanho, forma, textura etc. É imprescindível manusear a miniatura, a réplica, o brinquedo, a *reália*, o modelo e depois ter o contato exploratório com o objeto real.

Essa percepção pode ser complementada pela exploração de maquetes que auxiliam na comparação entre o objeto real e sua representação, mas após o contato com aquele.

No início da estimulação essencial e do desenvolvimento, não são necessárias adaptações. Mais tarde, ao começarem os jogos de construção, elas tornam-se importantes. Uma mesa com bordas laterais mais altas, com Velcro, com orifícios e com suportes pode ser utilizada quando se apresentam, para a criança cega ou com baixa visão, os jogos de encaixe, com bases onde ela possa prender as peças de modo que não se desloquem.

A substituição ou a tradução das informações visuais em informações táteis pode ser feita em jogos de identificação, por meio de texturas no lugar de cores – por exemplo, no dominó de texturas – ou de formas destacadas por relevos.

A criança cega precisa explorar o espaço, sendo o estimulador responsável por oferecer a ela referências seguras, sem, contudo, eliminar todos os riscos. Isso porque é fundamental mostrar a existência deles, bem como as formas de lidar com eles. Assim, guia-se a criança pelas mãos e/ou pela voz, visando a conquista de sua autonomia.

Uma vez que a criança cega não percebe a aproximação de pessoas nos locais em que está, o estimulador deve se aproximar dela acompanhando o ruído dos passos com a fala, para que ela associe o som a seu produtor.

De acordo com Herren e Herren (1989), na estimulação psicomotora do bebê cego ou com baixa visão, os exercícios de mobilização ativa devem ser adaptados, fazendo-se: uso de materiais e brinquedos sonoros; substituição dos exercícios de seguimento ocular por exercícios de busca pela fonte sonora, em diferentes posições; estimulação da manipulação; proposição de jogos de identificação de objetos pelo som e pela textura; estímulo aos deslocamentos com ajuda de fontes sonoras e toque; repetição de exercícios de equilíbrio e preparatórios para o andar; ênfase aos exercícios que estimulam o esquema corporal e as mudanças de posição.

A orientação e a mobilidade precisam ser trabalhadas com a criança cega, sendo essencial promover, desde cedo, as atividades psicomotoras e sensoriais (tato e cinestesia) com o propósito de estimular a locomoção, e desenvolver o esquema corporal e a orientação espacial.

Os bebês com baixa visão precisam de atendimento de reeducação visual, individualizado; e a estimulação essencial deve englobar todas as áreas, não havendo restrições.

8.3.2 Surdez

Para a estimulação essencial da criança surda ou com resíduo auditivo, todos os brinquedos podem ser apresentados, até mesmo os sonoros, pois as vibrações são sentidas e podem ser utilizadas. Para elas, as informações visuais, táteis, cinestésicas e olfativas possibilitam a apreensão integral do meio, configurando-se em referências para o desenvolvimento, a aprendizagem e a estruturação.

Falar com a criança é uma prática importante, devendo ser realizada de frente para ela, em sua linha de visão, articulando-se bem os fonemas, preferencialmente na mesma altura.

A criança surda pode não perceber a aproximação de pessoas. Os espelhos auxiliam nessa percepção, evitando sustos e sobressaltos com a aparição abrupta de alguém.

O bebê surdo ou com resíduo auditivo responde pouco aos estímulos sonoros, mas utiliza normalmente o aparelho fonador. Progressivamente, a escassez de estímulos auditivos, que se tornam insuficientes, impede que ele continue vocalizando.

Segundo Petitto e Marentette (1991), o balbucio, presente em bebês surdos e ouvintes, é uma manifestação da capacidade inata para a linguagem. No entanto, para continuar a se desenvolver, essa capacidade depende da estimulação em um ambiente sonoro. Os autores acrescentam que a capacidade inata para a linguagem se manifesta através dos sons e dos sinais. A forma geral de balbucio é denominada por Quadros (2008) de *manual*. Em determinado momento do desenvolvimento, os surdos deixam de vocalizar e os ouvintes deixam de apresentar o balbucio manual.

É imprescindível caracterizar o universo relacional dos bebês surdos para desenvolver a estimulação essencial e compreender as NE de cada um. Durante a avaliação, levanta-se o perfil de desenvolvimento do bebê, bem como o perfil familiar: quem são seus pais; qual é o impacto da surdez naquele grupo familiar; quais são seus conhecimentos sobre essa condição e sobre a estimulação de crianças surdas; quais são suas expectativas com relação ao amadurecimento do filho; se são surdos ou ouvintes; quais informações têm sobre Libras e sobre bilinguismo; qual é seu domínio da Libras etc.

A estimulação auditiva é importante na fase pré-linguística, na qual o balbucio e as vocalizações estão presentes, para a manutenção das ondas de frequência sonora com maior ou menor amplitude, que podem ser percebidas pela criança. As vibrações também podem ser sentidas quando ela é tocada ou acolhida no colo por alguém que fala ou canta para ela. Há uma integração dessas informações sensoriais com as visuais e cinestésicas, estimulando o desenvolvimento. Brincadeiras cantadas, jogos ritmados, audição de música, canto e dança devem compor o universo de estimulação essencial dos bebês e crianças com deficiência auditiva.

Na criança surda, o acesso ao simbolismo acontece por meio da visualidade; daí a relevância do contato com imagens, para que se criem conceitos, na inter-relação entre a imagem e o seu significado. Assim, possibilita-se a abstração.

A massagem e os exercícios de estimulação psicomotora desenvolvem o esquema corporal, a orientação espacial e temporal, bem como o equilíbrio. O diálogo constante, por sua vez, estimula a comunicação pelo gesto e/ou pela palavra.

No caso de bebês surdos de pais ouvintes que desconhecem a Libras, a aquisição da linguagem de sinais é um processo mais complicado. Quadros (2008) destaca que, em uma proposta bilíngue, a Libras é a primeira língua do surdo, e o português, a segunda. Logo, para a continuidade do trabalho desenvolvido pelos profissionais e para a estimulação essencial exercida pela família, é de suma importância que os pais ouvintes aprendam a Libras e a utilizem na comunicação com a criança.

Quando o bebê é surdo e seus pais também, o processo de aquisição da Libras é menos complexo, posto que ela é a primeira língua de ambos. Os pais dominam a língua e a utilizam para se comunicar entre si, com o bebê e com outras pessoas naturalmente.

A estimulação do bebê surdo, de modo geral, organiza-se segundo o objetivo de possibilitar seu desenvolvimento integral considerando as áreas anteriormente mencionadas. A utilização da linguagem verbal oral e da linguagem de sinais, nesse processo, é cuidadosamente planejada e deve considerar as características e as fases do desenvolvimento, sendo as orientações dos profissionais especializados de suma importância tanto para o professor estimulador, quanto para os familiares.

Os sinais da Libras devem ser apresentados um de cada vez, com naturalidade, contextualizados, associados a conceitos, imagens, objetos, fotos, pessoas, funções e experiências concretas, acompanhados da articulação clara dos fonemas, da formação de frases curtas, simples e completas, assim como da expressão facial. Desenvolve-se, progressivamente, o vocabulário pela introdução gradativa de palavras novas, estimulando a comunicação e a linguagem.

> **Curiosidade**
>
> É possível compreender melhor esse processo assistindo aos vídeos postados no Diário de Fiorella, indicados ao final deste capítulo na seção Indicações Culturais, no qual os pais de uma menina surda, também surdos, retratam o dia a dia da filha e suas interações por meio do uso da Libras. É possível observar como estimulam a criança comunicando-se com ela utilizando a língua de sinais.

O professor estimulador (preferencialmente surdo) que trabalhar com surdos precisa conhecer e dominar a Libras para utilizá-la na estimulação essencial, comunicando-se com a criança e com seus familiares.

Em 2014, a Secretaria de Educação Continuada, Alfabetização, Diversidade e Inclusão (atualmente extinta), ligada ao Ministério da Educação, publicou um relatório sobre a política linguística de educação bilíngue – Libras e língua portuguesa –, no qual aparecem como metas, no que tange à estimulação essencial:

1. Criar programas de imersão precoce para aquisição da Libras na educação infantil, com interlocutores fluentes em Libras, prioritariamente surdos.
2. Garantir o acesso a programas de estimulação linguística precoce em Libras para aquisição da Libras, com base no diagnóstico da surdez por meio do mapeamento de identificação de bebês surdos, por meio de interface entre a educação e a saúde.
3. Viabilizar aos familiares da criança surda participar de cursos de Libras como L2, bem como, o acesso a

comunidade surda, por meio de programas sociais que incluam visitas com orientações sobre a interação com a criança surda nas próprias residências ou em ambientes que sejam familiares à criança.

4. Responsabilizar as famílias para que, imediatamente após a identificação da surdez, oportunizem à criança surda o acesso à cultura surda, a programas de estimulação linguística precoce em Libras e se insiram nesses programas.
5. Criar os Centros de Atendimento Bilíngue a pais e a bebês surdos, nas escolas bilíngues de surdos.
6. Propiciar às crianças surdas no período da educação infantil interações na Libras e contato com a escrita da Libras e da Língua Portuguesa de forma lúdica e criativa, prioritariamente com professores surdos. (Brasil, 2014, p. 20)

As metas apresentadas no documento corroboram o que aqui foi exposto a respeito da necessidade de se oferecer ao bebê surdo, o mais cedo possível, o contato com a Libras e com a língua portuguesa, nos programas de estimulação essencial e na educação infantil, preferencialmente com profissionais também surdos. Igualmente, reafirma a necessidade de se orientar os familiares e instrumentalizá-los para que possam estimular mais efetivamente os filhos, comunicando-se melhor com eles.

Proporcionar a aprendizagem da Libras, desde cedo, ao bebê surdo representa a ele a possibilidade de expressar seus sentimentos e pensamentos, suas necessidades e desejos, com naturalidade e espontaneidade, facilitando a comunicação e a interação social.

Dessa forma, está claro que a estimulação essencial ofertada aos bebês surdos nos primeiros três anos de vida é fundamental para a aquisição e o desenvolvimento da linguagem (tanto da Libras quanto da língua portuguesa). Esse período, como já mencionado, é como uma janela de oportunidades em virtude da plasticidade neuronal, postulada por Navarro (2018, p. 16) como "etapa crítica", ampliando as possibilidades de aprendizagem.

Apresentamos, a seguir, uma breve caracterização da aquisição da linguagem em crianças surdas com base nas pesquisas de Karnopp (2011):

- No estágio pré-linguístico, o bebê surdo balbucia vocalizando, mas também o faz manualmente (gestos, apontação e expressão facial), até por volta dos 14 meses.
- No estágio do uso de um sinal, entre 12 e 24 meses, os bebês se utilizam de sinais, produções que a autora classifica como sinais sem flexões, havendo a cessação da apontação. Isso demonstra que ocorre nesse período uma "reorganização básica em que a criança muda o conceito da apontação inicialmente gestual (pré-linguística) para visualizá-la como elemento do sistema gramatical da língua de sinais (linguístico)" (Quadros, 2008, p. 71).
- No estágio das primeiras combinações de sinais, aos 24 meses, há a articulação, em ordem, de sujeito e verbo, verbo e objeto ou sujeito, verbo e objeto.
- No estágio das múltiplas combinações, entre 30 e 36 meses, acontece a "explosão do vocabulário", inicia-se o uso do sistema pronominal ainda com erros e da concordância verbal com referentes presentes, embora ainda flexionem

verbos de modo generalizado. Aos 6 anos, mais ou menos, a criança surda que tenha se apropriado da Libras utiliza a concordância verbal adequadamente.

A aquisição da primeira e da segunda língua pelas crianças surdas é um tema fundamental para o profissional da estimulação essencial e da educação especial, mas que não abordaremos aqui em razão de sua especificidade. Ao final do capítulo, indicaremos leituras complementares para aprofundamento do tema.

8.4 A criança com múltipla deficiência

No trabalho de estimulação essencial da criança com duas ou mais deficiências associadas, a escolha das atividades, dos materiais, dos objetos e dos brinquedos é mais complexa.

Quando há a associação da deficiência física motora com uma deficiência sensorial, o contato da criança com o meio fica significativamente prejudicado, pois a exploração fica limitada, tanto em razão da motricidade, quanto da sensopercepção.

Uma criança cega, com deficiência física motora (paralisia cerebral) tende a ter dificuldades de utilizar as mãos para explorar os objetos por causa da falta de coordenação. Por não enxergar, precisa do tato para ter acesso aos estímulos e perceber o mundo a sua volta, mas, como não consegue controlar as mãos para executar os movimentos exploratórios, precisa muito das informações sonoras para conhecer os objetos, seu corpo, as pessoas e o meio, e, assim, estabelecer relações.

O programa de intervenção essencial precisa ser implementado o mais rápido possível para maximizar seu desenvolvimento. O objetivo central do trabalho é coordenar as informações recebidas pelos canais sensoriais disponíveis, levando a criança a manter contato com os objetos, diferenciando-os e relacionando-os por seus atributos sonoros e táteis.

A equipe multidisciplinar auxilia na organização do programa mais adequado ao caso, orientando a escolha das atividades, dos materiais e a implementação das adaptações, associando-as e conciliando-as às necessidades criadas pelas duas deficiências e, principalmente, considerando as necessidades específicas daquela criança.

No caso da associação entre uma deficiência física e a deficiência intelectual, a estimulação no bebê tende a ser menos complexa, mas nunca fácil. Deve-se despertar o interesse da criança, uma vez que ele é limitado pela deficiência intelectual. Além disso, uma vez que a deficiência física, seja sensorial, seja motora, restringe sua interação com o meio e com os objetos; com isso, as informações são recebidas e processadas parcialmente. Eis aí a relevância do papel do estimulador como mediador entre a criança e o meio e os objetos.

Na surdocegueira, estão associadas duas deficiências físicas sensoriais, funções que fazem muita falta no contato da criança com o meio, obstaculizando interações. Na estimulação essencial, é imprescindível trabalhar as sensações e as percepções táteis e cinestésicas da criança a fim de promover a exploração dos objetos por outros canais. Quanto mais cedo o atendimento começa, mais o bebê tende a se desenvolver. As atividades e os brinquedos são adaptados às necessidades e potencialidades de cada um, iniciando com a massagem e os exercícios psicomotores, para os quais não há restrições.

No caso da criança com transtorno do espectro autista (TEA) ou com uma psicose, com deficiência motora associada, é possível que haja desinteresse pelos objetos, ou um interesse inadequado acompanhado de uso estereotipado. Há, ainda, a possibilidade de que ela se interesse momentaneamente por um objeto a ela oferecido e, desse modo, manipule-o, explore seus atributos, até mesmo encontrando nele algo inusitado, como um parafuso, um orifício, uma saliência. Além disso, pode encontrar uma caixa ou outro objeto, antes ignorado, com o qual estabeleça relações.

Nesses casos, os materiais, os brinquedos e as atividades que foram apresentados ou propostos, mas pelos quais não houve interesse, devem ser reapresentados mais adiante, depois de outras atividades. É importante oferecer brinquedos novos e que proporcionem experiências diferentes e variadas, bem como o máximo de estímulos possível. Observar a evolução da criança possibilita ao estimulador selecionar objetos adequados às necessidades da criança e planejar as atividades envolvendo todas as áreas do desenvolvimento.

Síntese

Neste capítulo, destacamos que, no trabalho de estimulação essencial, precisam ser contempladas as funções neuropsicomotoras e as funções psicológicas superiores. O programa deve se organizar por áreas: física e psicomotora, cognitiva, linguística e comunicacional, social e afetiva, sensorial e perceptiva.

Elabora-se o planejamento considerando as características, as potencialidades e as necessidades de cada criança, as orientações da equipe multidisciplinar e a participação da família. Com base nesses aspectos, definem-se os objetivos, selecionam-se os materiais e as atividades, bem como suas adaptações.

Abordamos, também, a caracterização das crianças com deficiência física motora, com deficiência intelectual, com deficiência visual, com surdez e com deficiência múltipla, atendidas nos programas de estimulação essencial.

No que tange à criança com deficiência física motora, o trabalho exige adaptações nos materiais e nas atividades, visando compensar o défice relacionado às experiências sensório-motoras, com o propósito de propiciar vivências que compensem as limitações impostas pela deficiência.

Para as crianças com deficiência intelectual, o objetivo é prevenir os atrasos no desenvolvimento neuropsicomotor e o défice cognitivo, minimizando seus efeitos.

Com relação à surdez, faz-se fundamental criar experiências diretas com a linguagem oral, com objetos sonoros e que estimulem todos os sentidos, além de iniciar o contato com a Libras desde cedo.

No caso das crianças com deficiência visual, a estimulação essencial procura impedir o isolamento, imposto pela dificuldade visual ou pela cegueira. É de suma importância propiciar experiências sensoriais ricas que estimulem a exploração e o contato com o meio, com os objetos e as pessoas por outros canais sensoriais.

E, finalmente, acerca da múltipla deficiência, ressaltamos ser fundamental organizar um programa que considere a complexidade, as especificidades e as limitações de cada caso, a fim de oferecer experiências e materiais que estimulem as diferentes funções e compensem as dificuldades.

Cabe destacar que há uma infinidade de materiais, recursos e atividades para estimular o desenvolvimento da criança com deficiência. Cabe ao profissional fazer sua escolha considerando as especificidades de cada caso.

Indicações culturais

Livros

CAVE, S.; FERTLEMAN, C. **Brincadeiras criativas para bebês inteligentes**. São Paulo: Coquetel, 2014. Livros 1 e 2. (Coleção Jogos Inteligentes).

> Trabalho que reúne sugestões de atividades para estimular os bebês. Ricamente ilustrado, descreve as atividades e lista seus objetivos. Leitura interessante para professores da educação infantil e profissionais da estimulação essencial.

BATLLORI, J.; ESCANDELL, V. **150 jogos para a estimulação infantil**. São Paulo: Ciranda Cultural, 2009.

> Obra que lista atividades que podem ser utilizadas na estimulação essencial e na educação infantil, citando seus objetivos e descrevendo-as. Assim, instrumentaliza o professor e o estimulador.

QUADROS, R. M. de. **Educação de surdos**: a aquisição da linguagem. Porto Alegre: Artmed, 2008.

> Leitura imprescindível para os estudantes e profissionais da área de educação que têm interesse na inclusão de surdos.

Vídeos

O DIÁRIO DA FIORELLA. Disponível em: <https://www.facebook.com/odiariodafiorella/>. Acesso em: 7 jul. 2020.

> Os pais de Fiorella são surdos e organizaram um diário virtual em que abordam o trabalho de estimulação que desenvolvem com a filha também surda, utilizando e ensinando a Libras.

O DIÁRIO DA FIORELLA. **25 meses: conversei com a minha mãe sobre picadas de mosquito e manchas na perna**. 29 dez. 2016. Disponível em: <https://www.youtube.com/watch?v=MAUMghL-fqs>. Acesso em: 7 jul. 2020.

> Nesse vídeo destaca-se a relação da Fiorella com a mãe. O contato face a face na comunicação de ambas, por meio da Libras. Trata-se de um belo registro dessa comunicação.

CURTA LIBRAS. **21 | Curta Libras | Maternidade: estimulação no lar**. 7 dez. 2016 Disponível em: <https://www.youtube.com/watch?v=TQmCIFlH4I4>. Acesso em: 7 jul. 2020.

> Nesse vídeo, os pais de Fiorella apresentam o espaço do quarto da filha, ainda bebê, organizado segundo a metodologia montessoriana. Também abordam a relação do bebê com as figuras

materna e paterna, ressaltando a importância da comunicação. Demonstram a apresentação de sinais da Libras por meio do contato com os livros e com os brinquedos.

FERREIRA, P. **Da porta para dentro: educação**. 3 jun. 2016. Disponível em: <https://www.youtube.com/watch?v=DqCWFXUZ2vk>. Acesso em: 17 ago. 2019.

Nesse vídeo, a mãe de Fiorella retoma com ela a atividade desenvolvida na escola em que a menina recebe os atendimentos de estimulação precoce. Interessante observar como a família dá continuidade ao trabalho da estimulação essencial.

Atividades de autoavaliação

1. O atendimento de crianças com deficiências na estimulação essencial requer uma organização específica. Leia as afirmativas a seguir a respeito desse atendimento e classifique-as como verdadeiras (V) ou falsas (F):
   ( ) O programa de estimulação essencial a ser implementado durante as sessões é padrão, ou seja, as atividades, os exercícios e os materiais destinam-se a um grupo de bebês com o mesmo diagnóstico.
   ( ) No atendimento de bebês cuja mobilização de membros inferiores é melhor do que a de membros superiores ou que esses foram amputados, eles devem ser posicionados de modo a utilizar os pés descalços na exploração e na manipulação dos objetos, do meio e do próprio corpo.

( ) O trabalho com crianças que apresentam paralisia cerebral requer a mobilização dos segmentos comprometidos. Isso pode ser feito com a apresentação de objetos e brinquedos grandes e pesados, que estimulam o desenvolvimento desses segmentos, exigindo força.
( ) Na estimulação essencial de bebês com deficiência intelectual, as atividades e os exercícios propostos devem ser curtos e repetidos várias vezes, mas intercaladamente.
( ) O trabalho com bebês cegos tem como objetivo impedir o isolamento por meio de atividades que proporcionem experiências sensoperceptivas diversificadas.

Agora, assinale a alternativa que apresenta a sequência correta de preenchimento dos parênteses:

a) F, F, V, V, F.
b) V, F, V, F, V.
c) V, V, V, F, F.
d) F, V, F, V, V.
e) V, V, F, V, V.

2. Assinale a alternativa correta com relação à Libras:
   a) A Libras é considerada a segunda língua dos surdos e deve ser ensinada a partir dos 2 anos de idade.
   b) O ensino de Libras, segunda língua dos surdos, deve acontecer o mais cedo possível, a fim de garantir a oralização.

c) A Libras é a primeira língua dos surdos e seu desenvolvimento depende da maturação do SNC.

d) Para a criança surda, a Libras é a primeira língua e sua aprendizagem exclui a necessidade de aprender a língua portuguesa.

e) A Libras é a primeira língua dos surdos e sua aprendizagem deve ser ofertada nos programas de estimulação precoce, além da comunicação oral e do contato com o mundo sonoro.

3. Para crianças com deficiência física motora, a estimulação essencial deve ser organizada para compensar o défice de experiências sensório-motoras, explorando suas potencialidades. Sobre esse tema, considere as afirmativas a seguir e classifique-as como verdadeiras (V) ou falsas (F):

( ) Bebês com limitações nos membros superiores devem ser posicionados de maneira que possam utilizar os membros inferiores para a exploração dos objetos, do meio e do próprio corpo.

( ) Para bebês que sofreram amputações ou nasceram com malformações nos membros superiores, mas cujos cotos são funcionais, devem ser apresentados brinquedos e objetos que requeiram movimentos de pouca amplitude.

( ) No caso de bebês com paralisia cerebral, é preciso mobilizar os segmentos corporais com a utilização de brinquedos grandes, pesados, com suportes e colocados próximos deles.

( ) Para crianças com paralisia cerebral cuja posição de permanência seja o de costas, é interessante utilizar uma mesa levemente inclinada e com suportes para a fixação dos brinquedos.

( ) No caso de crianças com paralisia cerebral que consigam se sentar, embora não consigam andar, o trabalho de estimulação essencial é desenvolvido por meio de objetos de tamanho médio, colocados próximos a ela, e de uma mesa com recorte circular em que o corpo da criança se encaixe, liberando os movimentos dos membros superiores.

Agora, assinale a alternativa que apresenta a sequência correta de preenchimento dos parênteses:

a) V, F, V, F, V.
b) F, F, V, V, F.
c) V, F, F, F, F.
d) V, V, F, V, V.
e) F, F, V, F, F.

4. Os bebês com síndrome de Down podem apresentar atrasos no desenvolvimento e deficiência intelectual. Com relação a esses bebês, assinale a alternativa correta:
   a) A estimulação essencial deve começar após o 6º mês de vida do bebê, momento em que os primeiros atrasos são observados e confirmam sua necessidade.
   b) O bebê com síndrome de Down é hiperativo, hipertônico e agitado, necessitando de atividades que promovam o relaxamento e a descontração muscular.
   c) A atenção dos bebês com síndrome de Down é lábil; por isso, os exercícios e as atividades de estimulação

essencial devem ser mais curtos, repetidos várias vezes, intercaladamente.

d) Em razão dos problemas de saúde e das comorbidades, os bebês com síndrome de Down têm vida curta e poucos chegam à adolescência.

e) A hipertonia dos músculos da face faz os bebês com síndrome de Down apresentarem sialorreia, em decorrência da macroglossia e da boca entreaberta, dificultando também o desenvolvimento da fala.

5. No processo de estimulação essencial de bebês e crianças com deficiência sensorial visual, é importante considerar suas características. A esse respeito, considere as proposições a seguir:

   I) O bebê cego inicia a exploração dos objetos pela boca, embora bem mais tarde que os outros bebês.

   II) A criança cega, instintivamente, brinca manipulando os objetos e o próprio corpo, explorando-os naturalmente.

   III) Os brinquedos e os objetos apresentados ao bebê cego devem ser maiores que os convencionais, com texturas e estereotipias que chamem a atenção e facilitem sua identificação.

   IV) No processo de estimulação essencial de bebês cegos, são apresentados brinquedos e objetos em miniatura, réplicas, *reálias*, modelos e o objeto real, considerando-se a idade, as necessidades e os objetivos do trabalho.

   V) Na estimulação essencial, é importante propiciar à criança cega experiências de exploração do espaço, dando-lhe segurança, mostrando os obstáculos e como contorná-los.

Agora, assinale a alternativa correta:

a) Todas as afirmativas são verdadeiras.
b) Apenas a afirmativa V é verdadeira.
c) As afirmativas I, III e V são falsas.
d) As afirmativas I, II e III são falsas.
e) Apenas a alternativa IV é verdadeira.

Atividades de aprendizagem

Questões para reflexão

1. Faça uma pesquisa sobre a o trabalho de estimulação essencial com bebês que apresentam paralisia cerebral: o que é paralisia cerebral, características, tipos, como deve ser desenvolvida a estimulação essencial, objetivos e importância para o desenvolvimento infantil. Produza um texto sobre o assunto. Compartilhe com seus amigos e familiares.

2. Faça uma pesquisa sobre a estimulação essencial em bebês com síndrome de Down, em livros, artigos, *sites*, vídeos e revistas científicas. Entreviste a mãe de um bebê Down sobre como ela estimula o filho, e um profissional da estimulação essencial sobre seu trabalho. Compare e relacione o conteúdo de sua pesquisa, os dados coletados nas entrevistas e, depois, produza um texto reflexivo sobre o assunto. Apresente a seus colegas.

Atividades aplicadas: prática

1. Faça uma pesquisa sobre a estimulação de bebês surdos: atividades e exercícios. Em seguida organize um fichário (físico ou virtual) compilando as atividades, com textos, objetivos e, se possível, imagens. Socialize seu material com os colegas em um fórum.

2. Visite um centro de estimulação essencial para observar um atendimento. Registre sua experiência como observador. Se possível, fotografe o espaço e os materiais. Faça uma análise e organize um fichário (físico ou virtual) com as fotos, os objetivos, os comentários, a descrição, a impressão etc.

3. Organize um programa de estimulação essencial para um bebê de alto risco, com 8 meses de idade, cujo Apgar foi 4 no primeiro minuto e 6 no quinto minuto, prematuro, filho de mãe que teve eclâmpsia na gestação, com retinopatia da prematuridade e atrasos no desenvolvimento neuropsicomotor. Proponha os objetivos, os recursos materiais, as estratégias de ação, as atividades nas diferentes áreas e a avaliação.

Capítulo 9
A família na estimulação essencial

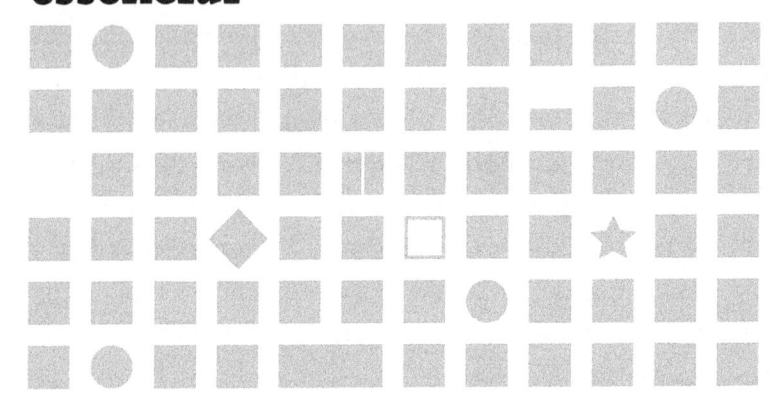

> *"É preciso ter esperança, mas ter esperança do verbo esperançar, porque tem gente que tem esperança do verbo esperar. E esperança do verbo esperar não é esperança, é espera. Esperançar é se levantar, esperançar é ir atrás, esperançar é construir, esperançar é não desistir! Esperançar é levar adiante, esperançar é juntar-se com outros para fazer de outro modo."*
>
> Paulo Freire

A família tem um papel fundamental no desenvolvimento de suas crianças, tenham elas ou não necessidades especiais (NE), deficiências, transtornos ou doenças. Cabe aos familiares cumprir com serenidade o dever de cuidar, educar e satisfazer as necessidades básicas e afetivas da criança, direitos garantidos pela legislação brasileira.

Para criar uma criança, os adultos precisam assumir esse compromisso e realizá-lo amorosamente, destinando a ela tempo, espaço, desejo, afeto, atenção, necessários para cuidar, educar, formar, estimular, ensinar, mediar. Infelizmente, nem sempre os pais estão disponíveis, comprometidos ou emocionalmente preparados para essa tarefa, o que pode ser ainda mais difícil quando a criança apresenta NE.

Na contemporaneidade, o mundo está marcado por transformações sociais e culturais que alteraram significativamente a estrutura e os conceitos de família. São comuns a falta de tempo e a indisponibilidade. Todo o tecido social é atravessado por desigualdades, desemprego, pobreza e miséria; por violência, abuso e uso de drogas; por falta de políticas públicas que garantam a efetividade no atendimento aos direitos da criança: saúde, educação, moradia, lazer, afeto, prevenção, alimentação, segurança, entre outros. Há um clamor pela valorização da diversidade, das diferenças e da inclusão, mas também há muito preconceito, discriminação e exclusão. Por estarem imersos nesse contexto tão complexo, esses pais precisam de orientação, apoio, intervenção e mediação que os auxilie a enfrentar os problemas, bem como a aceitar, cuidar, educar e amar seus filhos.

Neste capítulo, convidamos você a refletir sobre a importância da família na estimulação essencial: o impacto do diagnóstico, o processo de luto, as orientações e o atendimento familiar, a participação no processo de estimulação e desenvolvimento da criança.

9.1 O diagnóstico: reações e expectativas

A chegada de um bebê é cercada, quase sempre, de preparativos que vão dos mais simples aos mais complexos. O ideal seria que fosse sempre planejada, desejada e sem problemas, mas nem sempre é assim.

Muitas vezes, a gravidez não foi planejada, ou o bebê não era desejado; as condições financeiras impedem que os preparativos e cuidados com a saúde na gestação sejam adequados; as questões emocionais interferem negativamente. Além disso, doenças e intercorrências podem complicar ainda mais a situação.

O nascimento de um bebê com deficiência, de alto risco ou com uma doença pode dificultar o estabelecimento de um vínculo afetivo positivo entre a figura materna e o recém-nascido (RN). Há condições que exigem internação hospitalar, cirurgias, permanência em unidades de terapia intensiva (UTIs) neonatais, restrição de contato, isolamento; também há condições que impedem os cuidados iniciais ou dificultam a alimentação, a troca, o banho, podendo gerar um distanciamento entre eles.

Os pais fazem planos, criam expectativas, esperam ansiosos a chegada do bebê. Preparados para a alegria, a felicidade e a realização de sonhos, raramente pensam sobre problemas ou deficiências.

O diagnóstico de uma doença, deficiência ou intercorrência e suas possíveis sequelas surpreendem esses pais no meio do caminho entre o que pensavam saber e o desconhecido que lhes é imposto pela vida.

O sofrimento, a dor, a angústia, o medo, a vergonha e a culpa são sentimentos presentes e inevitáveis. Muitas vezes, esses pais deparam-se com longas internações sem um diagnóstico preciso, sem prognóstico ou com prognóstico sombrio no qual o risco de morte está presente. É comum enfrentarem situações em que voltam para casa sem o bebê, o qual ficou em uma UTI neonatal, será submetido a uma cirurgia, ou está em um respirador ou com uma sonda.

Um parêntese é aberto na vida deles, demandando uma pausa, a presença diária no hospital, o adiamento da vida cotidiana, o esquecimento dos compromissos. Também ocorre de terem de deixar os outros filhos aos cuidados de terceiros, rever prioridades, esperar, cuidar, rezar, desejar. Isso tudo pode ser extremamente penoso para alguns. Pode existir, ainda, o embate entre o desejo de que o bebê viva e seja saudável e o desejo de sua morte ante as complicações e as possíveis sequelas. Essa contradição costuma ser vivenciada com culpa e angústia perante as incertezas impostas pela situação.

Por essas razões, esses genitores demandam ajuda e apoio, um do outro e de profissionais preparados para isso. Precisam ser ouvidos, falar, perguntar, chorar, lamentar, viver as angústias, para então superar e seguir em frente. Necessitam, ainda, que alguém converse abertamente com eles sobre o diagnóstico, o prognóstico, as condições do bebê, o que e como fazer, o que esperar, os encaminhamentos e as alternativas.

A estrutura emocional dos pais deve ser considerada nesse momento, pois determina a forma como cada um deles lida com os fatos que a situação impõe e como se relacionam entre si, com o bebê, com os profissionais, com os familiares e com os amigos.

Colnago (2014) acrescenta que sensibilidade e sinceridade são elementos essenciais ao profissional que informa o diagnóstico, que orienta acolhendo e apoiando a família num momento de sofrimento, medo e angústia.

9.2 O luto: da negação à aceitação

O nascimento de um filho com uma deficiência frustra as expectativas dos pais desencadeando mecanismos de defesa que, por certo período, alteram suas capacidades para reconhecer, avaliar e adaptar-se à realidade.

De acordo com Almeida (1983), os pais percebem o nascimento de um bebê com deficiência como a perda daquele que se esperava. Eles, mais especificamente a mãe, reagem lamentando o fato, como se fosse uma tragédia. Assim, muitas vezes há o desejo inconsciente da morte rápida dele, como forma de fugir ou resolver o problema que se apresentou de repente.

Sprovieri (2000) analisa o luto vivenciado pelos pais como um processo em que sentimentos diversos são experimentados. O filho esperado, sobre o qual expectativas foram levantadas, não nasceu e, em seu lugar, veio outro, desconhecido e não desejado. É preciso lidar com a situação, porém a angústia inicial causa uma sensação de frustração, a qual engatilha uma série de lamentações em que o choro, a decepção e a descrença estão presentes.

Buscaglia (2010) enfatiza que esse período é marcado por **questionamentos** na busca por uma explicação, nos quais é frequente os pais perguntarem-se por que razão isso está acontecendo com eles e se isso pode ser um castigo. Além disso, sentem **culpa**, perguntando a si mesmos se tivessem feito algo diferente ou se não tivessem tomado determinada atitude; **vergonha** do que os outros vão pensar e dizer das situações difíceis e constrangedoras pelas quais passarão; **medo** do desconhecido e do incompreensível que a deficiência representa de início; **incerteza** com relação às consequências da deficiência sobre a criança e o seu desenvolvimento, aos atendimentos, tratamentos e seus resultados, ao seu futuro. Também, não raro, são vítimas de **depressão**, podendo haver, além do isolamento social, o isolamento emocional.

Buscaglia (2010) acrescenta que mecanismos de defesa são utilizados para minimizar a dor emocional causada pela constatação da deficiência. Entre esses mecanismos estão: a **negação** – "ele está bem", "foi um engano", "ele não tem deficiência"; a **racionalização** – "está cansado", "ele é preguiçoso", "está se adaptando"; a **projeção** – "a culpa é do médico/do hospital/do outro genitor", "é um castigo"; a **formação reativa** – superproteger a criança, mascarando a rejeição, ou sacrificar-se para cuidar dela; e a **sublimação**, o mais elaborado dos mecanismos, ou seja, esforçar-se ao máximo para cuidar bem da criança, cumprindo suas funções sem desgaste excessivo, entre outros. Esses são importantes para que se suporte a angústia inicial, mas, ao longo do processo, devem ser deixados de lado, para que os pais consigam enfrentá-la e superá-la.

Concordamos com Buscaglia (2010) quando afirma que as reações dos familiares são bem variadas, havendo dois extremos: os que aceitam o que está acontecendo e enfrentam o problema de modo objetivo, buscando soluções, adaptando-se ao inevitável; e os que seguem lamentando, sofrendo, sem saber o que fazer e como fazer, culpando-se e/ou isolando-se. A maioria dos pais tende a se manter "em algum ponto entre os dois extremos ou talvez oscilando entre um e outro".

Entendendo o nascimento de uma criança de alto risco, com uma doença e/ou deficiência como perda da criança esperada, um luto é vivenciado pelos familiares, em um processo que demanda tempo. Os estudos de Kübler-Ross (2017) sobre o luto em decorrência de uma doença, da morte e/ou de outras perdas possibilitam compreendê-lo.

Segundo a autora, são cinco as fases que constituem o processo de luto: a negação, a negociação, a raiva, a depressão e a aceitação. Almeida (1983), Buscaglia (2010), Sprovieri (2000), Motti e Pardo (2014) fizeram adaptações à teoria de Kübler-Ross ao aplicá-la ao nascimento de uma criança com NE.

A fase da **negação** é marcada pela recusa dos pais em acreditar que o filho tem uma deficiência, doença ou condição limitante. É um mecanismo de defesa do ego que desvia a ansiedade excessiva, fazendo-o ignorar, momentaneamente, a realidade no nível consciente.

Os pais tendem a disfarçar a condição da criança, evitando lidar com a realidade e procurando um diagnóstico e um prognóstico mais favoráveis. Isso os faz buscar vários profissionais, na tentativa de ouvir que o diagnóstico anterior estava errado e que o prognóstico é mais positivo. Alguns aguardam um milagre, esperam que um medicamento promova a cura, que uma cirurgia resolva todos os problemas, que surja um novo tratamento e que magicamente a deficiência ou a doença desapareça. Nessa empreitada, desperdiça-se energia, dinheiro e, principalmente, tempo, precioso para o bebê.

É possível que alguns pais, contraditoriamente, transitem entre o reconhecimento das dificuldades de suas crianças e a negação de suas implicações. Embora neguem a deficiência ou a doença, procuram obstinadamente tratamento e auxílio profissional.

A negação diminui à medida que os pais percebem a realidade. Caso isso não ocorra, é preciso encaminhá-los para atendimento especializado, posto que sua persistência pode levá-los a rejeitar atendimentos para o filho ou levantar elevadas expectativas exigindo dele o que não pode fazer.

Assim, principia-se a **negociação**, marcada pela ideia fantástica de que a criança vai superar suas dificuldades, ficar curada, melhorar, se eles fizerem algo especial, específico, desenvolverem determinada atividade, ingressarem em uma associação etc.

Nessa fase, é comum os pais se engajarem em atividades de associações de pais de crianças com deficiências ou doenças, mergulhando no trabalho, esperando que essa dedicação seja recompensada com a recuperação ou com a melhora substancial do filho. Alguns pais se envolvem em grupos religiosos buscando um milagre, uma resposta, ou, simplesmente, um apoio.

Em seguida, há o estágio da **raiva**, dirigida, muitas vezes, para algo ou alguém muito específico ou que não tem relação com a situação em si, como professores, médicos, outros profissionais envolvidos no atendimento, familiares e amigos que não têm filhos especiais. O sentimento de hostilidade ou fúria pode ser direcionado à própria criança, manifestando-se, por vezes, em tratamento agressivo e injusto, com impaciência, rispidez, movimentos bruscos, palavras grosseiras e descuido, por exemplo.

Em algumas situações, o rancor é direcionado ao próprio sujeito, um dos pais ou ambos. Sentem-se culpados, envergonhados, responsáveis pela deficiência ou doença do filho, com muita raiva de si mesmos. Esse sentimento voltado a si pode levar à depressão. A culpa que carregam pode impeli-los a buscar uma causa para a deficiência ou doença em suas ações antes ou durante a gestação, algo que tenham feito de errado e pelo qual estejam sendo castigados.

Desse modo, mergulham no estágio da **depressão**, culpados por seus sentimentos, envergonhados por causa do receio das opiniões alheias, das eventuais críticas, da rejeição que o filho possa sofrer, das possíveis situações vexatórias ou ridículas a que possam se expor.

Geralmente, a ansiedade acompanha o sentimento de vergonha, antecipando, no plano imaginário, a rejeição social, o vexame, o desprestígio, o que leva ao isolamento social e à redução da autoestima. O futuro é, muitas vezes, assustador para esses pais, gerando desesperança e medo, posto que a dependência da criança os afeta diretamente e os desconcerta, parecendo-lhes um fardo pesado que deverão carregar por toda a vida ou que, na ausência deles, será transferindo a outrem. Além disso, antecipam o sofrimento do filho com o fracasso escolar, a exclusão social, a impossibilidade de independência, de trabalho, de relacionamento afetivo e de amizades.

O luto termina com a **aceitação**, momento em que o filho é aceito como é. Nesse estágio, os pais conseguem conversar sobre o filho, sua doença ou deficiência, seus sentimentos, suas dificuldades, suas capacidades, seus limites e possibilidades. Eles participam da vida escolar do filho, indo à escola para reuniões, festividades e demais atividades; superam a superproteção; diminuem o otimismo excessivo e as exigências extremas; dão continuidade ao trabalho da escola; satisfazem seus próprios interesses procurando relacioná-los às necessidades e demandas do filho; participam de grupos de pais com maior autonomia e consciência crítica; sentem-se mais à vontade em atividades sociais, superando o isolamento, a vergonha e a culpa.

É necessário tempo para que se elaborem os sentimentos ante o nascimento do filho com uma deficiência ou com uma doença. Trata-se de um processo longo e nem todos passam por ele sem precisar de ajuda profissional.

A aceitação representa uma conquista que requer tempo e elaboração, alcançada quando a alegria e o orgulho são vivenciados com a criança e um sentimento profundo de amor incondicional aflora. Uma reflexão sobre o processo e a relação com o filho auxilia a perceber o que se aprendeu, as mudanças que ocorreram e o prazer da convivência.

Cabe, ainda, mencionar que nem todos os pais conseguem vivenciar o luto e chegar à aceitação. Alguns precisam de terapia; outros simplesmente abandonam o filho, literalmente, pois a rejeição, a culpa e a vergonha são gigantescas; há aqueles que, embora fisicamente presentes, estão afetivamente distantes, não aceitando a criança nem a terapia; existem, também, os que estacionam em uma das fases ao longo do processo e os que pulam fases, indo, por exemplo, da negação à aceitação.

9.3 A importância da família para a estimulação essencial

A família da criança de alto risco, com atrasos no desenvolvimento, com uma doença e/ou com uma deficiência tem um papel importantíssimo no seu processo de estimulação essencial, desenvolvimento e aprendizagem. Isso porque atendimentos especializados precisam de uma continuidade que só é possível quando os familiares se engajam no trabalho e se sentem responsáveis pela criança e por suas conquistas.

É comum que os pais, ao receberem a notícia do alto risco, da doença ou da deficiência, fiquem chocados, dependendo de como esse fato lhes foi informado. Essa comunicação é delicada e exige sensibilidade por parte dos profissionais da área médica. Deve-se considerar que a mãe acabou de ter o bebê e está fisicamente fragilizada pelo parto, às vezes difícil. Quando tem um companheiro, e ambos aguardavam o nascimento do bebê ansiosamente, eles possivelmente enfrentarão juntos os problemas que se apresentarem. No entanto, quando a mãe não tem esse suporte do pai da criança, vivenciará esse momento sozinha, muitas vezes, sem nenhum apoio familiar e ajuda financeira. São também muito comuns casos de pais que, não suportando a situação e estando em uma relação já fragilizada, abandonam a família.

Ao profissional cabe comunicar aos familiares de maneira objetiva e clara, permitindo que façam perguntas para compreenderem da melhor forma possível o que está acontecendo. É importante conversar com os pais juntos, oferecer informações e conhecimentos, orientar e acolher com respeito, consideração, bem como fazer encaminhamentos discutindo alternativas e auxiliando-os a tomar decisões.

Aos poucos, os pais adaptam-se às necessidades do filho e reorganizam a própria rotina. O sofrimento, as lamentações e a tristeza cedem lugar à ação necessária e ao enfrentamento das dificuldades. Quando ocorre isolamento, este se quebra, à medida que o bebê recebe atendimentos especializados e os pais precisam acompanhá-lo nas sessões, nos atendimentos clínicos, nas consultas médicas, enfim, envolver-se no processo de estimulação essencial e responsabilizar-se pelo filho.

As orientações dos profissionais que atendem a criança são importantes nesse momento, pois instrumentalizam os pais e lhes dão segurança para cuidar e estimular o filho. Além delas, na análise de Colnago (2014), os familiares devem receber apoio e suporte emocional. Também é necessário discutir com eles a intervenção, ouvindo suas necessidades, opiniões, dúvidas e angústias.

Acompanhar as conquistas do filho, mesmo que pequenas, gera nos pais certa gratificação, estreita os laços entre eles e os faz mais participantes no seu processo de aprendizagem e desenvolvimento. A cooperação e a busca por esclarecimentos e orientações são frequentes quando os pais se percebem agentes do processo. Cabe aos profissionais dialogar com eles, mostrando os avanços e as potencialidades, mas também falando abertamente sobre as dificuldades. A sinceridade e o respeito aproximam a família dos profissionais. É interessante convidá-los para participar de grupos de pais e familiares, de ciclos de palestras, de cursos e de outras atividades vinculadas aos programas de intervenção e estimulação essencial.

Nesse momento, é comum que os pais, mais seguros e também mais lúcidos, posicionem-se de modo crítico, questionem os atendimentos e o trabalho desenvolvido, solicitem explicações e justificativas. Também podem manifestar suas preocupações com relação ao desenvolvimento da criança e a seu futuro, necessitando de apoio e orientação, sendo indicada, para alguns, a psicoterapia.

Há pais que voltam a preocupar-se consigo mesmos, com os outros filhos, com o casamento, com os amigos e com o trabalho, deixando de centrar toda a sua energia no bebê. Isso é bom, pois diminui a superproteção, possibilitando maior liberdade e autonomia para a criança.

Quando conseguem aceitar o filho e sua NE, os familiares fecham um ciclo, tornam-se capazes de tomar decisões sozinhos, aprendem a lidar com a frustração e a tristeza que acompanha e permeia o processo. Muitos conseguem compartilhar com outros pais o que sentem, estabelecendo novas relações de amizade, convivência e parceria. Envolvem-se em atividades em grupos e associações, ministram palestras, assim como conversam e orientam os menos experientes. Além disso, a equipe multidisciplinar pode incentivar os pais a formarem grupos de voluntários em suas comunidades, para realizar essas atividades.

No entanto, há pais que nunca se engajam no processo de estimulação essencial do filho, não conseguem aceitar a situação e, quando participam, é com sentimento de obrigação. Isso se verifica mais frequente entre os pais; as mães costumam se vincular e se dedicar mais.

Eis aí a importância do vínculo afetivo entre a figura materna e o bebê, condição para a estimulação essencial. Deve-se desejar o filho para investir afetivamente nele, para alimentá-lo, acalentá-lo, cuidar de suas necessidades, dar-lhe seu amor. O filho desejado não nasceu, nasceu outro que precisa ser conhecido e aceito.

O investimento afetivo garante que a estimulação seja implementada, que se dê continuidade em casa, que cada avanço signifique alegria, prazer e realização. Torna-se preciso estruturar ou reestruturar a função materna e estabelecer ou reestabelecer o vínculo afetivo, o que demanda trabalho por parte dos profissionais na intervenção e na estimulação essencial. Sem o vínculo e sem a operacionalização da função materna, a estimulação não se efetiva integralmente, pois a qualidade das interações fica prejudicada ou nem se estabelece.

A figura paterna e outros familiares também devem ser engajados no processo, precisam desejar e amar essa criança que se apresentou como estranha e desconhecida, investindo tempo e energia sobre ela. Todos têm papel de relevo nesse processo.

Nas famílias grandes, a aceitação da criança com deficiência tende a ser mais fácil, pois as expectativas, os desejos e as tarefas são divididos e compartilhados por um grupo maior de pessoas, e o apoio mútuo é natural.

A situação socioeconômica e cultural também reflete nessa aceitação, nas famílias de classe média e classe alta há expectativas elevadas quanto aos filhos, as quais podem ser frustradas por um bebê com deficiência. Contudo, a condição financeira dessas famílias possibilita atendimentos, tratamentos e cuidadores, que aquelas de classe média nem sempre conseguem propiciar. Entretanto, ambas têm acesso a informações e, geralmente, conseguem os atendimentos necessários. Já as famílias mais carentes têm menos expectativas com relação ao filho, mas os recursos a que têm acesso são ainda mais limitados, precisando recorrer aos serviços públicos e, muitas vezes, à caridade, para propiciar qualidade de vida à criança, destacam Powell e Ogle (1992).

Powell e Ogle (1992) mencionam outros fatores intervenientes na aceitação da criança com NE: as atitudes mais positivas ou negativas e as expectativas mais elevadas ou mais realistas dos pais; o tipo de deficiência da criança (física, intelectual, auditiva, visual, múltipla), do transtorno (TEA – transtorno do espectro autista; TDAH – transtorno do défice de atenção e hiperatividade; TA – transtorno da aprendizagem) ou da doença e sua gravidade (leve, moderada, severa ou profunda); a estrutura emocional; e a interação familiar.

Os pais são responsáveis pela educação de seus filhos, independentemente da presença ou não de uma deficiência. Por esse motivo, são elementos fundamentais na estimulação essencial e devem ser reconhecidos como tal pela equipe multidisciplinar. O trabalho conjunto entre profissionais e familiares possibilita o desenvolvimento integral da criança e a maximização de seu potencial.

9.4 Orientação e atendimento familiar

Na estimulação essencial, a orientação e o atendimento familiar são parte constitutiva do processo. Quando uma criança é encaminhada para a intervenção essencial, sua família deve acompanhá-la e os profissionais os acolher, o que precisa ser feito afetiva e efetivamente.

Os pais, impactados pelo diagnóstico, chegam ao atendimento fragilizados, cheios de dúvidas, muitas vezes sem compreender a condição de saúde do filho, quais são suas necessidades, potencialidades e dificuldades. Conversar com eles é a tarefa inicial, desempenhada pelo assistente social e pelo psicólogo, que os recebem, acolhem e orientam.

Quando dispõem de um laudo, a conversa tem início com sua análise, acompanhada da leitura da avaliação diagnóstica e suas prescrições. Esse é o momento de esclarecer dúvidas e conversar sobre os atendimentos, agendamentos e organização familiar.

O psicólogo pode fazer a anamnese (se ainda não tiver sido feita), marcar os primeiros atendimentos e, com o assistente social, explicar como o atendimento funciona, bem como abordar a necessidade da participação familiar no processo de desenvolvimento da criança, solicitando seu comprometimento.

Os agendamentos são feitos e a família é direcionada para uma visita na instituição para que possam conhecer os espaços e os profissionais.

Os pais recebem informações sobre a estimulação essencial, sua importância para o desenvolvimento da criança e para a prevenção de possíveis atrasos; sobre a organização e o funcionamento da instituição e do programa, sua filosofia, sua fundamentação, seus objetivos, suas áreas, suas técnicas e seus métodos, em especial aqueles que requerem a participação deles; sobre cuidados básicos com bebês de alto risco RN, como alimentação, higiene, atendimentos médicos, imunização, visita ao pediatra etc.

Os primeiros contatos com os profissionais que atenderão a criança são realizados com a família com o intuito de que os conheçam e esclareçam suas dúvidas.

O assistente social analisa a situação econômica familiar e as necessidades de apoio financeiro, providenciando possíveis encaminhamentos e auxílios. Faz visitas domiciliares para compreender a dinâmica da família e observar suas necessidades, a qualidade das interações e os espaços disponíveis para a estimulação.

Nas primeiras sessões, a criança é observada e reavaliada; o programa de intervenção essencial é organizado; e a estimulação é planejada. A equipe reúne-se para finalizar o planejamento e orientar a família.

Quando a estimulação essencial tem início, a família acompanha e recebe as orientações para continuidade do programa em casa. Os exercícios e as atividades são explicados, ensinados com demonstração e os pais esclarecem suas dúvidas.

Os familiares recebem o treinamento de exercícios, técnicas e atividades a desenvolver, em cada área. Também recebem informações sobre cuidados básicos, como troca, banho, alimentação etc. São orientados, ainda, quanto a possibilidades de estimulação na comunidade, em espaços públicos, além de atendimentos complementares.

Quando pertinente, são encaminhados para psicoterapia, individual, familiar ou em grupo, na própria instituição ou em outras, de acordo com a disponibilidade e a necessidade.

A criança é reavaliada periodicamente para que se acompanhe sua evolução, realizando-se adaptações e mudanças no programa quando conveniente. Observa-se a relação entre os familiares e o bebê, e o modo como os exercícios e as atividades são desenvolvidos, pontuando as correções e as orientações.

Os familiares são convidados a participar dos projetos promovidos pela instituição: grupos de pais, grupos de mães, voluntariado, cursos e palestras, serviços comunitários etc., principalmente quando os filhos estão em atendimentos individuais sem necessidade de acompanhamento por parte deles.

Os pais podem conversar com a equipe, tirar dúvidas, pedir orientações, sempre mediante agendamento de horário. Eventualmente, numa situação pontual, podem ser atendidos de imediato, desde que isso não comprometa os atendimentos ao filho ou a outras crianças.

As datas, os horários, a duração das sessões, a frequência, o programa de atividades são previamente definidos e informados aos pais, que têm de se comprometer a não faltar, não se atrasar e avisar sobre impossibilidades e imprevistos.

Acolher, acompanhar, aceitar e incentivar a participação, apoiar, orientar, ouvir e conversar com os pais é imprescindível no processo de estimulação essencial. Sem essa parceria com os familiares, o desenvolvimento da criança é severamente prejudicado. Buscaglia (2010) ressalta a importância da equipe multidisciplinar na vinculação entre pais e filhos, assim como no comprometimento destes com o programa.

9.5 Acompanhamento do processo de desenvolvimento com a família

Os profissionais que compõem a equipe multidisciplinar e atendem a criança, fazem o acompanhamento do processo de estimulação essencial, orientando e apresentando constantes devolutivas às famílias. Eles avaliam a evolução e observam as dificuldades, fazendo as adaptações e as alterações pertinentes.

Durante a implementação da estimulação, há o registro dos dados em fichas ou relatórios descritivos, organizados por áreas, nos quais se faz a descrição do comportamento, da ação ou do desempenho da criança. Também se faz o registro em portfólios com informações das atividades desenvolvidas com fotos e observações. Podem ser feitas, ainda, filmagens e fotografias, que têm o potencial de auxiliar na avaliação e no acompanhamento, em especial por parte dos pais, possibilitando análise mais específica.

Esses dados são analisados pela equipe multidisciplinar, em um estudo de caso, no qual cada profissional faz suas pontuações, sugere alterações e auxilia na compreensão do processo de desenvolvimento da criança. Esse estudo é arquivado para o acompanhamento do desenvolvimento da criança e para posteriores discussões, além de apresentado aos familiares.

A periodicidade desses encontros depende das especificidades do caso, das necessidades da criança e da organização institucional. Pode ser mensal, bimestral ou trimestral, mas o acompanhamento precisa ser semanal, inclusive com as orientações aos pais.

Visitas domiciliares também são interessantes para o acompanhamento do processo de estimulação, posto que reúnem dados sobre a situação familiar, a organização da casa, a rotina diária da criança e as atividades implementadas pelos pais sob orientação da equipe multidisciplinar.

Pérez-Ramos et al. (1992) sugere a utilização de fichas de observação diária do desenvolvimento da criança, com o registro de datas, acontecimentos, respostas significativas, local e tipo de atendimento, participação familiar; fichas de avaliação mensal ou trimestral, em que são registrados os avanços e conquistas, contemplando a evolução em todas as áreas. Também recomenda a elaboração de gráficos de transformações físicas, com a análise evolutiva de fatores como peso, estatura, imunização, doenças. As entrevistas com os pais, registrando seu parecer sobre o desenvolvimento do filho e suas dificuldades podem ser mensais. Aconselha também compor um *checklist* ou uma tabela do desenvolvimento, em que se registram os comportamentos apresentados ou as atividades praticadas pela criança, sendo esses listados numa sequência, em que se assinala a presença, a ausência e a frequência, para posterior análise e discussão.

É possível organizar esses materiais para o acompanhamento de acordo com a linha teórica que fundamenta as práticas em estimulação desenvolvidas no programa da instituição. O mais importante não é o modelo, e sim acompanhar o processo de modo organizado, promovendo as adaptações e modificações necessárias, que garantam a estimulação efetiva do desenvolvimento, contemplando todas as áreas.

Na estimulação, a filmagem é um instrumento de registro de dados, que possibilita uma análise mais rica. Isso porque é possível observar a criança em atividade novamente, o que permite perceber algo que não foi notado durante a sessão. Num grupo de estudo de caso, vários olhares sobre uma situação, comportamento, atividade, possibilitam uma reflexão mais profunda, contando até mesmo com a participação eventual dos pais.

Mais do que registrar os dados em intermináveis fichas e relatórios, é imprescindível analisar esses dados objetivamente, considerando-se a criança, na qualidade de sujeito ativo em processo de desenvolvimento, a urgência da intervenção e a qualidade do trabalho desenvolvido e das interações estabelecidas, para que se promova a melhor estimulação!

Síntese

Neste capítulo, abordou-se o impacto do nascimento de um bebê de alto risco ou com deficiências para os pais e familiares. Sua chegada é cercada de expectativas que não são satisfeitas por causa das necessidades especiais que se apresentam de maneira contundente por meio do diagnóstico. Desencadeia-se um processo de luto, organizado em fases, pelos quais a família passa – negação, negociação, raiva, depressão e aceitação –, lançando mão dos mecanismos de defesa. Nem todos os familiares vivenciam o processo de luto da mesma forma e muitos não chegam à aceitação.

Destacamos a importância da família no processo de estimulação essencial e a necessidade de orientação familiar por parte da equipe de profissionais; o estabelecimento e/ou o estreitamento do vínculo afetivo entre a mãe e seu bebê como primeiro passo do processo; o valor da compreensão do diagnóstico com base na explicação das patologias e das características e necessidades do bebê; as orientações relativas aos exercícios e às atividades de estimulação como fundamentais para a continuidade e efetividade do processo de estimulação essencial.

Encerramos o capítulo abordando o acompanhamento dos profissionais aos familiares e as devolutivas realizadas com o intuito de lhes mostrar o desenvolvimento do bebê, suas necessidades e conquistas, bem como sua contribuição.

Indicações culturais

Livros

KÜBLER-ROSS, E. **Sobre a morte e o morrer**. São Paulo: WMF M. Fontes, 2017.

> Abordagem sobre as fases do luto, caracterizando o processo de elaboração das perdas. Leitura importante para entender os pais de crianças de risco, com deficiências ou doenças.

GAIARSA, J. A. **A família de que se fala e a família de que se sofre**. Rio de Janeiro: Ágora, 1986.

Obra em que o leitor é convidado a refletir sobre as relações familiares, especialmente as nossas.

Filmes

UMA LIÇÃO de amor. Direção: Jessie Nelson. EUA: Playarte Pictures, 2002. 127 min.

Longa que aborda a afetividade entre um pai com deficiência intelectual e a filha sem deficiência, além da relação entre uma advogada ocupadíssima e seu filho. Provoca reflexões importantes.

GILBERT Grape, aprendiz de sonhador. Direção: Lasse Hallström. EUA: Flashstar, 1994. 118 min.

Filme em que se conta a história de um adolescente e de sua família que, apesar das dificuldades, têm relações afetivas fortes. Há um irmão com deficiência acolhido por todos amorosamente. Suscita discussões e reflexões interessantes para profissionais da educação.

Atividades de autoavaliação

1. Assinale a alternativa que apresenta as fases do luto pelas quais passam os pais de um bebê com deficiência, de acordo com Kübler-Ross:
    a) Negação, negociação, raiva, depressão e aceitação.
    b) Ansiedade, angústia, raiva, tristeza e adaptação.

c) Frustração, lamentação, raiva, decepção e conformismo.
d) Choque, tristeza, fúria, incerteza e envolvimento.
e) Decepção, raiva, ansiedade, medo e aceitação.

2. Considere as afirmativas a seguir com relação ao nascimento de um bebê de alto risco ou com deficiência e classifique-as como verdadeiras (V) ou falsas (F):

( ) A chegada de um bebê de alto risco pode dificultar o estabelecimento de um vínculo afetivo positivo entre a figura materna e o RN, pois há condições que exigem internação hospitalar, cirurgias, permanência em UTI neonatais, restrição de contato e isolamento.

( ) O sofrimento, a dor, a angústia, o medo, a vergonha e a culpa são sentimentos presentes e inevitáveis quando nasce um bebê com deficiência.

( ) O nascimento do bebê com deficiência ou de alto risco é vivenciado tranquilamente pelos pais que tem estrutura emocional e equilíbrio. Eles apoiam-se mutuamente e não precisam de ajuda, de informações, de apoio, pois buscam essas informações na internet, o que os ajuda a enfrentar o problema.

( ) O profissional da área médica deve dar apenas as informações básicas, preferencialmente para o pai, evitando que a mãe saiba o que está acontecendo e sofra antecipadamente.

( ) Como a maioria dos bebês de alto risco pode morrer nos primeiros dias de vida, é importante que os profissionais de saúde deixem isso claro, evitando expectativas com relação a sua recuperação.

Agora, assinale a alternativa que apresenta a sequência correta de preenchimento dos parênteses:

a) F, F, V, V, V.
b) V, F, V, F, F.
c) V, V, F, F, F.
d) F, V, V, F, V.
e) V, F, V, V, V.

3. De acordo com Buscaglia (2010), o período de luto é marcado por vários sentimentos. Relacione o sentimento listado à situação correspondente:

1) Culpa
2) Vergonha
3) Medo
4) Incerteza
5) Depressão

( ) Resultados do tratamento
( ) Algo foi feito de errado
( ) Isolamento social e emocional
( ) Desconhecido e incompreensível
( ) Situações constrangedoras

a) 1, 3, 2, 4, 5.
b) 5, 2, 4, 1, 3.
c) 3, 5, 2, 4, 1.
d) 4, 1, 5, 3, 2.
e) 2, 4, 1, 5, 3.

4. Assinale a alternativa que apresenta um dos mecanismos de defesa utilizados pelos pais para minimizar a dor que a constatação da deficiência lhes causou, juntamente da ação ou do pensamento correlato:
   a) Formação reativa: "ele não tem nada", "é um erro".
   b) Projeção: "a culpa é do médico", "a responsabilidade é do hospital".
   c) Racionalização: superproteção, mascarando a rejeição.
   d) Sublimação: "está cansado", "ele é preguiçoso".
   e) Regressão: "ele só tem um atraso", "precisa de tempo".

5. Pérez-Ramos et al. (1992) sugere a utilização de alguns materiais no acompanhamento do processo de desenvolvimento na estimulação essencial. Assinale a alternativa que apresenta as sugestões da autora:
   a) Relatório descritivo, estudo de caso, visita domiciliar, fichas descritivas, portfólio.
   b) *Checklist*, fichas de avaliação do desenvolvimento, relatório descritivo mensal, bimestral ou trimestral, visita domiciliar.
   c) Entrevistas com os pais, fichas de observação semanais sobre o desenvolvimento da criança; gráficos do desenvolvimento físico; escalas do desenvolvimento; teste de Snellen.
   d) Fichas de observação diária do desenvolvimento da criança; fichas de avaliação mensal ou trimestral; gráficos de desenvolvimento físico; entrevista com os pais e *checklist*.

e) Fichas de observação, ficha de anamnese, teste de percepção, teste de maturidade neurológica, portfólio de atividades e exercícios.

Atividades de aprendizagem

Questões para reflexão

1. Assista a um dos filmes indicados na seção "Indicações culturais" deste capítulo e faça uma reflexão sobre as relações familiares com base na presença da deficiência. Fundamente suas colocações pesquisando artigos sobre o tema.

2. Assista ao documentário "Do luto à luta", sobre síndrome de Down, disponível na internet:
DO LUTO à luta. Direção: Evaldo Mocarzel. Brasil, 2004. 75 min. Disponível em: <https://www.bing.com/videos/search?q=do+l uto+a+luta+filme&view=detail&mid=A499577C75AA12BE2D4B A499577C75AA12BE2D4B&FORM=VIRE>. Acesso em: 17 ago. 2018.

Escolha dois relatos do filme e produza um texto reflexivo sobre as duas histórias, analisando o impacto do nascimento de uma criança com deficiência.

Atividades aplicadas: prática

1. Faça uma entrevista com a mãe de uma criança com deficiência. Solicite que ela fale sobre o momento em que recebeu o diagnóstico, como se sentiu, como reagiu, o que fez e como percebe esse momento agora. Registre as informações

e procure analisá-las considerando as fases do luto apresentadas neste capítulo, segundo Kübler-Ross.

2. Planeje um ciclo de palestras para um grupo de pais de bebês com síndrome de Down. Escolha temas, selecione textos e artigos, defina objetivos e justifique-os. Organize um tutorial sobre as questões escolhidas e sua importância na estimulação essencial.

Considerações finais

Neste livro, dialogamos sobre a estimulação essencial e sua importância para o desenvolvimento dos bebês de alto risco e/ou com deficiências. Ao longo da obra, expusemos conhecimentos sobre essa fundamental área de pesquisa e atuação sobre o desenvolvimento humano.

A escrita deste material exigiu um verdadeiro resgate de muitas histórias: a história de várias crianças que acompanhei, que estimulei e com as quais convivi; da minha história profissional e pessoal; das recordações e afetos esquecidos na poeira do tempo; dos conhecimentos já apropriados; da luta pela inclusão, pela aceitação, pelo respeito e pela valorização das diferenças. Exigiu, também, apropriação de novos conhecimentos, organização e reorganização, tempo, espaço e reflexão. Isso deu forma e corpo a este livro, que, espero, contribuiu para sua formação profissional e pessoal.

Desejo que você tenha se apropriado dos conhecimentos sobre a estimulação essencial, compreendido sua importância para a prevenção e para o desenvolvimento das crianças com necessidades especiais e estabelecido uma relação amorosa com esse conhecimento, com essa área.

A estimulação essencial é uma práxis que objetiva proporcionar às crianças em geral, àquelas em desenvolvimento, às de alto risco, às com atrasos no desenvolvimento e às com deficiência, já nos primeiros anos de vida, vivências e experiências significativas, interações e relações afetivas essenciais para seu pleno desenvolvimento.

Há uma urgência na estimulação essencial, pois o tempo passa muito rápido e oportunidades podem se perder se nada for feito. A criança, organismo ativo, precisa do estímulo, do alimento, do desejo e do amor para se constituir sujeito desejante. Ela necessita das interações sociais e culturais para se construir sujeito humano; e da intervenção profissional para que isso se efetive.

Não há modelos, há conhecimento, há criação; não há diferença, há diversidade; não há obrigação, há compromisso; não há exercício, há vivência; não há discriminação, há valorização; não há exclusão, há inclusão; não há rejeição, há relação e há desejo, no mundo da estimulação essencial!

Lista de siglas

Apae	Associação de Pais e Amigos dos Excepcionais
AVDs	Atividades de vida diária
AVLs	Atividades de vida no lazer
AVPs	Atividades de vida prática
BCG	Bacilo de Calmette-Guérin
BVC	Biópsia de vilo coriônico
CEI	Centros de Educação Infantil
CIUR	Crescimento intrauterino retardado
CMEI	Centros Municipais de Educação Infantil
EOE	Emissões otoacústicas evocadas
GIG	Grande para a idade gestacional
HIV	(do inglês Human Immunodeficiency Vírus) Vírus da Imunodeficiência Humana
Inmetro	Instituto Nacional de Metrologia
NE	Necessidades especiais
NEE	Necessidades especiais educacionais
NIPT	(do inglês Non Invasive Prenatal) Teste pré-natal não invasivo
OMS	Organização Mundial da Saúde
ONG	Organização não governamental
PEATE-A	Potencial evocado auditivo de tronco encefálico

PIG	Pequeno para a idade gestacional
RN	Recém-nascido
SAF	Síndrome alcoólica fetal
SAR	Síndrome da angústia respiratória
SCE	Síndrome da criança espancada
SNC	Sistema nervoso central
SNP	Sistema nervoso periférico
SUS	Sistema Único de Saúde
TA	Transtorno da aprendizagem
TEA	Transtorno do espectro autista
TDAH	Transtorno do défice de atenção e hiperatividade
TSH	(do inglês Thyroid Stimulating Hormone) Hormônio Estimulante da Tireoide
UTI	Unidade de terapia intensiva
VDRL	Venereal Disease Research Laboratory
VIP	Vacina inativada poliomielite
VORH	Vacina oral de rotavírus humano

Referências

AJURIAGUERRA, J.; MARCELLI, D. **Manual de psicopatologia infantil**. Porto Alegre: Artes Médicas, 1991.

ALMEIDA, M. A. A criança deficiente e a aceitação da família. In: ENCONTRO ESTADUAL DA NARC, 20., 1983, Nashville.

ANDRAUS, J. M. F. Fonoaudiologia e sua contribuição para a comunicação. In: SELLA, M. A. P. (Org.). **Estimulação precoce**: um desafio para o desenvolvimento infantil. Curitiba: Protexto, 2005. p. 133-134.

ASSIS, A. L. A. **Influências da psicanálise na educação**: uma prática psicopedagógica. Curitiba: Ibpex, 2007.

AUCKETT, A. D. **Massagem para bebê**. Rio de Janeiro: Ao Livro Técnico, 1986.

AUFAUVRE, M. R. **Aprender a brincar, aprender a viver**. São Paulo: Manole, 1987.

AUSUBEL, D. P. The Role of Frequency in Meaningful Verbal Learning. **Psychology in the Schools**, Hoboken, v.2, n. 3, p. 203-209, 1965.

BARK, J. M. Abordagem psicológica. In: SELLA, M. A. P. (Org.). **Estimulação precoce**: um desafio para o desenvolvimento infantil. Curitiba: Protexto, 2005. p. 99-111.

BEE, H.; BOYD, D. **A criança em desenvolvimento**. Porto Alegre: Artmed, 2017.

BORGES, G. S. B. **Estimulação precoce, trabalho pedagógico e a criança com deficiência na creche**. 174 f. Dissertação (Mestrado em Educação) – Universidade Federal de Goiás, Catalão, 2016.

BOWLBY, J. **Crianças carenciadas e apego materno infantil**. São Paulo. Linografia, 1960.

BRANDÃO, P. C. A trajetória da estimulação precoce à psicopedagogia inicial. **Escritos da Criança**, Porto Alegre, v. 3, p. 55-67, 1990.

BRASIL. Constituição (1988). **Diário Oficial da União**, Brasília, DF, 5 out. 1988.

BRASIL. Lei n. 8.069, de 13 de julho de 1990. **Diário Oficial da União**, Poder Legislativo, Brasília, DF, 16 jul. 1990. Disponível em: <http://www.planalto.gov.br/ccivil_03/leis/l8069.htm>. Acesso em: 24 jul. 2020.

BRASIL. Lei n. 9.394, de 20 de dezembro de 1996. **Diário Oficial da União**, Poder Legislativo, Brasília, DF, 23 dez. 1996. Disponível em: <http://www.planalto.gov.br/ccivil_03/leis/l9394.htm>. Acesso em: 24 jul. 2020.

BRASIL. Lei n. 13.146, de 6 de julho de 2015. **Diário Oficial da União**. Poder Legislativo,Brasília, DF, 7 jul. 2015a. Disponível em: <http://www.planalto.gov.br/ccivil_03/_ato2015-2018/2015/lei/l13146.htm>. Acesso em: 7 jul. 2020.

BRASIL. Ministério da Educação. **Orientações para organização e oferta do atendimento educacional especializado na educação infantil**. Nota técnica conjunta n. 2, de 4 de agosto de 2015. Brasília, 2015b.

BRASIL. Ministério da Educação e do Desporto. **Diretrizes educacionais sobre estimulação precoce**. Brasília, 1995a. (Série Diretrizes, n. 3).

BRASIL. Ministério da Educação. Centro Nacional de Educação Especial. **Subsídios para organização e funcionamento de serviços de educação especial**. Rio de Janeiro, 1984.

BRASIL. Ministério da Educação. Secretaria de Educação Continuada, Alfabetização, Diversidade e Inclusão. **Relatório sobre a política linguística de educação bilíngue**: língua brasileira de sinais e língua portuguesa. Brasília, 2014.

BRASIL. Ministério da Educação. Secretaria de Educação Especial. **Diretrizes nacionais para a educação especial na educação básica**. Brasília, 1995b.

BRASIL. Ministério da Educação. Secretaria de Educação Especial. **Referencial curricular nacional para a educação infantil**: estratégias e orientações para a educação de crianças com necessidades educacionais especiais. Brasília, 2000.

BRASIL. Ministério da Saúde. Secretaria de Assistência à Saúde. Coordenação-Geral de Atenção Especializada. **Manual de normas técnicas e rotinas operacionais do Programa Nacional de Triagem Neonatal**. Brasília, 2002.

BRASIL. Ministério da Saúde. Secretaria de Atenção à Saúde. Departamento de Ações Programáticas Estratégicas. **Atenção humanizada ao recém-nascido**: método canguru – manual técnico. 3. ed. Brasília, 2017a.

BRASIL. Ministério da Saúde. Secretaria de Atenção à Saúde. Departamento de Ações Programáticas Estratégicas. Área Técnica de Saúde da mulher. **Pré-natal e puerpério**: atenção qualificada e humanizada – manual técnico. Brasília, 2005.

BRASIL. Ministério da Saúde. Secretaria de Atenção à Saúde. Departamento de Atenção Básica. **Atenção ao pré-natal de baixo risco**. Brasília, 2012a.

BRASIL. Ministério da Saúde. Secretaria de Atenção à Saúde. **Atenção à saúde do recém-nascido**. Guia para os profissionais da saúde: intervenções comuns, icterícia e infecções. Brasília: MEC, 2011. v. 2

BRASIL. Ministério da Saúde. Secretaria de Atenção à Saúde. Departamento de Ações Programáticas Estratégicas. **Atenção à saúde do recém-nascido**: guia para os profissionais de saúde – cuidados gerais. Brasília, 2012b. v. 1.

BRASIL. Ministério da Saúde. Secretaria de Atenção à Saúde. Departamento de Ações Programáticas Estratégicas. **Diretrizes de atenção à saúde ocular na infância**: detecção e intervenção precoce para prevenção de deficiências visuais. Brasília, 2013.

BRASIL. Ministério da Saúde. Secretaria de Atenção à Saúde. Departamento de Ações Programáticas e Estratégicas. **Diretrizes de estimulação precoce para crianças de 0 a 3 anos com atraso no desenvolvimento neuropsicomotor decorrente de microcefalia**. Brasília, 2016a. (Plano Nacional de Enfrentamento à Microcefalia, versão preliminar).

BRASIL. Ministério da Saúde. Secretaria de Atenção à Saúde. Departamento de Atenção Básica. **Cadernos temáticos do PSE**. Brasília, 2016b.

BRASIL. Ministério da Saúde. Secretaria de Atenção à Saúde. Departamento de Ações Programáticas Estratégicas. **Política nacional de atenção integral à saúde da criança**: orientações para implementação. Brasília, 2018a.

BRASIL. Ministério da Saúde. Secretaria de Atenção à Saúde. **Diretrizes de estimulação precoce**: crianças de 0 a 3 anos com atraso no desenvolvimento neuropsicomotor. Brasília, 2016c.

BRASIL. Ministério da Saúde. Secretaria de Ciência, Tecnologia e Insumos Estratégicos. CONITEC. **Triagem neonatal para galactosemia**. Relatório de recomendação. Brasília, 2018b.

BRASIL. Ministério da Saúde. Secretaria de Vigilância em Saúde. Monitoramento dos casos de dengue, febre de chikungunya e febre pelo vírus Zika até a Semana Epidemiológica 35 2017. **Boletim Epidemiológico**. v. 48, n. 29, 2017b.

BRASIL. Ministério da Saúde. Secretaria de Vigilância em Saúde. Monitoramento dos casos de Arboviroses urbanas transmitidas pelo *Aedes* (dengue, chikungunya e Zika) até a Semana Epidemiológica 5 de 2019. **Boletim Epidemiológico**. v. 50, n. 5, 2019.

BRASIL. Ministério da Saúde. Secretaria de Vigilância em Saúde. Monitoramento dos casos de arboviroses urbanas transmitidas pelo *Aedes* (dengue, chikungunya e Zika), Semanas Epidemiológicas 01 a 52. **Boletim Epidemiológico**. v. 51, n. 2, jan. 2020a.

BRASIL. Ministério da Saúde. Secretaria de Vigilância em Saúde. Monitoramento dos casos de arboviroses urbanas transmitidas pelo *Aedes Aegypt* (dengue, chikungunya e zika), Semanas Epidemiológicas 1 a 11, 2020. **Boletim Epidemiológico**. v. 51, n. 12, mar. 2020b.

BRASIL. Ministério da Saúde. Secretaria de Vigilância em Saúde. **Vírus Zika no Brasil**: a resposta do SUS. Brasília, 2017c.

BRAUER, J. F. **Criança no discurso do outro**. Rio de Janeiro: Iluminuras, 1995.

BRAZELTON, T. B. **Escala de evolución conductal neonatal**. Montevideo: Instituto Interamericano del Niño, 1973.

BRONFENBRENNER, U. **The ecology of human development**. Cambridge: Harvard University Press, 1979.

BUCHENE, A.; SAVINI, J. **Efeito da equoterapia no controle de tronco em crianças com paralisia cerebral**. 1996. Monografia (Graduação em Fisioterapia) – Pontifícia Universidade Católica de Campinas, Campinas, 1996.

BUSCAGLIA, L. **Os deficientes e seus pais**: um desafio ao aconselhamento. Rio de Janeiro: Record, 2010.

CABAS, A. G. **Curso e discurso na obra de Jacques Lacan**. São Paulo: Centauro, 2005.

CALDWELL, B. **Home Observation for Measurement of the Environment**. Arkansas: Center for Early Development and Education, 1970.

CALDWELL, B. M.; BRADLEY, R. H. **Home Observation for Measurement of the Environment**. Little Rock, AR: University of Arkansas at Little Rock, 1984.

CHERMONT, A. G. et al. **Manual do internato na área de neonatologia**: cartilha do interno. Universidade Federal do Pará, Faculdade de Medicina, Instituto de Ciências da Saúde, 2014.

COLNAGO, N. A. S. Programa de orientação para pais de crianças com Síndrome de Down: modelos de práticas de educação e de desenvolvimento. In: ISRAEL, V. L.; PARDO, M. B. L. **Desenvolvimento infantil**: orientação a pais e profissionais. Porto Alegre: Redes, 2014. p. 41-58.

COMUNICAR – Revista do Conselho Federal de Fonoaudiologia. Brasília: CFFa, n. 46, jul./ago./set., 2010.

CONDEMARIN, M.; CHADWICK, M.; MILIC, N. **Maturidade escolar**. Rio de Janeiro: Enelivros, 1986.

CORIAT, L. F.; JERUSALINSKY, A. N. Definición de estimulación temprana. In: CUARDERNOS DEL DESARROLLO INFANTIL. Fundamentos de la estimulación temprana. Buenos Aires, [s.d.].

COSTA, R. C. G. F. **O estado do conhecimento sobre estimulação precoce no conjunto de teses e dissertações brasileiras no período entre 2000 e 2011**. 123 f. Dissertação (Mestrado em Educação) – Universidade Federal do Paraná, Curitiba, 2013.

CUNHA, A. H. G. B. da. Hidrocefalia na infância. **Revista Brasileira de Neurologia e Pediatria**, v. 18, n. 2, p. 85-93, maio/ago. 2014.

DANTAS, P. da S. **Para conhecer Wallon**: uma psicologia dialética. São Paulo: Brasiliense, 1983.

DAVIS, C.; OLIVEIRA, Z. de M. R. de. **Psicologia na educação**. São Paulo: Cortez, 2010.

DISTRITO FEDERAL. Secretaria de Estado da Saúde. Subsecretaria de Atenção Integral à Saúde. Comissão Permanente de Protocolos de Atenção à Saúde. Protocolo de Atenção à Saúde. **Atenção à saúde da mulher no pré-natal, puerpério e cuidados ao recém-nascido**. Brasília, 2017.

DOLLE, J. M. **Para compreender Jean Piaget**. Rio de Janeiro: Agir, 2000.

DRUMWRIGHT, A. F. **The Dewer Audiometric Screening Test**. Evansville: Mead Johnson, 1972.

ESPANHA. Departamento de Sanidad y Seguridad Social de Cataluña. **Estimulación precoz**. Cataluña, 1985a.

ESPANHA. Servicio de Estimulación Precoz de Rehabilitación Funcional de Cornellá de Llobregat (SEPC). **Estimulación precoz**. Cornellà de Llobregat, 1985b.

ESPÍRITO SANTO (Estado). Secretaria de Estado da Saúde. **Calendário nacional de vacinação**. Espírito Santo, 2018.

FERNANDES, C. E.; SÁ, M. F. S.; MARIANI NETO, C. **Tratado de obstetrícia**. Rio de Janeiro: Elsevier, 2019. (Coleção Febrasgo).

FERREIRA, A. B. de H. **Mini Aurélio**: o dicionário da língua portuguesa. Curitiba: Positivo, 2017.

FONSECA, E. B.; SÁ, R. A. M. **Medicina fetal**. Rio de Janeiro: Elsevier, 2018. (Coleção Febrasgo).

FONSECA, L. M. M.; SCOCHI, C. G. S. **Cuidados com o bebê prematuro**: orientações para a família. Ribeirão Preto: Fierp, 2015.

FONSECA, V. **Cognição, neuropsicologia e aprendizagem**: abordagem neuropsicológica e psicopedagógica. Petrópolis: Vozes, 2018.

FONSECA, V. **Psicomotricidade**. Porto Alegre: Artmed, 2004.

FONSECA, V. Tendências futuras da educação inclusiva. In: FERREIRA, C. A. de M.; RAMOS, M. I. B. **Psicomotricidade, educação especial e inclusão social**. Rio de Janeiro: Wak. 2012, p. 49-62.

FONTES, J. A. **Lesão cerebral**: causas e prevenção. Brasília: Corde, 1994.

FRANKENBURG, W. K. et al. **Denver Developmental Screening Test**. Denver: University of Colorado Medical Center, 1973.

FREUD, S. **Um caso de histeria, três ensaios sobre sexualidade e outros trabalhos (1901-1905)**. Rio de Janeiro: Imago, 2006. (Edição Standard Brasileira das Obras Psicológicas Completas de Sigmund Freud, v. 7).

GALVÃO, I. **Henri Wallon**: uma concepção dialética do desenvolvimento infantil. Petrópolis: Vozes, 2017.

GEHLEN, M. Abordagem oftalmológica. In: SELLA, M. A. P. (Org.). **Estimulação precoce**: um desafio para o desenvolvimento infantil. Curitiba: Protexto, 2005. p. 121-122.

GEVAERD, A. Terapia ocupacional e sua contribuição para o desenvolvimento infantil. In: SELLA, M. A. P. (Org.). **Estimulação precoce**: um desafio para o desenvolvimento infantil. Curitiba: Protexto, 2005. p. 139-149.

GIANNINI, M. J. et al. **Screening and Assessment of Young Children at Developmental Risk**. Washington: DHEW Publication, v. 5, p. 73-91, 1972.

GIANNOTTI, M. A. A. **Massagem para bebês e crianças**: o toque da borboleta. Edição do autor. São Paulo: [s.n.], 2014.

GILBERT Grape, aprendiz de sonhador. Direção: Lasse Hallström. Produção: Alan C. Blomquist e Lasse Hallströn. EUA: Flashstar, 1994. 118 min.

GONÇALVES, C. E. de S.; VAGULA, Edilaine. Modificabilidade cognitiva estrutural de Reuven Feuerstein: uma perspectiva educacional voltada para o desenvolvimento cognitivo autônomo. In: SEMINÁRIO DE PESQUISA EM EDUCAÇÃO DA REGIÃO SUL, 9., 2012, Caxias do Sul. **Anais...** Caxias do Sul: UCS/ANPED, 2012.

GORETTI, A. C. S. **A relação mãe-bebê na estimulação precoce**: um olhar psicanalítico. 133 f. Dissertação (Mestrado em Psicologia) – Universidade Católica de Brasília, Brasília, 2012.

GRASSI, T. M. **Linguagem, comunicação e psicomotricidade**: implicações no processo de aprendizagem. Curitiba: Ibpex, 2004.

GRASSI, T. M. **Oficinas psicopedagógicas**. Curitiba: Ibpex, 2012a.

GURALNICK, M. J. Second-Generation Research in the Field of Early Intervention. In: GURALNICK, M. J. (Org.). **The Effectiveness of Early Intervention**. Baltimore: Paul. H. Brokes, 2000. p. 3-20.

HANSEL, A. F. **Estimulação precoce baseada em equipe interdisciplinar e participação familiar**: concepção de profissionais e pais. Tese (Doutorado em Educação) – Universidade Federal do Paraná, Curitiba, 2012.

HERREN, H.; HERREN, M. P. **Estimulação psicomotora precoce**. Porto Alegre: Artes Médicas, 1989.

HOLLE, B. **Desenvolvimento motor na criança normal e na criança retardada**. São Paulo: Manole, 1990.

HOLY, B. The Developmental Progress of Infants and Young Children. In: EARLY STIMULATION SEMINARY, 1973, Copenhagen.

HUNTER, H. et al. **The Retarded Child from Birth to Five**. New York: John Deg, 1972.

JERUSALINSKY, A. **Psicanálise do autismo**. São Paulo: Instituto Langage, 2012.

KARNOPP, L. B. Aspectos da aquisição de línguas de sinais por crianças surdas. **Revista de Estudos Linguísticos e Literários**, n. 44, p. 281-299, jul./dez. 2011.

KÜBLER-ROSS, E. **Sobre a morte e o morrer**. São Paulo: WMF Martins Fontes, 2017.

LAUGIER, J.; GOLD, F. **Neonatologia**. Rio de Janeiro: Masson, 1982.

LEAL, C. E. O que há de infantil na neurose? **Fort-Da**, Rio de Janeiro, n. 3, p. 83-92, 1995.

LEBOYER, F. **Shantala**. São Paulo: Ground, 2017.

LEITÃO, A. **Paralisia cerebral**: diagnóstico, terapia e reabilitação. São Paulo: Atheneu, 1983.

LÉVY, J. **O despertar do bebê**: práticas de educação psicomotora. São Paulo: M. Fontes, 2007.

LIMA, C. L. A.; FONSECA, L. F. **Paralisia cerebral**. Rio de Janeiro: Guanabara Koogan, 2004.

LORENZO, E. G. E. El apego o vinculo affectivo: un llamado de atención para las estrategias de intervención y estimulación temprana. **Boletin del Instituto Interamericano del Niño**, v. 57, n. 219, p. 63-68, jun. 1983.

MAIA, C. P. **Proposta de programas de estimulação precoce para bebês marasmáticos em vivência hospitalar no primeiro ano de vida**. Dissertação (Mestrado em Saúde e Ambiente) – Universidade Federal do Maranhão, São Luiz, 2007.

MARCONDES, E. M. et al. Desenvolvimento neuropsicomotor da criança desnutrida. **Arquivos de Neuropsiquiatria**, v. 28, n. 3, 1970.

MAUCO, G. **Psicanálise e educação**. Rio de Janeiro: Moraes, 1977.

McCLURE, V. S. **Massagem infantil**: um guia para pais carinhosos. Rio de Janeiro: Record, 1997.

MEIER, M.; GARCIA, S. **Mediação da aprendizagem**: contribuições de Feuerstein e Vygotsky. Edição do autor. Curitiba: [s.n.], 2009.

MEIRELLES, M. F. P.; SANTOS, S. M. dos. Atividade aquática para crianças com paralisia cerebral. In: FERREIRA, C. A. de M.; RAMOS, M. I. B. **Psicomotricidade, educação especial e inclusão social**. Rio de Janeiro: Wak, 2012. p. 149-157.

MICHAELIS 2000. **Moderno dicionário da língua portuguesa**. Rio de Janeiro: Reader's Digest; São Paulo: Melhoramentos, 2000.

MIKAMI, A. Y. et al. Social Context Influences on Children's Rejection by Their Peers. **Child Development Perspectives**, v. 4, n. 2, 123–130, Aug. 2010.

MONTE, F. R. F. do; CARVALHO, E. N. S. de. Educação precoce: uma abordagem educacional e psicopedagógica. **Revista Integração**, Brasília, n. 16, p. 19-21, 1996.

MOORE, K. L.; PERSAUD, T. V. N.; TORCHIA, M. **Embriologia clínica**. Rio de Janeiro: Elsevier, 2016.

MOTTA, M. A. Conceito de estimulação precoce. **Revista Mensagem da APAE**, São Paulo, ano 15, n. 51, p. 16-19, jul./set. 1988a.

MOTTA, M. A. O que é estimulação precoce. **Revista Mensagem da APAE**, São Paulo, ano 15, n. 52, p. 10-11, out./dez. 1988b.

MOTTI, T. F. G.; PARDO, M. B. L. Orientação para pais de crianças com deficiência auditiva. In: ISRAEL, V. L.; PARDO, M. B. L. **Desenvolvimento infantil**: orientação a pais e profissionais. Porto Alegre: Redes, 2014. p. 119-136.

MOURA, E. **Biologia educacional**: noções de biologia aplicadas à educação. São Paulo: Moderna, 1996.

MURAHOVSCHI, J. **Pediatria**: diagnóstico + tratamento. São Paulo: Sarvier, 2013.

NAVARRO, A. de A. **Estimulação precoce**: inteligência emocional e cognitiva. São Paulo: Vergara, 2018.

NEVES, A. P. de M.; MALTA, S. C. L. Aspectos pragmáticos do perfil comunicativo de portadores de necessidades especiais submetidos à equoterapia. In: CONGRESSO BRASILEIRO DE EQUOTERAPIA, 2., 2002, Jaguariúna.

NIELSEN, A. L. **Massagem do bebê**. São Paulo: Manole, 1989.

OLIVEIRA, A. Intervenção precoce: aspectos gerais. In: KRYNSKY, S. et al. **Novos rumos da deficiência mental**. São Paulo: Sarvier, 1983. p. 151-164.

OLIVEIRA, A. J. Influência da estimulação sistemática na maturação neurológica de lactentes severamente desnutridos durante a recuperação nutricional. **Revista Brasileira de Deficiência Mental**. v. 13, 1978.

OLIVEIRA, M. K. **Vygotsky**: aprendizado e desenvolvimento: um processo sócio-histórico. São Paulo: Scipione, 2005.

ONU – Organização das Nações Unidas. Declaração de Salamanca. Sobre Princípios, Políticas e Práticas na Área das Necessidades Educativas

Especiais. 1994. Disponível em: <http://portal.mec.gov.br/seesp/arquivos/pdf/salamanca.pdf>. Acesso em: 24 jun. 2020.

PARANÁ. Secretaria de Estado da Saúde. **Caderno de atenção à saúde da criança**: recém-nascido de risco. Disponível em: <http://www.saude.pr.gov.br/arquivos/File/opdf1.pdf>. Acesso em: 17 maio 2020.

PASSARINI, L. F. O que é afinal musicoterapia? **Revista no Tom**, ano 6, n. 36, p. 22-25, jan./fev. 2013. Disponível em: <https://www.centrobenenzon.com.br/pdf/iartigorevistaarom.pdf>. Acesso em: 17 maio 2020.

PATTO, M. H. S. **Privação cultural e educação pré-primária**. Rio de Janeiro: J. Olímpio, 1973.

PEREIRA, F. de O. **Da comunicação pré-natal à massagem para bebês**. Rio de Janeiro: Enelivros, 1996.

PÉREZ-RAMOS, A. M. de Q. **Diagnóstico psicológico**: implicações psicossociais na área do retardo mental. São Paulo: Autores Associados, 1982.

PÉREZ-RAMOS, A. M. de Q. et al. **Estimulação precoce**: serviços, programas e currículos. Brasília: Ministério da Ação Social, 1992.

PETITTO, L. A.; MARENTETTE, P. F. Babbling in the Manual Mode: Evidence for the Ontology of Language. **American Association for the Advancement of Science**, v. 251, p. 1.493-1.496, Mar. 1991.

PFEIFER, L. I.; PERES, D. B. R. Participação de crianças com paralisia cerebral em atividades diárias. In: ISRAEL, V. L.; PARDO, M. B. L. **Desenvolvimento Infantil**: orientação a pais e profissionais. Porto Alegre: Redes, 2014. p. 59-81.

PIAGET, J. **O nascimento da inteligência na criança**. Rio de Janeiro: LTC, 2008.

PIAGET, J. **Seis estudos de psicologia**. Rio de Janeiro: Forense, 2015.

PINTO, A. C. M. **Avaliação da assistência e da saúde do recém-nascido de alto risco no Distrito Sanitário Leste de Belo Horizonte 2006-2009**. Dissertação (Mestrado em Demografia) – Universidade Federal de Minas gerais, Belo Horizonte, 2010.

PIRES, A. Estimulação precoce. In: SELLA, M. A. P. (Org.). **Estimulação precoce**: um desafio para o desenvolvimento infantil. Curitiba: Protexto, 2005. p. 59-68.

POWELL, T. H.; OGLE, P. A. **Irmãos especiais**: técnicas de orientação e apoio ao relacionamento com o deficiente. São Paulo: Maltese, 1992.

PRECOCE. **Significados**. 16/02/2015. Disponível em: <https://www.significados.com.br/precoce/>. Acesso em: 22 jul. 2020.

PRUGH, D. G.; HARLOW, R. G. Privación encubierta en lactantes y niños pequeños. In: OMS – Organización Mundial de la Salud. **Privación de los cuidados maternos**. Genebra, 1963. v. 14.

QUADROS, R. M. de. **Educação de surdos**: a aquisição da linguagem. Porto Alegre: Artmed, 2008.

REGO, T. C. **Vygotsky**: uma perspectiva histórico-cultural da educação. Petrópolis: Vozes, 2017.

RIBEIRO, O. O. P. Atenção primordial estruturando um ser. In: FERREIRA, C. A. de M.; RAMOS, M. I. B. **Psicomotricidade, educação especial e inclusão social**. Rio de Janeiro: Wak, 2012. p. 179-191.

RIOS, W. L. F.; AMARAL, W. N. **Manual prático de obstetrícia**. Goiânia: Contato Comunicação, 2014.

RODRIGUES, M. Abordagem neurológica. In: SELLA, M. A. P. (Org.). **Estimulação precoce**: um desafio para o desenvolvimento infantil. Curitiba: Protexto, 2005. p. 113-120.

RUARU, A. F. et al. Síndrome da criança espancada: aspectos legais e clínicos – estudo de um caso. **Revista Brasileira de Ortopedia**, v. 32, n. 10, p. 835-838, out. 1997.

RUGOLO, L. M. S. S. et al. RN prematuros e desnutridos intraútero: desenvolvimento neuropsicomotor nos primeiros anos de vida. In: CONGRESSO BRASILEIRO DE PEDIATRIA, 25., 1986, São Paulo.

SAMEROFF, A. J.; CHANDLER, M. J. Reproductive risk and the continuum of caretaking casualty. **Review of Child Development Research**, Chicago, v. 4, p. 187–244, 1975.

SANTOS, M. V. **Psicanálise e a natureza humana**. Curitiba: Juruá, 2016.

SÃO PAULO (Estado). Secretaria da Saúde. **Linha de cuidado gestante e puérpera**: manual técnico do pré-natal, parto e puerpério. São Paulo, 2018.

SÃO PAULO (Estado). Secretaria da Saúde. **Manual de acompanhamento da criança**. São Paulo, 2015.

SCHULZE, Y. J. **Massagem ayurvédica para bebês**. São Paulo: Novo Século, 2009.

SEGRE, C. A. M.; COSTA, H. de P.; FIOD-LIPP, U. G. **Perinatologia**: fundamentos e práticas. São Paulo: Sarvier, 2015.

SELLA, M. A. P. (Org.). **Estimulação precoce**: um desafio para o desenvolvimento infantil. Curitiba: Protexto, 2005.

SOUZA, A. M. C.; GONDIM, C. M. L.; L. JÚNIOR, H. V. Desenvolvimento da motricidade do bebê no primeiro ano de vida. In: SOUZA, A. M. C.; DAHER, S. (Org.). **Reabilitação**: paralisia cerebral. Goiânia: Editora Cânone, 2014. p. 39-58.

SPITZ, R. **O primeiro ano de vida**. São Paulo: M. Fontes, 2013.

SPROVIERI, M. H. Família e deficiência mental. In: ASSUMPÇÃO JÚNIOR, F. B.; SPROVIERI, M. H. **Introdução ao estudo da deficiência mental**. São Paulo: Memnon, 2000. p. 165-171.

VIGOTSKY, L. S. **A formação social da mente**. São Paulo: M. Fontes, 2015a.

VYGOTSKY, L. S. **Pensamento e linguagem**. 4 ed. Trad. Jefferson Luiz Camargo. São Paulo: M. Fontes, 2015b.

WALLON, H. **A evolução psicológica da criança**. 2 ed. São Paulo: Martins Fontes, 2010.

WEIN, N. The Education of Disadvantage Children. **Educational Research**, v. 13, n. 1, 1970.

WILLIAMS, L. C. de A. Intervenção precoce na excepcionalidade. **Cadernos de Análise do Comportamento**, São Carlos, n. 6, p. 38-51, 1984.

Bibliografia comentada

BEE, H.; BOYD, D. **A criança em desenvolvimento**. Porto Alegre: Artmed, 2017.
Fonte de consulta essencial para profissionais das áreas da saúde e da educação que atuam com crianças.

KÜBLER-ROSS, E. **Sobre a morte e o morrer**. São Paulo: WMF Martins Fontes, 2017.
Abordagem sobre as fases do luto, caracterizando o processo de elaboração das perdas. Leitura importante para entender os pais de crianças de médio ou alto risco, com deficiências ou doenças.

MEIER, M.; GARCIA, S. **Mediação da aprendizagem**: contribuições de Feuerstein e Vygotsky. Edição do autor. Curitiba: [s.n.], 2009.
Leitura interessante sobre a mediação na concepção de Feuerstein e de Vygotsky. Possibilita uma boa reflexão sobre a aprendizagem mediada.

NAVARRO, A. de A. **Estimulação precoce**: inteligência emocional e cognitiva. São Paulo: Vergara, 2018.
Obra que reúne informações básicas sobre estimulação precoce e desenvolvimento infantil, além de um "banco" de atividades para estimulação.

PIAGET, J. **Seis estudos de psicologia**. Rio de Janeiro: Forense, 2015.
Leitura fundamental para o aprofundamento dosconhecimentos sobre o desenvolvimento na concepção de Piaget, visto que apresenta a caracterização de cada um dos estágios propostos pelo autor.

SPITZ, R. **O primeiro ano de vida**. São Paulo: M. Fontes, 2013.
Abordagem detalhada sobre as interações emocionais entre a figura materna e o bebê durante o primeiro ano de vida. Leitura imprescindível para os pais e para os profissionais que atuam no atendimento a bebês, seja na estimulação essencial, seja na educação infantil.

VIGOTSKY, L. S. **A formação social da mente**. São Paulo: M. Fontes, 2015.
Leitura obrigatória para o aprofundamento dos conhecimentos sobre a psicologia sócio-histórica e a concepção sociointeracionista.

Respostas

Capítulo 1

Atividades de autoavaliação
1. c
2. d
3. a
4. d
5. b

Atividades de aprendizagem

Questões para reflexão
1. Caracterização de carência afetiva, carência nutricional e privação cultural.
2. Caracterização dos períodos da história da educação especial: extermínio, segregação, assistencialismo, integração e inclusão. Depende da fonte de pesquisa.

Atividades aplicadas: prática
1. A resposta depende dos dados coletados durante a entrevista sobre a história da educação especial e sua caracterização.
2. A resposta depende da visita e dos dados observados.

Capítulo 2

Atividades de autoavaliação
1. a
2. d
3. d
4. b
5. d

Atividades de aprendizagem

Questões para reflexão
1. Resposta pessoal fundamentada nos dados

643

apresentados nos documentários e nas experiências pessoais. Organização da apresentação de *slides* sobre as concepções de Piaget, Vygotsky e Wallon.
2. Caracterização das fases oral, anal, fálica, de latência e genital com citação da idade e das principais características. Elaboração do quadro.

Atividades aplicadas: prática
1. Resposta pessoal: estabelecimento de relações entre o filme e as teorias.
2. Descrição dos reflexos arcaicos e dos marcos do desenvolvimento acompanhados de fotos/imagens. Confecção de portfólio.

Capítulo 3
Atividades de autoavaliação
1. c
2. c
3. b
4. a
5. b

Atividades de aprendizagem

Questões para reflexão
1. A resposta depende da pesquisa. Principais acidentes: quedas, afogamentos, queimaduras, intoxicações, envenenamentos etc. Medidas preventivas são ações para evitar os acidentes. Organização de tutorial sobre prevenção de acidentes.
2. A resposta depende das informações fornecidas pelo profissional entrevistado sobre o pré-natal.

Atividades aplicadas: prática
1. A resposta depende das características do local observado. Elaboração de cartilha.
2. A resposta depende da pesquisa sobre os fatores de risco neonatais.

3. A resposta depende da análise da caderneta consultada.

Capítulo 4

Atividades de autoavaliação

1. b
2. a
3. c
4. a
5. d

Atividades de aprendizagem

Questões para reflexão
1. Caracterização do desenvolvimento no primeiro ano de vida: confecção de álbum e reflexão pessoal.
2. A resposta depende da pesquisa realizada.
3. A resposta depende dos dados coletados.

Atividades aplicadas: prática
1. A resposta depende dos dados observados e da entrevista realizada.

2. A resposta depende dos dados coletados na visita e na entrevista.

Capítulo 5

Atividades de autoavaliação

1. a
2. c
3. a
4. b
5. d

Atividades de aprendizagem

Questões para reflexão
1. A resposta depende da fonte de pesquisa: técnica de massagem indiana, difundida por Leboyer, composta por exercícios que estimulam o desenvolvimento infantil.
2. A resposta depende da pesquisa e da entrevista realizada.

Atividades aplicadas: prática
1. Treino com a boneca, montagem de álbum com imagens e relato.
2. Depende da pesquisa. Comparação: semelhanças e diferenças.

Capítulo 6

Atividades de autoavaliação
1. a
2. c
3. d
4. c
5. b

Atividades de aprendizagem

Questões para reflexão
1. A resposta depende dos dados coletados na pesquisa.
2. A resposta depende dos dados coletados na entrevista.

Atividades aplicadas: prática
1. Treino e elaboração de álbum.
2. Observação durante a visita: descrição do ambiente e das atividades.

Capítulo 7

Atividades de autoavaliação
1. c
2. a
3. b
4. d
5. a

Atividades de aprendizagem

Questões para reflexão
1. A resposta depende dos dados coletados na entrevista sobre a importância do brincar.
2. A resposta depende dos dados coletados na pesquisa.

Atividades aplicadas: prática
1. Montagem de álbum.
2. Pesquisa sobre segurança de brinquedos. Elaboração de roteiro com indicação dos riscos e cuidados na

escolha dos brinquedos em cada uma das fases indicadas.

Capítulo 8

Atividades de autoavaliação
1. d
2. e
3. d
4. c
5. d

Atividades de aprendizagem

Questões para reflexão
1. A resposta depende das fontes de pesquisa.
2. A resposta depende das fontes de pesquisa e dos dados coletados nas entrevistas.

Atividades aplicadas: prática
1. A resposta depende dos dados coletados. Organização de fichário.
2. A resposta depende da visita realizada. Organização de fichário.
3. Organização de um programa que considere as necessidades da criança apresentada no estudo de caso.

Capítulo 9

Atividades de autoavaliação
1. a
2. c
3. d
4. b
5. d

Atividades de aprendizagem

Questões para reflexão
1. A resposta depende do filme escolhido.
2. A resposta depende dos relatos escolhidos.

Atividades aplicadas: prática
1. A resposta depende dos dados coletados na entrevista. Relações com as fases do luto: negação, negociação, raiva, depressão e aceitação.
2. Resposta pessoal.

Sobre a autora

Tânia Mara Grassi é mestre em Educação pela Pontifícia Universidade Católica do Paraná (PUCPR), graduada em Psicologia pela mesma instituição, especialista em Educação Especial e em Psicopedagogia, com formação em Psicomotricidade e Estimulação Precoce.

Foi professora de educação infantil, de ensino fundamental I e de ensino médio – formação de docentes. Atualmente, é professora de ensino superior, com atuação na formação de professores e na prática de formação – estágio supervisionado. Leciona nos cursos de graduação em Pedagogia e de pós-graduação em Psicopedagogia, Educação Especial e Educação Infantil, bem como em cursos de formação e aperfeiçoamento profissional nas áreas de educação, estimulação precoce, psicopedagogia e psicologia.

Atua também como psicóloga clínica e psicopedagoga nas áreas de avaliação e intervenção clínica e institucional, estimulação precoce/essencial e psicomotricidade.

Desenvolve pesquisas sobre formação de professores, avaliação e intervenção psicopedagógica, oficinas psicopedagógicas, estimulação precoce/essencial e psicomotricidade.

Os papéis utilizados neste livro, certificados por instituições ambientais competentes, são recicláveis, provenientes de fontes renováveis e, portanto, um meio **respons**ável e natural de informação e conhecimento.

FSC
www.fsc.org
MISTO
Papel | Apoiando o manejo florestal responsável
FSC® C103535

Impressão: Reproset
Agosto/2023